교육평가의
이론과 실제

김석우
원효헌
김경수
김윤용
구경호
장재혁

Theory and
Practice of
Educational
Evaluation

학지사

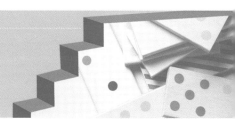

머리말

　시대가 변함에 따라 학교에서의 교육평가와 관련한 정책도 바뀌고 있다. 특히 성취평가제, 과정중심평가, 학생부종합전형, 자유학기제, 고교학점제와 같은 학교현장에서의 급격한 변화로 인하여 현직교사들의 교육평가 또는 학생평가에 대한 관심과 우려가 높아지고 있다. 교육평가의 역할과 기능이 변화하는 가운데, 실제 교육현장에서 교육평가를 어떻게 정의하고 활용할 수 있을까 하는 고민에서 이 책의 집필이 시작되었다. 기존의 교육평가 책들은 15주의 한 학기 동안 주당 2시간씩 수업하는 것으로는 감당하기 어려울 정도로 분량이 많거나 학교현장과는 다소 거리가 있는 내용도 다수 포함되어 있다고 여겨졌다. 미래사회의 교사는 단순히 지식전달자의 역할에 그치지 않고 능동적으로 지식을 창출해 내는 역할을 수행해야 한다. 따라서 지금의 교육평가는 좀 더 간결하며 학교현장의 요구에 맞는 내용으로 개편될 필요가 있다.

　학교에서 교육목적과 의도한 교육목표가 성공적으로 이루어지기 위해서는 평가와 교수·학습이 유기적으로 통합될 필요가 있다. '학습을 위한 평가'와 '학습으로서의 평가'라는 말에서도 알 수 있듯이 교수·학습활동은 연속적인 평가의 과정에 기초하여 이루어진다고 해도 과언이 아니다. 따라서 성공적인 수업을 바라는 교사는 평가자로서 기본적인 소양과 역량을 반드시 갖추어야 할 것이다. 이러한 필요성은 교직에 입문하기 위해 준비하고 있는 예비교사들에게도 그대로 적용된다.

　이 책을 집필하게 된 동기는 크게 두 가지였다. 첫째, 학교현장에서의 관심사 및 요구를 고려하여 가급적 현직교사와 함께 교사임용시험을 준비하는 예비교사에게 직접적으로 도움이 될 만한 내용을 담으려고 노력하였다. 이를 위해 중·고등학교에서 학생들을 가르친 경험이 풍부한 교사 출신 연구자들이 집필에 참여하여 책을 완성하였다. 둘째, 학교교육에서 교사가 교육과정 재구성을 통해 교육과정-수업-평가를 연계할 수 있도록 교육평가의 핵심적인 내용만 다루려고 노력하였다. 예를 들면, 현재 학교현장에서 거의 활용하지 않는 교육평가의 모형, 교육정책평가 및 프로그램평가 이론, 교육연구방법 등을 제외하였다.

이 책의 내용은 교육현장에 적용할 수 있는 평가능력과 평가기법의 향상에 중점을 두고 교육현장의 요구와 관련이 있는 주제 중심으로 다루었으며, 특히 교육부에서 교사의 학교생활기록부 기재역량 제고를 위해 '교육평가' 교과목에 학교생활기록부 내용을 포함하도록 권장함에 따라 별도의 장을 구성하여 학교생활기록부 내용을 다루었다. 제1장 교육평가의 개념적 기초, 제2장 교육평가의 유형, 제3장 교육평가의 대상, 제4장 인지적 특성의 평가, 제5장 정의적 특성의 평가, 제6장 과정중심평가, 제7장 검사도구의 양호도, 제8장 표준화검사와 컴퓨터화검사, 제9장 문항제작, 제10장 문항분석, 제11장 평가결과의 분석, 제12장 평가결과의 기록 등으로 구성되어 있다.

이 책이 예비교사에게는 교육평가 전반을 쉽게 이해할 수 있는 입문서의 역할을 하는 한편, 현직교사에게는 교실에서 필요한 평가적 역량을 단기간에 습득하고 자신의 평가 수행 과정을 점검할 수 있게 하는 지침서의 역할을 할 것으로 기대한다.

마지막으로 본 집필진들은 우리나라의 학교현장에 유용한 교육평가 교재가 될 수 있도록 지속적인 수정·보완을 통하여 내용의 완성도를 높이기 위한 노력을 계속할 예정이다. 아울러 이 책의 집필에 참여해 주신 여러 집필진과 출판을 맡아 주신 학지사 김진환 사장님, 영업부 김은석 이사님, 편집부 정은혜 과장님을 비롯한 학지사 편집진에게 감사의 말씀을 드린다.

2021년 3월
집필진 대표 김석우

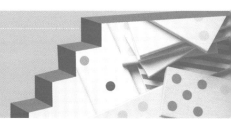

차 례

◆ 머리말   3

제1장

교육평가의 개념적 기초

- 정의방식에 따라 교육을 정의할 수 있다.
- 교육에 대한 세 가지 관점을 기술할 수 있다.
- 교육평가에 대한 개념을 미시적 · 거시적으로 설명할 수 있다.
- 교육평가에 대한 다섯 가지 기본 가정을 개조식으로 기술할 수 있다.
- 세 가지 교육평가관을 각각 기술할 수 있다.
- 교육평가의 절차를 개조식으로 기술할 수 있다.

　　교육평가에 대한 일반인의 인식은 단지 교육현장에서 실시되는 중간고사나 기말고사 혹은 입학시험에서 학생 선발이나 분류를 위한 활동으로 국한된 경향이 있다. 그러나 이것은 교육평가의 극히 일부분에 지나지 않는다. 교육평가란 학생들의 학업성적을 점수화하는 것으로 끝나는 것이 아니라 교육목표의 타당성 여부, 교육과정, 교육 프로그램, 수업, 교사, 교육의 제반 여건, 단위학교 · 대학 · 교육청 등의 교육과 관련된 모든 측면을 그 대상으로 한다. 좁은 의미에서 교육평가(educational evaluation)는 교육목적의 달성 정도를 판단하고, 일정한 기준을 가지고 교육활동과 그 결과에 대한 가치를 판단하는 체계적인 과정을 의미한다. 이 장에서는 교육평가의 성격을 종합적으로 이해하기 위해 교육의 정의, 교육에 대한 기본 관점, 교육평가의 개념과 기본 가정, 교육평가의 기능, 교육평가관, 교육평가의 절차 등을 살펴본다.

1. 교육의 정의

교육에 대한 체계적인 정의나 정의방식을 살펴보는 것은 교육현상에 대한 체계적이고 올바른 이해를 위한 기초를 제공해 준다. 여기에서는 교육의 성격을 이해하는 데 도움이 되는 기본적인 정의방식인 어원적 정의, 조작적 정의, 규범적 정의, 기능적 정의를 소개한다. 이러한 정의들을 모두 종합하고 통합하여 보려고 노력할 때에 우리는 전체적이고 포괄적으로 교육의 모습을 파악하게 될 것이다.

1) 어원적 정의

교육에 대한 정의는 매우 다양하다. 먼저 한자어 '교육(敎育)'은 '가르칠 교(敎)'와 '기를 육(育)'의 합성어이다. '교(敎)'의 구성을 살펴보면 '본받을 효(爻)' '아들 자(子)' '칠 복(攵)'으로 구성되어 있다. 이는 '교(敎)'의 의미가 윗사람이 아랫사람에게 지도와 격려를 하고 솔선수범하며 아랫사람은 그것을 본받는다는 것을 뜻한다. 즉, '교(敎)'의 의미 속에는 성숙한 사람이 미성숙한 사람을 바람직한 방향으로 이끌어 간다는 의미와 미성숙자가 스스로 성숙자의 모습을 따라 학습한다는 의미가 동시에 들어 있다. '육(育)'의 구성을 풀어서 살펴보면 '아들 자(子)'와 '고기 육(肉)'으로 구성되어 부모가 자식을 따뜻한 젖가슴에 안는다는 의미를 나타낸다. 이는 귀중한 자식을 부모가 따뜻한 가슴으로 안아 주듯 사랑과 관심으로 기른다는 뜻이다. 결국 '육(育)'의 의미 속에는 자녀를 대하는 부모의 마음과 같은 사랑과 관심을 가지고 미성숙자의 선천적인 능력들이 바람직하게 발휘되도록 이끌어 내고 길러 준다는 의미가 들어 있다. 이렇게 볼 때 한자어에서 말하는 교육이라는 것은 성숙한 인간이 부모와 같은 마음으로 한편으로는 지도와 모범을 통하여 미성숙자를 바람직한 상태로 인도하고, 다른 한편으로는 격려와 관심을 통하여 미성숙자의 능력과 잠재되어 있는 가능성들이 발현되도록 하는 의도적인 과정으로 이해할 수 있다.

한글에서 교육은 '가르치다'와 '기르다'의 합성어로, 먼저 '가르치다'라는 단어는 한자어 '교(敎)'와 같이 외적인 가치를 미성숙한 사람이 습득하도록 하게 한다는 의미를 담고 있다. '기르다'라는 단어는 짐승을 사육하거나 식물을 재배한다는 뜻으로 흔히 사용된다. 교육적인 관점에서 보면 기른다는 말은 외적인 가치로 미성숙자를 형성한다는 의미보다는 미성숙자의 선천적인 능력이 제대로 발현되도록 도와준다는 의미가 강조된다. 우리말에서 교육을 뜻하는 '가르치다'는 한자어 '교(敎)'와 비슷한 의미를 가지고 있으며, '기르다'는 한자어 '육(育)'과 유사한 뜻을 가지고 있다.

한편, 영어에서 교육을 뜻하는 'education'은 '밖'을 뜻하는 e와 '꺼내다'를 뜻하는 duco의 합성어로 '안에 있는 잠재적 특성을 밖으로 꺼낸다.'라는 의미를 지니고 있다. 이런 점에서 'education'은 학습자가 지니고 있는 잠재가능성이 발현되거나 발달하도록 한다는 의미를 지닌다. 또한 'pedagogy'는 어원으로 보면 그리스어의 'paidos(어린이)'와 'agogos(이끈다)'의 합성어이다. 'pedagogy'의 어원적 의미 속에는 이미 형성되어 있는 외적인 문화유산들을 학습자가 습득하도록 이끌어 간다는 뜻이 들어 있다. 이를 통해 볼 때 영어에서 교육을 의미하는 'education'은 한자어 '육(育)'과 우리말의 '기르다'처럼 미성숙자의 내적인 가능성이 발현되도록 도와준다는 의미가 강조되는 단어이고, 'pedagogy'는 한자어 '교(敎)', 우리말의 '가르치다'와 유사하게 미성숙한 학습자를 외적인 가치로 이끈다는 의미가 강조되는 단어라고 할 수 있다.

2) 조작적 정의

교육을 조작적으로 정의한다는 것은 교육활동에 포함되는 기본적인 요소와 그 요소들이 작용하는 실제적인 과정과 방법을 보여 줄 수 있도록 정의하는 것이다. 이러한 정의의 대표적인 예는 교육을 '인간 행동의 계획적인 변화'로 보는 정범모(1976)의 정의에서 찾아볼 수 있다. 이 정의에서는 '인간 행동' '계획적' '변화'라는 실제 교육의 과정에 포함되는 기본적인 요소와 그 요소의 의미를 규정하고 있다. 여기서 '인간행동'은 교육의 대상, '계획적'은 교육의 의도성과 계획성 그리고 '변화'는 교육의 목적 또는 결과에 대한 언급으로 이해할 수 있다. 이러한 정의에 의하면 교육이란 인간의 행동을 다루는 활동이며, 기르고자 하는 인간 행동에 관한 명확한 목표가 설정되어 있어야 하는 활동이다. 또한 교육은 인간 행동을 기를 수 있는 일정한 계획과 과정과 방법이 있는 활동이며, 그 과정을 거친 결과 일정한 변화를 낳는 활동을 말한다. 교육에 대한 조작적 정의는 비의도적인 교육이나 잠재적 과정을 통한 교육들이 제외된다는 점에서 교육을 다소 좁게 규정하기는 하지만 교육의 기본적인 구성요소와 교육적

과정의 성격을 제시해 준다는 점에서 교육을 이해하는 데 중요한 의미를 갖는다(박철홍 외, 2013).

3) 규범적 정의

교육을 규범적으로 정의한다는 것은 그 활동 속에 들어 있는 가치와 가치를 실현하는 데 요구되는 기본적인 기준을 분명히 드러내는 방식으로 정의하는 것이다. 사실 교육은 어떤 활동보다도 가치지향적인 활동인 만큼 교육의 규범적 정의는 교육을 이해하는 또 하나의 중요한 측면이 된다. 그런데 교육의 규범적 측면이라고 해서 교육목적만을 말하는 것이 아니라 교육내용과 교육방법도 교육의 핵심적인 측면이며 이들은 밀접한 관련을 맺고 있다. 즉, 교육목적이 가치 있는 것이어야 하는 만큼 목적을 구현하는 교육내용과 교육방법도 그 목적에 맞게 가치 있는 것이어야 한다.

교육에 대한 규범적 정의의 가장 대표적인 예는 R. S. Peters에게서 찾아볼 수 있다. Peters에 의하면 교육은 기본적으로 합리적인 사고와 활동(즉, 경험내용)으로 입문시키는 일종의 성년식과 같은 것이다. 여기서 합리적인 사고와 경험내용은 인간이 되는 데 그리고 인간다운 삶을 사는 데 없어서는 안 될 요소이다. 이러한 정의는 교육 그 자체에 내재된 의미를 중심으로 정의하기 때문에 교육을 상당히 좁게 정의하기는 하지만 교육활동의 본질적 측면을 보여 준다는 점에서 교육을 이해하는 데 있어서 매우 중요한 의미를 갖는다.

4) 기능적 정의

교육의 기능적 정의는 교육을 수행하는 외적 기능을 중심으로 교육을 정의하는 방식이다. 이처럼 교육을 기능적으로 정의하는 방식은 그 기능을 어떤 관점에서 보느냐에 따라 아주 다양하게 정의될 수 있다.

개인적 입장에서 교육을 취업을 위한 수단으로 보는 것이나 높은 지위를 차지하기 위한 수단으로 보는 것, 사회적 관점에서 사회발전을 위한 수단 또는 문화유산을 계승·발전시키는 수단으로 보는 것, 경제적 입장에서 인력 양성을 위한 수단으로 보는 것, 국가적 입장에서 부국강병의 수단으로 보는 것 등은 교육을 기능적으로 정의하는 대표적인 예이다. 오늘날 우리 사회에서 교육을 규정하는 데 있어 가장 팽배해 있는 것이 이러한 기능적 정의에 의한 것이라고 할 수 있다. 이러한 관점은 교육 행위 자체의 가치나 의미를 훼손할 위험성을 내포하고 있으나, 교육에는 이러한 기능적 측면이 있으며 이것이 필요하다는 것도 부인할 수 없는 사실이다(박철홍 외, 2013).

2. 교육에 대한 기본 관점

교육의 정의에서 살펴보았듯이 교육의 본질을 무엇으로 보느냐에는 여러 가지 상이한 견해가 있을 수 있다. 교육을 조작적으로 파악한다는 것은 교육활동에 포함되는 기본적인 요소와 그 요소들이 작용하는 실제적인 과정과 방법을 중시하는 것이다. 교육을 규범적으로 파악한다는 것은 그 활동 속에 들어 있는 가치와 가치를 실현하는 데 요구되는 기본적인 기준을 중시하는 것이다. 교육을 기능적으로 파악한다는 것은 교육을 수행하는 외적 기능을 중심으로 교육을 파악함으로써 상급학교 진학과 같은 선발의 역할을 중시하는 것이다. 이렇듯 교육의 본질에 대한 견해에 따라 선발적 교육관, 발달적 교육관, 인본주의적 교육관으로 구분해 볼 수 있다.

1) 선발적 교육관

선발적 교육관에서는 인간의 능력이 선천적 요인에 의해 결정되어 있다고 전제한다. 따라서 교육을 통해 달성하고자 하는 교육목적이나 일정한 교육수준에 도달할 수 있는 사람은 어떤 교육방법을 동원하든지 다수 중 일부이거나 소수에 지나지 않는다는 신념을 가진 교육관이다. 이러한 교육관에서는 교육을 통한 인간 행동의 변화 가능성에 대해 매우 부정적인 견해를 보이며, 초등·중등·대학에 이르는 과정에서 계속적인 선발과정을 통하여 소수의 우수자만 상급학교에 진학할 수 있도록 하는 피라미드식 교육제도가 선호된다. 지금까지 우리나라의 교육에서는 이러한 선발적 교육관이 매우 중요하게 여겨져 왔다.

이 같은 선발적 교육관에서는 일정한 교육목표에 도달할 가능성이 있는 소수의 우수자를 선발하는 평가에 초점을 맞추기 때문에 자연스럽게 규준참조평가를 선호하게 된다. 즉, 일정한 교육 후에 어느 학습자가 보다 더 많은 교육성취를 이루었는가 하는 개인차를 변별하는 데 더 많은 초점이 맞추어진다. 교육평가관에 있어서도 각 학습자가 가지고 있는 고유한 특성을 가장 능률적으로 알아볼 수 있고 그러한 고유 특성의 불변성을 가정하는 측정관이 지배할 가능성이 매우 크다.

2) 발달적 교육관

발달적 교육관에서는 인간의 성장과 발달이 선천적 요인보다는 후천적인 환경 또는 교육의 힘에 의해 결정된다고 본다. 즉, 모든 학습자에게 각각 적절한 교수 · 학습 방법만 제시될 수 있다면, 누구나 의도하는 바에 따라 주어진 교육목표를 달성할 수 있을 것이라고 전제한다. 따라서 교육의 성패에 대한 일차적인 책임은 교사 또는 교육환경에 있다고 본다.

이 같은 발달적 교육관에서는 교육목표 달성에 핵심적인 역할을 하는 교육방법의 평가에 초점을 맞춘다. 즉, 교육방법의 적절성 여부 파악이 가장 중요한 검사의 역할이 되므로, 결과적으로 준거지향평가를 선호하게 된다. 또한 이러한 검사관에서는 학습자의 개인차 변별보다는 교수방법의 적절성 여부에 초점이 맞추어져 교수방법과 관련된 다양한 변인에 더 많은 관심을 갖게 된다. 발달적 교육관에서는 교육방법의 타당성을 가장 능률적으로 알아볼 수 있고, 그러한 가변적인 증거를 수집하는 평가관이 지배할 가능성이 매우 크다.

3) 인본주의적 교육관

인본주의적 교육관에서는 교육을 인간의 자아실현에 기여하는 것이라 전제하므로 학습자의 인격적 성장, 통합, 자율성을 추구하고 학습에 대한 건전한 태도 형성을 중시한다. 또한 인간의 선한 본성 및 욕구에 부합하여 인간을 사랑하고 깊이 있게 느끼며 내면의 자아를 확장하고 창조함으로써 스스로 배우는 자아실현의 가능성을 개발하는 것에 목표를 두고 있다. 따라서 타율적이고 수동적인 교육은 가장 비인간적인 교육으로 간주하여 배격하고, 학습자 스스로 희망하고 원하며 자율적이고 적극적인 참여를 추구한다.

　이 같은 인본주의적 교육관에서는 환경과 인간의 행동특성 모두 변화 가능한 것으로 보고 환경과 학습자의 상호작용을 중시한다. 즉, 인간 행동은 환경과 개인의 역동적 관계에서 변화하는 특성으로 보는 총평관에 초점을 맞추기 때문에 능력참조평가와 성장참조평가를 선호하게 된다. 그러나 검사의 역할이 주로 학습자들을 서열화하여 선발하는 데 초점을 두고 있는 현실에서 인본주의적 교육관에서 바라보는 검사에 대한 시각은 부정적일 수밖에 없다. 검사는 학습자를 '이해'하고 학습자에게 '도움'을 주어야 하지만 현실적으로 검사가 학습자를 '규정'하고 학습자에게 '불안'을 제공하고 있기 때문이다.

3. 교육평가의 개념과 기본 가정

1) 교육평가의 개념

　『교육학 용어사전』(1994)에서는 교육평가를 "교육목적의 달성도에 관한 증거 및 교육목적의 달성에 영향을 미치는 변인에 관한 증거를 수집하고 그에 대해 교육적 의사결정을 내리는 과정"으로 정의하고 있다. 또한 『교육학 대백과사전』(1998)에서는 교육평가를 "……교육의 목표는 올바르게 설정되었는지, 목표 실현을 위한 교육의 계획과 과정은 적절한지 그리고 궁극적으로는 교육의 목표가 제대로 성취되었는지를 확인 · 판단하는 일련의 과정"으로 정의하고 있다.

　이들을 종합해 보면, 인간 행동의 바람직한 변화는 교육 자체가 가지는 교육의 목적이고, 이러한 교육의 목적에 대한 달성 정도를 판단하기 위해 일정한 준거와 기준을 마련하여 이를 통해 제반 교육활동에 대한 가치를 체계적으로 조사하고 판단하여 교육적 의사결정을 내리는 과정을 교육평가라 할 수 있다. 이러한 입장에서 볼 때 광의로서 교육평가의 대상은 비단 학교교육만이 아니라 교육이 행해지는 인간의 삶 전 영역에서 그 교육적 가치를 판단하는 행위라고 말할 수 있을 것이다.

　평가대상의 가치를 판단하는 활동으로서 교육평가는 크게 두 가지 의미로 사용되고 있다(Worthen, Borg, & White, 1993). 광의로서 교육평가는 평가대상(프로그램, 조직, 수업, 프로젝트, 교육과정 등)의 가치, 질, 효과, 유용성을 판단하는 과정을 뜻한다. 교육평가의 대상은 학생은 물론 교사, 수업, 교육과정, 교육정책, 교육환경 등 교육에 관련된 모든 것을 망라한다. 교육평가에서는 평가하려고 하는 대상의 가치와 질을 판단하는 데 주안점을 둔다.

협의로서 교육평가는 학생들의 학업성취 혹은 상태에 관해 질적인 판단을 내리는 과정을 의미한다. 학교현장에서 교사들이나 학생들은 교육평가를 이러한 의미로 사용하고 있다. 즉, 학교현장에서 교육평가는 주로 학생들의 학업성취도를 질적으로 판단하여 성적을 평가하는 행위를 뜻한다. 학업성취도를 판단하기 위한 교육평가의 목적은 학생들의 학업성취도를 단순히 기술하는 데 그치는 것이 아니라 학업성취도가 어느 정도 우수한지, 수업을 어느 정도 이해했는지를 질적으로 판단하는 데 있다.

2) 평가의 유사 용어

교육이 존속하는 한 평가는 그 형태야 어떠하든지 간에 부단히 계속되고 있다. 영어의 'evaluation'이란 말의 어간 'value'는 바로 가치라는 뜻이며, 우리말의 평가라는 말도 이런 뜻을 지니고 있다. 교육평가에서 사용되는 비슷한 용어로는 시험, 고사, 검사, 측정, 총평, 평가 등이 있다. 이들 용어는 교육평가라는 학문 테두리 내의 곳곳에서 사용되고 있다. 그 이유는 이 용어들이 각각 그대로의 독특한 뜻을 내포하고 있기 때문이다. 어디에다 강조를 두느냐에 따라 이들 용어를 가려 쓰는 것이 타당하다고 본다. 그렇기 때문에 평가는 검사(시험, 고사)와 측정의 활동이라는 모든 선행과정에서 얻은 정보를 기초로 하여 이루어지는 것이다. 이러한 뜻에서 평가는 포괄성을 갖는다.

교육평가에서 사용되는 용어로서 시험(examination)은 학교현장에서 실시하는 중간시험, 기말시험 등과 같이 지적 능력을 측정하기 위한 검사로 정의할 수 있다. 시험은 지적 성취결과를 확인하기 위한 성취도검사에 국한된 용어로서 고사(考查)라고도 불린다. 검사(test)는 관심대상을 측정하기 위하여 표집된 행동을 체계적으로 관찰하는 활동이나 그 활동에 사용되는 도구를 말한다. 측정(measurement)은 어떤 대상이나 사람의 속성을 재기 위해 일정한 법칙에 따라 수치를 부여하는 과정이다. 이러한 과정에서 검사를 실시한 후 채점을 하고, 그 결과를 숫자로 표시한 것을 측정치라고 한다. 총평(assessment)은 다양한 측정결과를 통하여 한 개인이나 대상의 전체적인 모습을 조명하는 전인적 평가이다. 즉, 총평은 검사와 같은 단일한 방법에 의해 자료를 수집하는 것이 아니라 관찰, 행동기록, 면접 등의 다양한 방법을 동원하여 얻은 자료를 가지고 종합적으로 의사결정을 하려는 것을 말한다. 또한 총평을 사정(査定)이라고 부르기도 한다. 예컨대, 대학입학전형에서 학생부종합전형으로 신입생을 선발할 때 학교생활기록부의 교과영역과 비교과영역, 대학수학능력시험 성적, 면접 등의 전형자료를 통해 종합적으로 사정하여 입학 여부를 결정한다.

3) 교육평가의 기본 가정

교육평가는 교수 프로그램에 관한 의사결정을 위해 학습자의 행동변화 및 학습과정에 관한 정보를 수집·이용하여 교육적 의사결정을 하는 데 도움을 주는, 혹은 의사결정을 하는 과정 그 자체라 할 수 있다. 이에 새로운 시각에서의 교육평가는 인간 이해를 위해 존재하는 것이지 인간 규정을 위해 존재하는 것이 아니라는 명제를 제기할 수 있다. 이러한 시각에서 교육평가가 지녀야 할 구체적인 가정은 다음과 같다(김대현, 김석우, 2007; 황정규, 1998).

첫째, 교육평가는 인간의 무한한 잠재능력의 개발가능성을 전제해야 한다. 인간은 현재 주어진 조건보다 개발할 수 있는 잠재적 가능성을 무한히 가지고 있다. 즉, 현재 능력을 개발할 수 있는 미래의 능력에 더 큰 의미를 부여할 때 인간 이해의 평가가 이루어질 수 있다. 그러나 이러한 가능성을 부인하고 현실에 집착할 때, 인간을 판단하고 범주화하는 인간 규정으로서의 평가가 되고 말 것이다. 평가의 기능이나 역할이 점차 형식화, 정형화되면서 평가의 실천적 기능은 학생과 교사의 인간화에 기여하기보다 점차 비인간화, 소외를 촉진하는 역작용을 가속화하는 결과를 가져오게 된다. 따라서 교육평가가 본래의 목적을 이루기 위해서는 무엇보다 인간의 무한한 잠재능력의 개발가능성을 전제해야 하는 것이다.

둘째, 교육평가는 계속적인 과정이어야 한다. 여기서 계속성(continuity)이란 어떤 특수한 장면이나 시간에 국한되는 것이 아니라 언제나 모든 장면에서 평가가 이루어져야 한다는 것이다. 예컨대, 교육평가는 시험을 볼 때마다, 수업을 할 때마다, 대화를 나눌 때마다 평가의 기능이 발휘되어야 한다.

셋째, 교육평가는 종합적인 과정이어야 한다. 종합성(comprehensiveness)이란 평가 학습자의 특정한 행동특성보다는 전체적인 행동의 넓은 영역에서 이루어져야 한다는 것이다. 예를 들어, 학습자의 학업성적뿐만 아니라 생활태도, 성격, 신체발달 등의 전인적 영역을 평가과정에서 고려해야 한다는 의미이다. 지필검사에 국한하던 평가방법에서 벗어나 관찰, 면접, 수행평가 등 다양한 평가방법을 동원하여 평가를 실시하여야 한다.

넷째, 교육평가의 자료는 다양해야 한다. 예컨대, 학습자가 남겨 놓은 그림 한 장, 일기 한 행, 대화 한마디 등이 모두 평가자료가 될 수 있다. 이와 같은 다양한 자료를 교육평가에 활용하기 위해서는 교사의 역할이 매우 중요하다. 이를 위해 교사는 교과전문가이기에 앞서 인간 이해자가 되어야 한다.

다섯째, 교육평가는 교육활동에 도움을 주어야 한다. 교육평가는 더 나은 교육을 하기 위한 수단이지 평가 자체에 목적을 두는 것이 아니다. 교육평가는 교육의 대상이 각자의 재능과 잠재력을 최대로 개발하고 발휘할 수 있도록 돕는 노력의 일환으로 인식되어야 한다. 이를 위해서는 교육평가의 결과가 다시 교육활동과 연결되어야 한다. 교육평가의 결과가 학습자에게는 학습활동에 대한 교정적 정보를 제공해 주고, 교사에게는 교수활동에서 갖게 되는 오류를 교정해 줌으로써 끊임없는 자기성찰과 반성의 기회를 가질 수 있게 하는 것이다.

4. 교육평가의 기능

교육평가의 기능을 바라보는 시각은 다양하다. Scriven(1967)의 경우는 평가의 역할에 따라 평가의 기능을 형성평가(formative evaluation)와 총괄평가(summative evaluation)로 구분하였다. 형성평가는 현재 진행 중인 교육활동이나 프로그램을 개선하거나 보완하는 데 필요한 정보를 수집하여 제공하는 기능을 하며, 총괄평가는 특정 프로그램이 종료된 후에 그 효과를 최종적으로 판단하는 역할로서 성취도 판정, 책무성 판단, 자격부여, 선발 등의 기능을 한다. 학교 교육활동과 관련지어 교육평가가 지니고 있는 기능을 살펴보면 다음과 같다.

첫째, 학습자의 학업성취도를 평가하는 일이다(박도순, 홍후조, 2006). 즉, 교육이 목표지향적 행위의 활동이라면 목표가 어느 정도 달성되었는가는 학습자의 학업성취도를 확인함으로써 가능하다. 목표의 성취란 결국 교육과정에서 명시한 목표가 학생의 행동으로 실현되는 상황을 의미한다. 그러므로 교육목표의 달성도에 관한 증거와 정보를 수집하는 것은 교육평가의 중요한 기능이라 할 수 있다.

둘째, 학습자 개인의 학습방법을 개선하는 데 도움을 주며, 학습결과에 대한 피드백을 제공함으로써 학습을 촉진하는 일이다. 교육평가의 목적이 교육 본래의 목적을 달성하도록 하는 데 있다고 할 때, 학생 개개인의 학습장애요인을 진단하고 치료함으로써 학습방법을 개선하고 학습을 촉진할 수 있도록 하는 일은 교육평가의 중요한 기능 중 하나가 될 것이다. 따라서 교육평가에서는 측정치에 의해 학생을 판단하는 일보다는 그 원인을 분석하고 치료하는 일이 더 중요하다고 할 수 있다. 학습결과에 대한 피드백을 제공함으로써 자신의 강점과 약점을 파악하고 학습실패의 원인을 진단하여 치료하고 개선함으로써 새로운 학습동기가 유발될 수 있다. 교육활동에서 이루어지는 평가에 의해 학습자 스스로 평가의 기능을 올바르게 이해하게 되고, 평가 결과를 스스로의 향상을 위해 수용하게 되면 학습촉진뿐 아니라 자기 진보를 향한 동기가 되는 것이다.

셋째, 학습자의 진로지도를 위한 정보를 제공하는 일이다. 교육평가의 또 다른 기능은 학습자의 장래 진로지도를 위한 자료를 제공해 줄 수 있다는 점이다. 예를 들어, 학교현장에서 진로지도를 하기 위해서는 학습자의 학업능력, 정서, 흥미, 성격은 물론이고 학습자를 둘러싸고 있는 가정, 학급, 사회환경에 대한 광범위하고 정확한 이해가 필수적이다. 이러한 평가자료는 학습자를 이해할 수 있는 계기가 될 수 있고 진로지도자료나 생활지도의 기초자료로 활용될 수 있다. 또한 학습자 개인에게 자기 적성에 대한 이해를 도울 수 있는 기회를 제공한다.

넷째, 교수·학습 방법을 개선하고 수업의 질을 높이는 일이다. 특히 학생평가의 경우 학습자를 위한 평가로만 활용되는 것이 아니라, 그 결과는 교사의 교수·학습 방법, 교육과정 및 수업활동 등을 평가할 수 있는 자료로도 활용될 수 있다. 학습목표의 도달 정도가 낮다면 그 이유가 무엇인지, 학습자 간의 학력차가 크다면 그 이유가 무엇인지, 학급 간의 성적 차이가 크다면 그 이유가 무엇인지, 학생들의 학습활동에 대한 준비도가 낮다면 그 이유가 어디에 있는지 등을 다양한 정보 수집을 통해 분석함으로써 교사 스스로 수업의 질을 높일 수 있는 자료로 활용될 수 있다.

다섯째, 교육 프로그램의 교육적 효과를 평가하는 일이다. 교육 프로그램이란 교육과정, 수업, 수업자료, 학급조직 등이 통합된 매우 복합적인 개념이다. 이러한 교육 프로그램에 의해 결과가 발생하고, 그 결과는 교육 프로그램의 질을 나타낸다. 따라서 교육평가의 중요한 영역 중 하나는 교육활동의 결과를 분석하고 그 결과를 확인하여 프로그램의 교육적 효과를 가늠하는 일이다.

여섯째, 교육의 제반 문제를 이해하고 올바른 교육정책을 수립하는 데 도움을 주는 일이다. 전국성취도평가나 국제 간 학력 비교 연구 등을 통해 전체 학습자 또는 국민이 반드시 습득해야 할 기본 능력이 어느 정도인가를 확인할 수 있는데, 이는 교육정책의 방향을 수립하는 데 도움을 줄 수 있다. 제7차 교육과정에서부터 국민공통기본교육과정을 도입하여 1학년부터 10학년까지 10개 교과의 성취기준을 정하고, 이를 모든 학습자가 도달해야 할 기준으로 제시하였다. 만일 성취도평가를 실시한 결과, 이러한 성취기준에 도달하지 못한 학생수가 많다면 차기 교육과정에서 이러한 문제가 개선의 주안점으로 부각될 것이다. 또한 최근 우리나라 대학이 전 세계 우수 대학의 대열에 들지 못하여 자성의 목소리가 높다. 이러한 문제를 분석하여 대학교육정책을 수립하는 데 도움을 주는 일이 바로 교육평가의 기능이라 할 수 있다.

5. 교육평가관

'어떻게, 왜 그리고 무엇을 평가하는가.'라는 교육평가의 문제는 어떠한 인간관, 교육관을 갖고 있느냐와 밀접한 관계를 가진다. 특히 교육의 대상인 인간의 존재양식과 속성을 어떻게 이해하느냐에 따라 교육평가의 방향과 방법은 달라질 수밖에 없다. 즉, 교육평가의 의미는 무엇이며, 무엇이어야 하고, 왜 필요하며, 어떤 역할을 수행해야 하고, 그것이 개인이나 사회에 주는 의의나 함의는 어떤 것인가 하는 질문은 곧 평가자가 선택하는 교육관에 크게 좌우된다는 것이다. '우수한 학습자와 열등한 학습자는 선천적으로 혹은 어릴 때부터 다르다.'라고 보는 관점과 '적절한 학습조건을 제공하면 대부분의 학습자가 학습능력, 학습속도, 학습동기 등에서 거의 비슷해질 수 있다.'라는 관점을 가진 사람의 경우, 이들이 학습자 혹은 교육현상을 바라보는 근본적인 관점이나 시각이 다르기 때문에 교육활동에 대한 교육적 의사결정은 완전히 달라질 수밖에 없다.

따라서 교육평가관은 세계관, 인간관, 수집된 자료 등의 특성에서 매우 대조적인 모습을 보이며, 이러한 특성에 따라 측정관(measurement), 평가관(evaluation), 총평관(assessment)으로 구분될 수 있다(Wittrock & Wiley, 1970).

1) 측정관

측정관은 역사적으로 가장 오래된 평가관으로, W. Wundt, F. Galton, A. Binet와 같은 초기 실험심리학, 심리측정, 검사이론에서 출발하였다(황정규, 1998). 측정관은 어떤 대상이나 사건에 대하여 체계적으로 숫자를 부여하는 것으로, 최대 장점은 주어진 어떤 준거를 확인할 때 손쉽고 간편하게 이용할 수 있다는 것이다. 저울로 몸무게를 재거나 자로 키를 재고, 시험에서 정답을 맞힌 문항수를 계산하는 것이 측정의 사례가 된다. 즉, 측정은 수량적 기술(quantitative description)의 과정으로 가치판단은 배제되어 있거나 최소화되어 있다. 이러한 측정관은 다음과 같은 특성을 가지고 있다.

첫째, 측정관은 그 대상이 되는 실재의 안정성을 가정한다. 세상의 실재는 인간의 주관적 인식과는 독립된 객관적 양태로 존재하며, 어떤 방법으로든지 관찰할 수 있다. 인간의 행동특성도 우리의 의도나 시간, 장소 등에 관계없이 언제나 고정적이고 변하지 않는 객관적 실재라고 본다. 따라서 측정관은 측정대상이 안정성을 가지고 있기 때문에 어떤 현상이든 정확하게 측정할 수 있다고 보며, 대상의 불변적 특성을 원래의 값에 가장 가깝게 측정해 내는 것을 목적으로 한다.

둘째, 측정관은 실재의 안정성을 가정하여 어느 한 시점에서 개인 반응을 표본으로 하기 때문에 개인의 반응 점수의 신뢰성 및 객관성이 유지되느냐에 더 많은 관심을 기울인다. 만약 신뢰성과 객관성이 없으면 아무리 타당성이 있는 측정이라 해도 그것은 쓸모없는 증거, 의미 없는 정보로 간주되어 무의미하게 된다. 따라서 측정관에서는 신뢰도가 타당도에 우선한다고 보며, 다른 평가관에 비해 검사의 오차를 줄

이는 것이 가장 중요한 관건이 된다.

셋째, 신뢰성과 객관성이 보장된 측정을 하기 위해서는 누가, 언제, 어디서 측정해도 같은 결과를 얻을 수 있도록 측정 절차나 방법에 있어 표준화를 요구한다.

넷째, 측정관은 실재의 안정성에 영향을 미치는 외부 요인을 안정성의 위협요소로 보기 때문에 환경 변인을 측정의 정확성을 저해하는 오차 변인으로 간주하여 환경의 영향을 통제하거나 극소화하려 한다.

다섯째, 측정관에 의해 얻은 결과는 주로 선발, 분류, 예언, 실험 등의 목적으로 사용하며, 이러한 목적을 위하여 더욱 유용하고 정확한 측정단위를 요구한다. 그리고 가능하면 하나의 단일 점수나 지수로 표시함으로써 주어진 어떤 준거의 정보를 가장 손쉽고 간편하게 경제적으로 수집하려 한다. 측정관의 최대 장점은 바로 이러한 능률성에 있다.

여섯째, 측정관은 가능한 한 측정의 결과를 수량화하고자 하며, 수량화할 때 언어적 표현에 따르는 모호함과 막연함을 배제하고 판단에 따른 실수의 근원을 최소화하려고 한다.

일곱째, 측정관의 대상은 길이, 무게와 같이 직접 측정이 가능한 것과 지능, 성격, 태도, 자기개념 등 인간이 지닌 잠재적 특성과 같이 간접 측정이 가능한 것으로 구분한다.

여덟째, 측정관은 선발적 교육관과 밀접한 관련성을 가지고 있다. 박도순과 홍후조(2006)는 교육을 바라보는 관점인 교육관이 교육평가관에 직접적인 영향을 준다는 입장에서 교육관을 크게 선발적 교육관, 발달적 교육관, 인본주의적 교육관으로 나누고 있다. 이 중 선발적 교육관이란 교육을 통하여 달성하고자 하는 교육목적이나 일정한 교육수준에 도달할 수 있는 사람은 어떤 교육방법을 동원하더라도 다수 중 일부이거나 소수에 지나지 않는다는 신념을 가진 교육관으로서 인간 행동의 변화가능성에 대해 매우 부정적인 견해를 보이는 입장이다. 따라서 이러한 교육관은 우수자 선발과 개인차 변별에 초점을 두고, 각 학습자가 지닌 고유한 특성을 가장 능률적으로 나타내는 데 목적이 있기 때문에 측정관이 지배할 가능성이 높다.

2) 평가관

평가관은 측정관의 가정들을 비판하면서 Tyler 등에 의해 제안되었다. Tyler는 교육적 수단에 의한 학생들의 '변화'에 관심을 가지면서 이러한 변화를 알아보기 위한 일련의 검사 절차를 '평가'라는 용어로 표현하기 시작하였다(박도순, 홍후조, 2006).

평가관은 설정된 교육목표에 준해서 학습자의 행동이 어떻게 변화했는가에 초점을 두기 때문에 그러한 변화를 가능하게 한 학습경험이 무엇이며, 교육적으로 의미 있는 변화를 유도해 준 교육적 환경이 무엇인가를 확인할 수 있는 다양한 증거와 정보를 요구한다. 따라서 양적 기술의 측정뿐만 아니라 질적 기술을 포함하며, 더 나아가 이러한 양적·질적 기술에 대한 가치판단까지 포함한다. 특히 교육학이나 심리학 분야에서 측정의 개념은 평가 단계에까지 이르는 경우가 많으므로 두 용어는 상호교환적 혹은 '측정 및 평가'의 형태로 쓰이는 경향이 있다. 그러나 평가관은 단순한 양적 기술 이상의 것으로 측정관과는 그 기본 가정에서 강한 대조를 보인다. 이러한 평가관은 다음과 같은 특성을 가지고 있다.

첫째, 평가관은 존재하는 모든 실재나 인간의 행동특성은 안정성이 없고 언제나 '변한다'는 관점에서 출발하며, 이 변화를 교육적으로 가치 있게 생각한다. 교육은 본질적으로 개인의 변화, 발달, 성장을 전제로 하고 있다. 따라서 변화를 의도하지 않는 교육은 존재할 수 없으며, 변화가 없다면 그것은 곧 교육적 작용이 존재하지 않는다는 것으로, 결과적으로는 평가도 존재할 의미가 없다(박도순, 2007). 즉, 교육의 궁극적인 목표가 교육적 수단을 통해 학생들에게 바람직한 변화를 일으키려는 것이라고 할 때, '평가관'은 사실상 교육의 목표에 대한 성과로서 학습자에게 일어난 다양한 변화를 판단하는 일련의 절차로 볼 수 있다.

둘째, 평가관에서는 평가의 증거나 정보의 객관성, 정확성, 신뢰성보다는 그 증거의 타당성을 우선시한다. 평가관에서 평가도구의 신뢰성 및 객관성을 중요하게 생각하지 않는 것은 아니지만 평가도구의 타당성을 가장 핵심으로 본다. 왜냐하면 평가관에서는 인간의 행동특성의 의도된 변화를 평가하는 것이 목적이기 때문에 이러한 의도된 변화를 가져오게 한 변화의 목표를 중시하는 것은 당연한 일이다. 목표가 명확히 정의되어 있는가가 의도된 변화를 평가하기 위한 전제조건이 되기 때문이다. 따라서 무엇보다 평가도구가 교수과정에서 의도한 목표를 얼마나 잘 나타내고 있는지를 의미하는 내용타당도(content validity)에 관심을 가진다.

셋째, 평가관은 환경을 중요한 변화의 자원으로 본다. 평가관은 인간 행동의 변화 가능성을 전제로 하기 때문에 환경을 이러한 변화를 일으키는 중요한 자원으로 간주하며, 개인에 대한 평가와 환경에 대한 평가를 동시에 강조한다.

넷째, 평가관은 학생의 행동변화에 영향을 주는 외적 요인으로서 투입된 교육과정, 교과목, 교사의 전문성, 교수 · 학습방법, 교수 · 학습자료, 교육 프로그램에 대한 평가에도 관심을 가진다. 즉, 교육목표에 비추어 변화를 가장 타당하고 유효하게 일으킬 수 있는 요인으로서 교수방법, 교육과정, 행정체제, 교사특성, 학급 및 학교 풍토 등이 무엇인지, 왜 그런지를 탐색하고 판단하려는 것이 평가관의 기본적인 시각이다. 따라서 측정관에 비해 평가의 범위가 훨씬 넓다고 볼 수 있다.

다섯째, 평가관은 여러 증거를 합산한 단일 총점을 사용하지만 반응유형, 오류의 유형과 질, 실패의 원인 등을 밝힐 수 있는 질적 증거도 유효한 증거로 활용한다. 객관도, 신뢰도를 높이기 위해 표준화에 의한 양적 자료에만 치중하기보다는 다양한 교수목표의 달성을 위한 변화 정도를 평가하는 다양한 증거를 확보하는 것을 강조하기 때문에 양적 자료뿐만 아니라 질적 자료도 중요한 정보원으로 간주한다.

여섯째, 평가관에 의해 얻은 결과는 주로 평점, 자격 판정, 배치, 진급 등을 위해 개인을 분류하고 판단하는 데 사용된다. 그러나 이에 못지않게 교수 · 학습방법, 교육 프로그램, 수업, 교사의 전문성, 교육과정의 효율성을 판단하기 위해 활용하기도 한다.

일곱째, 평가관은 발달적 교육관과 밀접한 관련성을 가지고 있다(박도순, 홍후조, 2006). 발달적 교육관이란 모든 학습자에게 각각 적절한 교수 · 학습방법만 제시할 수 있다면, 누구나 의도하는 바에 따라 주어진 교육목표를 달성할 수 있을 것이라는 신념을 가진 교육관으로서 교육을 통한 인간 행동의 변화가능성에 대해 매우 긍정적인 입장을 취한다. 따라서 이러한 교육관은 교육목표 달성에 초점을 두며, 학습자의 개인차 변별보다는 학습자의 교육적 변화에 영향을 주는 교수방법과 관련된 다양한 변인에 더 많은 관심을 가지고 있기 때문에 평가관이 지배할 가능성이 높다.

3) 총평관

총평관은 인간의 특성을 하나의 검사나 도구로 측정하여 평가하는 것이 아니라 여러 다양한 방법을 동원하여 종합적으로 평가하는 방법으로 '사정(assessment)'이라고도 한다(성태제, 2019). 처음 이 용어가 사용된 것은 H. Murray(1938)가 그의 저서 『인성의 탐구(Explorations in Personality)』에서 'Assessment of Men'을 쓰기 시작하면서부터이다. 그 후 제2차 세계대전 중, 첩보요원 적성평가방법으로 사용되었던 O.S.S.(Office of Strategic Service) 총평에서 사용되었다. 이때 총평관은 특별한 목적, 특별한 환경, 특별한 과업, 특별한 준거에 비추어 개인의 특성에 대한 의사를 결정하기 위하여 사용되었다.

Murray는 인간의 행동특성을 평가하기 위해 인간이 갖고 있는 욕구체계와 인간을 둘러싸고 있는 환경이 주는 압력체계로 나누어 그 사이의 역동적 관계를 분석하였는데, 이 같은 욕구–압력체계의 특징은 곧 인간과 환경의 상호작용을 분석하려는 데 있다고 볼 수 있다(박도순, 홍후조, 2006).

이렇듯 총평관은 환경과 개인의 상호작용에 깊은 관심을 갖는 것으로, 인간 행동의 변화가능성을 전제로 한다는 점에서는 평가관과 유사하나 환경을 보는 시각에서는 분명한 차이가 있다. 이러한 총평관은 다음과 같은 특성을 가지고 있다.

첫째, 총평관은 개인과 개인을 둘러싼 환경과의 역동적 관계를 분석하기 위하여 다양하고 포괄적인 자료를 사용한다. 예를 들어, 총평관에서 사용하는 정보는 다양한 양적 · 질적 형태의 고도로 구조화된 객관식 검사를 통해 얻을 수도 있고, 자기보고법, 관찰법, 면접법, 역할놀이, 자유연상법 등의 투사적인 방법을 통해 얻을 수도 있다. 따라서 이러한 다양한 증거 사이의 합치성을 판정하고 검토하는 일이 중요하다. 예를 들어, 대학에서 신입생을 선발하기 위해 고등학교 내신성적, 학교생활기록부, 대학수학능력시험 점수, 논술고사 성적, 면접고사 성적 등 다양한 자료를 수집하는 것이 총평관에 의한 입학사정이라 할 수 있다.

둘째, 총평관은 환경을 행동변화를 강요하는 압력으로 간주한다. 따라서 환경이 요구하는 압력이나 역할을 먼저 분석하고, 다음에 개인의 특성이 이에 적합한지 분석하고 결정한다. 평가관에서는 환경을 변화의 자원으로 보았지만, 총평관에서는 환경을 개인과 상호작용하는 주체로 보며 개인과 환경의 역동적 관계에 의해 개인의 행동특성이 변화한다고 본다.

셋째, 총평관은 개인과 환경의 상호작용에 관심을 갖는다. 따라서 총평의 분석방법은 개인이 달성해야 할 준거의 분석과 그 개인이 속한 환경의 분석에서 시작된다. 개인에 대한 증거와 환경에 관한 증거 사이에 존재하리라고 상정되는 가능한 관계를 분석함으로써, 둘 사이에 있을 수 있는 상호작용이 무엇인지를 결정하려고 한다. 이때 수집된 다양한 증거는 독립적으로 간주하기보다는 개인, 환경이라는 주체 안에서 종합적으로 해석될 수 있도록 각각의 체계를 설정하여 서로 간의 역동적 관계를 분석한다. 개인과 환경의 양 측면에서 증거를 탐색한다는 점이 총평관의 최대 장점이며, 두 종류의 증거를 연관 지으려는 노력은 획기적인 일이라 할 수 있다.

넷째, 총평관은 개인과 환경 사이의 상호작용을 분석함에 있어서 주로 구인타당도(construct validity)에 의존한다. 구인타당도란 인간의 심리적 특성이나 성질을 심리적 구인으로 분석하여 조작적 정의를 한 후, 검사 점수가 조작적 정의에서 규명한 심리적 구인들을 제대로 측정하였는가를 검증하는 방법이다. 즉, 여기서는 개인과 환경에 관한 상이한 증거 사이의 합치도를 판정하기 위해 구인타당도를 활용하여 수집된 증거가 구인으로 어느 정도 설명되는지를 따지게 된다.

다섯째, 총평관에 의해 얻은 결과는 흔히 예언, 실험, 분류에 활용된다. 특히 환경이 요구하는 준거나 역할에 비추어 개인을 진단하는 데 사용된다.

여섯째, 총평관은 인본주의적 교육관과 밀접한 관련성을 가지고 있다(박도순, 홍후조, 2006). 인본주의적 교육관에서는 교육을 인성적 성장, 통합, 자율성을 꾀하고 자기 및 타인 그리고 학습에 대한 건전한 태도를 형성해 가는 자기실현의 과정이라고 전제한다. 또한 이는 학습자가 자율적이고 적극적으로 학습에 참여하는 것을 중시하며, 반대로 타율적이고 수동적인 교육은 가장 비인간적인 교육으로 간주한다. 따라서 이러한 교육관은 전인적인 입장에서의 검사를 중시한다는 점에서 인간의 행동특성을 부분적으로 보기보다는 전체적으로 이해하려는 총평관과 깊은 관련을 갖는다고 할 수 있다(박도순, 홍후조, 2006). 지필검사를 통해 학습자의 지식이나 기능에 의한 정답 여부나 산출물에만 관심을 가지던 과거의 평가 관행에서 벗어나 학생들의 수행과정과 그 결과를 총체적으로 평가하고자 하는 전인적 평가로서의 수행평가(performance assessment)가 도입되는 것은 바로 이러한 관점에 근거한 것이다.

4) 세 가지 관점의 비교

지금까지 교육평가관의 세 가지 관점이라 할 수 있는 측정관, 평가관, 총평관에 대해서 살펴보았다. 이들은 각기 인간의 행동특성과 환경을 바라보는 시각과 증거를 수집하는 방법, 검사결과에 대한 해석에서 상당한 차이를 보이고 있다. 같은 증거를 수집하는 검사도구를 사용한다 하더라도 그것을 측정관의 관점에서 사용하는 경우와 평가관의 관점에서 사용하는 경우 그리고 총평관의 관점에서 사용하는 경우와 같이 전혀 다른 시각에서 접근하게 되면 그 결과도 전혀 다른 시각에서 해석될 가능성이 높다는 것을 알 수 있다.

측정관은 관찰한 내용에 대하여 가치를 부여하지 않지만, 평가관은 측정한 것과 그것의 중요성, 합목적성 등 다른 정보와 합성하여 가치를 부여한다. 그리고 총평관은 다양한 측정방법을 동원하여 종합적으로 평가한다. 평가관은 프로그램이나 교육과정, 정책에 대한 평가를 할 때 사용하며, 총평관은 일반적으로 사람에 대한 평가를 할 때 사용한다.

측정관과 평가관의 가장 중요한 차이 중 하나는 측정관에서는 검사가 미치는 영향을 가능한 한 제한하거나 극소화하려고 하는 반면, 평가관에서는 검사의 영향 자체가 학생의 행동변화를 일으키는 중요 원천이라 보고 그것을 활용하려고 한다는 데 있다.

그러나 이 세 가지 평가관을 서로 배타적인 것으로 보고 취사선택하기보다는 상호보완적인 관계로 인식할 필요가 있다. 왜냐하면 이들은 각기 다른 것이 가지지 못한 장점을 가지고 있으므로 상황에 따라 가장 적절한 것을 이용하는 것이 더욱 효과적이기 때문이다. 예를 들어, 측정관은 주어진 정보의 증거를 가장 간편하고 경제적으로 수집할 수 있도록 해 주고, 평가관은 교육목표의 달성과 관련하여 인간 행동의 변화에 영향을 준 정보를 파악하는 데 도움을 주며, 총평관은 인간과 환경의 상호작용에 대한 분석을 통해 특별한 목적이나 준거에 비추어 개인의 특성에 대한 의사결정을 내리고자 할 때 도움을 준다.

이 세 가지 평가관을 인간의 행동특성을 보는 시각, 환경을 보는 시각, 검사에서의 강조점, 기본적 증거 수집방법, 장점, 검사결과의 활용의 측면에서 비교해 보면 〈표 1-1〉과 같이 요약될 수 있다.

〈표 1-1〉 교육평가관의 비교

평가관 / 관점	측정관	평가관	총평관
인간의 행동 특성을 보는 시각	• 항구적이고 불변적인 것으로 간주 • 개인의 정적 특성	• 안정성이 없고 가변적인 것으로 간주 • 개인의 변화하는 특성	• 환경과의 상호작용에 의한 가변적인 것으로 간주 • 환경과 개인의 역동적 관계에서 변화하는 특성
환경을 보는 시각	• 환경의 불변성 신념 • 환경 변인의 통제 및 영향의 극소화 노력 • 환경을 오차 변인으로 간주	• 환경의 변화성 신념 • 환경 변인의 이용 • 환경을 행동변화의 자원으로 간주	• 환경의 변화성 신념 • 환경과 학습자의 상호작용 이용 • 환경을 학습자 변화의 한 변인으로 간주
검사에서의 강조점	• 규준에 비추어 본 개인의 양적 기술 강조 • 간접 증거 • 객관도와 신뢰도 강조	• 교육목적에 비추어 본 개인의 양적·질적 기술 강조 • 직접 증거 • 내용타당도 강조	• 전인적 기능 혹은 전체 적합도에 비추어 본질적 기술 강조 • 직접, 간접 증거 • 구인타당도 강조
기본적 증거 수집 방법	• 지필검사(표준화검사) • 양적	• 변화의 증거를 얻을 수 있는 모든 방법 • 양적 및 질적	• 상황에 비춘 변화의 증거를 얻을 수 있는 모든 방법 • 양적 및 질적
장점	• 효율성	• 교육목표와의 연계	• 개인과 환경 양 측면에서의 증거의 탐색
검사 결과의 활용	• 예언, 분류, 자격부여, 실험 • 진단에 무관심	• 예언, 자격부여, 프로그램 효과 판정 • 교육목표 달성도의 진단	• 예언, 자격부여, 분류, 실험, 선발 • 준거 상황이나 역할에 비추어 본 진단

출처: 박도순, 홍후조(2006).

　지금까지 우리나라의 평가 실태를 살펴보면, 평가관보다는 측정관이 더 지배적이었다고 할 수 있다. 예를 들어, 학생평가에 있어서 문항제작, 검사개발, 점수, 평균과 표준편차 등의 양화된 수치로 학업성취도를 측정하려는 노력은 많았지만, 의도된 교육목표의 달성 여부에 대한 학생들의 인지적·정의적·행동적 변화에 대한 양적·질적 평가는 상대적으로 소홀해 왔다.

하지만 최근 교육목표 달성을 위한 적극적인 노력으로서 학생들의 학업성취도에 영향을 주는 외적 변인인 교육과정, 교사, 학교, 교육 프로그램 등에 대한 양적·질적 평가에 상당한 관심이 고조되고 있어 평가관으로서의 교육평가가 활발히 진행되고 있음을 알 수 있다. 학습자 개인의 행동변화를 개인이 속한 환경과의 역동적인 상호 작용에 의해 총체적으로 이해하고자 하는 총평관으로서의 평가는 수행평가가 전면 적으로 도입되면서 학생평가에 도입되고 있지만, 입학이나 진급, 졸업 등과 관련된 특별한 목적이나 준거에 비추어 개인의 특성에 대한 의사결정을 내리려 할 때 이 상 호작용에 관한 분석방법 연구는 아직 미흡한 상황이다. 따라서 교육평가의 패러다임 이 변화하는 이 시점에서 총평관으로서의 평가에 대한 학문적·실제적 연구가 지속 적으로 이루어져야 할 것이다.

6. 교육평가의 절차

교육평가의 절차나 과정이 획일적인 하나의 절차나 단계를 따르는 것은 아니지만, 교육평가가 체계적으로 이루어지도록 하기 위해서는 다음의 절차를 따르는 것이 일 반적이다(김석우, 2015).

1) 교육목표의 확인

교육목표는 교육의 전체 과정이 지향해야 할 최종 지점이므로 평가에서 이 목표가 불분명하고 추상적이면 그만큼 정확한 교육평가가 이루어지지 않는다. 평가를 올바 르고 타당하게 하기 위해서는 의도한 교육목표가 무엇인지 명확히 확인하고, 이를 토대로 평가하고자 하는 바를 구체화해야 한다. 교육목표의 확인은 교육활동의 방향 을 정해 주고, 교육내용과 교육방법 선정의 준거가 된다. 또한 교육목표 달성 여부를 파악하여 교육활동의 결과를 평가하는 데 하나의 기준으로 활용할 수 있다.

2) 평가장면의 선정

무엇을 평가할 것인가를 확인하는 교육목표가 분명해지면 다음에는 교육목표가 제시하는 내용과 행동이 나타나는 평가장면을 선정해야 한다. 즉, 구체적으로 어떤 상황에서 어떤 방법을 통해 어떻게 평가할 것인지 결정해야 한다. 여기서 중요한 것은 기대된 행동의 학습 정도가 가장 잘 나타날 수 있는 상황을 설정하고 시행할 때 타당한 평가가 가능하다는 것이다. 예를 들어, 작문과목의 학업성취를 평가하고자 할 때는 논술고사를 실시하는 것이 적절한 반면, 수업 중의 참여도를 평가하기 위해서는 관찰법이 더 적절한 평가방법이 된다. 이처럼 다양한 평가장면에서 타당하고 신뢰할 수 있는 결과를 얻기 위해서 필답검사, 질문지법, 관찰법, 면접법, 수행평가 등 여러 가지 평가방법을 활용할 수 있다.

3) 평가도구의 제작 및 선정

평가장면을 선정한 다음에 해야 할 일은 실제로 평가에 사용할 도구를 선정하고 제작하는 일이다. 평가목적과 평가내용에 비추어 가장 적합한 평가도구를 제작 및 선정하는 단계는 전 단계인 평가장면을 선정하는 단계와 아주 밀접한 관계를 가지고 있고, 시간적으로 거의 동시에 이루어진다. 즉, 평가목적에 따라 평가장면에서 자료를 수집하기 위한 방법(필답검사, 질문지법, 관찰법, 면접법, 수행평가 등)을 선정하고, 이를 바탕으로 구체적인 평가도구를 결정해야 한다. 이때 기존의 평가도구가 적합하면 그대로 사용할 수 있으며, 만약 적합하지 않으면 평가도구를 새로 제작할 수 있다. 중요한 것은 평가도구의 타당도, 신뢰도, 객관도, 적합성, 실용성 등을 종합적으로 고려하여 가장 적절한 것을 결정해야 한다는 점이다.

4) 평가실시 및 결과처리

평가의 실시 단계에서는 학생들이 충분히 그리고 솔직하게 있는 그대로의 행동을 발현할 수 있는 상황을 조성하는 일이 무엇보다 중요하다. 단순히 문제지와 답안지를 배부하고, 시작 시간과 회수 시간을 엄수하며 부정행위만 막으면 된다는 것은 평가의 한 측면만 고려한 것이다. 학생들이 성실한 태도로 최선을 다하도록 동기를 유발하고 주의를 환기해야 한다. 평가실시과정의 주의사항은 〈표 1-2〉와 같다.

〈표 1-2〉 평가실시과정의 주의사항

주의사항	내용
라포 형성	부드럽고 따뜻한 분위기 유도, 학생들이 성실히 평가에 임하도록 주의 환기 및 격려하는 말 사용
목적 설명	학생들이 평가목적을 이해하고 진지한 태도로 평가에 임하도록 시험지 배부 전에 평가목적과 평가내용을 간단히 알려 줌
동기 유발	학생들이 최선을 다해 성실하고 정확하게 답하도록 동기를 유발해야 신뢰성 있는 평가결과를 얻을 수 있음
시간 엄수	모든 학생에게 표준화된 조건이 주어져야 하는 평가의 경우 철저한 시간 엄수가 요구됨

출처: 변창진 외(1996).

평가가 이루어진 후에는 결과를 채점하고, 점수를 기록해 평가의 기초자료를 만들어야 한다. 수행평가나 서술형 평가와 같이 채점에 평가자가 개입하는 경우에는 편견이 개입되거나 오류가 발생하지 않도록 유의해야 한다. 예를 들면, 서술형 답지의 경우 여러 명이 채점하여 평가의 일치성을 확인해 측정의 오차를 줄이고, 검사의 객관성과 신뢰성을 높이기 위한 노력을 해야 한다.

5) 평가결과의 활용

평가의 결과처리 이후에는 최종적으로 교육적 의사결정에 필요한 정보를 제공하기 위해 교육평가의 결과가 활용되어야 한다. 평가결과의 활용은 무엇보다 평가를 실시하는 목적에 따라 결정된다. 예를 들어, 수업 중에 실시하여 교수·학습을 극대화하는 형성평가 목적으로 쪽지시험을 실시하였다면, 결과는 학기말 성적에 포함되는 것이 아니라 학생들의 학습동기를 촉진하거나 학생들의 이해도를 점검하는 데 활용될 수 있다. 평가결과는 평가실시의 목적에 맞게 사용해야 한다. 물론 평가결과를 평가실시 목적에 맞게 사용해야 한다는 원칙을 따르되, 평가결과를 남용하거나 오용하지 않고 정당성과 합리성을 인정받는다면 다목적으로 사용될 수 있다. 즉, 본래의 목적 이외의 이차적 목적으로 평가결과를 사용하고자 한다면 평가결과가 이차적 목적을 위해 어느 정도 사용될 것인지, 언제 어떻게 사용될 것이며, 적합도는 어떠한지 등을 확인해야 한다.

연구문제

1. 정의방식에 따라 교육에 대한 정의를 기술하고, 자신의 정의를 내리시오.

2. 교육평가의 기본 가정을 기술하고, 자신의 정의를 내리시오.

3. 교육평가의 기능을 약술하고, 현실에서 교육평가의 고유한 기능이 제대로 발휘될 수 있는 방안을 서술하시오.

4. 측정관, 평가관, 총평관의 세 가지 교육평가관에 의해 행해지고 있는 교육평가의 사례를 각각 조사하고, 우리나라의 교육평가가 나아가야 할 바람직한 방향을 서술하시오.

제2장

교육평가의 유형

■ 교육평가의 유형별 의미와 특징을 비교하여 설명할 수 있다.
■ 교육평가의 유형별 장단점을 비교하여 설명할 수 있다.
■ 성취평가제의 의미와 특징, 평가방법을 이해할 수 있다.

흔히 우리는 "시험이 곧 경쟁이다."라고 말한다. 이런 인식은 모든 시험을 상대평가로 인식한 데에서 비롯된 것으로, 이러한 오해를 하지 않으려면 상대평가와 절대평가를 개념적으로 구분할 수 있어야 한다. 교육장면에서는 실제로 다양한 유형의 평가를 통해 자료를 수집하고 있다. 수집된 자료의 특성과 분석방법에 따라 양적평가와 질적평가로 구분된다. 평가는 교육이 시작되기 전과 교육이 진행되는 과정 그리고 교육이 끝난 후에 이루어져야 한다. 그리고 그 기준에 따라 진단평가, 형성평가, 총괄평가로 구분된다. 교육평가는 교육활동에 대한 가치판단을 하는 행위인데, 가치판단은 임의적으로 하는 것이 아니라 판단의 기준을 세우고 해야 한다. 그 기준에 따라 준거참조평가, 규준참조평가, 능력참조평가, 성장참조평가로 구분된다.

이와 같이 교육평가를 바라보는 관점에 따라 교육평가 유형이 구분되며, 교육평가의 유형에 따라 평가를 활용하는 방식이 다를 수 있다. 이 장에서는 학생평가에 초점을 맞추어 평가의 유형을 살펴본다. 그리고 최근에 학교교육의 질 관리와 교육력 제고를 위해 학교현장에 도입되어 시행되고 있는 새로운 평가방법인 성취평가제에 대해서도 살펴보고자 한다.

1. 평가유형의 분류

교육평가를 이해하는 데 반드시 알고 있어야 할 평가유형은 매우 많고, 그것을 구분하는 방식도 다양하다. 평가의 유형은 교육장면에서 의사결정을 하기 위해 필요한 정보를 수집하는 목적, 대상, 시기, 방법, 절차 등의 다양한 기준에 따라 구분할 수 있다. 이와 같이 다양한 교육평가의 유형은 교육평가의 대상을 바라보는 관점의 차이에 따라 구분되며, 교육평가의 유형에 따라 평가를 활용하는 방식이 다를 수 있다.

Bloom(1956)은 교육목표에 진술되어 있는 학습의 내용과 행동 중에 행동 차원을 기준으로 교육목표를 인지적 영역의 목표, 정의적 영역의 목표, 심동적 영역의 목표로 분류하는 교육목표 분류방법을 제안하였다(변창진 외, 1996). 그것이 계기가 되어 평가영역을 기준으로 인지적 영역의 목표가 성취된 정도를 확인하는 평가를 인지적 평가라 하고, 정의적 영역의 목표가 학습된 정도를 측정하는 평가를 정의적 평가라 부르며, 심동적 영역의 목표가 달성된 정도를 사정하는 평가를 심동적 평가라고 한다.

교육장면에서는 실제로 다양한 유형의 평가를 통해 자료를 수집하고 있다. 수집된 자료의 특성과 분석하는 평가방법에 따라 양적평가와 질적평가로 구분된다. 교육 활동을 하기 위해서는 교육이 시작되기 전과 교육이 진행되는 과정 그리고 교육이 끝난 후에 평가가 이루어져야 한다. 이처럼 평가의 기능과 목적에 따라 진단평가, 형성평가, 총괄평가로 구분할 수 있다.

교육평가는 교육과 관련된 현상에 대한 주관적 가치판단을 하는 행위인데, 주관적 판단은 임의적으로 하는 것이 아니라 판단의 기준을 세우고 해야 한다. 이처럼 평가 방법이 아닌 평가결과를 해석할 때 사용하는 평가기준에 따라 준거참조평가, 규준참조평가, 능력참조평가, 성장참조평가로 분류한다. 최근 교육부는 학교현장의 학생평가에서 경쟁 위주의 규준참조평가에 대한 문제점을 진단하고, 학생평가 방법의 질적 혁신을 위해 새로운 평가방법으로서 준거참조평가 기반 성취평가제를 도입하였다.

2. 준거참조평가와 규준참조평가

1) 준거참조평가

(1) 준거참조평가의 의미

준거참조평가(criterion-referenced evaluation)는 절대평가로 불리며, 학습자의 현재 성취수준이나 행동목표의 도달 정도를 알아보기 위한 평가방법이다. 즉, 준거참조평가는 교육목표 또는 학습목표를 설정해 놓고 이 목표에 비추어 학습자 개개인의 학업성취 정도를 따지려는 것이다. 다시 말해, 준거참조평가란 학습자가 무엇을 얼마만큼 알고 있는지를 재는 평가 또는 학습자가 정해진 준거나 목표에 도달하였는지를 판단하는 평가로서, 여기서의 무엇이라 함은 학습자가 성취해야 할 과제나 교육내용을 의미한다. 따라서 준거참조평가에서 가장 중요한 요소는 영역과 준거이다. 영역은 교육내용으로서 측정내용이 되고, 준거는 교육목표를 설정할 때 도달하여야 하는 최저 기준(minimum competency level)이라 할 수 있다.

준거참조평가는 발달적 교육관에 바탕을 두고 학습자의 개인차 극복에 관심을 가지고 있다. 발달적 교육관은 학교교육의 주된 목적이 개별 학습자의 잠재가능성을 최대한 개발시키는 데 있다고 보는 입장이다. 따라서 적절한 교수 · 학습방법과 개인의 노력에 의하여 학교에서 달성하고자 하는 교육목표에 학습자가 도달할 수 있다는 신념을 가지고 있다. 그러므로 학습 후의 학습결과에 대한 평가에서도 학습자 간의 개인차보다는 수업목표를 어느 정도 달성하였는지에 관심을 둔다. 준거참조평가는 일반적으로 교수 · 학습방법 개선이나 자격증을 부여할 때 사용된다. 준거참조평가는 일정한 준거에 도달하는 사람에게 발급되는 자격증을 부여할 때 사용된다. 자격증은 어떤 일을 성공적으로 수행할 수 있다고 보장하는 증명서로서 의사자격시험이나 간호사자격시험 등의 자격시험에서는 설정해 놓은 최소한의 성취목표에 도달한 사람에게 자격증을 부여해 준다.

(2) 준거

준거(criterion)의 사전적 의미는 어떤 사물의 특성을 판단하는 논리적 근거이다.

즉, 어떤 사물이 어떤 준거를 만족시키지 못하면 그것은 그 특성을 가지지 않는다고 말할 수 있다. 준거참조평가에서 '준거'란 평가도구가 '무엇을 재고 있는가?'의 '무엇'에 해당하는 것으로서, 교육목표를 설정할 때 도달해야 하는 최저 기준(minimum competency level)이라 할 수 있다. 여기서 준거는 최소 수행능력을 보유한 학습자를 가정하고 정답률, 도달-미도달 분류, 5단계 분류, 지식이나 기능에 대한 서술 등으로 제시될 수 있다(황정규 외, 2016). 이를테면, 학업성취도 검사에서 준거는 교사나 교과 내용 전문가가 해당 내용을 이해하였다고 가정하고 학생들에게 요구하는 최저 학습목표가 될 수 있고, 자격시험에서 준거는 관련되는 일을 성공적으로 수행할 수 있다고 판단되는 최소한의 성취목표가 될 수 있다. 예컨대, 자동차운전면허 1종 보통 필기시험에서는 사전에 최소한의 성취목표를 70점으로 설정하고, 이 기준에 도달한 모든 사람에게는 다른 사람들의 점수와 상관없이 필기시험 합격의 자격을 부여한다. 일반적으로 준거참조평가에서 준거는 여러 명의 전문가가 참여하여 합의된 준거 설정방법에 따라 의견을 조율해 나가는 절차를 통해 최종적으로 결정된다.

(3) 준거참조평가의 특징과 장단점

준거참조평가의 특징은 다음과 같다. 첫째, 검사의 타당도를 강조한다. 왜냐하면 원래 측정하려고 계획했던 수업목표를 얼마나 충실하게 측정하고 있느냐에 중점을 두기 때문이다. 둘째, 검사 점수의 부적 편포(negatively skewed distribution)를 기대한다. 즉, 모든 학습자가 설정된 교육목표를 달성하기를 바라기 때문에 검사 점수의 분포가 오른쪽으로 치우친, 정상분포에서 벗어난 부적 편포를 기대한다. 셋째, 학습자 개개인에 적합한 교수 · 학습의 기회를 제공함으로써 주어진 학습목표에 도달할 수 있다는 발달적 교육관에 바탕을 두고 있다.

준거참조평가의 장점은 다음과 같다. 첫째, 교수 · 학습이론에 적합하다. 즉, 무엇을 알고 무엇을 모르는지에 대한 정보를 직접적으로 제공해 주기 때문에 무엇을 어떻게 가르쳐야 할 것인지에 대한 시사점을 제시해 준다. 둘째, 교육목표, 교육과정, 교수방법 등의 개선에 용이하다. 셋째, 상대평가에 치중하지 않으므로 학습자들의 협동학습과 내재적 동기 유발에 적합하다.

반면에 준거참조평가의 단점은 다음과 같다. 첫째, 개인차의 변별이 쉽지 않다. 즉, 준거참조평가는 학습자 개인 간의 비교 및 우열을 판정하기가 어렵다. 둘째, 준거의 설정기준이 문제가 될 수 있다. 다시 말해, 교육에서의 절대기준은 교수목표이지만 이러한 교수목표를 누가 정하느냐 혹은 어떻게 정하느냐는 고도의 전문성이 요구된다. 셋째, 검사 점수의 통계적 활용이 어렵다. 이는 준거참조평가에서는 검사 점수의 정상분포를 부정하기 때문에 점수를 통계적으로 활용하기가 어렵다는 의미이다.

2) 규준참조평가

(1) 규준참조평가의 의미

규준참조평가(norm-referenced evaluation)는 상대평가로 불리며, 학습자의 평가결과를 그가 속해 있는 집단의 규준에 비추어 상대적인 위치를 밝혀 보는 평가방법이다. 즉, 어떤 학습자의 성취수준을 규준을 이용하여 그가 속해 있는 집단(학급, 학교 등)에서의 상대적인 위치에 비추어 해석한다. 따라서 학습자의 상대적인 능력이나 기술을 비교해 보고, 한 개인이 다른 학습자들에 비해 '얼마나 잘했는지 못했는지'에 초점을 두는 평가방법이다. 예를 들면, 학부모들이 자녀에게 "몇 등이니?" "너보다 잘한 학생이 몇 명이니?"라고 물을 경우 규준참조평가에 익숙한 결과이다.

규준참조평가는 선발적 교육관에 바탕을 두고 있는데, 이는 교육을 통하여 달성하고자 하는 목표나 수준에 도달할 수 있는 사람은 어떤 방법을 사용하든 소수에 지나지 않는다는 것이다. 즉, 규준참조평가에서는 학습자가 무엇을 얼마만큼 알고 있는지에 관심을 두기보다는 개인의 성취수준을 비교 집단의 규준에 비추어 상대적 서열이나 우열에 대한 개인차를 판단하는 것에 관심을 둔다. 규준참조평가는 주로 학생의 분류, 선발, 정치(placement) 등의 목적에 이용된다.

(2) 규준

규준참조평가에서 '규준(norm)'이란 비교하고자 하는 집단의 검사 점수의 분포로서, 원점수의 상대적 위치를 설명하기 위하여 쓰이는 척도라 할 수 있다. 규준은 규준 집단의 구성원들이 득점한 점수분포에 의해 결정된다. 그러므로 규준을 설정하기 위하여 표본이 모집단을 얼마나 잘 대표하였는지가 관건이 되며, 모집단에 따라 규준의 종류가 다양하다. 비교기준에 따라 국가단위 규준, 지역단위 규준, 학교단위 규준,

학년단위 규준, 학급단위 규준, 나이단위 규준 등이 있다. 좋은 규준이 완성되기 위해서는 모집단에서 추출된 표본이 모집단의 특성을 제대로 대표하고 있어야 한다. 이러한 표본에서 산출된 평균과 표준편차 등을 기준으로 개인이 모집단에서 어디에 위치하는지를 파악할 수 있다. 예를 들어, 만약 A 학생이 전국단위의 모의고사 국어과목에서 80점을 받았다면, A 학생의 상대적 위치가 어디에 있는지를 알기 위해서는 규준이 필요하다. 전국의 고등학교 3학년 학생을 대표할 수 있는 10,000명의 학생을 표본으로 추출하여 검사를 실시한 결과에서 얻은 평균점수가 70점이고 표준편차가 10점이었다면, 이 통계값이 규준이 된다.

(3) 규준참조평가의 특징과 장단점

규준참조평가의 특징은 다음과 같다. 첫째, 검사의 신뢰도를 강조한다. 즉, 규준참조평가에서는 학습자의 개인차를 얼마나 오차 없이 정확하게 측정하였는지에 중점을 두고 있다. 둘째, 검사 점수의 정상분포를 기대한다. 셋째, 학습자의 개인차를 극대화하는 선발적 교육관에 기본 입장을 두고 있다.

규준참조평가의 장점은 다음과 같다. 첫째, 규준참조평가는 개인차의 변별이 가능하다. 여러 개인의 상대적인 비교를 기초로 하는 객관성을 강조하고 엄밀한 성적 표시 방법을 채택함으로써 개인차를 변별할 수 있다. 둘째, 객관적인 검사의 제작기술을 통해 성적을 표시하고 있기 때문에 교사의 편견을 배제할 수 있다. 셋째, 규준참조평가는 학습자의 경쟁을 통한 외재적 동기 유발에 적합하다. 특히 등급이나 시험의 당락을 결정하는 평가의 경우 더욱 강력한 동기 유발을 촉진할 수 있다.

반면에 규준참조평가의 단점은 다음과 같다. 첫째, 교수·학습이론에 부적절하다. 즉, 무엇을 얼마만큼 알고 있는지에 관심을 두지 않기 때문에 무엇을 가르치고 배워야 하는지에 대한 정보가 적다. 둘째, 규준참조평가에서는 참다운 의미에서의 학력평가가 불가능하다. 예컨대, 학습자의 성취도가 집단 내에서의 상대적 비교로만 판정되기 때문에, 학습내용을 완전히 이해한 학습자라도 집단 전체가 우수하다면 학업성취도가 낮은 것으로 분석될 수 있다. 셋째, 규준참조평가에서는 학습자 간에 상대적인 비교와 우열을 강조함으로써 과다한 경쟁 심리가 조장되며, 이로 말미암아 정서적 부작용을 초래하고 인성 교육을 방해할 우려가 있다.

3) 준거참조평가와 규준참조평가의 비교

교육평가기준에서 절대적 준거인가 상대적 규준인가에 따라 크게 대비되는 준거참조평가와 규준참조평가를 여러 측면에서 비교해 보면 다음과 같다(황정규, 1998).

첫째, 준거참조평가와 규준참조평가는 평가의 기준이 다르다. 준거참조평가에서는 학습자가 '무엇을' 성취했느냐에 관심을 가진다. 반면에 규준참조평가에서는 학습자가 집단 내 '어느 위치'에 있느냐에 관심을 가진다. 즉, 준거참조평가는 절대적 기준인 반면, 규준참조평가는 상대적 기준이다.

둘째, 준거참조평가와 규준참조평가는 교육관에서 차이가 난다. 준거참조평가는 적절한 교수전략과 교육환경을 투입하면 모두가 성공할 수 있다는 신념에 기반을 둔 발달적 교육관에 바탕을 두고 있다. 반면에 규준참조평가는 평가체제의 본질상 반드시 실패자가 존재하는 선발적 교육관에 기초하고 있다.

셋째, 준거참조평가와 규준참조평가는 인간의 본질에 대한 인식이 다르다. 준거참조평가는 인간이 본성적으로 어떤 목표를 추구하려고 하고, 그 목표를 참조하는 능동적인 존재라고 본다. 반면에 규준참조평가는 인간을 생물학적 입장에서 자극-반응의 원리에 지배되는 존재로 본다. 선천적으로 능력 있는 유기체는 성공하게 되고, 그렇지 못한 유기체는 실패하게 된다고 보는 것이다.

넷째, 준거참조평가와 규준참조평가는 교육목표의 중요성에 대한 인식에서 차이를 보인다. 준거참조평가에서는 학습자가 설정된 교육목표를 성취했는지에 관심이 있다. 반면에 규준참조평가에서는 목표의 설정 자체가 무의미하다. 왜냐하면 각 학습자가 다른 학습자에 비해 얼마나 더 혹은 덜 성취했는지에 관심이 있기 때문이다.

다섯째, 준거참조평가와 규준참조평가는 개인차를 보는 시각이 다르다. 준거참조평가에서는 개인차를 교육의 누적적 실패(혹은 성공)에 의해서 생기는 것으로 보고, 개인차는 교육적 노력에 의해서 해소될 수 있다고 본다. 반면에 규준참조평가는 집단을 대전제로 하기 때문에 개인차는 필연적으로 생기는 것이며, 개인차가 클수록 교육평가가 성공했다고 본다.

여섯째, 준거참조평가와 규준참조평가는 평가와 교수·학습(수업)의 관련성에서 인식의 차이를 보인다. 준거참조평가에서는 평가와 교수·학습과정이 매우 밀접하며, 평가도구도 교수·학습 담당교사에 의해 제작되는 경우가 많다. 반면에 규준참조평가에서는 평가와 교수·학습과정을 밀접히 관련된 것으로 보지 않으며, 교사 외에 다른 전문가가 평가도구를 제작해도 무방하다고 본다.

일곱째, 준거참조평가와 규준참조평가는 절대 영점에 대한 개념에서 차이를 보인다. 준거참조평가는 절대측정의 개념으로 0점이란 성취해야 할 교육목표를 하나도 성취하지 못한 상태를 의미하므로, 신뢰도보다 타당도를 중시한다. 반면에 규준참조평가는 심리측정의 영향을 받아 인간의 행동을 정상분포의 가정과 법칙에 준하여 이해하고, 이에 따라 정상분포의 모형에 기초한 개인차를 잘 변별하면 좋은 평가도구가 된다. 따라서 타당도보다 신뢰도에 우선적인 가치를 둔다.

여덟째, 준거참조평가와 규준참조평가는 평가의 목적에서 차이를 보인다. 준거참조평가에서는 평가가 곧 교수·학습과정의 한 변인이 되기 때문에 교육목표 달성에 도움을 주는 진단적 기능, 형성적 기능이 강조되며, 이 정보는 주로 교수·학습방법 개선 등의 교수적 목적에 주로 이용된다. 반면에 규준참조평가에서는 수업이 시작되기 전과 수업이 끝난 후 학습자의 상대적 위치를 알아보는 데 관심이 있으며, 이 정보는 주로 분류, 선발, 정치와 같은 행정적 목적에 주로 이용된다.

이상의 준거참조평가와 규준참조평가를 비교·정리하면 〈표 2-1〉과 같다.

〈표 2-1〉 준거참조평가와 규준참조평가 비교

구분	준거참조평가	규준참조평가
평가목적	• 목표의 달성도 확인	• 서열 또는 우열의 판정
교육관	• 인간의 발달가능성을 믿는 발달적 교육관	• 개인차 중심의 선발적 교육관
평가기준	• 개인의 학습결과를 기준으로 판단	• 개인과 개인을 상호비교하여 판단
검사문항	• 난이도와 변별도 강조 안 함 • 목표를 잘 반영한 문항이 좋음	• 난이도와 변별도 강조 • 난이도는 적절하고 변별도는 높은 문항이 좋음
검사기록	• 원점수, 준거점수	• 표준점수, 백분위
검사도구	• 타당도 강조	• 신뢰도 강조
검사시간	• 충분한 검사시간 제공	• 검사시간 엄격하게 통제
결과활용	• 자격고사 등을 통해 자격부여 • 교수·학습방법 개선 등 교수적 목적에 이용	• 분류, 선발, 정치 등 행정적 목적에 이용

3. 양적평가와 질적평가

1) 양적평가

양적평가(quantitative evaluation)는 경험적·실증적 탐구의 전통을 따르는 입장으로 평가대상을 어떤 형태로든지 수량화하고, 이렇게 수량화된 자료를 가지고 통계적 기법을 이용하여 기술하고 분석하는 평가방법이다. 양적평가에서 수집된 자료는 수 혹은 양으로 표현되어 있다. 평가대상이 수나 양으로 측정되기 위해서는 평가대상이 객관적 객체로 존재해야 한다. 즉, 관찰에 의해 외면적으로 나타나지 않고 실증적으로 제시될 수 없는 것들은 평가의 대상에서 제외하거나 아니면 이를 검증할 수 있도록 조작하여 측정하거나 제시함으로써 정확성을 기한다. 이것이 바로 양적평가에서 강조하는 기준이다. 양적인 정확성을 기하기 위하여 평가자는 통제된 조건하에서 평가활동을 전개하고자 하는데, 학교에서 이루어지는 많은 평가문제가 가르친 내용 범위 내에서만 출제되는 것도 통제된 조건 속에서만 결과를 알아보려고 하는 의도인 것이다.

양적평가에서는 여러 가지 형태의 객관적인 문항이 개발되고, 이 형태들에 의한 평가결과는 거의 대부분이 수치로 나타나게 된다. 예를 들면, 학업성취도 검사결과 자체 또는 검사결과를 통계적 기법을 활용하여 수치화된 자료를 수집하는 것을 들 수 있다. 양적평가에서는 개개인의 독특한 특수 상황을 이해하기보다는 보편적이고 일반적인 내용을 평가의 내용으로 하며, 일반적인 것에 대한 반응을 중심으로 평가가 이루어진다. 그리고 그 결과는 객관성과 엄밀성을 유지하기 위하여 대개의 경우 수량적으로 제시된다.

양적평가는 평가방법이 과학적이고 체계적이어서 신뢰성과 객관성을 확보할 수 있다는 장점이 있다. 반면에 평가대상을 전체적으로 조망하거나 심층적으로 평가하기 어렵다는 단점이 있다.

2) 질적평가

근래에 교육평가 분야에서는 양적평가에만 의존하던 좁은 시각에서 벗어나 양적 평가에 대한 대안적 관점으로 질적평가에 대한 관심이 증대되고 있다. 질적평가 (qualitative evaluation)는 양적평가에서 간과되는 교수·학습의 질적 측면을 반영하는 평가방법을 포괄적으로 지칭하는 것으로 교육 프로그램이나 교육활동에 관련된 질적 자료를 수집하여 분석·이해하고 그 가치를 판단하는 과정이라고 할 수 있다. 즉, 질적평가는 소수의 사람이나 사례, 프로그램, 프로젝트에 관하여 더욱 구체적이고 생생한 자료나 정보를 수집·분석해서 그들을 좀 더 심층적으로 파악함으로써 그들의 실체나 과정에 대한 이해를 높이는 데 목적을 두는 평가이다(김정환, 1995).

이러한 질적평가는 현상적·해석적 탐구의 전통을 따르는 입장으로 평가에 관련된 당사자들의 상호주관적 이해에 바탕을 두고 교육현장 그 자체나 평가자의 경험을 통해 사실적으로 기술하고 해석하는 것으로, 사실적이고 현장 중심적이며 언어로 서술되는 평가방법이다. 예를 들면, 교사가 학생의 학습활동에 대한 관찰과 면담의 결과를 학교생활기록부 교과학습발달 상황의 세부능력 및 특기사항에 언어로 기술하는 것을 들 수 있다.

학습자의 학습활동을 돕기 위한 질적평가의 일반적인 특징을 황정규(1998)는 다음과 같이 요약하고 있다. 첫째, 전체적 관점(holistic view)을 갖는다는 것으로 현상이나 상황을 전체로서 이해할 수 있게 해 준다. 둘째, 귀납적(inductive) 특징으로서, 평가하려는 상황에 대해 사전에 어떤 기대를 갖지 않고 그 상황에서 의미를 찾아내려고 하는 귀납적 방법을 사용한다. 셋째, 자연 상황적 탐구(naturalistic inquiry)를 하는 것으로 평가자가 평가하려는 상황에 어떤 조작을 가하려고 시도하지 않고 있는 그대로를 평가한다.

질적평가는 양적평가에 비해 평가대상을 심층적으로 이해하고 종합적인 평가가 가능하다는 장점이 있다. 반면에 평가자의 주관이 개입될 소지가 많아 객관성과 신뢰성 확보의 어려움과 함께 평가결과를 일반화하는 데 어려움이 있다.

3) 양적평가와 질적평가의 비교

철학적 근거에서부터 평가의 목적, 내용, 방법 등에서 대비가 되는 양적평가와 질적평가는 평가의 목적과 문제의 성격에 따라 적용되어야 한다. 또한 이러한 양적 방법과 질적 방법이 상호보완적으로 이용됨으로써 평가의 타당성을 높일 수 있을 것이다. 다음은 양적평가와 질적평가를 비교ㆍ정리한 것이다.

첫째, 양적평가에서는 수량적인 자료에 의존하며 신뢰도를 강조하는 반면, 질적평가에서는 기술적인 자료에 의존하며 타당도를 강조한다. 양적평가에서는 관찰 가능하고 측정 가능한 행동에만 관심이 있으므로 눈에 보이는 확실한 행동만을 여러 가지 도구(질문지, 검사도구 또는 관찰평정척도)로 측정하여 정확한 숫자로 산출해 낸다. 반면에 질적평가에서는 수량화보다 인간의 행동을 있는 그대로 기술하여 제시하는 데 관심이 있으며, 특히 복잡하고 미묘한 특성을 지닌 인간의 행동을 단순한 숫자의 형태로 나타내는 것에 문제가 있다고 본다. 따라서 양적평가에서는 측정을 통한 수량화를 하기 때문에 측정의 신뢰도에 관심이 있으나 질적평가에서는 의미의 이해에 관심이 있으므로 타당도가 관심의 대상이 된다.

둘째, 양적평가에서는 객관성을 강조하는 반면, 질적평가에서는 주관성의 장점을 최대한 이용하고자 한다. 양적평가에서는 의견보다 사실을, 직관보다 논리를, 인상보다 확증을 중심으로 주관성을 배제하고 객관성을 확보하고자 한다. 반면에 질적평가에서는 필연적으로 가치판단이 개입되는 평가활동에서 주관성의 작용을 막을 수 없으므로 다수가 공감할 수 있는 상호주관성과 상호주관적 이해를 강조한다.

셋째, 양적평가에서는 법칙 발견을 위한 노력으로 일반성을 강조하는 반면, 질적평가에서는 이해 증진을 위한 노력으로 특수성을 강조한다. 자료분석방법으로 일반화를 목표로 하는 양적평가에서는 검사, 설문조사 등을 통해 통계분석을 활용하는 반면, 독특성을 중시하는 질적평가에서는 관찰, 면담 등을 통해 내용분석을 활용한다.

넷째, 양적평가는 연역적인 경향을 띠고 있으나 질적평가는 기본적으로 귀납적인 경향을 띠고 있다. 양적평가는 경험적ㆍ실증적인 탐구방법에 기초하고 있으므로, 가설을 설정한 후 가설 검증에 필요한 실증적 자료를 수집해서 통계적으로 가설을 검증하는 연역법의 논리와 유사하다. 질적평가는 현상적ㆍ해석적 탐구방법에 기초하고 있으므로, 개방적 태도를 가지고 관찰과 면접을 통하여 수집된 자료와 구체적인 개별 사례를 분석·종합하면서 깊이 있는 해석과 이해를 추구한다는 점에서 귀납법의 논리와 유사하다.

다섯째, 양적평가는 부분 중심인 반면, 질적평가는 전체 중심이다. 양적평가에서는 평가대상을 여러 개의 구성요소나 하위 유목으로 세분화해 독립적으로 탐구될 수 있다고 보고, 평가의 의도에 맞게 사태를 적절히 통제하면서 이러한 구성요소를 분석하는 데 노력한다. 질적평가에서는 어떤 현상이나 프로그램 상황을 원자적인 부분으로 분석하지 않고 복합성을 인정하기 때문에 자연 상태에 있는 그대로의 전체로서 이해하고자 노력한다.

여섯째, 양적평가에서는 결과평가가 관심의 대상이나 질적평가에서는 결과뿐만 아니라 그러한 결과에 도달하기까지의 과정평가에도 많은 관심이 있다. 양적평가에서는 투입된 교육 프로그램이나 환경조건이 정적인 상태를 유지한다고 보고 있으나 질적평가에서는 동적인 상태로 보고 동일한 환경조건이라도 개인의 지각 여하에 따라서 그 상호작용의 의미가 달라질 수 있다고 본다.

이상의 양적평가와 질적평가를 비교·정리하면 〈표 2-2〉와 같다.

〈표 2-2〉 양적평가와 질적평가의 비교

구분	양적평가	질적평가
탐구방법	경험적·실증적 탐구	현상적·해석적 탐구
신뢰도와 타당도	신뢰도	타당도
주관과 객관	객관성 강조	상호주관적 이해 강조
평가목적	일반성 강조	특수성 강조
논리	연역법	귀납법
결과분석	통계분석	해석적 분석
부분과 전체	구성요소 분석에 노력	통합된 전체 이해 강조
과정과 결과	결과 중심	과정 중심
자료수집방법	실험적 방법, 질문지 등의 검사도구	심층면담, 참여관찰

4. 진단평가, 형성평가, 총괄평가

1) 진단평가

진단평가(diagnostic evaluation)는 교수·학습활동이 시작되기 전에 수업전략을 위한 기초자료를 얻고, 어떤 교수·학습방법이 적절한지를 결정하기 위하여 학습자의 기초능력을 진단하는 평가라 할 수 있다. 즉, 학습자가 지닌 인지적 능력과 정의적·신체적 특성, 문화적 환경 등을 파악하여 동일한 출발점에 있는지를 파악하는 것이다.

진단평가의 예로는 수업시간 전에 실시하는 쪽지시험 또는 퀴즈, 수업을 시작하기 전에 복습 여부를 묻는 질문, 전학년도 성적표나 학교생활기록부를 토대로 학습자의 특성을 파악하여 교사가 간단히 제작한 질문 혹은 시험 등을 들 수 있다. 특히 진단평가에서는 준비도검사, 적성검사, 자기보고서 그리고 관찰법 등의 다양한 평가도구가 사용될 수 있다. 진단평가의 기능을 구체적으로 살펴보면 다음과 같다.

첫째, 학습의 예진적 기능을 들 수 있다. 예진적 기능이란 학습자의 기본적인 학습능력, 학습동기, 선수학습의 정도를 확인하는 것을 말한다. 다시 말해서, 학교교육현장에서 새로운 단원에 대한 수업을 진행할 때, 학급 내 학습자 개개인의 선수학습과 사전학습 정도를 정확하게 파악하여 이를 학습지도에 이용할 수 있다.

둘째, 학습실패의 교육 외적 원인을 파악할 수 있다. 학습자가 학습에서 나타내는 지속적인 학습장애의 원인과 학습자의 학습환경에 관한 정보를 수집하여 적절한 의사결정을 할 수 있다. 이런 요인은 대체로 신체적·정서적·환경적인 것으로 분류된다. 신체적 요인으로는 건강 상태의 이상, 운동·감각 기능의 장애 등이 있으며, 정서적 요인으로는 심리적 갈등이 주가 된다. 그리고 환경적 요인에는 물질적·경제적 빈곤에서 문화 실조에 이르기까지 다양한 요인이 있을 수 있다.

셋째, 일반적으로 진단평가는 교수·학습이 이루어지기 전에 실시하는 것으로 볼 수 있지만, 수업이 진행 중일 때 실시될 수도 있다. 이런 경우의 진단평가는 형성평가와 유사한 측면도 있지만, 그 목적이나 기능 면에서 볼 때 개념적으로 구분되는 평가활동이다. 진단평가는 학습자의 학습결함, 환경적 요인, 신체적·정서적 문제와 같은 비교적 장기간에 걸쳐서 형성된 특성을 파악하기 위한 것이다. 반면에 형성평가는 수업자료나 수업방법을 개선함으로써 현재 진행 중인 수업의 효과를 극대화하기 위한 목적으로 실시되는 것이다. 즉, 형성평가는 비교적 단순한 단기간의 학습상 문제에 대한 응급처치에 해당하며, 진단평가는 그에 비해 상대적으로 고질화된 학습상의 문제에 대해 보다 근본적인 원인을 탐색하려는 평가활동이라 할 수 있다(황정규외, 2016).

2) 형성평가

형성평가(formative evaluation)는 교수·학습활동이 진행되고 있는 유동적인 상태에서 교수활동이 계획한 대로 진행되고 있는지를 확인하는 평가이다. 즉, 교수·학습과정 중에 가르치고 배우는 내용을 학습자가 얼마나 잘 이해하고 있는지를 수시로 점검하고, 학습자의 수업능력, 태도, 학습방법 등을 확인함으로써 교육과정을 개선하고 교재의 적절성을 확인할 수 있다.

Scriven(1967)이 교육과정 개선을 위한 평가의 역할을 총괄평가와 형성평가로 구별하면서 형성평가란 말을 처음 사용하였는데, 형성평가를 통하여 교수·학습이 진행되는 도중에 학습자에게 피드백(feedback)을 줄 수 있으며, 교육과정을 개선하고 수업방법을 개선할 수 있다고 보았다.

형성평가는 교수·학습활동이 진행되고 있는 도중에 학습의 진전 상황에 관한 정보를 수집·분석하여 그 수업 및 학습을 개선하기 위해 실시하는 활동이다. 이와 같이 형성평가는 수업 중이나 단원을 학습하는 도중에 수시로 실시할 수 있으며, 교사가 제작한 검사를 주로 이용하지만 교육전문기관에서 제작한 검사를 이용할 수도 있다. 형성평가의 주된 기능은 다음의 네 가지로 제시할 수 있다.

첫째, 형성평가는 학습자의 학습진행 속도를 조절한다. 즉, 교과내용의 분량이 많거나 학습내용이 일정한 앞뒤 관계에 의하여 조직되어 있을 때, 적절한 횟수로 평가를 실시함으로써 학습진행 속도를 조절할 수 있다.

둘째, 형성평가는 학습자의 학습동기를 유발한다. 형성평가를 통해서 설정된 학습목표를 거의 달성하였다는 사실을 학습자가 확인함으로써, 그 뒤에 이어지는 학습을 용이하게 해 줄 뿐 아니라 학습동기를 유발할 수 있다.

셋째, 형성평가는 학습곤란을 진단하고 교정한다. 형성평가는 학습자에게 교수목표에 비추어 무엇을 성취했고 무엇을 더 학습해야 하는지를 구체적으로 알려 주는 장점을 가지고 있기 때문에, 학습자로 하여금 자신이 학습곤란을 겪고 있는 내용이 무엇인지를 스스로 발견하고 해소해 나가도록 한다.

넷째, 형성평가는 학습지도 방법의 개선에 이바지할 수 있다. 교사는 형성평가를 통하여 자신이 가르친 학습자에 대한 교수방법의 단점을 구체적으로 분석하고 개선할 수 있다.

3) 총괄평가

총괄평가(summative evaluation)란 교수 · 학습활동이 끝난 다음 교수목표의 달성, 성취 여부를 종합적으로 판정하는 평가를 말하며, 일명 총합평가라고도 한다. 즉, 총괄평가는 한 과목, 학기 그리고 교육 프로그램이 끝나는 시점에 실시하는 평가로 성취 혹은 숙달 정도와 교육목표 달성 여부를 결정하는 활동이라 할 수 있다.

총괄평가에서는 학습자가 도달하도록 의도된 교육목표를 어느 정도 성취하였는지에 주된 관심이 있다. 그러므로 총괄평가는 평가내용에 대한 전반적인 이해 정도를 측정하기 위해 실시된다. 총괄평가를 위한 평가도구는 교육목표의 성격에 의해 결정되며, 교사제작검사, 표준화검사, 작품평가방법 등이 사용된다. 총괄평가의 구체적인 기능은 다음과 같다.

첫째, 총괄평가는 학습자의 성적을 결정한다. 즉, 전체 과목이나 중요한 학습내용에 대한 교수의 효과가 어느 정도인지를 판단하고, 그 결과에 의해 성적을 내고 평점을 주며 서열을 결정한다.

둘째, 총괄평가를 통한 평가결과는 학습자의 미래 학업성적을 예측하는 데 도움을 준다. 일반적으로 현재의 학업성적은 미래의 학업성적과 높은 상관관계를 가지고 있기 때문에, 현재의 성적을 평가함으로써 학습자 개개인의 미래의 성적을 쉽게 예측할 수 있다.

셋째, 총괄평가는 집단 간의 성적을 비교할 수 있는 정보를 제공해 준다. 학습자 집단 간의 종합적인 학습성과를 교수방법의 유형이나 학습자료의 종류 등과 관련해 비교 · 분석함으로써 학습성과에 대한 정보를 수집할 수 있다.

넷째, 총괄평가는 학습자의 자격을 인정하는 판단의 역할을 한다. 즉, 학습자가 지닌 기능이나 능력, 지식이 요구하는 정도의 자격에 부합하는지를 인정하기 위한 판단을 할 경우에 총괄평가의 결과는 크게 도움이 된다.

4) 진단평가, 형성평가, 총괄평가의 비교

진단평가, 형성평가, 총괄평가는 교육의 전체 과정에서 진행 순서에 의하여 실시되는 평가이며, 비형식적이거나 형식적 형태로 이루어진다. 진단평가와 형성평가는 비형식적으로 이루어지는 경우도 적지 않으며, 총괄평가는 일반적으로 형식적 평가로 이루어진다. 진단평가, 형성평가, 총괄평가를 비교·정리하면 〈표 2-3〉과 같다.

〈표 2-3〉 진단평가, 형성평가, 총괄평가의 비교

구분	진단평가	형성평가	총괄평가
목적	• 출발점 행동의 확인 • 적절한 교수 투입	• 적절한 교수·학습 진행 • 교수법(프로그램) 개선	• 교육목표 달성 판정 • 책무성
기능	• 정치(placement) • 선수학습능력 진단 • 학습장애요인 파악 및 교정	• 피드백 제공으로 학습 촉진 • 교수방법 개선	• 성적판정 • 자격부여 • 수업효과 확인
시기	• 교수·학습 시작 전 • 단원, 학기, 학년 초	• 교수·학습 진행 도중 • 수시평가	• 교수·학습 완료 후
방법	• 비형식적·형식적 평가	• 비형식적·형식적 평가	• 형식적 평가
기준	• 준거참조평가	• 준거참조평가	• 규준참조평가 혹은 준거 참조평가
주체	• 교사	• 교사, 학생	• 교사, 교육전문가

5. 능력참조평가와 성장참조평가

1) 능력참조평가

능력참조평가(ability-referenced evaluation)는 학생이 지니고 있는 능력을 기준으로 하여 얼마나 최선을 다했는지(maximum performance)에 초점을 두는 평가방법으로, 개인의 능력 정도와 수행결과를 비교하여 그 학생이 지니고 있는 능력이 최대한 발휘된 것인지를 살펴본다. Oosterhof(2001)에 따르면 개인의 능력 정도와 수행결과를 비교하는 평가에서 다음의 두 가지 질문이 고려될 수 있다. 하나는 '학생이 지니고 있는 능력을 최대한 발휘한 것인가?'이며, 또 다른 질문은 '충분한 시간이 부여되었을 때 더 잘할 수 있었는가?'이다.

능력참조평가의 특징은 학생 개인이 지니고 있는 능력을 얼마나 발휘하였는지에 관심을 두므로 개인을 위주로 하는 평가방법이라는 것이다. 예를 들어, 우수한 능력을 지녔을지라도 최선을 다하지 않은 학생과 능력이 낮더라도 최선을 다한 학생이 있을 때 후자의 성취수준이 낮더라도 더 좋은 평가결과를 얻을 수 있다. 이와 같이 능력참조평가는 각 학생의 능력과 노력에 따라 평가되며, 이는 교육의 예에서 '노력상'을 들 수 있다.

능력참조평가의 장점은 개별 학생의 파악된 능력수준에서 그들의 최선을 인정해 주고 학습에 기울인 노력 정도에 대한 피드백이 가능하다는 것이다. 즉, 능력참조평가는 학생 개개인의 수준을 고려해 이루어지는 개별화된 평가로서 교수 · 학습과정에서 유용하게 활용된다.

반면에 능력참조평가의 단점으로는, 첫째, 능력참조평가를 하려면 학생이 지니고 있는 능력에 대해 정확히 추정해야 하는데, 능력수준을 정확하게 추정하기가 매우 어렵다는 문제가 있다. 둘째, 정확한 정보가 없을 경우 능력참조평가를 실시하기 어렵기 때문에 특정 기능과 관련된 능력의 정확한 측정치에 의존하게 되므로 해당 능력에 국한해 학습자의 수행을 해석하게 되는 한계가 있다.

2) 성장참조평가

　성장참조평가(growth-referenced evaluation)는 교육과정을 통하여 얼마나 성장하였는지에 관심을 두는 평가방법으로, 개인의 초기 능력수준에 비추어 얼마만큼 능력의 향상을 보였는지를 평가한다. 즉, 최종 성취수준 자체보다 사전 능력수준과 평가시점에 측정된 능력수준 간의 차이에 관심을 두는 평가로, 과거 교육의 예에서 '진보상'을 들 수 있다. 성장참조평가는 학생들이 과거에 비해 어느 정도 성장하고 진보했는지를 파악하고자 할 때 유용하다.

　Oosterhof(2001)에 따르면, 성장참조평가 결과가 타당하기 위해서는 다음의 세 가지 조건이 충족되어야 한다. 첫째, 사전에 측정한 점수가 신뢰성이 있어야 한다. 둘째, 현재 측정한 측정치가 신뢰성이 있어야 한다. 셋째, 사전에 측정한 점수와 현재 측정한 점수와는 상관이 낮아야 한다. 이상의 조건에서 만약 사전에 측정한 점수나 현재 측정한 점수가 신뢰성이 없다면 능력의 변화를 제대로 파악할 수 없을 것이다. 그러므로 능력의 변화를 측정하는 검사도구의 신뢰도가 고려되어야 한다. 또한 만약 사전에 측정한 점수나 현재 측정한 점수가 본질적으로 상관이 높다면, 이는 학생들의 성장에 의한 것이 아니라 관계에 의한 당연한 결과라고 볼 수 있다. 그러므로 측정된 두 점수 간에는 상관이 낮아야 한다.

　성장참조평가는 능력의 변화과정과 성장 정도까지 고려하므로 학습자는 물론 교수자에게 더 많은 정보를 제공해 줄 수 있고, 이를 통해 개별화 교육을 촉진할 수 있다는 점에서 교육적으로 중요한 의미를 지닌다. 또한 최근에 대두되고 있는 교수 · 학습이론과 연계될 수 있는 평가방안으로, 교수 · 학습에서 매우 중요한 정보를 제공해 줄 수 있다. 하지만 일반적으로 사람들은 성적을 성취수준과 동일시하고 있으므로 진보나 향상 정도를 기준으로 성적을 줄 경우 성적의 의미를 왜곡할 가능성도 있다. 이러한 평가방식을 채택하면 학생들이 사전검사에서 일부러 틀릴 가능성도 있다. 성장참조평가는 이런 문제점이 있으므로 형성평가와 같이 비교적 영향력이 적은 평가에 국한해서 사용하고, 규준참조평가나 준거참조평가의 보조도구로 활용하는 것이 좋다. 영향력이 큰 평가에서는 규준참조평가나 준거참조평가를 사용하는 것이 바람직하다.

3) 능력참조평가와 성장참조평가의 비교

개별화된 평가라는 공통점을 지닌 능력참조평가와 성장참조평가는 대학 진학이나 자격증 취득을 위한 행정적 기능이 강조되는 고부담 검사(high-stakes test)와 같은 평가환경에서는 평가결과에 대한 공정성 문제가 제기될 수 있다. 그러나 이 두 가지 평가방법은 학생 개인에 초점을 맞추어 개인의 수행능력이 최대한 발휘되고, 성장과 변화의 기회를 부여하도록 하는 측면에서 좀 더 교육적인 평가방법이라 할 수 있다. 따라서 교육을 통한 행동과 능력의 변화라는 교육의 본래 목적을 생각할 때 교육적이며 교수적 기능을 강조하는 능력참조평가와 성장참조평가를 실시하는 것이 바람직하다.

능력참조평가와 성장참조평가를 실시하기 위한 기본 전제조건은 학생이 지니고 있는 능력에 대한 정확한 정보가 제공되어야 한다는 것과 학생이 소유한 능력의 정도, 능력의 변화 등을 측정하는 도구의 타당도와 신뢰도가 고려되어야 한다는 것이다. 또한 교사들이 학생 개개인에게 관심을 갖고 능력을 파악할 수 있도록 교사당 학생 수를 줄이는 정책도 병행되어야 한다.

이상의 내용을 바탕으로 능력참조평가와 성장참조평가를 비교·정리하면 〈표 2-4〉와 같다.

〈표 2-4〉 능력참조평가와 성장참조평가 비교

구분	능력참조평가	성장참조평가
강조점	최대 능력 발휘	능력의 변화
교육신념	개별화 학습	개별화 학습
비교대상	노력과 수행의 정도	진보와 변화의 정도
개인 간 비교	고려하지 않음	고려하지 않음
이용도	최대 능력 발휘를 위한 교수적 기능	학습 향상을 위한 교수적 기능

6. 준거참조평가 기반 성취평가제

1) 성취평가제의 의미

우리나라에서 성취평가제 도입은 학교교육의 평가방법이 학생들 간 서열중심평가(상대평가)에서 학생들이 성취해야 할 목표(성취기준)중심평가(절대평가)로 전환되었음을 의미한다. 교육의 본질적 가치를 구현하기 위해 도입된 성취평가제는 국가에서 제공한 성취기준과 성취수준을 바탕으로 학생들이 성취기준에 어느 정도 도달했는지를 측정하는 평가제도이다(박은아 외, 2013). 즉, 성취평가제는 상대적 서열에 따라 '누가 더 잘했는지'를 평가하는 것이 아니라 '학생이 무엇을 어느 정도 성취하였는지'를 평가하는 제도이다. 그러므로 성취평가제는 기본적으로 학생의 학업성취도를 준거참조평가에 기반을 둔 절대적인 기준에 의해서 평가하려는 제도라 할 수 있다. 절대적인 기준에 의하여 학생을 평가한다는 점에서는 절대평가로 볼 수 있다. 하지만 학업성취도를 판단하는 기준이 단위학교에 의해 임의적으로 결정되는 것이 아니라 국가 교육과정에서 제시하고 있는 교과목별 성취기준을 적용하고 있다는 점에서 기존의 절대평가와 구분할 필요가 있다. 이에 따라 성취평가제는 국가수준의 교육과정에서 제시하고 있는 교과목별 '성취기준'에 따라 학생이 도달한 '성취수준'을 평가한다는 것을 강조하기 위해 절대평가라는 용어 대신에 성취평가제를 사용하였다(지은림, 2012).

성취평가제에서는 개별 학생을 독립적인 학습자로 간주한다. 학생들은 사전에 설정된 성취기준에 따라 학습하고, 교사들은 다양한 평가과제를 부여하여 학생들의 성공적인 학습을 안내하고 도와준다. 성취평가제는 개별 학생의 능력에 대한 정확한 진단과 향상을 목표로 국가수준의 교육과정에 근거하여 개발된 교과목별 성취기준을 준거로 하여 교수·학습활동이 이루어지고, 이에 대해 학생들이 어느 정도 성취했는가를 A-B-C-D-E(또는 A-B-C/P)로 평가하는 제도이다. 이러한 관계를 그림으로 나타내면 [그림 2-1]과 같다.

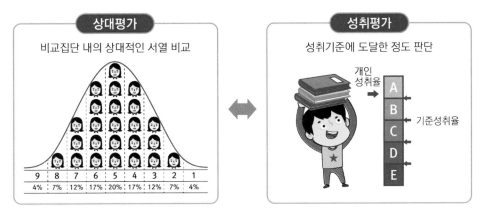

[그림 2-1] 성취평가제의 의미

출처: 한국교육과정평가원(2013b).

2) 성취평가제의 특징

성취평가제는 지나친 경쟁과 서열을 조장하는 종래 규준참조평가의 문제점을 상당 부분 극복할 수 있게 해 준다는 점에서 평가체제 혁신이라 할 수 있다. 준거참조평가 개념을 기반으로 하는 학생평가 방법인 성취평가제의 주요 특징을 살펴보면 다음과 같다(박은아 외, 2013).

첫째, 학생이 성취기준에 비추어 어느 정도 알고 할 수 있는지에 관심을 갖는다. 성취평가제는 상대평가처럼 학생들을 일렬로 성적 줄 세우기를 하는 것이 아니라, 사전에 설정된 준거에 비추어 학생들의 성취수준을 파악하고 도달한 성취 정도에 대한 정보를 제공한다.

둘째, 교육과정에 근거한 성취기준, 교수·학습, 평가의 유기적 연계를 강조한다. 성취평가제에서의 평가는 성취기준 및 교수·학습과의 긴밀한 관계 속에서 이루어진다. 성취기준은 학생들이 도달해야 할 지식, 기능, 태도 등의 특성을 기술한 것인데, 이것은 교수·학습과 평가의 구체적인 방향을 설정해 주는 역할을 한다. 성취평가제에서 교육과정, 교수·학습, 평가의 연계를 도식으로 나타내면 [그림 2-2]와 같다.

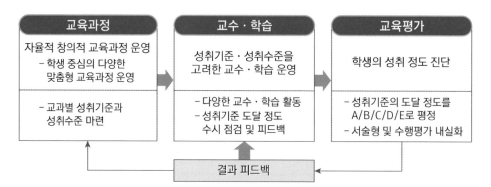

[그림 2-2] 성취평가제에서 교육과정, 교수·학습, 평가의 관계

출처: 박은아 외(2013).

셋째, 성취평가제는 학습 개선을 위한 평가결과 활용과 학생, 학부모와의 의사소통을 중요하게 생각한다. 성취평가제에서 평가결과는 학생에 대한 피드백 자료가 될 뿐만 아니라 교사의 수업 개선을 위한 피드백 자료가 된다. 즉, 교사들은 학생들의 성취 정도에 대한 정보를 제공하는 평가결과를 활용하여 학생들이 어떤 성취기준 달성에서 어려움을 겪고 있는지, 특히 성취수준이 낮은 학생들이 어떤 학습의 어려움을 가지고 있는지 파악하고, 이 정보를 기존의 교수·학습방법을 개선하고 향후 교수·학습방법을 계획할 때 활용할 수 있다. 그리고 성취평가제에서 평가는 학생과 학부모가 성취기준에 대한 도달 정도를 파악하고 해석할 수 있도록 해 줌으로써 교사와 학생, 학부모 간의 의사소통이 보다 원활해진다.

3) 성취평가제의 평가방법

(1) 성취도 산출

학교현장에서 준거란 교육목표를 설정할 때 도달하여야 하는 최저기준이라고 할 수 있다. 교육장면에서 준거는 주로 학습목표이기 때문에 성취평가제에서 준거란 성취기준으로 볼 수 있지만, 실질적으로 성취평가제에서 성취 정도는 성취기준에 대한 도달 여부가 아닌 5수준(A/B/C/D/E) 또는 3수준(A/B/C)으로 구분하여 나누어지므로, 평가의 내용인 성취기준뿐만 아니라 성취수준의 구분까지 포함하는 것이 준거라고 할 수 있다. 각 성취수준은 기준성취율에 의하여 나누어지고, 그 기준성취율이 성취수준의 준거로 표현된다. 기준성취율은 학생들이 성취목표에 도달한 정도에 따라 성취도를 구분하기 위한 기준이다. 예를 들면, 평가결과 기준성취율이 90% 이상 도달한 학생은 성취수준 A로, 기준성취율이 80% 이상 90% 미만에 머문 학생은 성취수준 B로 평정이 이루어진다. 기준성취율과 원점수에 따라 평정하는 과목별 성취도는 [그림 2-3]과 같다.

일반교과		체육, 예술 교과	
성취율(원점수)	성취도	성취율(원점수)	성취도
90% 이상	A	80% 이상 ~ 100%	A
80% 이상 ~ 90% 미만	B	60% 이상 ~ 80% 미만	B
70% 이상 ~ 80% 미만	C		
60% 이상 ~ 70% 미만	D	60% 미만	C
60% 이상	E		

[그림 2-3] 교과목별 기준성취율

출처: 교육부(2019. 12. 17.).

학교현장에서는 매 학기말 지필평가와 수행평가의 환산점수를 합산한 후 성취도를 산출한다. [그림 2-3]에서 원점수는 지필평가 및 수행평가의 반영비율 환산점수 합계(소수 셋째 자리까지 산출)를 소수 첫째 자리에서 반올림하여 정수로 기록한 것으로, 100점 만점으로 환산된 학기말 원점수는 성취율과 동일한 의미를 갖는다(한국교육과정평가원, 2012). 원점수 및 성취도 산출방법의 예시는 〈표 2-5〉와 같다.

〈표 2-5〉 원점수 및 성취도 산출방법 예시

이름	1차 지필 (35%)	2차 지필 (40%)	수행 1 (10%)	수행 2 (15%)	환산점수 합계	원점수	성취도
홍길동	91.1	86.4	95.5	90	89.495	89	B
홍길순	93.4	84.4	97	89	89.500	90	A

출처: 한국교육과정평가원(2012).

앞의 〈표 2-5〉에서 홍길동의 환산점수 합계는 89.495이고 홍길순은 89.500이므로, 홍길동의 원점수는 89점, 홍길순의 원점수는 90점이다. 따라서 홍길동의 성취도는 B, 홍길순의 성취도는 A가 된다.

(2) 분할점수

우리나라에 도입된 성취평가제는 준거참조평가에 기반을 둔 평가방법이다. 준거참조평가는 학습자가 무엇을 얼마만큼 알고 있는지를 평가하는 것이다. 여기서 '무엇'이라고 하는 것은 평가내용이 되고, '얼마만큼'이라고 하는 것은 평가기준이 된다. 준거참조평가에 기반을 둔 성취평가제에서의 '무엇'이 바로 '성취기준'이며, '얼마만큼'이 '성취수준'으로 연결되어 성취수준은 기준성취율과 분할점수에 의해 결정된다(손민정 외, 2015).

성취평가제에서 기준성취율과 성취수준에 대한 준거는 추상적이고 개념적이기 때문에 실제로 몇 점을 받아야 어떤 수준을 가리키는지는 명확하지 않다. 성취평가제에서 성취기준에 근거하여 학생들의 성취수준을 평가하기 위해서는 성취율에 따른 분할점수의 설정이 중요하다. 분할점수(cut-off score)는 평가에 의하여 학생들의 성취 혹은 수행 정도의 차이를 구별하기 위해 둘 이상의 범주 혹은 집단으로 분류하는 준거에 해당하는 평가척도상의 점수이다(손민정 외, 2015). 분할점수를 결정하는 준거 설정방법에는 앙고프(Angoff) 방법, 북마크(Bookmark) 방법, 에벨(Ebel) 방법 등이 있다. 앙고프 방법은 Angoff(1971)가 제안한 것으로 최소한의 능력을 가진 피험자들로 구성된 집단에서 어느 정도 비율의 피험자가 문항의 정답을 맞힐 수 있는지를 추정한 뒤, 각 문항의 정답을 맞힐 피험자 비율의 총합 또는 평균을 준거점수로 설정하는 방법이다. 북마크 방법은 평가전문가에 따라 문항난이도가 다르게 추정되는 앙고프 방법의 단점을 보완하기 위해 Lewis, Mitzel과 Green (1996)에 의해 소개되었다. 앙고프가 피험자들을 중심으로 문항정답률을 통해 준거를 설정하는 방법이라면, 북마크는 문항반응이론에 따라 검사 문항에 대한 분석을 한 후 이를 바탕으로 준거를 설정하는 방법이다. 에벨 방법은 Ebel(1972)이 제안한 방법으로 문항난이도와 적절성에 따라 문항을 범주화한 후 문항범주에 따라 예상정답률을 추정하는 과정을 통해 준거를 설정하는 방법이다.

성취평가제에서는 학기초에 마련된 성취기준의 도달 정도를 측정하는 평가도구를 개발하는데, 모든 학교의 평가도구가 동일하지 않으므로 단위학교 수준에서 개발된 평가도구에 따른 성취수준 설정이 필요하다. 성취수준 설정은 학생들의 성적을 평정하기 위해 각 성취수준을 구분하는 분할점수를 산출하는 과정이다. 분할점수에는 90점/80점/70점/60점으로 고정되어 적용되는 '고정분할점수'와 단위학교의 교육과정 및 교과목 특성 혹은 학생수준에 따라 성취수준별 분할점수를 달리할 수 있는 단위학교 산출 분할점수인 '변동분할점수'가 있다. 여기서 주의할 점은 성취평가제에서 고정분할점수를 사용하든 변동분할점수를 사용하든 성취도를 구분하는 기준 성취율은 동일하다는 것이다. 성취수준별 분할점수를 결정할 때 중학교에서는 90점/80점/70점/60점으로 고정된 '고정분할점수'를 적용하고, 고등학교에서는 교과협의회에서의 결정에 따라 '고정분할점수' 또는 '변동분할점수'를 선택하여 적용한다. 고등학교 성취평가제 보통교과에서 적용하고 있는 단위학교 산출 분할점수인 변동분할점수 설정방법은 '에벨 방법'에 근거를 두고 있다(손민정 외, 2015). 단위학교에서 평가도구의 특성을 반영한 성취수준별 분할점수 설정과정은 [그림 2-4]와 같다.

[그림 2-4] 분할점수 설정과정

출처: 한국교육과정평가원(2013b).

　현재 고등학교 성취평가제 보통교과에서 단위학교 산출 분할점수인 변동분할점수를 적용할 경우 '성취평가 분할점수 산출 프로그램'을 활용하여 각 성취도에 맞는 분할점수를 찾아내 A/B/C/D/E 등급을 부여하고 있다. 따라서 분할점수를 산출하는 과정에서 교과담당 교사들이 학기단위 성취수준기술 및 각 성취수준에서의 최소 능력 특성을 함께 검토하여 분할점수에 대한 합의를 도출하는 것이 중요하다. 그리고 분할점수는 반드시 평가문항이 확정된 후 평가시행 이전에 산출하여 학생들에게 공지되어야 한다.

(3) 성취기준과 성취수준

성취기준(achievement standard)은 각 교과목에서 학생들이 학습을 통해 성취해야 할 지식, 기능, 태도의 특성을 진술한 것으로 교육내용의 범위와 수준을 결정한다. 학생 입장에서는 무엇을 공부하고 성취해야 하는지, 교사 입장에서는 무엇을 가르치고 평가해야 하는지에 대한 판단의 기준이 된다. 성취기준은 국가수준에서 제공하는 성취기준을 참고하여 설정해야 하며, 국가수준에서 제공하는 성취기준을 활용할 수 없는 경우 교육과정의 교과목별 목표 및 내용을 토대로 개발해야 한다. 성취수준(achievement level)은 학생들이 교과별 성취기준에 도달한 정도를 몇 개의 수준으로 구분하고, 각 수준에 속한 학생들이 무엇을 알고 할 수 있는지를 나타낸 것이다. 성취수준은 성적을 판정하는 잣대가 되며, 학생이 성취기준에 도달한 정도에 따라 성적을 A, B, C, D, E로 표기한다.

성취평가제는 준거참조평가와 마찬가지로 다른 학생들의 성취도나 학급 전체 평균 또는 석차를 비교하지 않는다. 준거참조평가는 학생의 성취수준을 사전에 정립된 내용영역 안에서 기술하고 그 내용영역의 관점에서 학생이 무엇을 할 수 있는지에 대한 정보를 제공하는 평가이어야 한다. 그러므로 개인의 성취 정도를 구체적인 준거에 비추어 해석하므로 준거에 기반을 둔 해석이 이루어지기 위해서는 평가영역을 구체적으로 명확하게 진술하는 것이 중요하다(Nitko, 1980). 학교에서는 한 학기 동안 특정 과목을 학습한 이후 각 수준별 학생들이 보일 전형적인 특성을 기술해야 한다. 즉, 'A-B-C-D-E'의 성취수준이 학생들에게 부여될 때 그것이 가진 의미를 자세하게 설명할 필요가 있다. 각 성취수준에 대한 일반적인 특성은 〈표 2-6〉과 같다.

〈표 2-6〉 성취수준에 대한 일반적 특성

성취수준	성취수준기술
A	한 학기 동안 학생들이 충실한 교수·학습과정을 통해 성취하기를 기대하는 전체 성취기준에 대한 이해와 수행이 매우 우수한 수준
B	한 학기 동안 학생들이 충실한 교수·학습과정을 통해 성취하기를 기대하는 전체 성취기준에 대한 이해와 수행이 우수한 수준

C	한 학기 동안 학생들이 충실한 교수·학습과정을 통해 성취하기를 기대하는 전체 성취기준에 대한 이해와 수행이 보통 수준
D	한 학기 동안 학생들이 충실한 교수·학습과정을 통해 성취하기를 기대하는 전체 성취기준에 대한 이해와 수행이 다소 미흡한 수준
E	한 학기 동안 학생들이 충실한 교수·학습과정을 통해 성취하기를 기대하는 전체 성취기준에 대한 이해와 수행이 미흡한 수준

출처: 한국교육과정평가원(2013a).

　학교에서는 교과별 협의회를 통해 국가 교육과정에서 제시하고 있는 교과목별 성취기준과 성취수준을 검토하고, 이를 그대로 사용하거나 학교 및 교육과정 운영 특성에 맞도록 재구성하여 사용할 수 있다. 재구성 시 교육과정의 내용과 범위를 벗어날 수 없음에 유의한다. 국가 교육과정에서 제시하고 있는 고등학교 통합사회의 '인권 보장과 헌법' 단원과 관련된 성취기준과 성취수준의 예시는 〈표 2-7〉과 같다.

〈표 2-7〉 고등학교 통합사회 성취기준과 성취수준 예시

성취기준		[10통사04-01] 근대 시민혁명 등을 통해 확립되어 온 인권의 의미와 변화 양상을 이해하고, 현대 사회에서 주거, 안전, 환경 등 다양한 영역으로 인권이 확장되고 있는 사례를 조사한다.
성취수준	A	근대 시민혁명 과정을 통해 확립된 인권의 의미를 설명하고 인권 확장 사례를 조사·분석할 수 있으며, 헌법의 분석을 통해 헌법의 역할을 파악하고 준법의 실천과 시민 참여의 필요성을 사례를 들어 설득력 있게 설명하고, 국내외 인권 문제 양상을 분석해 다양한 측면에서 해결방안을 제안할 수 있다.
	B	근대 시민혁명 과정에서 확립된 인권의 의미를 설명하고 인권 확장 사례를 조사할 수 있으며, 헌법의 분석을 통해 헌법의 역할을 파악하고 준법의 실천과 시민 참여의 필요성을 설득력 있게 설명하며, 국내외 인권 문제의 양상을 분석해 해결방안을 제시할 수 있다.
	C	인권의 의미와 인권 확장 사례 및 헌법의 역할을 설명하고, 준법 실천과 시민 참여의 필요성을 설명하며, 국내외 인권 문제의 양상과 해결방안을 제시할 수 있다.

	D	인권의 의미와 헌법의 역할을 설명하고, 준법의 실천과 시민 참여의 필요성을 이해하며, 국내외 인권 문제의 양상을 인식할 수 있다.
	E	인권의 의미를 이해하고, 준법의 실천과 시민 참여의 필요성을 인식하며, 국내외 인권 문제의 양상을 인식할 수 있다.

출처: 교육부(2018a).

4) 성취평가제의 기대효과

성취평가제는 각 교과의 주요 학습내용과 행동을 의미하는 성취기준에 비추어 학생들의 학습과정에 관한 가치와 장점을 체계적으로 조사하고 활용하는 평가라 할 수 있다. 성취평가제 운영의 기대효과는 다음과 같다.

첫째, 학생 측면에서는 자신의 적성과 수준에 따른 과목 선택 기회가 확대되고, 서열중심평가에서 벗어나 학업성취수준평가를 실시하여 학생의 내재적 학습동기가 강화될 수 있다.

둘째, 교사 측면에서는 학교 특성과 학생 수요에 적합한 교수·학습 개선과 함께 평가문항 제작 및 평가에 대한 전문성 제고를 위해 노력할 것이다.

셋째, 학교 측면에서는 '평가주도교육(Evaluation-Driven Education)'이라는 말이 있듯이, 학교교육이 '학생 중심 교육과정 운영' '성취 중심의 교수·학습과 평가'를 통해 학습자 중심으로 선순환되는 기반이 구축될 수 있을 것이다.

넷째, 학생 및 학부모 측면에서는 학생이 과목별 개별 성취기준에 도달했는지, 미도달하여 학습을 보완해야 할 성취기준이 무엇인지 등과 같은 정보를 제공함으로써 학생들이 자신의 부족한 점을 보완할 수 있도록 정보를 제공해 줄 수 있다.

다섯째, 대학 측면에서는 변별력 있는 학생평가 점수만을 고집하지 않고 '학생 선발방식의 다양화'를 통해 우수한 인재를 선발하기 위해 노력할 것이다. 성취평가제의 기본 방향은 공교육의 정상화와 함께 학교교육 중심 대학입학전형의 정착 지원이다. 하지만 대학입학전형과 연계할 경우에 예상되는 문제점을 최소화할 수 있도록 실현 가능한 대안이 마련되어야 할 것이다.

연구문제

1. 준거참조평가와 규준참조평가를 비교하여 설명하시오.

2. 양적평가와 질적평가를 비교하여 설명하시오.

3. 진단평가, 형성평가, 총괄평가를 비교하여 설명하시오.

4. 능력참조평가와 성장참조평가를 비교하여 설명하시오.

5. 성취평가제의 의미와 평가방법, 특징을 설명하시오.

제3장

교육평가의 대상

- 학생평가의 개념을 설명할 수 있다.
- 교원평가의 목적과 평가방법을 설명할 수 있다.
- 학교평가의 목적과 평가방법을 설명할 수 있다.
- 교육과정평가의 목적과 평가방법을 설명할 수 있다.
- 시 · 도교육청 평가의 목적과 평가방법을 설명할 수 있다.
- 대학평가의 의미와 유형을 이해할 수 있다.

교육평가는 교육과 관련된 모든 현상과 구성요소를 대상으로 한다. 1995년 5월 31일 '대통령자문 교육개혁위원회'에서 발표한 '세계화 · 정보화 시대를 주도하는 신교육체제 수립을 위한 교육개혁 방안' 이후 평가의 대상 영역과 폭이 점차 확대되었다. 즉, 평가대상이 학생에만 국한되던 종전의 개념에서 탈피하여 교원과 함께 교육기관인 유치원평가, 초 · 중등학교평가, 대학평가 등으로 확대되었다. 또한 시 · 도교육청 간의 경쟁을 통해 교육의 질적 제고를 위한 자구 노력 분위기를 조성하고, 교육개혁의 성공적인 현장 착근을 유도함으로써 궁극적으로는 수요자 중심의 교육체제를 구축하기 위해 시 · 도교육청도 평가의 대상이 되고 있다. 최근에는 평가에 대한 관심이 고조되면서 교육과정은 물론 교육 프로그램, 교육정책, 교육환경 등으로 교육평가의 대상과 범위가 확대되고 있다. 이 장에서는 교육평가의 다양한 대상 중에서 학교현장에서 쉽게 경험할 수 있는 학생평가, 교원평가, 학교평가, 교육과정평가, 시 · 도교육청 평가, 대학평가에 대하여 알아보고자 한다.

1. 학생평가

1) 학생평가의 의미와 목적

교육평가의 대상에서 가장 관심의 초점이 되는 것은 역시 학생평가이다. 학생평가 (student evaluation)는 학생들의 성취도나 상태를 판단하기 위한 평가를 말한다. 학생 평가의 법적 근거로 「초·중등교육법」 제9조 제1항에서는 "교육부장관은 학교에 재 학 중인 학생을 대상으로 학업성취도를 측정하기 위한 평가를 실시할 수 있다."라고 규정하고 있다. 교사는 교실에서 학생들이 배운 것을 평가하여 학습정보를 수집하 고, 이를 통해 학생의 성취도나 상태를 기록하거나 학생의 동기나 성취도를 향상시 키기 위하여 정보를 활용한다. 학생평가는 평가하고자 하는 학생의 특성에 따라 인 지적 특성 평가, 정의적 특성 평가, 심동적 특성 평가로 구분할 수 있다. 최근에는 인 지적·정의적·심동적 특성을 통합하는 능력의 개념인 학생의 '역량'을 평가하기 위 해 교수·학습과정에서 학생들의 핵심역량수준을 진단하고 평가하는 것이 강조되 고 있다. 이에 따라 교육부는 '2015 개정교육과정'에서 학교 교육과정을 통해 기를 것 으로 기대되는 여섯 가지 핵심역량을 정의하여 제시하였다. 여섯 가지 핵심역량에는 자기관리 역량, 지식정보처리 역량, 창의적 사고 역량, 공동체 역량, 의사소통 역량, 심미적 감성 역량 등이 있다.

교사의 입장에서 학생평가는 직접적인 교육활동에 대한 자기점검으로서, 설정된 교육목표에 대해 학생의 도달수준을 판단하고 교수·학습을 계획·조정하기 위한 것이다. 백순근 등(2019)은 교육평가의 유형에 근거하여 학생평가의 목적을 크게 두 가지로 구분하여 제시하고 있다. 첫째, 학생의 인지적·정의적·심동적 영역의 성 장·발달 수준을 '판단'하기 위한 목적으로, 학생평가의 총괄적 기능과 관련이 있다. 평가하고자 하는 특성에서 나타나는 학생들 간의 차이를 변별하여, 개별 학생의 수 준을 규준이나 준거 등에 비추어 정확하게 판단하는 것이 중요한 목적이라고 할 수 있다. 여기서 평가하고자 하는 특성은 주로 학생들의 학습결과 혹은 성과를 반영하 는 것으로, 흔히 전국단위의 성취도평가가 이에 해당한다. 둘째, 학생의 인지적·정 의적·심동적 영역의 성장·발달 수준을 이해하여 교수·학습과정을 '개선'하기 위한 목적으로, 학생평가의 형성적 기능과 관련이 있다. 여기서는 개별 학생들의 수준과 차이를 풍부하게 이해하여 그들의 학습을 돕는 것이 중요한 목적이 된다. 좁은 의미로 보면, 교수·학습과정 중에 시행하여 그다음 단계의 교수·학습을 계획·조정하기 위한 평가라고 할 수 있다.

2) 학생평가에 대한 교사의 의사결정 요인

모든 교사는 평가방법의 선정, 평가실시 시기, 성적부여 등 학생평가에 대한 의사결정을 하게 된다. 이러한 의사결정은 매우 개별적이고 고유한 활동이다. 학생에 대한 평가가 정확하고 적절할 때, 그 정보에 기반하여 교사들은 더 나은 의사결정을 할 수 있다. 교사들은 학생이 무엇을 배웠고, 얼마나 많이 배웠는지 등에 대한 중요한 의사결정을 해야 할 때 거의 대부분 복잡한 상황에 놓이게 된다. 학생들을 평가하고 실제로 성적처리를 하는 데 있어서 교사의 의사결정에 영향을 미치는 요인은 다음과 같다(McMillian, 2003: 손원숙 외 공역, 2015 재인용).

첫 번째 요인은 교사 내부에 있는 것으로, 이는 교수·학습에 대한 교사의 신념과 가치이다. 즉, 교사들은 자신의 신념이나 가치에 따라서 평가나 성적부여 방법 및 선택 이유를 결정하게 된다. 여기에서 내적 신념과 가치는 교수활동과 학습에 대한 철학을 의미하며, 평가 실제는 이러한 철학과 일관적이게 된다. 예를 들어, 만약 교사가 모든 학생은 성공할 수 있고, 학생 간 개인차는 고려되어야 한다고 믿는다면, 교사는 학생들에게 성공할 수 있는 충분한 기회를 제공하기 위하여 다양한 유형의 평가방법을 사용할 것이다. 만약 교사가 학생들의 참여 및 동기를 높이는 것이 중요하다고 생각한다면, 이 교사는 수행평가를 사용하고, 학생의 참여나 노력에 점수를 부여할 것이다.

두 번째 요인은 교사 외적 요인으로, 고부담 검사와 같은 외적 압력이다. 외적 압력에는 학교 또는 지역 교육청 수준의 평가 및 성적 처리 지침, 학부모의 요구, 대규모고부담 평가 그리고 21세기 핵심역량 등이 포함된다. 경우에 따라서는 학생의 학습을 향상시키기 위한 교사의 내적인 신념이나 가치가 매우 강하다 할지라도, 외적 압력 때문에 교사는 학생의 학습에 크게 관계가 없는 평가를 실제적으로 수행할 수도 있다. 즉, 이러한 교사의 내외적 요인은 서로 지속적인 긴장관계에 있게 된다.

3) 학생평가 패러다임의 변화

평가자 혹은 평가 주체가 어떤 가치를 가지느냐는 평가의 내용과 방법을 결정하는 데 중요한 평가 관점(evaluation perspective)이 된다. 최근에는 교사가 주도적으로 모든 평가를 실시하고 피드백을 제공하는 것에서부터 학생들을 평가과정에 참여시키도록 하는 변화가 이루어지고 있다. 이는 "단순히 학생들의 학습결과만을 확인하는 것이 아니라 학생들의 학습을 향상시키기 위해서는 학생의 성취도에 대한 연속적인 정보의 흐름이 있어야 한다."(Stiggins, 2002)라는 말에서 잘 표현되고 있다. 이러한 점에서 학습의 결과중심평가인 '학습에 대한 평가(assessment of learning)'만큼 개별 학생들의 수준과 차이를 이해하여 개별 학생들의 학습을 돕는 '학습을 위한 평가(assessment for learning)'가 중요시되고 있다. 이와 더불어 학생의 성장에 대한 권리를 구현하기 위해서는 설정한 목표의 도달 정도를 판단해 학생이 스스로 탐구·선택하고, 자기형성을 위한 교사의 노력이 전개되어야 한다. 이에 따라 평가를 통해 교수·학습이 일어난다는 점을 주목하여 학습과정에 학생을 참여시키는 '학습으로서의 평가(assessment as learning)' 역시 중요성이 강조되어 형성적 평가의 의미가 더욱 확장되고 있다. 따라서 학생평가의 패러다임이 학기말과 학년말에 시행되는 학습의 결과중심평가인 '학습에 대한 평가'에서 교수·학습 중 지속적으로 시행되는 과정중심평가인 '학습을 위한 평가' 및 '학습으로서의 평가'로 변화되고 있다. 최근 교육평가의 동향으로 학습과 평가 간의 관계를 요약하면 〈표 3-1〉과 같다.

〈표 3-1〉 학습과 평가 간의 관계

학습에 대한 평가	학습을 위한 평가	학습으로서의 평가
총괄평가	형성평가	평가의 본질은 학습과정에 학생을 참여시키는 것
학습결과를 보증하는 것	후속적인 학습에 대한 필요를 기술하는 것	학습에 대한 자기점검능력을 향상시키는 것
수업 종료 시점에 실시: 산발적	수업과정에서 실시: 지속적	수업의 각 단원(단위)에 실시
흔히 규준참조적 기준을 사용함: 학생들을 서열화	교사들에게 수업을 교정할 수 있도록 함	학습평가기준에 대한 학생의 이해를 강조함

학습했던 내용에 기반한 질문	교정적인 수업을 제안함	학생이 교정적인 수업을 선택함
일반적	구체적	구체적
학부모에게 성적표를 제공하기 위함	학생에게 피드백을 제공하기 위함	학생의 자기점검능력을 향상시키기 위함
학생의 동기를 감소시킴	학생의 동기를 향상시킴	학생의 동기를 향상시킴
매우 효율적이지만 깊지 않은(피상적인) 평가	깊이 있는(심층) 평가	평가는 학생들을 가르침
신뢰도에 초점	타당도에 초점	타당도에 초점
지연된 피드백	즉시적 피드백	즉시적 피드백
요약적 판단	진단적 판단	진단적 판단

출처: 손원숙 외 공역(2015).

4) 학생평가의 내용과 방법

최근 들어 학생평가에서 총괄평가인 '학습에 대한 평가' 비중이 작아지고, 형성평가인 '학습을 위한 평가'와 개별화학습과 자기주도학습에 필수적인 '학습으로서의 평가' 비중이 커지면서 학생평가의 초점이 바뀌고 있다. 이에 따라 학생평가는 수업이 종료된 이후 단순히 학습결과를 측정하는 절차가 아니라 학습 및 동기를 향상시키기 위한 교수(teaching)의 핵심적인 일부라는 점이 강조되고 있다.

학생평가를 실시할 때는 우선 평가의 목적과 준거 그리고 절차 등을 명료하게 해야 한다. 교수 · 학습과정에서 학생평가를 적절하게 실시하기 위해서는 학습활동의 목적과 평가의 목적이 협응할 수 있도록 평가 준거와 평가과제가 개발되어야 한다. 그리고 학생평가는 평가방법이 평가목적에 잘 부합되어야 하고, 미리 정해진 기준에 따라서 시행되어야만 한다. 교수 · 학습과정에서 학생들의 역량을 평가하는 학생평가의 내용과 방법은 제4~12장에서 구체적으로 다룰 것이다.

2. 교원평가

1) 교원평가의 의미와 목적

"교육의 질은 교원의 질을 능가할 수 없다."라는 인식은 이제 교육의 명제처럼 사용되고 있다. 교원은 교육혁신의 원동력이며, 교육의 질을 좌우하는 관건이 되고 있다. 교원은 교육을 담당하는 주체로서 교원의 자질과 전문성은 학생들의 학습에 큰 영향을 미친다. 교원평가(teacher evaluation)는 교원으로서의 자질과 전문성, 교원의 직무 등에 대해 평가하는 것이다. 교원평가를 통해 교원의 자질과 전문성 신장을 촉진하고, 학생과 학부모의 신뢰를 향상시킴으로써 공교육의 교육경쟁력이 강화될 것이다.

교원의 직무는 학생에 대한 교과지도 외에도 비교과지도 영역인 학교 및 학급 경영, 연구 및 연수, 생활지도 및 상담, 대인관계 및 의사소통, 행정업무 등으로 매우 다양하다. 이를테면, 수업을 잘하는 능력이 교과영역에 대한 교사의 전문적 자질이라면, 수업 외 활동을 잘하는 능력, 특히 담임교사로서의 다양한 학생지도능력은 비교과영역에 대한 교사의 전문적 자질이라고 할 수 있다(한국교육개발원, 2009. 11.). 이러한 교원의 직무에 따라 교원평가의 목적은 크게 두 가지로 구분할 수 있다. 첫째, 학생의 교과지도에 대한 교원의 전문성 신장 및 지원을 위한 것이다. 즉, 교원평가의 목적은 교원의 수업 및 평가 역량, 교육과정의 이해 및 재구성 역량, 학생지도능력 등에 대해 진단하고, 부족한 부분에 대한 연수 등을 지원하는 데 있다. 둘째, 교원의 직무수행에 대한 성과평가 및 책무성 점검을 위한 것이다. 즉, 교원평가의 목적은 교원의 승진, 전보, 포상 등 인사관리와 성과급 지급 등의 결정에 활용할 자료를 제공하는 데 있다.

2) 교원평가의 종류

그동안 학교현장에서는 교원근무성적평정, 교원성과상여금평가, 교원능력개발평가 등의 세 가지 교원평가를 별도로 실시하였다. 최근 교육부는 교원의 평가 부담감

해소와 결과의 신뢰성 제고, 수업과 생활지도를 잘하는 교원 우대 등 '교원의 교육활동 전념 여건 조성'을 목적으로 '교원평가제도 개선'을 추진하였다. 이에 따라 2016년부터 교원평가제도인 근무성적평정과 성과상여금평가를 '교원업적평가'로 통합하였다. 그리고 교원평가제도의 개선은 교원 본연의 업무 중심으로 개선하였다. 이를테면, 평가요소 및 지표를 일괄 정비하여 학습지도 및 생활지도 영역을 중점적으로 개선하였다. 또한 근무성적평정에서 '교육공직자로서의 태도' 비율을 20%에서 10%로 축소하고, '생활지도' 비율을 20%에서 30%로 상향 조정함으로써 생활지도의 중요성을 강조하였다. 현재 시행되고 있는 교원평가의 종류는 〈표 3-2〉와 같다.

〈표 3-2〉 교원평가의 종류

구분	교원능력개발평가	교원업적평가	
		근무성적평정	성과상여금평가
목적	• 교원의 전문성 제고	• 승진 등 인사에 반영	• 성과에 따른 수당 지급
도입	• 2010년	• 1964년	• 2001년
근거	• 교원 등의 연수에 관한 규정	• 교육공무원 승진규정	• 공무원 수당에 관한 규정
성격	• 절대평가	• 상대평가	• 상대평가
대상	• 교장, 교감, 교사	• 교감, 교사	• 교장, 교감, 교사
평가자	• 교원(교장, 교감, 교사), 학생 및 학부모	• 교장, 교감, 동료교사(다면평가)	• 교장, 교감, 동료교사
평가시기	• 9~11월	• 12월	• 4~5월
평가방법	• 평가지표별 체크리스트와 자유서술식 응답 병행	• 평가항목별 배점에 따른 점수 부여(총점 100점)	• 평가지표별 성과에 따른 점수 부여
문제점	• 동료교사의 온정적 평가, 학생 및 학부모의 객관성 결여, 평가제로서 실효성 부족	• 승진 대상자 이외에는 피드백 효과가 없음 • 우수한 교사보다 승진에 임박한 교원이 높은 결과를 받는 경향이 있음	• 등급만을 제시하기 때문에 피드백 효과가 없음 • 등급에 따른 수당의 차이로 인해 현장 교원의 수용도가 낮음

출처: 교육부(2015. 9. 3.).

(1) 교원능력개발평가

교원능력개발평가는 교원의 전문성이 지속적으로 향상될 수 있도록 능력개발을 지원하는 것을 목적으로 하는 교원평가의 유형이다. 즉, 교원능력개발평가는 교원의 학습지도 및 생활지도 능력 등을 진단하여 교원의 전문성을 신장하기 위한 것이다. 교원능력개발평가는 교원 상호 간의 평가 및 학생·학부모의 만족도조사 등의 방법으로 실시한다. 만족도조사는 학생의 수업만족도조사, 자녀의 학교생활에 대한 학부모의 만족도조사를 포함하며, 초등학생 만족도조사는 능력향상연수 대상자 지명에 활용하지 않고 교원의 자기성찰 자료로만 활용한다. 그리고 교원능력개발평가는 평가대상 교원에 따라 항목을 구분하여 평가한다. 교장 및 교감과 원장 및 원감은 학교경영에 관한 능력, 수석교사는 학습지도 및 생활지도 등에 관한 능력과 교사의 교수·연구활동 지원능력, 교사는 학습지도 및 생활지도 등에 관한 능력을 평가한다.

교원능력개발평가에 대한 세부적인 사항은 「교원능력개발평가 실시에 관한 훈령」 (교육부훈령 제320호)에 근거하여 시행된다. 평가시행 주체는 교육부장관 및 시·도교육감이나, 위임에 따라 교육장 및 학교장이 실시한다. 평가대상 교원은 학교에 매 학년도 기준 2개월 이상 재직하는 교원으로 계약제 교원을 포함한다. 다만, 교육행정기관 및 연수기관 소속 및 파견 교사의 평가대상 여부는 시·도교육감이 정하고, 전일제로 근무하지 않는 계약제 교원의 평가대상 여부는 해당 학교장이 정한다. 평가방법은 「유아교육법」 제19조의2 및 「초·중등교육법」 제30조의4와 제30조의5에 따라 교육정보시스템을 사용하여야 한다. 다만, 학부모의 경우 종이설문지를 활용할 수 있다. 평가지는 5단척도 체크리스트 응답방식과 서술형 응답방식을 병행하여 제공한다. 평가시기는 매 학년도마다 실시하되 11월 말까지 종료하여야 한다. 교원능력개발평가의 영역·요소·지표는 교장·교감, 수석교사, 일반교사, 특수 및 비교과 교사에 따라 각각 다른 지표가 적용된다. 훈령에 제시된 평가의 영역·요소·지표에 따라 시·도교육감은 교장·교감 평가문항을 정하고, 학교장은 소속 수석교사·교사의 평가문항을 정하며, 개별 교원 특색교육활동 문항을 추가할 수 있다. 단, 평가문항을 정할 때는 사전 의견수렴을 거쳐야 하며, 교원능력개발평가 관리위원회의 심의를 거쳐 확정하되, 평가실시 전에 공개하여야 한다. 각 평가대상자별 교원능력개발평가의 영역·요소·지표와 평가문항수는 〈표 3-3〉~〈표 3-7〉과 같다.

〈표 3-3〉 교장·교감 평가의 영역·요소·지표

평가영역	평가요소	평가(조사)지표	
		교장	교감
학교 경영	학교교육계획	• 학교경영목표관리	• 학교경영목표관리 지원
		• 교육과정 편성·운영	• 교육과정 편성·운영 지원
		• 창의·인성 학생관리	• 학사업무관리
	교내 장학	• 교실수업개선	• 교실수업개선 지원
		• 자율장학 운영	• 자율장학 지원
	교원 인사	• 교원 인사관리	• 인사업무 수행
	시설관리 및 예산 운용	• 시설관리	• 해당사항 없음
		• 예산 편성·집행	

출처: 교육부훈령 제157호(2016. 1. 1.).

〈표 3-4〉 수석교사 평가의 영역·요소·지표

평가영역	평가요소	평가(조사)지표	
교수·연구활동 지원 (2요소, 6개 지표)	수업 지원	• 상시 수업 공개	• 교수·학습전략 지원
		• 수업 컨설팅(코칭, 멘토링)	
	연수·연구 지원	• 교내 연수 지원	• 학습조직화 지원
		• 학습자료의 활용 지원	
학습지도 (3요소, 8개 지표)	수업 준비	• 교과내용 분석	• 수업계획 수립
	수업 실행	• 학습환경 조성	• 교사 발문
		• 교사·학생 상호작용	• 학습자료 및 매체 활용
	평가 및 활용	• 평가 내용 및 방법	• 평가결과의 활용
생활지도 (3요소, 7개 지표)	상담 및 정보 제공	• 개별 학생 특성 파악	• 심리상담
		• 진로·진학지도	
	문제행동 예방 및 지도	• 학교생활적응지도	• 건강·안전지도
	생활습관 및 인성 지도	• 기본생활습관지도	• 인성지도

출처: 교육부훈령 제157호(2016. 1. 1.).

〈표 3-5〉 일반교사 평가의 영역 · 요소 · 지표

평가영역	평가요소	평가(조사)지표	
학습지도 (3요소, 8개 지표)	수업 준비	• 교과내용 분석	• 수업계획 수립
	수업 실행	• 학습환경 조성 • 교사 발문`	• 교사 · 학생 상호작용 • 학습자료 및 매체 활용
	평가 및 활용	• 평가 내용 및 방법	• 평가결과의 활용
생활지도 (3요소, 7개 지표)	상담 및 정보 제공	• 개별 학생 특성 파악 • 심리상담	• 진로 · 진학지도
	문제행동 예방 및 지도	• 학교생활적응지도	• 건강 · 안전지도
	생활습관 및 인성 지도	• 기본생활습관지도	• 인성지도

출처: 교육부훈령 제157호(2016. 1. 1.).

〈표 3-6〉 특수 및 비교과 교사 평가의 영역 · 요소 · 지표

구분	특수교사	보건교사	영양교사	사서교사	전문상담교사
1	개별화 교육계획 수립 및 운영	학교보건 기본 계획	영양교육 및 식생활지도	도서관 이용의 활성화	연간 계획 및 홍보
2	학습자 특성 및 교과내용 분석	학생건강검사	식생활 정보제공 및 상담	경영계획 및 관리	실태분석 및 활용
3	교수 · 학습 전략 수립	질병예방관리	조리실 종사자 지도 및 감독	인적자원관리	상담전략 수립
4	수업의 도입	응급환자관리	식재료 공급업체 지도 및 감독	정보서비스	개인상담
5	교사의 발문	일반 건강 및 의료 상담	시설 및 기기 관리	자료조직 및 장서관리	집단상담
6	교사의 태도	요양호 학생관리	검식 실시 및 식품위생관리	정보시스템 운영 및 활용	사이버상담
7	교사 · 학생 상호작용	보건교육계획	영양소 및 열량 분석	도서관 이용자 교육	추수지도
8	학습자료의 활용	보건교육운영	맛과 다양성	도서관 활용 수업 및 협동수업	연계지도

9	수업의 진행	보건교육평가	식재료의 예산 편성 · 집행	독서교육	
10	학습정리		식재료 검수기준 이행	정보활용교육 (정규수업인경우)	
11	평가 내용 및 방법				
12	평가결과의 활용				
13	개인문제 파악 및 창의 · 인성지도				
14	가정연계지도				
15	진로진학지도 및 특기적성지도				
16	기본생활지도				
17	학교생활적응 지도				
18	특수학교 및 특수학급 관련 자료				

출처: 교육부훈령 제157호(2016. 1. 1.).

〈표 3-7〉 교원능력개발평가 평가문항수

평가 참여자	평가문항(체크리스트)		비고
동료교원	교(원)장, 교(원)감	6개 이상 평가지표 중에서 12개 문항 이상 구성	
	수석교사, 교사	8개 이상 평가지표 중에서 12개 문항 이상 구성	
학생	5개 문항 이상 구성(유아 및 초등학생은 제외)		초등학생(4~6학년)은 서술형 3문항 이상으로 구성
학부모	5개 문항 이상 구성		

출처: 교육부훈령 제157호(2016. 1. 1.).

(2) 교원업적평가

교원업적평가는 승진대상자 선정 및 성과상여금 지급 등을 위한 자료로 활용하여 교원의 성과평가 및 책무성 점검을 위한 것이라 할 수 있다. 교원의 승진·전보·포상 등 인사관리와 개인성과급 지급에 활용하기 위한 교원업적평가는 근무성적평정과 다면평가로 구분된다. 근무성적평정은 「교육공무원 승진규정」(대통령령 제30495호)에 근거하여 시행되며, 이 규정에 제시된 교원평가 영역은 경력평정, 근무성적평정, 연수성적평정(교육성적 및 연수실적 평정), 승진후보자 명부작성 시 부가되는 가산점 평정 등의 네 가지이다. 이 네 가지 중 근무성적평정을 제외한 나머지 영역의 평가는 규정에 제시된 배점에 의해 산정하게 되므로, 교사에 대한 실질적인 평가는 근무성적평정을 통해 이루진다고 할 수 있다. 근무성적평정 대상자는 교감, 교사, 장학사 및 연구사이며, 수석교사는 근무성적평정 대상자에서 제외된다. 이들 중 교사는 동료교사 간의 다면평가를 실시하여 근무성적평정과 다면평가점수를 합산한다. 평가방법은 강제 배분법에 의해 등급별로 분포비율에 맞춰 상대평가를 실시한다. 즉, 수(95점 이상)는 30%, 우(90점 이상 95점 미만)는 40%, 미(85점 이상 90점 미만)는 20%, 양(85점 미만)은 10%의 비율에 맞도록 평정한다. 다만, '양(85점 미만)'의 근무성적평정점에 해당하는 자가 없거나 그 비율 이하일 때에는 양의 비율을 적용하지 아니하고 이를 미에 가산할 수 있다. 그리고 근무성적평정의 평정요소에서 교원의 학습지도와 생활지도 전문성을 강조하여 2016년부터 '교육공무원으로서의 태도' 비율을 줄이고 '생활지도' 비율을 확대하였다(교육부, 2015). 평정대상자는 평정대상기간 동안의 업무수행 실적에 대하여 매 학년도 종료일을 기준으로 '자기실적평가서'를 작성하여 제출한다. 근무성적평정 시기는 평정단위 기간을 '학년도 단위(3. 1.~2월 말일)'로 하여 매 학년도 종료일을 기준으로 실시한다.

다면평가는 「교육공무원승진규정」 제28조2~9에 의거하여 실시하며, 동료교사 3인 이상으로 구성된 다면평가자가 평정대상자가 작성하여 제출한 자기실적평가서를 참작하여 해당 교사의 근무실적·근무수행능력 및 근무수행태도에 관하여 평가한다. 다면평가는 동료교사 중 3명 이상 7명 이하를 위원으로 하는 다면평가관리위원회를 구성·운영한다. 다면평가관리위원회의 수행 업무는, 첫째, 다면평가자의 선정기준을 마련한다. 둘째, 정성평가에 따른 다면평가 평가지표 중 영양·보건·전문상담 또는 사서 교사 등 학생에 대한 수업이 주된 업무가 아닌 평가대상자에 대해서는 '학습지도' 관련 평가지표를 추가·삭제하거나 수정할 수 있다. 셋째, 정량평가에 따른 다면평가 평가지표를 추가·삭제 및 수정할 수 있다. 다면평가는 학년 또는 교과별로 교육과정의 편성 및 운영이 이루어지고, 교실 내의 활동이 주가 되는 교원 업무의 특성상 교장·교감의 평가만으로는 근무성적평정의 객관성 및 타당성을 확보하기 어렵기 때문에 교사에 대하여 동료교사 다면평가를 실시하고, 그 결과를 근무성적 평정결과와 합산하여 승진에 반영함으로써 관리자 중심의 근무성적평정을 보완하는 데 있다.

교원의 성과상여금평가는 균등분배(1/N), 순환등급제 및 몰아주기 등의 지급방법을 배제하고자 다면평가를 실시하며, 다면평가 결과에 따라 평가등급을 3등급(S, A, B)으로 구분하여 차등 지급한다(교육부, 2020. 2. 13.). 지급대상은 해당 학년도에 실제 근무한 기간이 2개월 이상인 교원이다. 성과상여금평가의 목적은 교원 본연의 직무에 충실하면서도, 힘들고 기피하는 업무를 담당하는 교원을 성과급에서 우대하여 교직사회의 사기 진작을 도모하기 위한 것이다. 이에 따라 학교현장에서 힘들고 기피하는 업무를 담당하는 담임교사와 부장교사, 학교폭력 담당교원들이 우수 등급을 받을 수 있도록 하였다.

교원의 연수는 직무연수와 자격연수로 구분한다(「교원 등의 연수에 관한 규정」 제6조). 직무연수는 교원의 능력 배양을 위한 연수이다. 직무연수에는 교원능력개발평가 결과 직무수행능력 향상이 필요하다고 인정되는 교원을 대상으로 실시하는 직무연수와 그 밖에 교육의 이론·방법 연구 및 직무수행에 필요한 능력 배양을 위한 직무연수가 있다. 자격연수는 교원 자격을 취득하기 위한 연수이다. 자격연수의 연수과정은 정교사(1급)과정, 정교사(2급)과정, 준교사과정(특수학교 실기교사 대상), 전문상담교사(1급)과정, 사서교사(1급)과정, 보건교사(1급)과정, 영양교사(1급)과정, 수석교사과정, 원감과정, 원장과정, 교감과정 및 교장과정으로 구분하고, 연수할 사람의 선발에 관한 사항 및 연수의 내용은 교육부령으로 정한다.

■ 교육공무원 승진규정 [별지 제3호의2서식] 〈개정 2016. 12. 30.〉

교사 자기실적평가서

1. 평가지침
근무성적평정의 신뢰성과 타당성이 보장되도록 객관적 근거에 따라 종합적으로 평가하여야 한다.

2. 평가기간 :　　　년　　월　　일부터　　　년　　월　　일까지

3. 평가자 인적사항

　ㅇ 소속 :　　　　　　　　ㅇ 직위 :　　　　　　ㅇ 성명 :

4. 평가자 기초자료

ㅇ 담당 학년 및 학급:	ㅇ 주당 수업시간 수:
ㅇ 담당 과목:	ㅇ 연간 수업공개 실적:
ㅇ 담임 여부:	ㅇ 연간 학생 상담 실적:
ㅇ 담당 업무:	ㅇ 연간 학부모 상담 실적:
ㅇ 보직교사 여부:	ㅇ 그 밖의 실적사항:

5. 자기실적평가

　가. 학습지도
　ㅇ 학습지도 추진 목표(학년 초에 계획되었던 학습지도 목표)
　ㅇ 학습지도 추진 실적(학년 초에 목표한 내용과 대비하여 추진 실적을 구체적으로 작성)

　나. 생활지도
　ㅇ 생활지도 추진 목표
　ㅇ 생활지도 추진 실적

　다. 전문성개발
　ㅇ 전문성개발 추진 목표
　ㅇ 전문성개발 추진 실적

　라. 담당 업무
　ㅇ 담당 업무 추진 목표
　ㅇ 담당 업무 추진 실적
　ㅇ 창의적 업무개선 사항

　※ **자기평가 종합 상황**

자기평가	목표달성도	설정한 목표에 대한 달성 정도	만족	보통	미흡
	창의성	학습지도, 생활지도, 전문성개발, 담당 업무 등의 창의적인 수행 정도	만족	보통	미흡
	적시성	학습지도, 생활지도, 전문성개발, 담당 업무 등을 기한 내에 효과적으로 처리한 정도	만족	보통	미흡
	노력도	목표 달성을 위한 노력, 공헌도	만족	보통	미흡

　　　　　　　　　　　　　　　　　　　　년　　월　　일

　작성자(본인) 성명　　　　　　　서명(인)

210mm×297mm(백상지 80g/㎡)

※ 평가사항

정성(定性)평가 방법에 따른 교사 다면평가표

구분	평가사항	평가요소	평가지표
교사	1. 근무수행태도	교육공무원으로서의 태도(10점)	1) 교육자로서 품성을 갖추고 직무에 충실한가?
			2) 공직자로서 사명감과 직무에 관한 책임감을 갖고 솔선수범하는가?
	2. 근무실적 및 근무수행능력	가. 학습지도(40점)	1) 수업교재 연구를 충실히 하는가?
			2) 학생수준에 적합한 수업계획을 수립하는가?
			3) 학생들이 수업에 적극적으로 참여할 수 있도록 분위기를 조성하는가?
			4) 학생의 능력과 수준에 적합한 질문을 제시하는가?
			5) 학생들을 학습활동이나 과제 수행에 적절히 참여시키는가?
			6) 학생 특성과 요구에 적합한 수업자료 및 매체를 활용하는가?
			7) 학생의 이해도와 참여도를 수시로 점검하는가?
			8) 평가결과를 수업개선을 위한 자료로 적극 활용하는가?
		나. 생활지도(30점)	1) 학생 개개인의 특성을 파악하기 위하여 노력하는가?
			2) 상담을 통해 학생이 당면한 문제를 원만히 해결할 수 있도록 지원하는가?
			3) 학생의 적성과 특기를 고려하여 진로·진학 정보를 제공하는가?
			4) 학생들이 학급에서 친구들과 잘 어울려 생활하도록 지도하는가?
			5) 안전사고 및 학교폭력을 예방하기 위한 교육을 실시하는가?
			6) 학생들이 올바른 기본생활습관(언어, 행동, 예절, 질서 등)을 기르도록 지도하는가?
			7) 학생들이 건전한 가치관과 도덕성을 갖추도록 지도하는가?
		다. 전문성개발(5점)	1) 전문성을 높이기 위한 연구활동에 적극적인가?
			2) 전문성을 높이기 위한 연수활동에 적극적인가?
		라. 담당 업무(15점)	1) 담당 업무를 정확하고 합리적으로 처리하는가?
			2) 담당 업무를 창의적으로 개선하고 조정하는가?

※ 다면평가관리위원회는 영양·보건·전문상담 또는 사서 교사 등 학생에 대한 수업이 주된 업무가 아닌 평가대상자에 대해서는 제2호가목에 따른 학습지도 관련 평가지표를 추가 또는 삭제하거나 수정할 수 있다.

※ 평가사항

정량(定量)평가 방법에 따른 교사 다면평가표

구분	평가사항	평가요소	평가지표
교사	근무실적 및 근무수행능력	가. 학습지도 (30점)	1) 주당 수업시간
			2) 수업공개(연구수업 및 학부모 공개수업 등) 횟수
			3) 교내외 수업컨설팅 횟수
			4) 학습지도 곤란도(통합수업 지도/복식학급 지도/학습부진아 지도/다학년 지도/다교과 지도/보강수업)
		나. 생활지도 (30점)	1) 학생 또는 학부모 상담 실적
			2) 생활지도 곤란도(담임/비담임)
			3) 학년 곤란도
		다. 전문성개발 (10점)	1) 연수이수 실적
			2) 수업동아리 및 교과연구회 활동 실적
			3) 연구대회 및 연구개발 실적
		라. 담당 업무 (30점)	1) 업무 곤란도(다문화 · 탈북학생 지원/방과후학교 운영/자유학기제 운영)
			2) 업무 추진 실적(보직/학년대표/교과대표/일반교사)

※ 다면평가관리위원회는 필요한 경우 평가지표를 추가 또는 삭제하거나 수정할 수 있다.

3) 교원평가의 활용

(1) 교원능력개발평가 결과의 활용

교원능력개발평가 결과는 평가지표별 평가결과에 따라 교원을 대상으로 맞춤형 연수를 지원하며, 차기 학년도 교원연수계획 등에 반영한다. 평가대상 교원은 전문성개발을 위한 능력개발계획서를 작성하여 시 · 도교육감 또는 학교장에게 제출하여야 한다. 교원능력개발평가 결과 활용 맞춤형 연수의 유형은 〈표 3-8〉과 같다.

〈표 3-8〉 교원능력개발평가 결과활용 맞춤형 연수 유형

대상	연수명	연수시간
우수교원	학습연구년 특별연수	1년
일반교원	평가지표별 직무연수	15시간 이상

지원필요교원	단기 능력향상연수	60시간 이상
	장기기본 능력향상연수	150시간 이상
	장기심화 능력향상연수	6개월 이상

출처: 교육부훈령 제157호(2016. 1. 1.).

그리고 평가결과에 의해 지원이 필요한 교원은 능력향상연수 심의대상 및 연수부 과기준에 따라 단기 또는 장기 능력향상연수를 받게 된다. 특히 장기심화능력향상연 수는 연수의 질과 실효성을 담보하기 위해 교직에 필요한 기초역량과 교육이론 및 학 습지도와 같은 핵심역량 등의 내용으로 구성된 표준교육과정을 제공한다. 능력향상 연수 심의대상 및 연수부과기준은 〈표 3-9〉와 같다.

〈표 3-9〉 능력향상연수 심의대상 및 연수부과기준

구분	교(원)장 · 교(원)감	수석교사 · 교사
단기	동료교원평가 2.5 미만 또는 학부모 만족도조사 2.5 미만	동료교원평가 2.5 미만 또는 중 · 고등학생 만족도조사 2.5 미만(유치원 · 초등학생은 학부모 만족도조사 2.5 미만) * 중 · 고등학생 만족도조사 양극단값 5%씩(총 10%) 제외하고 결과 활용(단, 참여 인원이 20인 이상일 경우)
장기기본	능력향상연수 연속 2회 지명자	능력향상연수 연속 2회 지명자
장기심화	능력향상연수 연속 3회 지명자	능력향상연수 연속 3회 지명자

출처: 교육부훈령 제157호(2016. 1. 1.).

(2) 교원업적평가 결과의 활용

교원업적평가 중 근무성적평정 결과는 승진, 전보, 포상 등 인사관리의 근거자료 로 활용하고, 교원업적평가 중 교사평가는 별도로 개인성과급 지급에 활용한다. 교 사 개인성과급 지급의 평가는 교원업적평가 중 다면평가 결과를 정성평가 20%, 정량 평가 80% 비율로 반영하여 시행하고 있다. 교원업적평가의 활용을 요약 · 정리하면 [그림 3-1]과 같다.

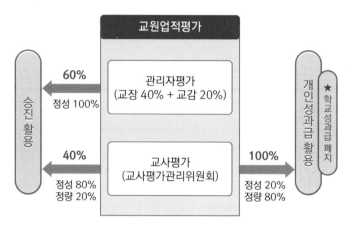

[그림 3-1] 교원업적평가 활용 개요

출처: 교육부(2015. 9. 3.).

(3) 교원평가결과의 활용 시 고려사항

교사에게는 자신이 수행하는 과업에 대한 확신과 건설적인 비판이 요구되나, 자신의 효과적인 행위를 인식하기 어렵고, 얼마나 효과적인지를 평가하기도 어렵다. 따라서 적절한 피드백으로 자신의 성취를 개선할 수 있도록 해야 하므로, 평가결과는 기록되어 피평가자에게 통지되어야 한다. 피드백은 구체적이고, 시기적절하고, 일관적이고, 직접적이고, 믿을 수 있고, 관찰된 행위에 근거하여야 하며, 건설적이어야 한다. 그리고 피드백은 언어적 조언, 체크리스트 요약문, 관찰 메모, 비디오테이프 검토, 기타 다양한 방법으로 제공할 수 있다. 평가결과를 활용할 때 고려해야 할 사항을 정리하면 다음과 같다(권기욱, 2000).

첫째, 객관성을 추구한다. 인간적 특성보다 구체적 행위, 추상적이기보다 구체적인 '지금-여기'의 행위, 추론보다는 관찰·토론되는 행위를 설명하기 위하여 구체적 사건을 묘사한다.

둘째, 관대하게 접근한다. 부정적인 것을 토론하기 이전에 관찰된 긍정적인 것을, 이유보다는 무엇에 대하여 먼저 토론한다.

셋째, 토론의 풍토를 형성한다. 교사가 비판되는 것을 알도록 하고, 그들의 관점을 듣도록 하며, 피드백을 받는 자에게 주어지는 가치에 초점을 두어야 한다.

넷째, 건설적이도록 한다. 조언하기보다는 사상과 정보를 공유하고, 교사가 대안을 강구하도록 한다.

다섯째, 전문적이도록 한다. 적용할 수 있는 추가적인 정보를 제공하고, 계속적인 도움과 지원을 제공한다.

여섯째, 평가에 책임이 없는 자와 평가결과를 토론하지 않는다. 평가결과에서 확인된 교사 개인의 성취에 근거하여 추가적인 보상이 제공될 수 있어야 한다.

3. 학교평가

1) 학교평가의 의미와 유형

(1) 학교평가의 의미

학교는 교육이 실제로 이루어지는 장(場)이므로, 교육이 제대로 이루어지려면 학교가 본연의 역할을 해야 한다. 학교가 얼마나 학생들의 교육적 필요를 잘 파악하고 있고, 학생들의 학습을 효율적으로 돕고 있는지를 확인하는 것이 학교평가(school evaluation)의 일차적 과제이다. 1996년 교육부가 시 · 도교육청평가 항목의 하나로 학교평가 실시 여부를 평가하면서 시 · 도교육청에서 학교평가를 실시하였다. 학교평가는 학교가 교육의 질을 지속적으로 개선해 나가도록 촉진하기 위하여 학교교육의 일체를 의도적으로 점검 · 확인 · 이해 · 자문하는 활동이다(곽병선, 2001). 학교평가를 통해 단위학교의 교원이 스스로 현명하게 책무를 담당할 수 있도록 직무에 대한 자기학습의 효과를 가져올 수 있다. 학교평가의 법적 근거로「초 · 중등교육법」제9조 제2항에서는 "교육부장관은 교육행정을 효율적으로 수행하기 위하여 특별시 · 광역시 · 특별자치시 · 도 · 특별자치도 교육청과 그 관할하는 학교를 평가할 수 있다."라고 하여 교육부장관이 학교평가를 실시할 수 있음을 규정하고 있다. 또한 동법 제9조 제3항에서는 "교육감은 교육행정의 효율적 수행 및 학교 교육능력 향상을 위하여 그 관할하는 교육행정기관과 학교를 평가할 수 있다."라고 하여 학교평가의 실질적 권한이 시 · 도교육청에 있음을 명시하고 있다.

학교교육의 질을 관리하기 위해서는 학교에 대한 체계적인 조사와 판단을 통해 학교의 실태를 정확히 파악하는 학교평가가 출발점이 된다. 학교평가를 학교감사와 비교해 볼 때, 학교감사는 학교에 관련된 법규와 규정의 준수 여부를 조사하여 법과 규정을 어긴 비리를 적발하는 활동이다. 즉, 학교평가에 포함되는 일부분이 학교감사를 통해서 이루어지고 있다고 할 수 있다. 학교평가는 학교의 투입요소뿐만 아니라 투입요소들이 어울려 작용하는 과정과 그 결과에 대한 판단까지 포괄하는 총체적 조사와 판단이기 때문이다.

(2) 학교평가의 유형

학교평가의 유형은 실시하는 주체에 따라 단위학교 구성원들이 하는 '학교자체평가'와 지역교육청이나 국가가 관장하는 '외부평가'로 구분할 수 있다(곽병선, 2001). 학교자체평가는 학교 경영의 주체가 스스로 학교 경영을 진단하여 그들의 전문적 발달을 촉진하고자 하는 것으로 매우 바람직한 형태의 평가이다. 외부평가는 외부기관이 평가의 설계를 주관하여 학교 경영을 진단하는 평가이다. 외부평가는 고도로 전문화된 평가기관이 체계적이고 신속하게 평가업무를 주관함으로써 단위학교에 대한 진단뿐만 아니라 지역 또는 전국 수준에서 학교교육의 전반적 상황을 파악할 수 있다. 2012년 3월 「초·중등교육법」이 발효되고, 2013년 2월 「초·중등교육법 시행령」 개정안이 시행되면서 학교평가의 실시 권한이 교육부장관에서 시·도교육청 교육감으로 이양되었다. 학교평가와 관련하여 시·도교육청의 자율성이 법적으로 보장됨에 따라 각 시·도교육청 주도로 해당 지역 및 학교별 교육 여건 및 특성을 고려한 자율적인 학교자체평가를 시행하고 있다. 그리고 2011년도까지 시·도별 학교평가 주기는 대체로 3년 주기로 이루어지는 경우가 많았으나, 학교평가의 권한 및 책임이 교육부에서 시·도교육청으로 이양됨에 따라 각 시·도교육청에서 자율적으로 평가 주기를 설정하여 운영하고 있다. 예컨대, 부산광역시교육청은 2016년 각 학교별 교육 여건 및 특성을 고려한 학교자체평가로 전환하여 1년 주기로 매년 학교평가를 실시하고 있다.

2) 학교평가의 목적

현재 학교평가는 시·도교육청 주도로 이루어지고 있으므로, 학교평가의 목적은 각 지역 및 교육정책의 특성에 따라 국가수준의 평가목적을 구체화하거나 해당 지역의 특화된 목적을 설정하기도 한다. 학교평가는 학교교육의 질적 향상과 학교의 교육 책무성 강화를 통해 단위학교의 교육력을 제고하는 데 그 목적이 있다. 세부적으로 구분하여 제시하면 다음과 같다. 첫째, 단위학교의 교육적 책무성을 제고하고 교육방법 및 교육여건을 개선하여 교육의 질을 향상시킨다. 둘째, 학교평가는 학교공동체 구성원들의 자발적인 참여를 유도하고 교육경쟁력을 확보한다. 셋째, 학교 구성원의 학교 현황과 문제점 및 발전 방향에 대한 이해를 증진하고, 학교교육 개선을 위한 자발적인 전문공동체 구성을 유도한다. 넷째, 지역사회 및 학부모, 학생에게 학교 교육의 실태 및 우수사례에 대한 정보를 제공하여 교육공동체를 구축한다. 다섯째, 학교교육의 실태를 심도 있게 파악하여 교육정책 수립의 기초자료로 활용한다. 여섯째, 학교의 교육개선 노력을 지원하고 우수사례를 발굴하여 일반화하며 교육수요자의 만족도를 제고한다.

3) 학교평가의 방법과 지표

(1) 학교평가의 방법

학교평가는 「초·중등교육법」과 「초·중등교육법 시행령」에 근거하여 다음과 같이 제시되고 있다. 학교평가의 대상·기준·절차 및 평가결과의 공개 등에 필요한 사항은 대통령령으로 정하며, 교육감은 평가가 실시되는 해의 학년도가 시작되기 전까지 학교평가에 관한 기본 계획을 수립하고, 이를 공표한다. 학교평가의 대상은 각 시·도교육청 관내의 국·공·사립의 초·중·고등학교 및 특수학교를 대상으로 하되, 학생수, 지역의 실정 등 학교 특성에 따라 구분하여 평가할 수 있다. 평가기준은 교육과정 운영 및 교수·학습방법, 교육활동 및 교육성과 그리고 그 밖에 학교운영에 관한 사항으로서 교육부장관 또는 교육감이 필요하다고 인정하는 사항을 기준으로 평가를 실시한다. 평가방법은 「초·중등교육법」 제30조의4에 따른 교육정보시스템에 저장된 자료, 「교육관련기관의 정보공개에 관한 특례법」 제5조에 따른 공시정보 등을 이용한 정량평가의 방법으로 한다. 다만, 정량평가만으로 정확한 평가가 어렵다고 인정되는 경우에는 서면평가, 설문조사, 관계자 면담 등의 방법을 이용한 정성평가의 방법을 병행할 수 있다. 그리고 교육부장관 또는 교육감은 특히 필요하다고 인정하는 경우를 제외하고는 평가결과를 공개하여야 한다.

(2) 학교평가의 지표

학교평가 도입 당시 한국교육개발원(KEDI)에서 주관하는 국가수준 학교평가와 시·도교육청에서 자체적으로 학교평가 계획을 수립하여 관내 학교에 대해 일정 주기로 실시하는 시·도교육청 수준 학교평가로 이원화되었다. 실제 학교현장에서 국가수준과 시·도교육청 수준의 이원적 체제로 평가가 시행되어 발생하는 중복 문제를 개선하기 위해 국가가 공통평가지표를 개발·제공하고, 시·도교육청은 국가 차원에서 개발된 공통평가지표와 자체 개발한 자체 지표를 활용하여 학교평가를 실시하였다. 그 후 「초·중등교육법 시행령」 개정으로 시·도교육청의 자율적인 학교평가 실시가 법적으로 보장됨에 따라 국가수준의 공통평가지표를 반드시 사용하지 않아도 되었다. 이에 따라 각 시·도교육청 주도로 해당 지역 및 학교별 교육 여건과 특성을 반영하여 자율적으로 평가지표 및 평가방식 등을 구성하여 학교평가를 시행하고 있다. 예를 들어, 각 학교별 교육 여건 및 특성을 고려한 학교자체평가로 전환한 부산광역시교육청은 학교자체평가지표를 3개 영역의 10개 공통지표와 1개의 자율지표로 구성하여 평가를 실시하고 있다. 부산광역시교육청의 '2020 학교자체평가지표'의 내용은 〈표 3-10〉에 제시되어 있다.

〈표 3-10〉 2020 학교자체평가지표(부산광역시교육청)

□ 공통지표(10개)

영역	공통지표	유형	해당 학교급				
			초	중	고	특성화	특수
1. 민주적 학교 운영	1.1. 소통과 공감의 학교문화 혁신	정성	○	○	○	○	○
	1.2. 학생자치활동 활성화	정성	○	○	○	○	○
2. 창의적 교육과정 운영	2.1. 자율적·창의적 교육과정 편성·운영						
	○ 핵심역량 함양을 위한 교육과정 편성·운영	정성	○	−	−	−	−
	○ 자유학기(년)제, 자유학기·일반학기 연계 교육과정 편성·운영	정성	−	○	−	−	−
	○ 학생 선택중심 교육과정 편성·운영	정성	−	−	○	−	−

○ 특성화교육과정 편성 · 운영	정성	–	–	–	○	–
○ 개별화교육의 충실	정성	–	–	–	–	○
2.2. 학생 참여중심 수업 확산과 학생 평가 내실화	정성	○	○	○	○	○
2.3. 학력증진 노력	정성	○	○	○	○	○
2.4. 독서교육 내실화	정성	○	○	○	○	○
2.5. 공감 · 감성 플러스 학교예술교육 활성화	정성	○	○	○	○	○
2.6. 어디(학교 · 가정 · 지역사회)서나 실천하는 생활교육	정성	○	○	○	○	○
2.7. 진로 · 직업교육 충실						
○ 진로교육 프로그램 운영	정성	○	○	○	–	–
○ 진로 · 직업교육 프로그램 운영	정성	–	–	–	○	○
3. 교육개선 3.1. 학교자체평가 결과 환류 노력	정성	○	○	○	○	○

□ **자율지표(1개)**
 – 단위학교의 특색사업 등 학교의 교육력 향상을 위한 주제 선정

출처: 부산광역시교육청(2020).

4) 학교평가의 결과 활용

학교평가의 결과는 단위학교로 하여금 자발적으로 학교교육을 개선해 나가도록 촉진하는 데 활용될 수 있다는 점에서 의의가 있다. 단위학교에서는 학교자체평가 계획, 시행 및 결과 분석을 바탕으로 차년도 학교교육계획에 반영하여 교육과정 질 관리와 교육여건 개선을 위한 자료로 적극 활용한다. 시 · 도교육청에서는 학교 교육과정 계획 수립의 기초자료, 학교평가 후속 컨설팅 실시, 학교개선 우수사례 발굴 · 홍보, 시 · 도교육청별 학교개선을 위한 행 · 재정적 지원방안 수립, 단위학교 및 교원의 책무성 강화를 위한 방안 마련, 학교교육의 질 향상을 위한 정책 탐색자료 등에 활용한다.

4. 교육과정평가

1) 교육과정평가의 의미와 목적

(1) 교육과정평가의 의미

교육과정을 무엇으로 보느냐에 따라서 교육과정평가의 개념이 달라진다. 교육과정을 '교육내용'이라고 보는 좁은 정의에서부터 '교육목표, 교육내용, 교육방법, 교육평가에 이르는 일련의 과정'이라고 보는 넓은 정의에 이르기까지 그 정의는 다양하다. 교육과정의 의미가 다양함에 따라 교육과정평가(curriculum evaluation)의 의미도 다양할 수밖에 없다. 교육의 질을 관리하기 위해서는 교육과정의 질을 관리할 필요가 있다. 일반적으로 국가, 지방 교육청, 단위학교에서는 학교교육의 방향(목표)과 내용 및 방법을 규정하고 있는 교육과정을 지속적으로 평가하는 체제를 갖출 필요가 있다. 교육과정평가란 특정 교육과정의 장단점, 가치, 중요성에 관하여 체계적으로 기술하고 판단하는 일이라고 정의할 수 있다. 우리나라의 교육과정평가는 교육과정 그 자체를 단독으로 평가하기보다는 학교 및 교육기관 평가의 일환으로 이루어진다고 볼 수 있다(백순근 외, 2019). 평가내용으로는 교육과정 편성 · 운영 실적이 주요하게 다루어지며, 교육과정 개발 · 운영 체제와 수업관리 영역을 함께 평가하기도 한다.

(2) 교육과정평가의 목적

교육과정평가는 교육과정 자체가 의도한 바를 제대로 달성하고 있는가 그리고 투입하여 적용하고 있는 교육과정이 제대로 시행되고 있는가를 파악하기 위한 목적으로 실시되고 있다. 교육과정평가는 크게 '국가 교육과정평가'와 '학교 교육과정평가'로 구분할 수 있다. 국가 교육과정평가는 국가 교육과정의 질 관리 및 질 제고를 위해 국가, 지역, 학교 수준의 교육과정 계획, 운영, 성과를 평가하는 활동이다(박소영 외, 2007). 국가 교육과정평가의 목적은 교육과정의 질 관리와 교육과정 개선이라 할 수 있다. 반면에 학교 교육과정평가는 단위학교가 자체적으로 평가계획을 수립하여 실시하는 내부평가로서, 학교에서 제공하고 있는 교육과정 편성 · 운영 체제를 점검하는 것이라 할 수 있다(김석우, 이대용, 이승배, 서문효진, 2014). 학교 교육과정평가의 목적은 다음과 같다. 첫째, 학교의 교육과정이 국가수준 및 해당 시·도교육청의 교육과정 편성·운영 지침에 따라 얼마나 자율적이고 내실 있게 편성·운영되었는지를 확인 및 지원하기 위한 것이다. 둘째, 학교별로 추진하고 있는 특성화 프로그램이나 특색사업에 대한 적절성과 실효성을 평가하여 학생들의 다양한 교육적 경험을 지원하기 위한 것이다. 셋째, 학교교육에 대한 책무성 강화와 교사의 전문성 신장을 위한 것이다. 따라서 교육과정평가는 사회변화에 부응할 수 있는 양질의 교육과정이 되기 위하여 요구되는 교육과정에 대한 부단한 질 관리와 함께 교원을 포함한 교육과정 운영담당자들이 교육과정을 계획한 대로 운영하고 있는가를 확인·점검하기 위한 목적 등을 추구하기 위하여 지속적으로 실시되어야 한다.

2) 교육과정평가의 방법 및 설계

(1) 교육과정평가의 방법

우리나라의 교육과정평가는 교육과정 자체를 단독으로 평가하기보다는 학교평가의 일환으로 이루어지므로 교육과정평가의 방법으로는 정량평가와 정성평가가 종합적으로 활용되고 있다. 이것은 「초·중등교육법 시행령」 제13조 제3항에 근거를 두고 있다. 즉, 초·중등 학교평가의 방법은 교육정보시스템(NEIS)에 저장된 자료와 공시정보 등을 이용한 정량평가를 실시하되, 정량평가만으로 정확한 평가가 어렵다고 인정되는 경우에는 서면평가, 설문조사, 관계자 면담 등의 방법을 이용한 정성평가를 병행할 수 있다. 교육과정평가의 준거로는 실현가능성(교수가능성), 계획의 충실성(계열성·체계성·전체성), 계획과 실천의 일치성, 시행의 융통성, 학생의 요구에 대한 적절성, 성과 및 효과(영향) 등이 있다. 교육과정평가는 학교평가와는 달리 교육과정에 대한 요구, 계획, 실행 및 효과 등 교육과정 속에서 일어나는 제반 사건과 결과들을 체계적으로 검토하는 일련의 평가활동이다(이병욱, 2002). 계획된 교육과정평가는 교육계획에 대한 평가이므로 실현가능성과 계획의 충실성 등이 준거가 된다. 실행된 교육과정평가는 교수·학습과정에 대한 평가이므로 계획과 실천의 일치성, 실천과정에서 나타난 융통성 등이 준거가 된다. 성취된 교육과정평가는 교육효과 및 성취도에 대한 평가이므로 목표성취도, 교육만족도 등이 평가준거가 된다.

(2) 교육과정평가의 설계

일반적으로 교육과정평가 설계의 주요 요소로는 조사 변인, 표집, 비교집단 및 변인 통제, 평가자료의 분석방법 등이 포함되며, 이는 교육과정평가의 목적과 내용 등에 기반하여 설정된다(김대현, 2011). 교육과정평가 설계는 국가 교육과정평가인 경우 교육부나 평가주관기관이 담당한다. 반면에 초ㆍ중등학교 교육과정평가인 경우 대체로 '학교교육과정위원회'가 구체적인 교육과정평가 설계를 담당한다. 학교교육과정위원회가 교육과정평가를 설계할 때 고려할 사항은 〈표 3-11〉과 같다.

〈표 3-11〉 교육과정평가 설계 시 고려사항

구분	고려사항
평가시기	• 평가시점(예: 학기말, 학년말) • 평가내용에 따른 수시평가/정시평가 여부
평가내용	• 교육과정 설계(계획)과정 및 내용 • 교육과정 운영(실행)과정 및 성과 • 교육과정평가의 절차 및 활용 정도
평가방법	• 양적평가, 질적평가 또는 두 가지 평가의 병행 여부 • 온ㆍ오프라인 방식 병행 여부(예: 설문조사, 워크숍 등)
평가참여자	• 학생, 학부모, 교직원 등

출처: 백경선 외(2017).

3) 교육과정평가의 결과 활용

교육과정이 아무리 잘 계획되고 충실하게 실행되었다 할지라도 기대하는 성과가 나타나지 않았다면 좋은 교육과정의 운영이라고 보기 어렵다. 교육과정평가의 결과는 학교 중심 교육과정 개발ㆍ편성ㆍ운영 등의 과정에서 피드백(feedback) 기제로 활용될 수 있다. 특히 교육과정평가의 결과는 단위학교의 여건과 특성에 부합하는 방향으로 학교 교육과정을 개선하는 데 구체적인 시사점을 제공한다.

5. 시·도교육청 평가

1) 시·도교육청 평가의 의미와 목적

(1) 시·도교육청 평가의 의미

시·도교육청 평가는 1996년부터 교육정책에 대한 책무성을 확보하고 교육의 질을 높이고자 시행해 왔으며, 지방교육자치 강화 흐름에 맞게 2018년부터 국정과제와 국가시책 중심의 교육부 주관평가와 자치사무 중심의 교육청 자체평가로 나누어 운영하고 있다(교육부, 2019). 시·도교육청 평가는 시·도교육청의 책무성 강화, 교육의 본질 추구를 위한 자발적 노력 유도, 우수사례 발굴 및 확산 등을 위하여 시·도교육청을 평가하는 것을 말한다. 시·도교육청 평가는 「초·중등교육법」 제9조 제2항에 따라 "교육부장관은 교육행정을 효율적으로 수행하기 위하여 특별시·광역시·특별자치시·도·특별자치도 교육청과 그 관할하는 학교를 평가할 수 있다."라는 법적 근거에 기초하여 시행한다. 교육청의 자치사무에 대한 자체평가와는 달리 교육부 주관평가는 교육부가 기본 계획을 수립하고 평가의 기준과 방법을 결정하며, 평가의 모든 과정에 대한 행·재정적 지원도 주관하고 있다. 평가결과에 따라 각 시·도교육청에 확보된 재원을 차등 배분하고 있어 교육청과 학교에 미치는 영향력은 매우 크다고 볼 수 있다.

(2) 시·도교육청 평가의 목적

시·도교육청 평가의 내용과 목적은 매년 국가시책과 사회적 요구 등에 의해 변경 및 수정되고 있는데, 주로 국가시책 중심으로 구성되어 교육정책의 현장 정착 정도를 확인하는 방안으로 시행되고 있다. 2019년 교육부 주관 시·도교육청 평가는 시·도교육청의 공교육 혁신을 강화하고, 우수사례 확산을 위한 교육청 간 교류 기회 제공과 컨설팅 등을 지원하기 위한 목적으로 실시하였다(교육부, 2019). 이처럼 시·도교육청 평가는 교육공급자에 대한 평가결과를 행·재정적 지원과 연계해 교육청의 책무성을 강화하고, 궁극적으로는 교육의 질을 향상시키는 데 목적을 두고 있다. 그리고 시·도교육청 평가는 다양한 교육개혁 과제가 성공적으로 현장에 자리

잡을 수 있도록 유도함으로써 교육수요자 중심의 교육체제를 구축하려는 데 그 궁극적인 의의를 두고 있다.

2) 시·도교육청 평가의 방법

시·도교육청 평가의 평가기준은 ① 예산의 편성 및 운용, ② 관할 학교 및 교육기관 등의 운영·감독, ③ 학교교육 지원 및 교육성과, ④ 학생 및 교원의 교육복지, ⑤ 그 밖에 지방자치단체의 교육행정에 관한 사항으로서 교육부장관 또는 교육감이 필요하다고 인정하는 사항이다(「초·중등교육법 시행령」 제12조 제1항). 시·도교육청 평가의 구체적인 시기, 원칙, 방법과 평가지표 등에 관한 사항은 「시·도교육청 평가 운영 규정」(교육부훈령 제203호)에 근거하여 다음과 같이 제시되고 있다. 먼저, 평가 원칙으로, ① 평가영역 및 평가지표는 학교교육의 안정성과 시·도교육청의 학교 지원 및 관리의 일관성을 유지하고, 평가의 신뢰성, 객관성, 공정성이 확보되도록 설정한다. ② 평가방식은 시·도교육청의 평가부담을 완화하고 평가의 객관성을 확보하기 위하여 정량평가 중심으로 실시하되 각종 과제의 효율적 추진을 위하여 정성평가를 병행할 수 있도록 한다. ③ 정량평가 외에 수요자 만족도조사 등을 병행하여 평가의 질을 제고하도록 한다. 교육부장관은 해당 연도의 평가에 관한 기본 계획을 전년도 8월 31일까지 수립하여 시·도교육감에게 통보하고, 매년 6월 말까지 평가를 실시하여 그 결과를 공표한다. 평가대상은 전국 시·도교육청을 대상으로 하되 교육여건 등의 차이를 고려하여 시 지역과 도 지역으로 구분하여 실시한다. 평가 대상 및 기간은 특별한 경우를 제외하고는 전년도 또는 전학년도 실적을 평가하는 것을 원칙으로 한다.

평가방법으로, ① 정량평가는 교육부에서 학교공시정보 등 공개정보를 활용하여 실시한다. ② 정성평가는 시·도교육청평가위원회가 시·도교육청이 제출한 주요 정책보고서를 서면평가하는 방법으로 실시하되, 필요한 경우 시·도교육청 관계자 면담을 병행할 수 있다. ③ 만족도조사는 여론조사 전문기관 등의 조사결과를, 청렴도조사는 국민권익위원회 평가결과 발표자료 등을 활용할 수 있다. 평가지표는 시·도교육청의 책무성을 평가하기 위한 정량평가지표와 시·도교육청의 주요 정책 및 정책 추진과정을 평가하기 위한 정성평가지표로 구성한다. 정량평가지표는 학교교

육 내실화에 관한 지표, 학교폭력 및 학생위험 제로 환경 조성에 관한 지표, 능력중심
사회 기반 구축에 관한 지표, 교육비 부담 경감에 관한 지표, 교육현장 지원 역량 강
화에 관한 지표, 교육수요자 만족도 제고에 관한 지표 등에 관한 것이다. 다음으로 정
성평가지표는 시·도교육청의 주요 정책 및 정책 추진과정에 관한 것으로 한다. 이
러한 평가지표는 매년 시·도교육청 평가를 운영할 때마다 평가 후 국가·사회적 요
구, 평가 피드백 등에 의해 지표 및 배점이 변경·조정되고 있다.

3) 시·도교육청 평가의 결과 활용

평가결과는 시·도교육청에 대한 격려를 극대화하고, 시·도교육청 간 선의의 경
쟁을 유도하는 데 활용한다. 2019년 시·도교육청 평가부터 순위 공개로 인한 교육
청 서열화와 과도한 경쟁 등을 우려해 공개방식을 바꿨다. 즉, 기존의 평가항목별 우
수교육청 공개는 없어지고, 평가영역별 종합평가와 우수사례 등을 공개하였다. 평가
결과를 통해 영역별 시·도교육청 우수사례가 확산될 수 있도록 교육청의 교류 기회
를 제공하고, 평가보고서와 전문가 컨설팅을 지원한다. 그리고 교육부장관은 평가결
과를 「지방교육재정교부금법 시행령」 제3조 제1항 제1호의 특별교부금 지원과 연계
하여 시·도교육청에 지원할 수 있다.

6. 대학평가

오늘날 국제적으로 대학교육 기회는 크게 확대되고 있을 뿐만 아니라 지식기반사
회에서 대학교육은 국가경쟁력의 근간이 되고 있다. 대학교육의 질 제고와 대학교육
에 대한 책무성 요구 증대 그리고 대학교육에서의 소비자 보호 등으로 대학평가의 중
요성은 그 어느 때보다도 증대되고 있다. 대학평가란 대학이라는 조직체가 보유한
가치, 역할, 성과 등을 합리적으로 분석, 판단 및 확인하는 것을 말한다. 우리나라에
서 대학평가는 1960년대 중앙교육연구소, 1970년대 실험대학평가 등 정부 주도 대
학평가 시기를 거쳐, 1982년 출범한 한국대학교육협의회(대교협)가 자율적으로 대학

교육의 질 관리를 위해 대학 전체 대상의 종합적 평가를 실시한 것을 시작으로, 점차 성장하여 현재까지 다양한 목적과 형태로 변화·발전해 왔다(백순근 외, 2019). 그리고 대학평가는 기관이나 시스템으로서의 대학에 대한 평가뿐만 아니라 평가 대상과 목적, 평가주체에 따라 다양한 형태로 분화·확대되었다(임후남 외, 2017). 이를테면, 대학이 제공하는 교육과정의 질적 변화와 실효성 제고를 위한 평가로서 학문 분야의 질 보증을 위한 학문 분야 평가, 프로그램인증평가, 산업계관점 대학평가 등이 있다. 또한 개별 대학이 평가주체가 되어 수행하는 대학자체평가도 대학정보공시제의 법제화와 맞물려 대학기관평가인증과 연계되면서 2년마다 최소 1회 이상 시행되고 있다.

　대학평가의 종류와 특징을 살펴보면 다음과 같다. 첫째, 정부의 대학 재정 및 정책 지원을 위한 대학재정지원사업평가로서 대학특성화사업(CK), 산업협력선도대학육성사업(LINK) 등이 시행되고 있다. 둘째, 고등교육의 구조를 개혁하고 질적 제고를 유도하기 위해 대학구조개혁평가 및 대학기본역량진단이 수행되고 있다. 셋째, 대학 교육의 질 보장과 지속적인 질 개선, 대학의 교육성과 및 책무성 제고, 대학의 경쟁력 강화 및 특성화 유도에 기본 방향을 둔 대학기관평가인증제가 실시되고 있다(한국대학평가원, 2018). 이를테면, 고등교육 프로그램 평가·인증 인정기관에서 공학, 의학, 경영학, 건축학, 간호학, 한의학 등의 학과교육 프로그램별로 국가적 차원에서 질을 보증하기 위해 평가인증 프로그램을 운영하고 있다. 넷째, 교육부의 위임으로 한국교육개발원에서 교직 전문성과 미래 역량을 갖춘 예비교원 양성을 위해 교육대, 사범대 등을 대상으로 교원양성기관 평가 및 역량진단을 시행하고 있다. 다섯째, 그 외 언론기관이 평가주체가 되어 대학의 사회적 인지도를 파악하고자 하는 사회기관평가로서, 중앙일보가 1994년부터 전국 대학을 대상으로 대학평가를 실시하여 대학의 종합순위와 부문별 순위 발표를 통해 대학의 정보를 제공하고 있다.

연구문제

1. 교육평가 대상을 자신의 관점에서 분류하여 설명하시오.

2. 학교현장에서 교원평가에 의해 발생할 수 있는 영향에 대해 설명하시오.

3. 학교평가가 학교의 서열화나 무의미한 경쟁을 촉발하는 부작용 없이 근본 취지에 부합하기 위한 구체적 방안을 서술하시오.

제4장

인지적 특성의 평가

- 인지적 특성의 개념을 설명할 수 있다.
- 인지적 특성의 이론적 지식을 기술할 수 있다.
- 인지적 특성의 교육목표 분류를 설명할 수 있다.
- 인지적 특성의 평가문항을 설명할 수 있다.

2016년 3월 하루 한 차례의 대국으로 총 5회에 걸쳐 진행된 이세돌과 인공지능 프로그램 알파고 간의 바둑 대결에서 인공지능 프로그램인 알파고가 4승 1패로 승리함으로써 인공지능의 위력이 사람들 마음속에 깊이 새겨졌다. 이는 우리 교육에서 인공지능, 빅데이터, 사물인터넷으로 상징되는 4차 산업혁명 시대에 적합한 교수·학습과 평가방법에 대한 변혁을 요구하는 계기를 제공하였다. 이 시대가 요구하는 인공지능을 다루고 빅데이터를 활용하는 역량을 학생들이 함양하려면 고차적 사고력, 비판적 사고력 그리고 창의적 사고력 등 인지적 사고영역에 대한 교육과 평가가 유래 없이 중요해졌다.

따라서 4차 산업혁명 시대에 적합한 교육과정은 자기관리 역량, 지식정보처리 역량, 창의적 사고 역량, 심미적 감성 역량, 의사소통 역량, 공동체 역량 등 핵심역량을 교육함으로써 비판적 사고력과 고차적 사고력을 기초로 인문학적 상상력, 과학기술 창조력을 갖추고 바른 인성을 겸비하여 새로운 지식을 창조하고 다양한 지식을 융합하여 새로운 가치를 창출할 수 있는 사람을 기르는 것이어야 한다. 즉, 창의·융합형 인재의 교육은 인지적 역량에 대해서 교수·학습과정을 평가할 수 있는 인지적 평가의 역할에 더욱 많은 관심과 기대를 높였다.

1. 인지적 특성의 의미

일반적으로 인지(cognition)는 자극을 받아들이고, 저장하고, 인출하는 일련의 정신적 과정으로 지각, 기억, 이해, 상상, 판단, 추리 등을 포함하는 특성을 지닌다. 즉, 상황과 사물에 대한 정보를 획득하고 파지(把持)하고 활용하는 지성의 작용을 의미한다. 인지의 핵심적 특성은 판단이며 판단을 통해 어떤 대상은 다른 대상과 구별되고, 그것이 어떤 한 개념이 다른 개념을 조건화하는지 추론하는 정신적 과정이기도 하다. 인지는 크게 지각(perception), 기억(memory), 사고(thinking)를 그 영역으로 한다. 인지는 관심, 주의, 관찰, 집중, 분류, 해석, 소통, 상상, 의사결정, 문제해결 등 정적인 영역과 동적인 영역 그리고 과정적 영역과 결과적 영역 등 다양한 영역으로 세분화될 수도 있다. 인지영역을 이렇게 세분화하기는 하지만, 이러한 영역들 사이에 명확한 구분이 있는 것은 아니며 인지의 다양한 측면을 정의하는 것이다.

교육평가는 대체로 인지적 문제해결에 기초한다. 인지는 대개 지식의 습득으로 단순히 정의할 수 있으며, 지식의 습득과 이용은 인정, 주의, 기억, 문제해결, 의사결정 등 많은 지적 기술을 포함한다. 인지영역은 인간의 행위를 지적 영역, 정의적 영역, 심동적 영역으로 구분할 때 지적 영역을 뜻한다. 즉, 인간의 인지영역은 기억, 사고, 문제해결, 창의력 등과 같은 광범위한 사고과정을 포함한다. 그러므로 인지적 특성은 인간의 다양한 특성 중 지적·정신적 사고의 과정을 나타내는 전형적인 인간의 속성으로 정의할 수 있다. 인지적 특성의 평가는 교육목표에 진술되어 있는 학습내용을 기억, 이해, 추론 등과 같은 사고의 작용을 통해 획득해야 하는 지적 학습목표의 달성 여부와 그 정도를 측정하는 것을 말한다. 인지적 특성의 평가는 학생의 인지적 사고역량을 평가한다는 점에서 인간의 흥미, 감상, 가치관, 감정, 신념 등을 평가하는 정의적 특성 평가와 반사동작, 초보적 기초동작, 운동지각 능력, 신체적 능력, 동작적 의사소통 등 신체 운동을 평가하는 심동적 특성 평가와 구별된다.

2. 인지적 특성의 이론적 기초

1) 인지평가이론

인지평가이론은 외적인 사태가 내적 동기에 미치는 효과를 설명하기 위해 설계된 이론이다. 이 이론은 교사의 행동을 비롯한 수업환경이 학생의 수업 내적 동기에 어떤 영향을 미치는지 예측할 수 있어, 학생의 수업 동기를 이해하고 학생의 수업 동기를 깊이 있게 규명하는 데 널리 적용할 수 있다. 특히 인지평가이론은 외적인 힘이 내적 동기에 어떻게 영향을 미치는지를 검토하면서 역량과 자율에 초점을 둔다.

자기결정성이론에 따르면, 인지(認知)는 사람들이 하는 행동의 본질적인 동기가 다르다는 것이다. 사람은 외부의 통제에서 벗어나 스스로 자신의 행동을 조절하고 결정하고자 하는 자율성(autonomy) 욕구, 도전과 숙련의 경험 또는 효능감을 경험하고자 하는 유능성(competence) 욕구 그리고 다른 사람과의 관계에서 친밀감을 유지함으로써 상호 간의 활발한 상호작용을 하고자 하는 관계성(relatedness) 욕구 등 세 가지 욕구를 갖고 있고, 이 세 가지 욕구 충족을 통하여 효율적이면서 안정적으로 행동하고자 한다(Deci & Ryan, 2008; Gagné & Deci, 2005). 인지평가이론에 의하면, 사람은 적합한 환경에 놓여 있을 때 내재적인 동기가 유발되고, 인간의 기본 심리욕구인 자율성, 유능성, 관계성의 기본적인 욕구가 충족될 때 내재적인 동기가 증가된다. 내적으로 동기화된 사람들은 어떠한 과제수행에 있어 더 흥미롭게 느끼고 즐기며 더 많은 노력을 기울이게 된다.

2) 정보처리이론

정보처리이론은 인간의 인지과정을 컴퓨터의 정보처리과정에 비유하여 새로운 정보가 투입되고 저장되며 인출되는 과정을 설명하는 이론이다. 컴퓨터의 단말기를 통해 새로운 정보를 컴퓨터의 저장고에 입력시켰다가 필요한 경우에 정보를 출력해서 활용하는 과정은 인간의 인지과정과 너무나 유사하다. 예를 들어, 컴퓨터의 입력장치인 키보드는 인간의 감각기관에 해당하고, 중앙처리장치인 하드웨어와 소프트웨어는 인간의 기억과 신경조직에 해당하며, 출력장치인 모니터나 프린터는 인간의 수행(행동)에 해당한다.

정보처리이론에서 인지과정은 환경적 자극의 부호화-저장-인출의 3단계로 설명한다. 먼저, 환경으로부터 인간의 오감에 의해서 받아들여진 자극을 감각등록기에 순간적으로 저장하는 감각기억은 정보를 작동기억(단기기억)으로 전송한다. 전송된 정보는 작동기억에서 저장될 것과 버려야 될 것으로 분류된다. 작동기억은 정보의 양을 제한하고, 정보의 지속 가능한 시간을 통제한다. 이렇게 선별된 정보에서 개인적 경험이나 일상생활과 관련된 정보는 사태가 발생한 시간과 장소를 요소로 하여 이미지로 부호화되어 일상기억에 저장되고, 개념이나 문제해결 기술과 같은 정보는 언어적 형태로 부호화하여 의미기억에 저장된다. 부호화(encoding)란 새로운 정보를 유의미하게 기억하기 위해 그 정보를 이미 장기기억에 저장되어 있는 정보와 관련짓는 인지전략이다. 장기기억은 일상기억과 의미기억 간의 관계를 능동적이고 체계적으로 조직하고 저장한다. 인지과정의 마지막 단계는 장기기억에 저장된 정보가 필요한 때에 인출(retrieval)되는 과정이다(변영계, 2005; Reed, 2010).

3) 인지발달이론

인지발달이론에 따르면, 인간은 물리적 환경과 사회적 환경에 놓여 있으며, 그 과정에서 성숙해 간다고 본다. 성숙과 더불어 지능이나 지식도 환경과 지속적인 상호작용을 하며 끊임없이 변화하고 구조화된다. 즉, 인지과정은 새로운 상황에 적응하는 동화(assimilation), 기존의 행위양식을 환경과 현재 상황에 맞게 수정하는 조절(accommodation) 그리고 환경과 개인 간에 발생하는 불균형을 조화롭게 하는 평형화(equilibration)의 과정을 따른다.

피아제(Piaget)에 따르면, 인지구조에 따라 개인은 4단계의 인지발달과정을 거친다. 첫 단계는 2세까지의 감각운동기로 언어를 사용하기 전 단계이다. 두 번째 단계는 전조작기로 논리적 사고능력을 가지기 이전 단계이다. 전조작기는 2~4세의 전개념적 단계와 4~7세의 직관적 사고 단계로 구분된다. 세 번째 단계는 11세경의 구체적 조작기로 논리적 사고가 가능하고 언어의 사용에 있어서 자기중심적인 경향이 줄어드는 탈중심적 사고를 보인다. 가장 높은 단계인 12세경 이후의 형식적 조작기에는 추상적 사고가 가능하고 이론과 가치 문제를 이해한다. 각 단계의 인지과정은 이전 단계의 인지과정에 기초하여 조작되고 발전 가능할 수 있다.

3. 인지적 특성의 교육목표 분류

교육목표분류학에서 인지영역은 외부의 대상을 지각하고 자극을 수용하여 개념화하는 역량을 포괄적으로 일컫는 인간 행위의 한 부분으로 인간의 지적 역량과 관련되는 교육목표의 한 영역이다. 인지적 특성에 대한 교육목표를 서술하는 다양한 이론이 있지만, 이 장에서는 학교현장에서 가장 널리 이해·활용되고 있는 Bloom(1956)의 교육목표분류학을 중심으로 설명하고, 최근에 Bloom의 교육목표 분류를 수정·보완하여 교수, 학습, 평가를 위한 분류로 정리한 Anderson & Krathwohl(2001)의 개정 Bloom 교육목표분류학에 대해 살펴보고자 한다.

1) Bloom의 인지적 특성의 교육목표 분류

(1) 인지 교육목표 분류의 위계

Bloom은 인지적 기능을 지식(knowledge), 이해(comprehension), 적용(application), 분석(analysis), 종합(synthesis), 평가(evaluation)와 같이 단순정신능력에서 고등정신능력으로 위계화하였고, 이 중 평가를 가장 복합적인 인지적 능력이라 규정하였다. 또한 인지적 특성은 단순함에서 복잡성의 원리(principle of complex)에 의해 위계적으로 구성되어 있다고 보았다. 예컨대, 지식이란 가장 낮은 수준의 목표로 수학공식, 인명, 개념, 법칙, 이론 등을 기억하는 행동을 말한다. 이해는 학습내용의 의미를 파악하는 수준의 목표로 그래프를 해석하거나 작품 속에서 다음에 일어날 사건을 예측하는 것과 같은 행위라 할 수 있다. 적용은 학습할 내용을 이해하여 실제 문제를 해결하는 수준의 목표로, 예를 들면 기하원리를 이용해서 댐의 수량을 계산하는 능력을 말한다. 분석은 복잡한 사상이나 아이디어의 구조를 파악하는 수준의 목표로, 이를테면 자동차의 기화기와 발전기의 기능이 어떻게 관련되는지 확인하거나 소설의 주제를 파악하는 능력 등이다. 종합이란 새로운 산물이나 절차를 만들어 내는 수준의 목표로 수학의 정리를 유도하거나 소설을 창작하는 능력을 말한다. 마지막으로, 평가는 일정한 기준에 따라 대상의 가치를 판단하는 수준의 목표로, 예컨대 편이성, 내구성, 경제성 등을 기준으로 자동차를 비교하는 능력이다.

　인지적 특성에 속하는 여섯 가지 행동의 위계적 관계를 나타내면 [그림 4-1]과 같다.

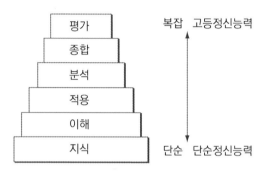

[그림 4-1] 인지적 특성의 교육목표 분류

　이 여섯 가지 사고과정은 별개의 순수한 사고과정이 아니라 누가적·복합적·위계적 성질의 사고과정이다. 즉, 어떤 사상(물건, 현상, 사실, 법칙, 원리, 기술)에 관한 최소한의 지식을 기억하고 있지 않으면 그 사상과 관련되는 개념이나 법칙을 이해할 수 없고, 어떤 사상에 관한 사상들을 종합하려고 하면 그에 필요한 최소한의 지식과 함께 그 사상을 이해, 적용, 분석하는 능력을 갖추고 있어야 한다. 예컨대, 지식, 이해, 적용, 분석과 함께 종합이 내포되어 있어야 종합에 해당한다고 할 수 있고, 지식은 있지만 그것을 이해하지 못한 상태에서 다른 상황이나 장면에 적용할 수 없다는 것이 지적 영역의 하위영역을 분류하는 기본 전제이다.

　무엇이든 세분화·구체화하는 것이 좋다고 할 수 있지만 지나치게 복잡해서 정확하게 분류할 수 없는 경우라면 오히려 분류에 장애가 될 수 있다. 그러므로 특별한 목적의 경우를 제외하고 학교현장에서는 일반적으로 지식, 이해, 적용이라는 세 가지 유목을 사용하고, 분석, 종합, 평가는 적용에 포함시키는 방법이 널리 사용되고 있다.

　어떤 교수목표가 지적인 행동과 연결되어 있을 때 그 지식의 수준은 난이도가 있다고 가정하며, 지적 행위의 습득은 〈표 4-1〉과 같이 제시할 수 있다.

〈표 4-1〉 인지적 특성의 교육목표 분류체계

교육목표	내용	행동진술
지식	이미 배운 내용, 경험한 아이디어나 현상에 대해 기억(회상 및 재인)하는 능력 〈하위요소〉 • 특수사상에 대한 지식(용어, 사실적 정보, 특징 등) • 특수사상을 다루는 방법과 수단에 관한 지식(규칙, 경향, 분류, 준거, 방법론 등) • 보편적 및 추상적 사상에 관한 지식(원리, 일반법칙, 이론 등)	• 정의한다. • 기억한다. • 기술한다. • 열거한다. • 인지한다. • 확인한다.
이해	이미 배운 내용의 의미를 파악하는 능력을 뜻하며, 단순히 자료를 기억하는 수준을 넘어 자료가 다소 치환되어도 의미를 해석하고 추론하는 능력 〈하위요소〉 • 번역: 한 형식을 다른 형식으로 표현 • 해석: 주어진 자료를 설명하고 요약 • 추론: 한 사건의 결과를 예언하고 미래의 경향을 예측하는 행동	• 변환한다. • 예시한다. • 표현한다. • 설명한다. • 추리한다. • 재배열한다.
적용	이미 배운 내용, 즉 개념, 규칙, 원리, 이론, 기술, 방법 등을 구체적인 또는 새로운 장면에서 활용하는 능력 〈하위요소〉 • 학습된 자료를 새로운 구체적 사태에 사용하는 능력 • 학습된 개념 · 방법 · 규칙 · 원리 · 법칙 및 이론에 관한 지식을 새로운 사태에 적용하는 문제해결 능력	• 응용한다. • 일반화한다. • 재구조화한다. • 조직한다. • 분류한다.
분석	조직, 구조 및 구성요소의 상호관계를 이해하기 위하여 주어진 자료의 구성 및 내용을 분석하는 능력 〈하위요소〉 • 요소의 분석(저자가 의도하는 가치, 관점) • 관계의 분석(인과관계, 논리적 관계 등) • 조직원리의 분석(체계적 배열, 구조)	• 구별한다. • 분석한다. • 탐색한다. • 유목화한다. • 환원시킨다.

종합	비교적 새롭고 독창적인 형태, 원리, 관계, 구조 등을 만들어 내기 위하여 주어진 자료의 내용 및 요소를 정리하고 조작하는 능력 〈하위요소〉 • 독특한 의사전달 내용의 창안 • 계획 및 조작 절차의 창안 • 추상적 관계의 도출	• 작성한다. • 창안한다. • 수정한다. • 도출한다. • 종합한다.
평가	어떤 특정한 목적과 의도를 근거로 하여 아이디어, 작품, 해결책, 방법, 자료 등의 가치를 판단하는 능력 〈하위요소〉 • 내적 기준에 의한 판단: 의사소통의 정확성과 일관성에 의해 판단하는 능력 • 외적 기준에 의한 판단: 설정된 준거에 비추어 자료, 사물, 정책 등을 판단하는 능력	• 판단한다. • 토론한다. • 평가한다. • 결정한다. • 표준화한다. • 고려한다.

출처: 황정규(2009)에서 재구성.

인지적 특성은 지식, 이해, 적용, 분석, 종합, 평가로 구분되고, 복잡성의 원칙은 여섯 가지 유목의 인지적 행동을 단순히 나열하는 것이 아니라, 가장 단순한 행동에서 가장 복잡한 행동의 순서에 따라 위계를 이루도록 조직했음을 의미한다. 그러므로 지식은 이해의 선행요건이 되고, 지식 · 이해는 적용의 선행요건이 되며, 지식 · 이해 · 적용은 분석의 선행요건이 되고, 지식 · 이해 · 적용 · 분석은 종합의 선행요건이 되며, 지식 · 이해 · 적용 · 분석 · 종합은 평가의 선행요건이라고 가정하고 있다. 이러한 Bloom의 분류에서 주목할 점은 인지적 특성의 사고작용 가운데 평가를 가장 고차원의 고등사고능력으로 보고 있다는 점이다. 즉, 교육을 통해 학생이 학습해야 할 가장 고차원적인 사고능력은 '평가하는 능력'이라는 것이다.

그러나 단순한 행동의 학습이 이루어졌다고 해서 자동적으로 복잡한 행동의 학습이 이루어지는 것은 아니다. 즉, 하위수준의 학습은 상위수준의 학습을 위한 필요조건이지만 충분조건은 되지 못한다.

(2) 인지적 교육목표의 평가문항

① 지식

지식(knowledge)이란 이미 배운 내용, 즉 사실, 개념, 원리, 방법, 유형, 구조 등의 기억을 의미한다. 인지적 능력은 변별, 구체적 개념, 정의된 개념, 규칙 등으로 다양하게 분류되고, 인지적 교육목표 중에서 가장 비중이 크고 보편성을 띠고 있는 학습목표는 지식이라 할 수 있다. 한 교과의 학습이 끝나면 거기에서 배웠던 중요한 사실이나 법칙, 원리에 관한 지식이 획득되기를 기대한다.

　지식은 지적 영역의 가장 낮은 수준의 산물이다. Bloom(1956)은 지식을 "학생들이 교육과정 속에서 경험한 아이디어나 현상을 기억했다가 재생 또는 재인할 수 있는 것을 의미한다. 아이디어나 현상을 처음 접했던 것과 매우 비슷한 형태로 기억하는 것이 지식이다."라고 정의하고 있다.

　지식에는 기억 혹은 상기라는 심리적 과정이 가장 중요한 요소가 된다. 기억은 단순한 기계적 암기를 뜻하는 것이 아니며, 주어진 문제 상황에 대해 개인이 가지고 있는 지식이나 정보를 연결해 주는 적절한 단서를 얻도록 문제를 재조직할 것을 요구한다. 잘 조직되고 상호 관련지어진 지식은 고립되고 특수한 지식보다 더 잘 학습되고 오랫동안 유지된다. 학교교육에서 가르치고자 하는 목표는 바로 이와 같은 기능적 지식, 활용할 수 있는 지식, 실생활에 유용한 지식을 교육하려는 데 있다.

　좋은 지식문항이 되기 위해서는 갖추어야 할 특징이 있다. 우선 학습 상황에서 경험한 수준과 유사한 정확성, 변별성의 정도를 유지해야 한다. 학습 상황에서 배운 수준 이상의 것을 요구하는 문항은 지식이 아닌 전혀 다른 능력, 즉 지식 이상의 능력을 요구할 가능성이 크다. 다시 말해, 지식문항으로서는 부적절한 문항이라는 것이다. 다음으로 문항 자체는 전혀 새로운 것, 학생이 접해 보지 않은 자료여야 하지만 문항 장면이 전혀 새로운 것이어서는 안 된다. 지식영역의 문항 예시는 〈표 4-2〉와 같다.

〈표 4-2〉 지식영역의 문항 예시

영역	문항 예시
지식	※ 다음 그림과 같이 좁은 틈을 지난 햇빛을 프리즘에 통과시켰더니 여러 가지 색의 띠가 생겼다. 이 현상에 대한 설명으로 옳지 <u>않은</u> 것은? 슬릿 태양 광선　프리즘

> ① 빛은 프리즘을 지나면서 두 번 굴절한다.
> ② 보라색 빛이 가장 크게 굴절된다.
> ③ 색에 따라 굴절률이 다르다.
> ④ 햇빛은 여러 가지 색의 빛이 혼합된 광선이다.
> ⑤ 프리즘을 뒤집어도 색의 띠는 같다.

② 이해

이해(comprehension)는 사실, 사물의 의미를 이해하는 것으로, 이미 배운 내용에 관한 의미를 파악하는 능력을 뜻하며, 단순히 자료를 기억하는 수준을 넘어 자료의 내용이 다소 치환되어도 그 의미를 파악하고 해석하며 또는 추론하는 능력을 말한다. 이는 어떤 것을 다른 단어나 수로 번역하는 능력, 해석하는 설명과 요약 능력, 미래 경향을 추정하는 능력이다. 이해는 사실에 대한 단순한 기억 수준의 다음 단계에 오는 능력이다.

Bloom(1956)은 이해를 "학생이 의사전달을 받게 되면 전달되는 내용을 알게 되고, 또 거기에 포함된 자료나 아이디어를 이용할 수 있는 능력"으로 규정하고, 의사소통의 방법은 언어형태뿐만 아니라 포괄적인 기호형태를 모두 포함하는 것으로 보았다. 그는 『교육목표분류학: 인지적 영역(Taxonomy of Educational Objectives: The Classification of Educational Goals, Handbook I. Cognitive Domain)』(Bloom, 1956)에서 이해력의 목표를 수준에 따라 번역(translation), 해석(interpretation), 추론(extrapolation)의 세 가지로 나누고 있다.

첫째, 번역이란 이미 알고 있는 개념이나 의미 전달의 매체를 다른 언어로 표현하거나 혹은 한 상징 상태에서 다른 상징 상태로 변환하는 능력을 말한다. 예컨대, '현재 우리나라 청년 취업률을 나타내고 있는 도표'를 보고 그것을 언어로 표현하거나 도표 속의 내용을 말로 표현하는 것을 말한다.

둘째, 해석은 주어진 자료를 아이디어의 구성체로 보며, 그 자료들 사이의 관계를 알고 중요한 정보와 중요하지 않은 정보를 식별해 낼 수 있는 능력을 말한다. 예컨대, '현재 우리나라 청년 취업률을 나타내고 있는 도표'에 있는 여러 가지 자료의 부분을 실제 사건과 관련짓는 능력을 말한다.

셋째, 추론은 주어진 자료에서 경향, 추세, 조건을 해독하고, 그 결과를 추측하거나 시간, 도표, 화제를 넘어서 지각하는 능력을 말한다. 예컨대, '현재 우리나라 청년 취업률을 나타내고 있는 도표'에서 이 시기 다음에는 어떤 사태가 일어날 것인가를 추측하는 것을 말한다.

　　이해는 학습현장에서도 가장 중요시하는 목표이다. 사고과정의 순서로 보면 가장 먼저 학습내용에 대한 이해가 이루어진 다음에 참다운 지식은 그 결과로 얻어지는 것으로 볼 수 있다. 그러므로 이해란 '이해한다'라는 과정과 그 소산으로서의 '결과'라는 양면적 측면을 가지고 있으나 좀 더 강조하고 있는 것은 전자의 과정에 있다고 할 수 있다.

　　이해를 평가하는 문항은 학습 상황에서 다루어진 자료와 똑같을 필요는 없다. 그러나 사용하는 언어, 상징기호, 복잡성, 내용 등에서는 비슷한 성질을 띠어야 한다. 번역문항은 번역할 의사소통 자료 사이의 관계뿐 아니라 그 내용에 대한 핵심요소를 포함하고 있어야 하고, 해석문항은 전체 자료 속 내용요소 사이의 관계를 알 수 있도록 해야 하며, 추론문항은 번역, 해석을 포함하면서 주어진 자료를 넘어서서 묻는 형식이 되어야 한다. 이해영역의 문항 예시는 〈표 4-3〉과 같다.

〈표 4-3〉 이해영역의 문항 예시

영역	문항 예시
이해	※ 다음 글을 읽고 물음에 대한 알맞은 번호를 답안지에 써넣으시오. 　　자본주의 체제에서는 국민의 60%에 해당하는 중산층의 재산 형성이 장려되어야 한다. 그래야만 대부분의 사람은 더욱 열심히 일을 할 것이고, 그에 따라 국민 경제의 생산성과 효율성이 증대되는 것이다. 그렇지 않고 중산층의 재산 형성이 규제된다면 부작용만 나타나게 될 것이다. 저축을 하여 재산을 어느 정도 모아 봤자 세금만 잔뜩 내게 된다면, 저축은 하지 않고 사람들이 전세를 살면서도 자가용이나 몰고 다니면서 과소비에 빠져 들게 되는 것이다. 이 글의 내용을 통해 추론이 가능한 진술을 〈보기〉에서 고르면? ──────〈보기〉────── ㄱ. 건전한 소비는 경제의 흐름을 원활하게 한다. ㄴ. 과중한 세금은 국민들의 근로의욕을 저하시킨다. ㄷ. 과소비를 막기 위해서는 소비자들의 의식개혁이 선행되어야 한다. ㄹ. 미래 소비보다 현재 소비가 더 매력적일 때 과소비 현상이 나타난다. ① ㄱ, ㄴ　　② ㄱ, ㄷ　　③ ㄱ, ㄹ　　④ ㄴ, ㄷ　　⑤ ㄴ, ㄹ

③ 적용

적용(application)은 이미 배운 내용, 즉 개념, 규칙, 원리, 이론, 기술, 방법 등을 구체적인 또는 새로운 장면에 활용하는 능력을 가리킨다. 즉, '새로운 문제나 사태에 원리나 일반화의 법칙을 응용하는 능력'이라고 정의할 수 있다.

이해는 학생들이 배운 것을 실제로 해 보라고 '구체적'으로 제시했을 때, 그것을 정확하게 나타낼 수 있을 정도로 추상개념을 충분히 알고 있는지를 말하는 데 반하여, 적용은 새로운 문제사태가 주어졌을 때 어떤 추상개념이 정확한 것인지 모를지라도 지식 없이도 그것을 어떻게 새로운 사태에 응용할 것인지 시범을 보이지 않고서도 적절한 추상개념을 사용할 수 있는 능력을 말한다.

적용력이 발현되는 과정은 크게 두 가지로 나눌 수 있다. 하나는 어떤 사태에 적용할 적절한 방법, 법칙, 추상개념 등을 끌어들이는 능력으로서 응용력이라고도 한다. 다른 하나는 전자에서 끌어들인 방법, 법칙, 추상개념들을 이용하여 문제사태를 해결하거나 정당화하는 능력으로서 문제해결력이라고도 한다.

지식과 이해는 기억력과 상기력을 빌려 과거의 경험을 확인하거나 재구성하는 것인 데 반해, 적용은 미지의 것을 해결하거나 예측하는 능력이라고 볼 수 있다. 적용은 지식이나 이해보다 지속성이 높고 전이가 크기 때문에 일반적으로 학교교육에서 강조되는 교육목표 중 하나이다.

적용을 평가하기 위해서는 주어지는 문항사태가 새롭고 독창성이 있어야 한다. 학습사태에서 이미 접해 보았던 문제사태로는 지식이나 이해 이상의 능력을 평가하기 힘들다. 그러므로 적용을 평가하기 위해서는 문항사태의 표본을 교과서나 이미 다루었던 자료 밖에서 구할 필요가 있다. 그러기 위해서는 문항이 가상적인 사태로 제시되거나, 학생들이 아직 접해 보지 못한 자료를 대상으로 하거나, 이미 학생들이 접해 본 자료이긴 하지만 전혀 새로운 측면에서 묻는 사태여야 한다. 그러나 주의할 것은 새로운 문항사태를 만들기 위해 지나치게 비현실적이거나 괴상한 것이어서도 곤란하다는 점이다. 즉, 있음직한 문항사태여야 한다. 적용영역의 문항 예시는 〈표 4-4〉와 같다.

〈표 4-4〉 적용영역의 문항 예시

영역	문항 예시
적용	※ 다음 그래프는 A역에서 출발하여 B역에 도착할 때까지 어느 열차의 시간에 따른 속력의 변화를 나타낸 것이다. 출발해서 도착할 때까지 열차가 이동한 거리는? 속력(m/s) 20 0 3 8 10 시간(s) ① 20m ② 60m ③ 90m ④ 120m ⑤ 150m

④ 분석

분석(analysis)이란 주어진 자료를 구성 부분으로 분해하고 부분 간의 관계와 그것이 조직되어 있는 방법을 발견하는 능력이다. 즉, 구성 부분을 확인하고 그 부분 간의 관계를 분석하여 구성 원리를 인지하는 능력을 말한다. 분석은 내용과 내용의 구성형태를 이해하여야 하기 때문에 이해와 적용보다 높은 지적 능력이다.

분석은 어느 교과에서나 중요시하는 능력이다. 자료에서 가설과 사실을 식별하는 능력, 결론과 주장을 구분하는 능력, 결론을 지지하는 증거를 찾아내는 능력, 관계 있는 자료와 관계 없는 자료를 식별하는 능력, 주제와 부제를 식별하는 능력 등이 해당된다.

분석은 자료에 나타난 현상 밑에 잠재해 있는 현상, 고안, 아이디어, 조직 등을 찾아내는 능력이기 때문에 고도의 지적발달을 요구하는 능력으로 볼 수 있다. 그리고 지식, 이해, 적용의 세 가지 능력을 모두 이용하는 능력이면서 그 이상의 능력이 포함된 정신작용으로 다음에 이어질 종합이나 평가의 전제가 되는 정신과정이라 할 수 있다.

Bloom(1956)은 분석의 목표를 크게 다음의 세 가지로 분류하고 있다. 첫째, 문제의 요소를 분석하는 능력이다. 이것은 저자가 의도하는 의사전달 자료의 가정, 가치, 관점을 분석하여 특정한 진술문의 성질이나 기능을 결정하는 능력을 의미한다. 둘째, 요소와 요소 사이의 관계, 부분과 부분 사이의 관계를 찾아내는 능력이다. 가설과 증거 사이의 관계, 가정과 주장의 식별, 인과관계, 계열성이 있는 관계 등을 분석하는 능력으로 여기에는 논리적 관계의 분석도 포함된다. 셋째, 자료의 구성원리를 분석하는 능력이다. 이는 자료의 구성, 체계적 배열, 구조를 분석하는 능력을 말한다.

분석영역의 문항 예시는 〈표 4-5〉와 같다.

〈표 4-5〉 분석영역의 문항 예시

영역	문항 예시
분석	※ 다음 〈보기〉는 소득과 생활수준과의 관계를 알아보기 위한 탐구과정이다. 가장 합당한 순서는? ─────── 〈보기〉 ─────── ㄱ. 소득이 높아도 가족의 수에 따라 생활수준이 다르고, 주변 사람들의 소득수준에 영향을 받음을 고려한다. ㄴ. 소득수준을 가지고 생활수준을 측정할 수 있는 지표에는 어떤 것들이 있는지 알아본다. ㄷ. 가족의 수와 여러 가정의 소득에 대한 식료품비의 비율을 조사하고 각종 관련 통계를 제시한다. ㄹ. 소득이 높으면 식료품비의 비율이 낮아지고, 소득이 낮으면 식료품비의 비율이 높아지는 경향이 있음을 찾아낸다. ① ㄱ-ㄴ-ㄷ-ㄹ　　② ㄱ-ㄴ-ㄹ-ㄷ　　③ ㄱ-ㄷ-ㄴ-ㄹ ④ ㄴ-ㄱ-ㄷ-ㄹ　　⑤ ㄴ-ㄹ-ㄷ-ㄱ

⑤ 종합

종합(synthesis)은 비교적 새롭고 독창적인 형태, 원리, 관계, 구조 등을 만들어 내기 위하여 주어진 자료의 내용 및 요소를 정리하고 조직하는 능력을 의미한다. 즉, 여러 개의 요소나 부분을 전체로서 하나가 되도록 묶는 능력이다. 이는 연설이나 강연 등을 위한 독창적 의사전달, 실행계획이나 관계의 요약을 말한다. 이 같은 시각에서 보면 종합력은 창의력과 유사한 능력이다.

종합은 학습에서 고도의 성취를 보인 학생만이 나타낼 수 있는 능력으로 지식, 이해, 적용, 분석의 능력을 제대로 갖춘 학생에게 일반적으로 기대할 수 있는 능력이다. 새로운 창조, 독특한 개인적 사고를 허용하는 능력이라는 점에서 적극 권장되고 개발되어야 할 능력이라 할 수 있다.

종합력은 다음의 세 가지로 요약할 수 있다. 첫째, 독특한 의사소통 창안능력이다. 저자가 다른 사람에게 자기의 아이디어, 감정, 관계, 경험 등을 전달하려는 의사소통

방법의 개발과 관련이 있다. 둘째, 조작의 계획 및 절차의 창안능력이다. 어떤 조작 및 작동을 할 때 필요한 계획 및 절차를 창안하고 고안해 내는 능력을 포함한다. 셋째, 추상관계의 추출능력이다. 특정 자료나 현상을 분류하고 설명하기 위한 추상관계를 개발하는 능력을 포함한다. 이는 상징적 표현양식에서 명제를 끌어내는 능력을 포함한다.

종합영역의 문항 예시는 〈표 4-6〉과 같다.

〈표 4-6〉 종합영역의 문항 예시

영역	문항 예시
종합	※ 다음 글의 밑줄 친 질문에 대한 답변을 하고, 그 이유를 개인과 사회의 관계를 보는 관점을 토대로 서술하시오. 햄버거를 사기 위해 가게에 들어가면 점원이 묻는다. "900원만 더 내면 감자튀김과 콜라를 함께 드실 수 있는데, 그렇게 해 드릴까요?" 그러면 대부분은 별 고민 없이 "예."라고 대답한다. 물론 끝까지 자신의 뜻대로 햄버거 하나만 주문하는 사람도 있다. 그러나 햄버거 외에는 살 의도가 없었던 많은 사람이 그 말에 감자튀김과 콜라를 소비하게 된다. **여기에는 나의 자유의지가 작용한 것일까? 햄버거 회사의 교묘한 전략에 넘어간 것일까?**

⑥ 평가

평가(evaluation)는 어떤 특정한 목적과 의도를 근거로 하여 주어진 자료 또는 방법이 갖고 있는 가치를 판단하는 능력을 의미한다. 평가는 판단력, 비판력이라고도 할 수 있는 것으로 '어떤 목적을 갖고 아이디어, 작품, 방법 등에 관해 가치판단을 하는 능력'이다. 평가에는 어떤 특정 사상이 얼마나 정확하고 효과적이며, 경제적이고, 만족할 만한지를 검정하는 준거와 표준을 활용하는 능력도 포함된다.

평가는 그 어떤 능력보다 복잡성이 더한 능력이며 그 안에 상당 부분 정의적 요소가 포함되어 있다. 즉, 개인이 지니고 있는 의견, 가치, 정서, 주장 등 정의적 요소가 평가능력을 구성한다. 그러나 개인의 기호에 의한 선호와 합리적, 논리적, 타당성을 모색하는 평가능력은 구별되어야 한다. 현대사회에서는 고도의 복잡한 개인적·사회적·국가적 문제에 직면할 기회가 많다. 이 같은 문제에 부딪혔을 때 개인이 활용해야 할 주된 정신기능을 평가라 할 수 있을 만큼 평가는 고도화·세분화된 능력이다. 어느 것에 비추어 보아 옳고 그른지를 신속하고 정확하게 판단해야 한다는 관점에서 평가의 목표는 무엇보다 강조되어야 할 것이다.

평가의 목표는 두 가지로 나눌 수 있다. 먼저, 내적 준거에 의한 판단이다. 이것은 의사소통의 정확성과 일관성이라는 내적 준거에 의해 판단하는 능력이다. 다음으로 외적 준거에 의한 판단이다. 이것은 설정된 준거에 비추어 자료, 사물, 정책 등을 판단하는 능력이다. 이와 같은 준거는 학생 스스로가 만들 수도 있고, 혹은 관련된 분야의 전문가들이 형성한 준거를 사용할 수도 있다. 평가영역의 문항 예시는 〈표 4-7〉과 같다.

〈표 4-7〉 평가영역의 문항 예시

영역	문항 예시
평가	※ 과학 기술인의 사회적 책임을 근거로 하여 다음 글에 나타난 과학자의 행동을 평가하시오. 미국의 과학자인 로버트 오펜하이머는 3천 명 이상의 과학자를 조직해서 원자폭탄 개발 계획을 성공적으로 이끄는 데 커다란 역할을 하였다. 제2차 세계대전 후 원자폭탄이 가져온 끔찍한 결과를 보고 많은 사람은 미국에서 원자폭탄 개발에 주도적인 역할을 한 오펜하이머를 비난하였다. 그러자 오펜하이머는 자신은 원자폭탄을 개발하였을 뿐 사용자는 아니었으며, 원자폭탄의 사용자였던 당시의 정치가들이 원자폭탄의 해악에 대한 책임을 져야 한다고 주장하였다.

2) Anderson & Krathwohl의 인지적 특성의 교육목표 분류

(1) 교수, 학습, 평가를 위한 교육목표 분류

Bloom은 현재 학교에서 교사들이 주로 사용하고 있는 Bloom의 이원목적분류표를 1956년에 창안하였다. 이 분류법에는 내용이 일차원적으로 제시되고 인지적 영역 안에서 포괄하고 있다. 즉, 이원목적인 내용영역과 행동영역에서 행동영역의 인지적 과정을 중심으로 6단계, 즉 지식, 이해, 적용, 분석, 종합, 평가로 분류하고 있다. 그러나 성취기준 중심의 교육과정 및 수행평가의 설계와 실행, 문제해결에 있어 Bloom의 개념들은 실용적인 가치가 있다(Anderson & Krathwohl, 2001). 이러한 가치를 살리고 내용영역을 정교화하기 위해서 Bloom의 공동 저자였던 Krathwohl이 Anderson

과 함께 교육목표분류학을 2001년에 개정하였다. 블룸의 교육목표 분류를 수정 · 보완하여 교수, 학습, 평가를 위한 분류로 정리하였다. 특징적인 것은 분류의 차원을 '지식유형'과 '인지과정'으로 구분하고, 지식유형에 따른 인지과정을 교차하여 설명했다는 점이다. Anderson & Krathwohl의 인지적 특성의 교육목표 분류를 정리하면 〈표 4-8〉과 같다.

〈표 4-8〉 Anderson & Krathwohl의 개정 교육목표 분류

인지과정 지식유형	기억하다	이해하다	적용하다	분석하다	평가하다	창안하다
사실적 지식						
개념적 지식						
절차적 지식						
메타적 지식						

출처: Anderson & Krathwohl (2001).

　개정 교육목표분류학에서 첫 번째 큰 차이는 단일 차원의 분류 틀을 이차원의 분류 틀로 변화한 것이다. 지식내용 영역을 인지영역에서 분리하여 독립된 지식내용 차원을 설정한 것이다. 지식내용 영역을 구체성과 추상성의 정도를 기준으로 '사실 지식' '개념 지식' '절차 지식' '메타 지식' 등의 4차원으로 분류하였다. Anderson & Krathwohl이 4차원으로 분류한 지식유형은 〈표 4-9〉와 같다.

〈표 4-9〉 개정 교육목표 분류의 지식유형

주요유형과 하위유형		예시
1. 사실적 지식		
• 학생들이 문제를 해결하고 교과에 통달하기 위해서 알아야 할 기초적이고 기본적인 요소들에 대한 지식		
1-1	전문용어에 대한 지식	전문용어, 음악부호 등
1-2	구체적 사실과 요소에 대한 지식	주요 자원, 신뢰로운 정보원 등
2. 개념적 지식		
• 큰 틀 내에서의 기본적인 요소들 사이의 관계에 대한 지식		

2-1	분류와 유목에 대한 지식	지질학 연대, 기업소유 형태 등
2-2	원리와 일반화에 대한 지식	피타고라스 정리, 수요와 공급의 법칙 등
2-3	이론, 모형, 구조에 대한 지식	진화론, 의회조직 등

3. 절차적 지식
- 연구 방법과 범주 등 절차에 대한 지식

3-1	교과에 특수한 기능과 알고리즘에 대한 지식	수채화를 그리는 기능, 정수 나눗셈 알고리즘 등
3-2	교과에 특수한 기법과 방법에 대한 지식	면접기법, 과학적 방법 등
3-3	적절한 절차의 사용 시점을 결정하기 위한 준거에 대한 지식	뉴턴의 제2법칙이 포함된 절차의 적용 시점을 결정하기 위한 준거, 사업비용 추정방법의 실현가능성을 판단하기 위한 준거 등

4. 메타적 지식
- 지식에 대한 지식으로 자신의 인식과 자신에 대한 지식

4-1	전략적 지식	교재 단원의 구조를 파악하기 위한 수단으로서 개요를 작성하는 지식, 발견법 활용에 대한 지식 등
4-2	인지과제에 대한 지식(적절한 맥락적 지식 및 조건적 지식 포함)	특정 교사가 실시하는 시험유형에 대한 지식, 과제의 인지적 요구에 대한 지식 등
4-3	자기-지식	논문을 비판하는 것은 개인적 강점이지만 논문을 작성하는 것은 개인적 약점이라는 지식, 자신의 지식 수준에 대한 인식 등

출처: Anderson & Krathwohl (2001).

　　두 번째 차이는 인지행동 영역을 정적인 명사적 개념에서 행위적인 동사적 개념으로 전환한 것이다. 이전 분류에서 첫 단계인 지식의 자리에 기억이 아닌 '기억하다'로 교체하고, 이해, 적용, 분석을 '이해하다' '적용하다' '분석하다' 등으로 동사화하였다. 그리고 세 번째 차이는 종합과 평가의 위계를 바꾸면서 그 명칭도 '평가하다'와 '창안하다'로 수정하였다. 종합하는 과정에는 어떤 내적이고 외적인 기준에 의한 판단이 선행되는 것이 논리적이기 때문이다. 네 번째 차이는 용어를 바꾼 것이다. 이해(comprehension)를 이해하다(understand)로 바꾼 것은 '이해'보다 '이해하다'의 의미가 인지과정을 표현하는 데 적합하고, '이해'의 정의적 소극성을 극복할 수 있기 때문이

다. 종합(synthesis)을 '창안하다(create)'로 바꾼 이유는 교육목표를 서술하는 데 적합하고, 교사들의 일상적 의사소통에 효과적이기 때문이다.

(2) 개정 교육목표 분류의 평가유형

개정 교육목표 분류는 학생의 학습목표, 교사의 교수목표 그리고 평가목표를 설정하고, 그 활동을 설계하고, 교육과정과 수업 그리고 평가의 일관성을 담보하는 유의미한 도구이다. 지식 차원과 인지과정을 결합한 평가목표 분류로부터 평가유형을 설정하면 네 가지 평가유형, 즉 ① '사실 지식'에 대한 평가유형, ② '개념 지식'에 대한 평가유형, ③ '절차 지식'에 대한 평가유형, ④ '메타 지식'에 대한 평가유형으로 분류된다.

① '사실 지식'에 대한 평가유형

'사실 지식'에 대한 평가유형은 사실 지식과 여섯 가지 인지과정을 결합한 평가유형이다. 사실기억, 사실이해, 사실적용, 사실분석, 사실평가 그리고 사실창안을 하위유형으로 한다. 평가목표 설정에 있어서 일반적으로 사실 지식은 '기억하기'와 가장 자연스럽게 연결되며, 다음으로 사실 지식과 많은 연관성을 가지는 인지과정은 '이해하기'이다. '사실 지식 평가유형'의 하위유형과 평가발문 예시는 〈표 4-10〉과 같다.

〈표 4-10〉 '사실 지식 평가유형'의 하위유형과 평가발문 예시

평가유형	내용 정의	평가발문 예시
사실기억	구체적 사실과 전문용어를 기억하는 유형	4분 음표를 그리시오.
사실이해	구체적 사실과 현상을 명료화하거나 바꾸어 표현하는 유형	주어진 문장을 영어로 번역하시오.
사실적용	구체적 사실과 현상을 특정한 상황에 시행하거나 사용하는 유형	36을 3으로 나누기하시오.
사실분석	구체적 사실과 현상을 구별하거나 조직, 통합 또는 해체하는 유형	다음 조각들로 아파트를 조립하시오.
사실평가	구체적 사실과 현상을 판단하는 유형	두 물체 중 더 무거운 것은?
사실창안	구체적 사실과 용어를 만드는 유형	이 현상에 이름을 붙이면?

② '개념 지식'에 대한 평가유형

'개념 지식'에 대한 평가유형은 개념 지식과 여섯 가지 인지과정을 결합한 평가유형이다. 개념기억, 개념이해, 개념적용, 개념분석, 개념평가 그리고 개념창안을 하위유형으로 한다. 평가목표 설정에 있어서 일반적으로 개념 지식은 '이해하기'와 가장 많은 연관성을 가진다. 교사들이 교실수업과 학생평가에 있어서 가장 많은 시간과 노력을 소요하는 부분도 개념 지식과 '이해하기' 과정일 것이다. 학생들의 입장에서도 개념 지식을 이해하는 것이 무엇보다 중요할 것이며, 이에 못지않게 개념 지식을 적용하는 것에도 우선순위를 둘 것이다. '개념 지식 평가유형'의 하위유형과 평가발문 예시는 〈표 4-11〉과 같다.

〈표 4-11〉 '개념 지식 평가유형'의 하위유형과 평가발문 예시

평가유형	내용 정의	평가발문 예시
개념기억	유목, 원리, 이론에 대한 지식을 기억하는 유형	지질학 연대를 순서대로 쓰시오.
개념이해	구체적 사실 및 현상 간의 상호관계에 관한 지식을 명료화하거나 바꾸어 표현하는 유형	아래 자료에서 수요와 공급의 법칙을 추론하시오.
개념적용	구체적 사실 및 현상 간의 상호관계에 관한 지식을 특정 상황에 시행하거나 사용하는 유형	진화론을 교실환경에 사용하시오.
개념분석	구체적 사실 및 현상 간의 상호관계에 관한 지식을 변별하거나 조직, 통합 또는 해체하는 유형	암석들을 식별하시오.
개념평가	유목, 원리, 이론에 대한 지식을 준거에 따라 판단하는 유형	진화론을 비판하시오.
개념창안	유목, 원리, 이론에 대한 지식을 설계하고 구성하는 유형	수요와 공급에 대한 보고서를 계획하시오.

③ '절차 지식'에 대한 평가유형

'절차 지식'에 대한 평가유형은 절차 지식과 여섯 가지 인지과정을 결합한 평가유형이다. 절차기억, 절차이해, 절차적용, 절차분석, 절차평가 그리고 절차창안을 하위유형으로 한다. 평가목표 설정에 있어서 일반적으로 절차 지식은 '적용하기'와 가장

많은 연관성을 가진다. 절차 지식인 기능과 알고리즘은 정해진 순서를 따르고 결과는 한 가지로 수렴된다. 즉, 절차 지식이 '집행하기'와 연결된 경우이다. '절차 지식 평가유형'의 하위유형과 평가발문 예시는 〈표 4-12〉와 같다.

〈표 4-12〉 '절차 지식 평가유형'의 하위유형과 평가발문 예시

평가유형	내용 정의	평가발문 예시
절차기억	알고리즘, 방법, 준거에 대한 지식을 기억하는 유형	설문조사의 순서를 말하시오.
절차이해	교과의 특수한 기능이나 사용준거에 관한 지식을 명료화하거나 바꾸어 표현하는 유형	나눗셈 알고리즘을 설명하시오.
절차적용	교과의 특수한 기능이나 사용준거에 관한 지식을 특정한 상황에 시행하거나 사용하는 유형	글의 의미를 파악하는 과정을 그림 이해에 사용하시오.
절차분석	교과의 특수한 기능이나 사용준거에 관한 지식을 구별하거나 조직, 통합 또는 해체하는 유형	글의 의미를 파악하는 과정을 조직화하시오.
절차평가	알고리즘, 방법, 준거에 대한 지식을 점검하고 판단하는 유형	연역법과 귀납법 중 어느 것이 주어진 문제해결에 더 적합한가?
절차창안	알고리즘, 방법, 준거에 대한 지식을 계획하고 산출하는 유형	바이러스가 창궐하는 현상을 설명하기 위해 가설을 설정하시오.

④ '메타 지식'에 대한 평가유형

'메타 지식'에 대한 평가유형은 메타 지식과 여섯 가지 인지과정을 결합한 평가유형이다. 메타기억, 메타이해, 메타적용, 메타분석, 메타평가 그리고 메타창안을 하위유형으로 한다. 평가목표 설정에 있어서 일반적으로 메타 지식은 심층적이고 고차원적 사고를 요구하는 인지과정인 '분석하기' '평가하기' '창안하기'와 많은 연관성을 지닌다. 예를 들어, 메타 지식은 '학습의 방법에 대한 학습'을 가능하게 하여 분석하기 및 창안하기와 연계되고, '자기성찰적 학습'은 평가하기 및 창안하기와 복합적으로 연계된다(Flavell, 1979).

메타 지식을 포함한 평가유형은 전략적 지식에서 일부를 제외하고는 하나의 '정답'을 요구하는 경우가 드물다. 메타 지식은 그 자체로 개인차나 관점의 차이가 나타난

다. 맥락적 지식과 조건적 지식은 상황이나 문화에 따라서 과제에 대한 평가기준도 다를 것이다. '자기지식'을 평가하는 데는 더 많은 개인적인 차이를 고려해야 할 것이다. 이와 같이 메타 지식을 포함한 평가유형은 다양성과 개방성을 중요한 요소로 삼고 있다. 따라서 이 유형의 평가는 기존의 지필평가를 포함하여 교실활동, 토론, 수행평가 등 다양한 평가방법을 필요로 한다. '메타 지식 평가유형'의 하위유형과 평가발문 예시는 〈표 4-13〉과 같다.

〈표 4-13〉 '메타 지식 평가유형'의 하위유형과 평가발문 예시

평가유형	내용 정의	평가발문 예시
메타기억	전략, 인지과제, 자기지식을 확인하거나 인출하는 유형	개요를 작성하는 방법을 기록하시오.
메타이해	전략, 인지과제, 자기지식을 추론 비교 이해하는 유형	자신이 작성한 환경보고서의 장단점을 요약하시오.
메타적용	전략, 인지과제, 자기지식을 활용하는 유형	인지전략을 컴퓨터 학습에 적용하시오.
메타분석	전략, 인지과제, 자기지식을 구별, 조직, 분석하는 유형	수학시험의 유형 중에서 중요한 부분과 중요하지 않은 부분을 구분하시오.
메타평가	지식과 인지 전반에 대한 지식을 조정하고 판단하는 유형	수업의 목표와 평가가 일관성이 있는가?
메타창안	전략, 인지과제, 자기에 대한 지식을 설계, 구성, 창안하는 유형	자신에게 맞는 시험전략을 설계하시오.

이상에서 제시된 Anderson과 Krathwohl의 인지적 특성의 교육목표 분류방법은 기존 방법의 한계를 극복하거나 보완하는 좋은 대안이 될 수 있을 것으로 기대된다. 특히 다양한 교과가 갖고 있는 고유한 특성을 잘 담아낼 수 있고, 실제 학교에서도 유용하게 사용될 수 있을 것으로 생각된다.

4. 인지적 특성 평가문항의 개발

평가도구 개발을 위한 '합리적 절차'는 평가결과가 어떻게 나오는지에 결정적인 영향을 미친다. 아무리 문항 및 제작기법이 우수하다고 하더라도 '제작 절차'가 잘못되면 그 결과는 엉뚱한 방향으로 나아갈 가능성이 크다. 따라서 합리적 절차에 의해 문항과 검사를 제작하는 것은 평가의 질을 유지, 관리하는 기본이 된다. 즉, 문항 및 검사의 개발 절차를 분명히 하는 것은 검사자료의 논리적 합리성과 검사결과의 타당성을 검토하는 중요한 기준을 제시해 준다. 성취평가제 실시에 따른 평가도구 개발의 원리와 절차는 다음과 같다.

1) 평가도구 개발의 원리

학교현장에서의 학생평가에 대한 문제점을 진단하고 학생평가 방법의 질적 혁신을 위해 성취평가제를 도입하였다. 성취평가제는 교육과정에 근거하여 개발된 교과목별 성취기준에 도달한 정도로 학생의 학업성취수준을 평가하는 제도이다. 성취기준은 각 교과목에서 학생들이 학습을 통해 성취해야 할 지식, 기능, 태도의 능력과 특성을 진술한 것으로 학생이 무엇을 공부하고 성취해야 하는지, 교사가 무엇을 가르치고 평가해야 하는지에 대한 실질적인 지침을 제공한다. 따라서 평가도구 개발 시 학생들의 성취기준의 도달 정도를 측정하는 평가가 될 수 있도록 교수 · 학습 및 평가의 준거로 성취기준을 활용해야 한다.

평가도구 개발의 기본 원리는 다음과 같다(최정순 외, 2014). 첫째, 성취기준 내용과 행동특성에 부합하는 문항을 출제한다. 둘째, 학기단위 성취수준 기술내용을 토대로 성취도를 변별할 수 있는 문항을 구성한다. 셋째, 교사가 수업에서 가르친 성취기준에서 제시하고 있는 내용의 범위와 수준을 반영하여 성취 정도를 측정해야 하므로 수업한 내용 및 활동에 기반하여 문항을 개발한다. 넷째, 성취평가제는 학생들이 무엇을 알고, 무엇을 할 수 있는지에 대한 구체적인 분석을 통해 학생의 학습 향상에 필요한 정보를 제공하는 것을 목적으로 하므로 단순 암기 위주의 문항 출제는 지양한다. 다섯째, 단지 변별도를 높일 목적으로 중요하지 않은 주변 내용과 관련된 문항을 출제하거나 인위적으로 소수점 배점을 하는 것을 지양한다.

2) 평가도구 개발의 절차

평가도구 개발의 절차는 다음과 같다.

첫째, 평가계획과 교수 · 학습활동을 반영하여 출제계획을 수립한다. 학기초에 세웠던 평가계획에서 각 지필평가 범위에 해당하는 성취기준 및 평가방법, 반영 비율 등을 확인하고, 성취기준의 도달 정도를 평가할 수 있도록 문항의 내용과 유형, 문항의 수를 구체화하여 평가도구 개발의 기본 틀을 마련한다. 그리고 각 평가문항에 해당하는 내용영역, 성취기준, 난이도, 배점 등 문항정보표(초안)를 작성한다(교육부훈령 제321호). 문항정보표는 기존의 이원목적분류표에서 행동영역을 제외하고 개편한 양식이며, 문항제작 준비의 가장 핵심적인 사항 중 하나이다. NEIS에서 제시된 선택형 문항정보표는 [그림 4-2], 서답형 문항정보표는 [그림 4-3]과 같다.

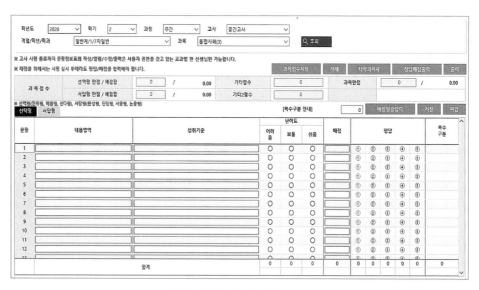

[그림 4-2] 선택형 문항정보표

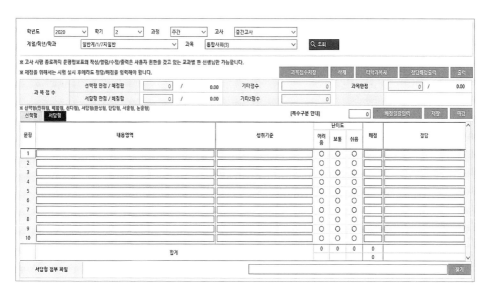

[그림 4-3] 서답형 문항정보표

한편, 2011년부터 성취평가제가 적용된 이후「학교생활기록 작성 및 관리지침」
(교육부훈령 제321호)에서 오랜 기간 동안 사용되어 온 '이원목적분류표' 작성 의무화
규정이 삭제되었다. 기존의 이원목적분류표는 각 문항을 통해 어떤 내용을 어떤 수
준과 행동으로 측정할 것인지를 정리한 표이다. 이원목적분류표 양식의 예로서 기존
의 이원목적분류표는 〈표 4-14〉, 개정 교육목표분류학에 따른 이원목적분류표는
〈표 4-15〉와 같다.

〈표 4-14〉 기존의 이원목적분류표

문항 번호	내용영역	성취기준	행동영역						난이도			배 점	정 답
			지식	이해	적용	분석	종합	평가	상	중	하		

〈표 4-15〉 개정 교육목표 분류학에 따른 이원목적분류표

문항 번호	지식유형	인지과정						난이도		
		기억하다	이해하다	적용하다	분석하다	평가하다	창안하다	상	중	하

　둘째, 평가도구를 제작한다. 교수·학습 상황을 고려하여 지문과 자료를 구성하고, 성취기준에서 강조하는 내용 및 행동 요소를 측정하기에 적합한 평가유형으로 문항을 작성한다. 문항의 자료 및 발문 구성의 단순화, 복잡화 그리고 문제해결을 위해 요구되는 지식과 기능 및 사고능력의 범위 등을 통해 난이도를 조정한다. 지필평가는 타당도, 신뢰도를 제고할 수 있도록 출제하고, 평가의 영역, 내용 등을 포함한 문항정보표 등 출제계획을 작성하여 활용하며, 동일 교과 담당교사 간 공동 출제를 한다(교육부훈령 제321호).

　서술형 문항은 단순한 암기 위주의 지식 이해보다는 고등사고능력을 측정할 수 있어야 하므로 이에 적합한 성취기준을 선택한다. 수행평가 문항은 학생들의 성취기준에 도달한 정도를 확인하기에 적절한 과제의 종류(예: 실험, 프로젝트, 역할극 등)나 적절한 평가 상황을 선택한다. 특히 서술형과 수행평가 문항은 예시답안 및 채점기준표를 마련하는 것이 중요하다. 서술형 문항은 학생들의 응답 자유도가 높기 때문에 성취기준에 근거한 채점기준을 작성하며, 부분점수에 대한 명확한 기준을 마련한다. 수행평가는 수행과정에서 요구되는 구체적인 능력을 명시화하여 성취기준에 도달한 정도를 평가할 수 있도록 채점기준을 마련한다. 채점기준표 양식의 예는 〈표 4-16〉과 같다.

〈표 4-16〉 채점기준표 양식

구분	문항 번호	평가문항	예시답안 및 채점기준					배점
기존의 교육목표 분류			예시답안					
			채점기준	성취수준 성취기준	상	중	하	배점합
				내용영역				
				행동영역				
				전체				
개정 교육목표 분류			예시답안					
			채점기준	성취수준 성취기준	상	중	하	배점합
				지식내용				
				인지과정				
				전체				

셋째, 평가도구를 검토한다. 교과(학년)협의회 또는 출제진이 성취기준 도달을 측정하기에 적합한 평가문항인지 검토한다. 예를 들어, 문항과 답지가 성취기준의 내용과 교육과정의 내용에 적합하게 출제되었는지, 성취기준의 중요도를 고려할 때 문항별 배점이 적절한지, 문항의 구성요소(발문, 답지, 자료 등)가 갖추어야 할 조건을 충족시키고 있는지 등을 검토한다. 수행평가의 경우 성취기준과 학생들의 활동을 연결할 수 있는 문항으로 구조화되어 있는지를 검토한다.

넷째, 평가도구를 확정한다. 평가 범위에 해당하는 성취기준과 교육과정의 내용에 적합한 문항을 확정하고, 확정된 문항에 대한 문항정보표(또는 이원목적분류표)를 최종 작성한다.

평가도구 개발의 일반적인 절차를 도식화하면 [그림 4-4]와 같다.

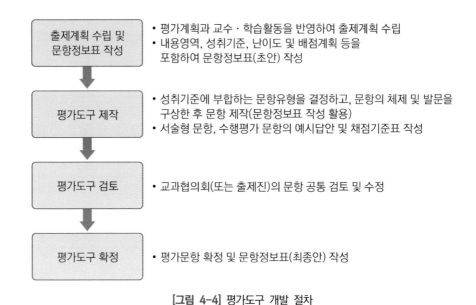

[그림 4-4] 평가도구 개발 절차

출처: 최정순 외(2014)에서 재구성.

5. 인지적 특성 평가문항 제작 시 고려사항

　문항을 제작하는 일은 지극히 어려운 일이다. 유능한 검사문항 제작자가 "좋은 문항을 하루에 5~15개밖에 만들지 못한다."라고 말한 것은 시사하는 바가 크다. 문항을 제작하는 데 법칙은 있을 수 없지만, 지속적인 노력과 훈련, 시간의 투입, 경험적 축적 등을 통해서 좋은 평가문항을 제작할 수 있는 능력을 함양할 수 있을 것이다. 인지적 특성 평가문항 제작 시 고려해야 할 사항은 다음과 같다.

　첫째, 교육목표와 교육내용이 무엇인지를 정확히 알아야 한다. 교육내용을 자세히 알지 못하면 좋은 문항을 제작하는 것은 불가능하다. 그러므로 교육내용이 무엇이고 측정내용이 무엇인지 정확히 알아야 한다.

　둘째, 문항의 타당도를 높이기 위해 수험자의 독해력과 어휘력 수준을 고려해야 한다. 질문의 답을 알고 있는데도 질문의 어휘수준이 너무 높아 질문을 이해하지 못하여 답을 틀리는 경우가 없어야 한다.

　셋째, 문항의 유형에 따른 특징, 장단점, 복잡성을 고려하여야 한다. 문항유형에 따라 측정하고자 하는 정신능력의 수준이 다를 수 있고 문항특성에 따라 적합한 문항 내용이 있다.

넷째, 수험자에게 미칠 수 있는 부정적 영향을 고려하여야 한다. 이는 윤리성의 문제로 정의적 행동특성에 어떤 영향을 주는지를 고려하여야 한다. 그리고 출제한 문항이 학교현장에 어떠한 영향을 주는지, 혹은 학교 외의 교육을 조장하지는 않는지 등에 대한 배려가 있어야 한다.

다섯째, 지문 선정 시 특정 집단에게 유리한 소재, 제재, 내용 등은 배제해야 한다. 특정 집단에 유리하거나 불리하게 제작된 문항을 편파성 문항이라고 한다. 또한 지문내용 자체에 오류가 없도록 해야 한다.

연구문제

1. 교육현장에서 인지적 특성의 평가를 해야 하는 이유를 설명하시오.

2. 교육목표와 수업 그리고 평가의 일관성에 대하여 근거를 들어 설명하시오.

3. Bloom의 인지적 교육목표분류학과 개정 교육목표분류학의 위계적 특성을 비교하시오.

4. 교과의 수업 단원에서 성취기준을 선정하고, 개정 교육목표분류학을 사용하여 수업과 평가 계획을 작성하시오.

제5장

정의적 특성의 평가

■ 정의적 특성의 개념을 이해할 수 있다.
■ 정의적 특성의 유형을 설명할 수 있다.
■ 정의적 특성의 측정방법을 이해할 수 있다.

학교교육의 목표를 전인적 인간 육성이라고 본다면 사실상 인지적 특성의 교육과 함께 정의적 특성의 교육 또한 매우 중요한 요소이다. 그래서 국가수준 교육과정에도 인지적 특성의 교육목표뿐만 아니라 정의적 특성의 교육목표를 함께 설정하고 있다. 그럼에도 우리나라에서 정의적 특성에 대한 관심과 중요성에 대한 인식은 인지적 특성에 비해 낮은 것이 사실이다. 그러한 이유는 아마도 입시와 관련된 교육제도에 정의적 특성의 평가가 제대로 반영되지 않아서이거나 보다 본질적으로는 정의적 특성에 대한 개념과 정의가 모호하기 때문일 것이다.

그러나 인지적 특성의 교육이 강조되고 급속한 발전을 하는 시대일수록 그에 대한 반작용으로 가치교육이나 인간성 회복 교육 등과 같은 정의적 특성의 교육이 더욱 강조되어 왔던 것을 교육의 역사적 맥락에서 찾아볼 수 있다. 특히 복잡하고 끊임없이 변화하는 21세기 미래사회에서 성공적인 삶을 살기 위해서는 정의적 특성의 안정적 기반을 바탕으로 다양한 인지적 특성이 발현되어야 한다. 이 장에서는 정의적 특성의 의미와 필요성 및 유형, 정의적 특성의 측정 절차 그리고 정의적 특성의 평가 전반에 대해 살펴보고자 한다.

1. 정의적 특성의 의미

인간은 다양한 상황에서 전형적인 사고(thinking), 감정(feeling), 행동(action)을 나타내는 속성을 지니고 있다. Anderson은 인간이 어떤 상황에서 나타내는 전형적인 사고의 방식을 인지적 특성으로, 전형적인 감정 표현의 방식을 정의적 특성으로, 전형적인 행동의 방식을 심동적 특성으로 분류하고 있다. Anderson(1981)은 정의적 특성(affective characteristics)을 "인간이 지니고 있는 전형적인 감정과 정서의 표현방식을 나타내는 특성 또는 특질"로 정의하였다. 즉, 정의적 특성은 태도, 가치관, 도덕성 등과 같은 감정이나 정서를 나타내는 전형적인 인간의 속성으로 정의할 수 있다.

정의적 특성은 실체적인 개념이라기보다는 인간에 의해서 인위적으로 구성된 구성개념으로 보아야 할 것이다. 인간의 어떤 속성이 정의적 특성으로 범주화되기 위해서는 적어도 두 가지 준거에 부합되어야 한다. 첫째, 인간의 속성이 사람의 정서나 감정을 포함해야 한다. 둘째, 그 속성이 사람의 행동이나 사고에 대해서 전형적(typical)이어야 한다. 여기서 전형적인 감정이란 정서 상태가 변화함에도 불구하고 인간의 감정이 일정한 경향성을 보이는 것을 의미한다. 더 구체적인 준거로 말하면, 어떤 정의적 특성이든 대상(target), 방향(direction), 강도(intensity)가 포함되어 있어야 한다(Anderson, 1981).

대상, 방향, 강도에 대해 구체적으로 살펴보면 다음과 같다. 첫째, 대상이란 감정이 지향하는 목표물, 활동, 아이디어 등을 말한다. 예컨대, 수험생의 불안에 대한 대상은 학교에 대한 것일 수도 있고, 수학과목에 관한 것일 수도 있다. 이러한 대상은 알 수 있는 경우도 있고 알 수 없는 경우도 있다. 둘째, 방향이란 감정의 적극적 또는 소극적 방위와 관련되어 있다. 간단히 말하면, 한 감정이 좋은지 나쁜지를 의미한다. 예컨대, 고통은 나쁜 것이고 즐거움은 좋은 것이다. 또한 적극적 감정과 소극적 감정은 상대성을 가지고 있다. 즉, 학교를 좋아하는 것은 학교를 싫어하는 것의 반대이고, 휴식하는 것은 긴장하는 것의 반대가 된다. 셋째, 강도란 감정의 세기 또는 정도를 의미한다. 예컨대, 사랑하는 것은 좋아하는 것보다 더 강한 감정이라고 할 수 있다.

이러한 감정의 방향과 강도가 동시에 고려될 때 대부분의 정의적 특성은 한 연속선상에 존재하게 된다. 다시 말해, [그림 5-1]과 같이 다섯 명의 감정을 방향과 강도를 고려하여 한 연속선상에 표시할 수 있다.

[그림 5-1] 감정의 방향과 강도의 관계

갑, 을, 병, 정, 무 다섯 명은 방향과 강도에서 서로 다르다. 갑과 무는 같은 감정의 강도를 가졌으나 방향이 다르고, 정과 무는 감정의 방향은 같으나 강도에서 차이가 있다. 이때 병의 감정은 방향과 강도를 갖지 않는 것이 된다.

정의적 특성은 세 가지 구체적 준거인 대상, 방향, 강도의 측면에서 개념적으로 정의 내릴 수 있다. 정의적 특성 유형인 자아개념의 구성요소 중 '학문적 자존감 (academic self-esteem)'은 자아개념 중에서 학문적 성장의 평가적 지각을 의미한다. 그러므로 학문적 자존감의 '대상'은 학문적인 것이고, '방향'은 적극적이거나 소극적인 것 중 어느 한쪽이며, '강도'는 태도보다 높고 가치보다는 낮다. 이처럼 정의적 특성으로서 학문적 자존감을 대상, 방향, 강도의 측면에서 제시하면 〈표 5-1〉과 같다.

〈표 5-1〉 '학문적 자존감'의 정의적 특성

대상	방향	평균 강도	진술문의 예
학문적 상황 속의 자신	적극적-소극적	중상	나는 훌륭한 학자가 될 수 있다.

출처: 박도순, 원효헌, 이원석(2011).

2. 정의적 특성 평가의 필요성

과거에 학교에서는 인지적 특성인 지식을 가르치는 곳으로서 인지적 특성의 평가가 중시되어 왔으며, 가정에서는 부모님의 가정교육을 통해 정의적 특성인 인성을 배우는 곳으로서 정의적 특성의 함양이 중시되어 왔다. 그러나 최근에 학교에서 발생하는 여러 가지 문제가 학생들의 심리 · 정서에 의한 것임을 인지하게 되면서, 학생들의 정의적 특성에 대해 가정뿐만 아니라 학교에서도 관심을 가져야 할 필요성이 제기되었다. 따라서 학교현장에서 교사들이 정의적 특성을 평가하는 일에 관심을 가져야 할 필요성은 다음과 같다.

첫째, 정의적 특성은 학생의 미래 행동을 예측하는 데 매우 중요한 변인이 되기 때문에 정의적 특성의 평가는 필요하다(김성훈, 이현숙 공역, 2017). 예를 들어, 학교에서 사람들 앞에 자신의 생각을 말하는 것이 즐겁다는 것을 알게 된 학생은 졸업 후에도 직장생활이나 정치활동에서 의사소통을 더 잘할 가능성이 높다. 따라서 학생들이 학교에서도 성공하고 졸업 후 사회에서도 성공하기를 바라는 교사라면, 정의적 특성 평가를 통해 학생들의 미래 행동에 관해 매우 중요한 통찰을 얻을 수 있다.

둘째, 전인교육의 관점에서 학교는 학생의 전인적 발달을 도모할 책임을 지니고 있어 정의적 특성이 형성·성장·발달되고 있는지를 평가할 필요가 있다. 학교에서 인지, 정서, 신체 등 다양한 영역이 균형 있게 성장하도록 교육하기 위해 교사는 교육적으로 개입하여 정의적 특성을 평가할 의무가 있다.

셋째, 교육 프로그램 개선을 위한 의사결정에 도움이 되는 정보를 얻기 위해서 정의적 특성의 평가는 필요하다. 교사는 학생들의 정의적 특성에 관한 정보를 통해 보다 효과적인 수업이 될 수 있도록 수업 내용이나 방법을 수정할 수 있다. 또한 학생들에게 정의적 특성의 객관적인 정보를 제공함으로써 문제행동을 예방·교정하게 할 수 있다.

넷째, 학교학습 장면에서 정의적 특성은 학습의 촉진제 역할을 수행하므로 정의적 특성의 평가는 필요하다. 예컨대, 학교에서 학습활동 자체에 대해 매우 긍정적인 태도와 흥미를 가진 학생이 학습과 조금이라도 관련되면 질색하는 학생에 비해 학업성취에서 성공할 확률이 높아지게 마련이다. 따라서 교사는 정의적 특성에 대해 보다 많은 관심을 가지고 수업에 임할 수 있게 된다.

교육에서 정의적 특성이 중요함에도 불구하고 현실적으로 학교교육에서는 정의적 특성 평가가 활성화되지 못하고 있다. 여기에는 여러 가지 이유가 있으나 크게 다음의 두 가지를 생각해 볼 수 있다.

첫째, 학교 교육과정과 교실수업으로 이어지는 연계 구조가 단절된 현상이 정의적 특성의 평가를 어렵게 하는 중요한 원천이 된다. 많은 사람이 정의적 성과는 모호한 것이라고 믿거나 오늘날 학교에서 제공하는 전형적인 교수·학습 시간에는 획득될 수 없는 것이라고 믿는다(Bloom, Hastings, & Madaus, 1971).

둘째, 평가의 관점에서 볼 때, 정의적 특성의 개념이 모호하여 평가의 목적에 부합하는 타당한 평가가 쉽지 않다. 예컨대, 도덕성에 대한 평가의 경우 도덕성의 개념과 평가방법에 대한 합의 도출이 쉽지 않다. 또한 타당한 검사가 제작되었다 하더라도 피험자들이 허위로 반응하거나 가치중립적으로 반응하게 되어 신뢰로운 평가결과를 얻기 어렵다.

3. 정의적 특성에 대한 조작적 정의

1) 조작적 정의의 의미

정의적 특성들을 학교교육 상황에서 유용하게 활용하고 학생들에게 긍정적으로 발달시키기 위해서는 이 특성들을 제대로 측정하고 평가해야 한다. 정의적 특성을 평가하기 위해서는 개념적 정의와 조작적 정의가 필요하다. 왜냐하면 개념적 정의와 조작적 정의는 밀접한 관련이 있어 이 두 종류의 정의가 이루어질 때 구체적인 측정 내용과 방안을 마련할 수 있기 때문이다(박도순, 원효헌, 이원석, 2011). 개념적 정의(conceptual definition)란 특성의 추상적 의미에 관련된 정의로서, 한 정의적 특성에 어떤 의미를 부여해 주는 것이라고 할 수 있다. 예컨대, 지능은 대상, 활동 및 아이디어 간의 관계를 발견하는 능력으로 정의될 수 있다. 조작적 정의(operational definition)란 한 정의적 특성이 있을 때, 그 특성에 관해 추론할 수 있게 하는 데 활용될 수 있는 일련의 행동에 관련된 정의이다. 정의적 특성은 직접적으로 관찰하는 것이 어렵기 때문에 그 특성은 어떤 종류의 행동(예: 쓰기, 말하기, 행동하기 등)으로부터 추론되어야만 한다. 조작적 정의는 직접 관찰하기 어려운 현상을 관찰과 측정 대상으로 분명하게 규정하는 것이다. 조작적 정의를 하는 목적은 정의적 특성의 존재에 관해 추리하는 데 사용될 수 있는 개인의 행동을 보다 구체적으로 관찰 가능하도록 기술해서 측정을 용이하게 하려는 데 있다.

2) 조작적 정의의 방법

조작적 정의를 내리는 방법으로는 영역기준 접근법(domain-referenced approach; Hively, 1974)과 문장도(文章圖) 접근법(mapping sentence approach; Fiske, 1971) 등이 있다. 이 중 영역기준 접근법에 따라 정의적 특성 중 '태도'에 대한 조작적 정의를 내리는 방법은 다음과 같다.

정의적 특성에 대한 조작적 정의는 정의적 특성의 존재에 관해 추리하는 데 사용될 수 있는 개인의 행동을 보다 구체적으로 관찰 가능하도록 기술해서 측정을 용이하게 하기 위해 필요하며, 이때 유의해야 할 점은 개념적 정의의 기초 위에서 이루어져야 한다는 것이다. 정의적 특성의 세 가지 구체적 준거인 대상, 방향, 강도의 측면에서 개념적 정의를 내릴 수 있다. 정의적 특성인 '태도'란 주어진 한 대상에 대해 찬성-반대를 일관성 있게 반응하는 학습된 경향이다(Fishbein & Ajzen, 1975). 이 정의에 따르면, 학교교육 상황에서 태도의 '대상'은 교사, 교과, 교수법 등 광범위하고 다양한 대상으로 나타날 수 있다. '방향'은 찬성-반대의 어느 한쪽이며, '강도'는 찬성-반대의 정도를 지칭한다. 즉, 태도는 중간 정도의 강도를 가진 정의적 특성이라고 할 수 있다. 이것은 다른 정의적 특성과는 달리 어떤 행위를 하는 데 충동을 일으키거나 어떤 방식으로 행동할 것인지에 크게 영향을 주는 높은 강도를 가진 것이 아니라 주어진 대상에 대해 단순히 반응하는 것이기 때문이다. 이와 같이 학교교육 상황에서 정의적 특성인 태도를 대상, 방향, 강도의 준거로 제시하면 〈표 5-2〉와 같다.

〈표 5-2〉 '태도'의 정의적 특성

대상	방향	평균 강도	진술문의 예
교사, 교과, 교수법	찬성-반대	중간	나는 수학과목을 좋아한다.

출처: 박도순, 원효헌, 이원석(2011).

다음으로 조작적 정의를 내리는 영역기준 접근법은, 첫째, 정의적 특성의 주요 특징을 검토하여 특성과 부합되는 방향을 지시하는 형용사들을 밝혀내는 작업으로부터 시작된다. 둘째, 대상·동사·방향을 지시하는 형용사 영역을 구성하는 구체적 요소 또는 예들을 찾아서 기록한다. 셋째, 각 영역에 대한 요소들을 밝혀내고 난 뒤에

는 각 영역으로부터 1개의 요소를 임의로 표집하고, 표집된 요소들을 적절한 문장의
형태가 되도록 배열함으로써 조작적 정의를 내릴 수 있다. 넷째, 이렇게 생성된 진술
문을 적절히 수정함으로써 진술문의 강도를 조절할 수 있다. 마지막으로, 정의적 특
성에 대한 적절한 추론을 할 수 있는 도구를 만들기 위해서 여러 개의 문장을 제작한
다. 영역기준 접근법에 따라 '수학에 대한 태도'를 조작화하는 예시는 〈표 5-3〉과
같다.

〈표 5-3〉 '수학에 대한 태도'의 조작화 예시

절차	대상	동사	방향을 지시하는 형용사
1. 수학에 대한 태도의 영역 식별하기	수학과 관련된 모든 대상	'되어야만 하는 것'의 모든 동사 형태	찬성-반대의 의미와 유사한 모든 형용사
2. '수학에 대한 태도' 영역의 예시목록 작성하기	수학, 수, 연산, 방정식, 대수, 수리조작 등	이다. 된다. 한다.	바람직한, 만족한, 즐거운, 유쾌한, 근사한, 싫증나는, 불쾌한 등
3. 각 영역으로부터 하나의 예 선정하기	수학	이다.	즐거운
4. 진술문 작성하기	수학은 즐겁다.		
5. 진술문의 변형(A)	나는 수학을 매우 즐긴다.		
6. 진술문의 변형(B)	나는 수학 시간이 대부분 즐겁다.		
7. 각 영역으로부터 다른 예 선정하기	수	하다.	불쾌한
8. 진술문 작성하기	수는 불쾌하다.		
9. 진술문의 변형(C)	수에 대해 공부하는 것은 나에게는 불쾌한 일이다.		

출처: 박도순, 원효헌, 이원석(2011).

4. 정의적 특성의 교육목표 분류

정의적 영역(affective domain)은 교육목표 분류체계에서 인간의 정서와 감정을 밑
바탕으로 하여 형성되는 모든 행동을 포함하는 영역이다. Krathwohl, Bloom과 Masia

(1964)는 교육목표를 내용과 행동으로 이원분류하는 교육목표 분류체계(taxonomy of educational objectives)를 개발하였는데, 이 중에서 행동은 다시 인지적 영역, 정의적 영역, 심동적 영역으로 분류되었다. 그러나 이러한 영역의 구분은 실체적인 개념이라기보다는 인위적으로 나뉜 구성개념이라고 할 수 있다. Krathwohl, Bloom과 Masia(1964)는 정의적 특성을 감수(receiving), 반응(responding), 가치화(valuing), 조직화(organization), 인격화(characterization)의 다섯 범주로 분류하고 이 다섯 범주 사이에 위계적 관계를 설정하였다.

정의적 특성을 체계적으로 분류하기 위한 기준으로 도입한 것이 내면화(internalization)의 개념이다. Bloom 등이 인지적 특성의 교육목표를 분류, 체계화할 때 도입한 개념인 인지적 작용이 단순한 것에서 보다 복잡한 것으로 옮아간다는 '복잡성의 원리(principle of complexity)'에 의해 분류하였다. 같은 맥락에서 Krathwohl 등은 인간의 정의적 특성을 분류하기 위해 인간의 정의가 개인의 심층구조에 얼마나 내면화되는지에 대해 '내면화의 원리(principle of internalization)'를 채택하여 체계화시켰다(황정규, 2009). 여기서 내면화는 '자기 자신의 것으로 받아들인다.' '자기 속에 통합한다.'라는 의미이다. 내면화의 의미를 내적 성장과정이 일어나는 정서의 증가라는 측면에서 보면 다음의 세 가지로 볼 수 있다. 내면화라는 연속선상에서 볼 때 가장 낮은 수준은 행동에 정서가 거의 개입되지 않고 단지 현상을 자각하는 수준이다. 중간 수준은 개인이 적극적으로 반응함에 따라 정서적 반응이 결정적 영향과 역할을 하는 단계이다. 가장 높은 수준에서는 행동이 완전히 내면화되고 관습화되어 이제는 정서가 감소되고 반응이 주된 요소가 되지 않는 상태가 된다. 정의적 특성에 속하는 다섯 가지 범주의 위계적 관계를 나타내면 [그림 5-2]와 같다.

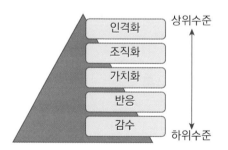

[그림 5-2] 정의적 특성의 교육목표 분류

'감수(수용)'는 어떤 자극이나 활동을 기꺼이 받아들이고 자발적으로 주의를 기울이게 되는 민감성을 의미하며, '반응'은 어떤 자극 또는 활동에 적극적으로 참여하고 자발적으로 반응하여 그러한 참여와 반응에서 만족감을 얻게 되는 행동을 의미한다. 또한 '가치화'는 특정한 대상, 활동 또는 행동에 대하여 의의와 가치를 직접 추구하고 행동으로 나타내는 정도를 의미하고, '조직화'는 여러 가지 가치를 비교하고 연관시켜 통합하는 것을 의미하며, '인격화'는 가치관이 지속적이고 일관성 있고 예측할 수 있을 만큼 확고하게 인격의 일부로 내면화된 것을 의미한다.

앞서 살펴본 바와 같이 Krathwohl, Bloom과 Masia(1964)는 인지적 행동과 정의적 행동의 대비적 관계를 지식/감수, 이해/반응, 적용/가치화, 분석과 종합/조직화(가치의 개념화), 평가/인격화(가치체계의 조직 및 인격화)로 단순화해 제시하고 있다. 정의적 특성에서 교육목표의 가치를 감수(수용)하는 최하위 수준에서 가치가 인격의 일부로 내면화되는 최상위 단계까지의 정의적 특성을 구분하여 제시한 것을 정리하면 〈표 5-4〉와 같다.

〈표 5-4〉 정의적 특성의 교육목표 분류체계

교육목표	내용	행동진술
감수 (receiving)	주어진 어떤 현상이나 자극을 감지하고, 그것을 수용하고 유의하는 것 〈하위요소〉 • 감지 • 자진감수 • 선택적 관심	• 분별한다. • 주목한다. • 받아들인다. • 경청한다. • 선택한다.
반응 (responding)	주어진 현상에 대한 감수 이상의 것으로 자극에 대해 능동적으로 반응하는 것 〈하위요소〉 • 묵종반응 • 자진반응 • 반응에서의 만족	• 복종한다. • 수락한다. • 논의한다. • 칭찬한다. • 환호한다.

가치화 (valuing)	행동의 지침이 되는 근본적인 가치에 관여하여 동기가 유발되는 것 〈하위요소〉 • 가치의 수용 • 가치의 선호 • 가치의 확신	• 능률을 높인다. • 포기한다. • 지원한다. • 논쟁한다. • 주장한다.
조직화 (organization)	가치들 간의 상호관계를 결정하여 일관된 가치체계를 수립하는 것 〈하위요소〉 • 가치의 개념화 • 가치체계의 조직	• 논의한다. • 이론화한다. • 비교한다. • 정의한다.
인격화 (characterization)	조직화된 가치체계에 따라 일관성 있는 행동을 할 수 있도록 인격의 일부로 내면화된 일반적인 행동 자세 〈하위요소〉 • 일반화된 태세 • 인격화	• 개선한다. • 완성시킨다. • 요구한다. • 높은 평가를 받는다. • 해결한다.

출처: 황정규(2009)에서 재구성.

5. 정의적 특성의 유형

1) 흥미

인간은 누구나 좋아하는 활동에 몰두할 때 즐거움을 느끼고 더 좋은 결과를 기대할 수 있다. 흥미는 어떤 활동이나 사물에 대해 개인이 갖는 관심 혹은 선호 경향성을 의미한다. Warren(1934)은 흥미란 "어떤 대상에 특별한 관심이나 주의를 갖게 하는 느낌(feeling)이다."라고 정의하고 있다. Guilford(1959)는 흥미란 "어떤 활동군에 이끌리게 되는 개인의 일반화된 행동 경향"이라고 정의하고 있다. 흥미(interest)는 어떤 대상에 특별한 관심을 갖거나 주의를 하게 하는 느낌이라고 할 수 있다. 학교현장에서 학생의 흥미가 어디에 있는지를 발견하는 것은 학습지도뿐만 아니라 진로지도에 필수적이므로, 교사에게 있어 학생의 흥미는 일차적으로 고려해야 할 정의적 특성이다. 또한 흥미는 그 속에 동기적 요소를 내포하고 있는 심리적 변인이다. 그렇기 때문에 교사가 교육과정을 선택·조직하는 경우나 효과적인 학습결과를 유도할 경우에 우선적으로 고려해야 하는 것 중 하나가 학생의 흥미이다.

흥미의 상태는 인간의 성장과 함께 변화한다. 어릴 때의 흥미는 구체적, 미분화, 수동적, 단편적, 비항상적이란 말로 특징지을 수 있다. 하지만 차츰 성장함에 따라 구체적인 것이 상상적인 것으로, 미분화가 분화로, 수동적이던 것이 능동적인 것으로, 단편적인 것이 체계적이고 종합적인 것으로, 비항상적인 것이 일관성 있는 형태로 변화한다. 이러한 상태로 변화시키려는 것이 학교학습의 중요한 목표의 하나이다.

2) 태도

태도(attitude)는 주어진 대상에 대하여 일관성 있게 호의적 또는 비호의적으로 반응하게 되는 학습된 기질이다. 즉, 전형적으로 어떤 대상을 향하는 감정이라 할 수 있다. 예컨대, A가 전쟁에 대한 태도가 비호의적이라면 국방예산 증대와 징집제도를 반대하는 태도로 나타나는 것이다. 태도는 경험의 결과, 학습의 결과라 할 수 있다. 감정과 어떤 대상 간의 결합은 학습되며, 일단 학습되고 나면 그 대상이 존재할 때마다 똑같은 감정을 일관성 있게 경험하게 된다. 태도란 주어진 한 대상에 대해 찬성-반대를 일관성 있게 반응하는 학습된 경향이다(Fishbein & Ajzen, 1975). 태도와 가장 유사한 개념으로 흥미를 들 수 있다. Mehrens과 Lehmann(1975)은 흥미와 태도 모두 좋아하고 싫어하는 감정, 어떤 대상에 대한 기호, 어떤 사물에 대한 개인적 감정이 포함된 개념이라고 하였다. 하지만 태도는 어떤 사물, 사회제도, 집단 등에 대한 감정의 표출이고, 흥미는 어떤 활동에 대한 감정이라는 점에서 둘은 각기 다르다. 즉, 태도는 흥미보다 그 대상이 일반성을 띠고 있다는 차이가 있다.

일반적으로 태도가 지니고 있는 대표적인 특성은 다음과 같이 요약할 수 있다.

- 태도는 본질적으로 경향성(tendency)이다.
- 어떤 대상에 대해 호-불호, 긍정-부정으로 반응하려는 감정의 색조(feeling tone)를 항상 동반한다.

- 태도는 경험의 결과, 학습의 결과이다.
- 인간, 상황, 제도, 사상, 가치, 현상 등과 같은 심리적 대상에 대해 방향이 결정되는 감정적 색조이다.
- 태도는 지속적이다.

3) 가치관

가치(value)와 가치관(values)은 서로 비슷한 뜻으로 사용되고 있으며, 행동의 방향과 동기에 영향을 주는 심리학적 개념이다. 가치는 여러 가지 심리적 대상 중에서 선택을 해야 할 때 '좋다/나쁘다' '해야 한다/해서는 안 된다' '옳다/그르다'라는 판단을 하는 개인의 내면화된 문화규범이다. 이러한 가치가 여러 가지 상황에서 어떤 방향감을 갖고 일관성 있게 나타나도록 하는 일반화되고 조직화된 개념이 가치관이다. Kluckhohn과 Strodtbeck(1961)은 가치관을 부단히 계속되는 인간 행동의 흐름에 따라 질서와 방향을 주며, 공통적인 인간 문제를 해결하는 데 의견을 주는 것이라 하였다. 이러한 개념규정에서 가치관은 다음과 같은 공통된 특징을 갖는 것으로 설명할 수 있다.

- 가치관은 문화적으로 개인 속에 내면화된 체계이다.
- 가치관은 개인이 어떤 선택 상황에 처했을 때 세우는 평가적 기준이다.
- 가치관은 이러한 평가적 기준이 일반화되고 체계화된 유형이다.

가치관은 심리학적 개념으로 태도와 비슷한 성질을 띤 속성이다. 태도가 호의/혐오, 찬성/반대의 방향을 갖는 속성인 데 반해, 가치관은 시비, 선악, 적부의 가치판단의 방향을 갖는 속성이다. 태도는 구체적이고 특정한 대상에 대한 정서적 경향이며, 반면에 가치관은 추상적인 선택 상황에서 방향을 지시하는 평가적 경향을 지닌다. 태도가 외현적 체계라면 가치관은 내재화된 체계라고 할 수 있다. 그러나 이러한 차이는 정도의 문제에 불과하며, 개인의 태도와 가치관은 밀접한 관련이 있고 서로 복합적인 상호작용에 의해 밖으로 나타난다고 해석할 수 있다(황정규, 2009). 내면화라는 관점에서 보면 흥미 → 태도 → 가치관 수준으로 보다 내면화되어 간다고 볼 수 있다.

4) 자아개념

자아개념(self-concept)은 개인이 가지고 있는 자신에 대한 지각이다. 자아개념은 자신이 한 행위에 대한 타인의 피드백 정보를 토대로 형성되며, 업무수행, 학업수행 등에 영향을 미친다(한국교육심리학회 편, 2000). 자아개념에는 크게 2개의 속성인 자기 자신에 대한 자신감(self-confidence)과 자존감(self-esteem)이 내포되어 있다. 자신감은 어떤 과제를 할 수 있다는 자기 능력에 대한 신념을 의미한다. 즉, 자신감은 자신의 능력에 대한 평가라고 할 수 있다. 자존감은 자기 자신을 좋아하는 평가적 개념을 의미한다. 즉, 자존감은 자신의 가치에 대한 평가라고 할 수 있다. 자존감이 낮은 사람은 자신의 가치를 낮게 평가하여 있는 그대로의 자신을 사랑하지 못한다. 그래서 쉽게 우울감이나 열등감에 빠지고, 미래에 대해서도 불확실성과 두려움을 보이며 새로운 상황에 도전하기를 두려워한다(Coopersmith, 1967). 반면에 자존감이 높은 사람은 자신을 사랑스럽고 가치 있는 존재로 여겨 자신감 있는 태도와 원만한 사회생활 그리고 진취적인 삶을 살아갈 수 있다.

자아개념을 발달시키기 위해서는 다양한 상황에서 부딪히는 과제(혹은 환경)를 통해 성공하는 기회와 경험이 축적되어야 하며, 축적된 경험의 누적을 통해 자기 자신을 좋게 보는 평가가 형성된다. 자아개념의 속성인 자신감은 Maslow의 자아실현(self-actualization) 이론에 기초를 두고 있으며, 자존감은 Rogers의 승인(acception)과 관심(caring)에 대한 욕구이론에 기본을 두고 있다(황정규, 1998). 자아개념의 구성요소를 도식화하면 [그림 5-3]과 같다.

[그림 5-3] 자아개념의 구성요소

출처: 황정규(1998)에서 재구성.

5) 불안

불안(anxiety)이란 일반적으로 개체가 위협에 처하거나 자존심의 손상을 경험할 때 주관적으로 지각하는 부정적인 정서를 의미한다. Hall과 Lindzey(1970)는 불안을 자신의 안전에 대해 어떤 실제적 위협이나 상상적 위협을 느끼게 될 때 생겨나는 긴장된 경험으로 정의하였다. 불안은 안정성을 기준으로 할 때 특성불안(trait anxiety)과 상태불안(state anxiety)으로 구분할 수 있다. 특성불안은 광범위한 상황에서 불안을 경험하는 비교적 지속적인 경향성을 의미하고, 상태불안은 특정 상황이나 장면에서만 경험하는 일시적인 정서적 긴장을 의미한다. 학교교육 장면에서 가장 주목을 받고 있는 시험(검사)불안은 상태불안의 일종으로 각종 시험장면에서 학생이 경험하는 인지적 · 정서적 반응이며, 시험을 치는 도중은 물론 시험을 치르고 난 후에도 경험할 수 있고, 시험을 예상하는 장면이나 시험공부를 하는 장면에서도 경험할 수 있다. 이런 속성을 지니는 '불안'이라는 정의적 특성은 Hall과 Lindzey(1970)의 정의에서 알 수 있는 바와 같이 감정의 표적이 되는 대상을 매우 구체적으로 드러내 주고 있다. 예를 들면, 학교교육 상황에서 수학 시간 또는 시험 등이 학생들에게 불안의 주요 대상이 된다고 할 수 있다. 또한 긴장이라는 용어에서 알 수 있듯이 불안은 다소 높은 밀도를 지닌 정의적 특성임을 알 수 있고, 불안의 방향은 느긋함 또는 초조함 중 어느 한 방향이 될 수 있을 것이다. 인간이 적절히 기능하기 위해서는 적당한 정도의 불안이 필요하지만, 너무 높거나 낮은 불안은 오히려 적절한 기능을 방해하는 경향이 있다.

6) 동기

동기(motivation)는 학교교육 장면에서 매우 중요한 정의적 특성으로 행동의 각성, 강도, 방향에 영향을 주는 과정을 의미한다. 넓은 의미로 어떤 장면에서 개인의 행동을 결정하는 의식적 · 무의식적 원인을 말하지만, 교육학적으로는 의식적 원인에 보다 더 초점을 두고 접근한다. 동기는 어떤 행동을 발생시키고 그 행동을 유지시키며, 또한 그 행동의 방향을 정해 주는 요인으로서 행동의 수준이나 강도를 결정하는 심리적 구조이며 과정이라 할 수 있다. 일반적으로 동기는 행동의 강도와 지속성에 영향을 주는데, 동기가 높을수록 더 열성적으로 행동을 수행하고 지속성이 높으며, 몰입하는 경향이 있다. 반면에 동기가 낮을수록 수동적이고 노력을 거의 하지 않으며, 쉽게 포기하는 경향이 있다. 동기에는 칭찬이나 벌과 같은 외적 자극에 의해 영향을 받는 외재적 동기(extrinsic motivation)와 학습자 자신의 흥미, 호기심 등 내적이고 개인적인 요인들에 의해 영향을 받는 내재적 동기(intrinsic motivation)가 있다. 내재적으로 동기화된 학생은 학습과정을 중요시하고 과제가 주는 성취감을 즐기기 때문에 어떤 보상이나 유인가(incentive)를 필요로 하지 않는다. 반면에 외재적으로 동기화된 학생은 학습활동 자체보다 결과에 관심을 갖는다. 학교교육 장면에서 외재적 동기가 높아질 수 있는 환경이 조성되면, 이는 자칫 학생의 내재적 동기 유발을 감소시키는 요인이 되기도 한다는 점을 유의해야 한다.

7) 성격

성격(personality)에 대한 개념은 다양하며, 인성으로 번역되기도 한다. 성격은 인간 개개인이 지닌 특유한 성질이나 품성이다. 교육현장에서뿐만 아니라 일반적으로 많은 관심을 받고 있는 정의적 특성 중의 하나이다. 성격은 개인을 둘러싼 환경과 상호작용하는 과정 가운데 그 특징이 드러난다. Allport(1961)는 성격을 환경에 적응하는 개인의 특유한 행동과 사고를 결정하는 심리적 · 물리적 체제에서 개인 내의 역동적 조직으로 정의하였다. 즉, 성격이란 한 개인이 환경에 적응하는 과정에서 지속적이면서 일관되게 나타나는 독특한 행동양식이라고 할 수 있다. 일상생활에서 사용되는 성격 개념은 개인의 지배적인 특징으로 간주되며, 한 개인의 개인적 특성뿐만 아니라 사회적 특성까지도 기술하는 데 사용된다.

6. 정의적 특성의 평가방법

1) 질문지법

질문지법(questionnaire)은 응답자가 구체적인 질문에 직접 기술하도록 하는 자기보고식 방법(self-report method)이다. 타인이 쉽게 관찰하기 어려운 개인의 지각, 신념, 감정, 동기와 같은 정서적 특성을 측정하는 방법이다. 이는 응답수를 제한하여 선택지 중에서 응답자가 하나를 선택하도록 하는 구조화된 질문지와 응답자의 다양한 반응을 진술하게 하는 비구조화된 질문지로 나눌 수 있다.

〈구조화된 질문지의 예〉
※ 학교생활 중에서 가장 흥미로운 때는 언제인지 하나만 고르시오.
　　① 공부할 때　　② 쉬는 시간　　③ 점심 먹을 때　　④ 청소할 때

〈비구조화된 질문지의 예〉
※ 학교생활 중에서 가장 흥미로운 때는 언제인지 쓰시오.
　　(　　　　　　　　　　　　　　　　　　　　　　　)

　　질문지법을 구체적으로 살펴보면, 자유반응형, 선택형, 유목분류형, 등위형이 있다. 자유반응형은 질문에 자유롭게 응답하는 측정방법이며, 이 방법은 응답자의 응답능력과 표현능력을 믿을 수 있을 때 가능하다. 선택형은 주어진 질문에 부여된 선택지를 고르는 질문 형태이다. 유목분류형은 질문에 대하여 분류된 항목으로 응답하는 형태이며, 응답자의 잠재적인 혐오, 찬반, 가치관, 태도 등을 알 수 있다. 등위형은 질문에 근거하여 나열한 선택지 중 중요한 순서에 의하여 나열하는 질문 형태이다. 이러한 질문지법은 작성과정 및 분석과정이 간단하여 짧은 시간에도 비교적 많은 사람을 대상으로 특성을 알아볼 수 있다는 장점이 있으나, 구조화된 질문지의 경우 선택지의 완전성, 포괄성, 상호배타성이 보장되어야 하며, 비구조화된 질문지의 경우에는 언어능력이나 표현능력이 부족한 아동의 경우 적용하는 데 유의해야 한다.

2) 평정법

　　평정법(rating scale method)은 3, 5, 7, 9단계의 척도에 따라 주어진 항목을 평정하도록 하는 방법으로 대개 실험적 절차를 거친 척도나 표준화검사에 많이 사용되고, 정의적인 특성을 측정할 때 가장 많이 사용된다. 표준화된 검사에서 주로 사용되는 방법으로서 Likert 척도가 있다. 평정척도 중에서는 다음과 같은 5단계가 가장 많이 사용된다.

〈공부에 대한 나의 생각〉

	전혀 불일치	약간 불일치	보통	약간 일치	아주 일치
1. 공부는 많이 하면 좋지만 앞으로 살아 가는 데 꼭 필요하지는 않다.	①	②	③	④	⑤
2. 공부를 해서 많이 알아야만 다른 사람 들에게 무시당하지 않는다.	①	②	③	④	⑤
3. 공부를 할 필요가 없는 세상에 가서 살 고 싶다.	①	②	③	④	⑤
⋮	①	②	③	④	⑤

반응자는 자신의 정의적 특성과 관련하여 가장 소극적 혹은 부정적인 반응에서 적극적 혹은 긍정적인 반응까지 단계별로 나뉜 문항에서 자신의 위치를 표시하게 된다. 이러한 평정법은 신뢰도가 높고 절차가 간편하며 단순하지만, 척도화되는 정의적 특성의 이론적 가설이 약하고 정의적 특성의 변화를 감지하기 어렵다.

평정법을 사용할 때 고려해야 할 점은 특성의 양극단에 대한 개념을 확실히 하여야 하고, 측정치를 수량화할 수 있어야 한다는 것이다. 평정법의 장점으로는 측정도구 작성이 용이하고 다양한 상황과 조건에 적용되어 자료분석이 용이하다는 점을 들 수 있으나, 정의적 특성의 변화를 측정해 내기 어렵고, 응답자들에게 응답의 중립화 경향이 있으며, 개인마다 각자 다른 기준에 의하여 상대적으로 판단하므로 해석에 주의를 기울여야 한다는 단점이 있다.

3) 관찰법

관찰법(observation)은 인간의 감각기관을 매개로 일어나는 사건에 대한 지식이나 정보 등을 얻는 가장 기초적인 인간 행동 측정방법으로 정의적 행동특성을 측정하는 가장 오래된 측정방법이다. 관찰법은 분류하는 기초에 따라 다양하게 분류된다. 관찰하려는 행동장면을 인위적으로 조작하느냐 하지 않느냐에 따라 통제적 관찰과 비통제적 관찰로 나누기도 하고, 관찰의 조직 정도에 따라 자연적 관찰과 조직적 관찰로 나누기도 한다(황정규, 2009). 한편, 이종승(1989)은 관찰 상황의 통제 여하에 따라 자연적 관찰과 통제적 관찰로, 관찰자와 피관찰자의 참여 여하에 따라 참여관찰과 비참여관찰로 구분한다.

비통제적 관찰은 자연히 발생하는 사상이나 행동을 있는 그대로 관찰하는 것이다. 이에 비해 통제적 관찰은, 예컨대 아동의 분리 불안을 측정하는 경우처럼 아동이 부모가 떠났을 때 어떤 행동을 보이는지 알아보기 위해 아동과 함께 있던 부모가 아동을 떠나는 장면 행동을 설정하여 관찰하는 것을 말한다. 즉, 관찰의 시간, 장면 행동 등을 의도적으로 설정해 놓고 그러한 조건하에서 나타나는 행동을 관찰하는 방법이다.

참여관찰은 관찰자가 피관찰자와 함께 생활하면서 피관찰자의 자연스러운 행동을 관찰하는 방법이며, 비참여관찰은 관찰자가 관찰장면에는 참여하나 그들과의 공동생활에는 참여하지 않고 외부인으로서 객관적으로 관찰하는 방법을 말한다. 예를 들어, 관찰기록의 종류에는 일화기록법, 시간표집법, 사건표집법 등이 있다.

관찰 시 주의해야 할 사항은 다음과 같다.

- 계획적으로 관찰하도록 한다.
- 관찰자의 주관이나 선입견을 배제한 객관적인 관찰이 되도록 한다.
- 적절한 방법으로 기록해야 한다.
- 여러 상황하에서 관찰하여 관찰결과에 대한 신뢰도를 높여야 한다.

관찰법의 장점은 질문지법이나 평정법에 의해 측정할 수 없는 행동변화에 관한 자료를 얻을 수 있으며, 허위반응과 중립화 경향을 어느 정도 방지할 수 있다는 것이다. 그러나 점수화하는 데 제한이 따르며, 때로는 주관적인 판단을 내릴 수 있다는 단점이 있다.

대표적인 관찰법이라 할 수 있는 일화기록법은 일상생활이나 학습장면에서 일어나는 구체적인 행동 사례를 장기간에 걸쳐 누가기록하는 방법이다. 일화기록법은 질적인 기록방법으로서 정의적 행동의 증거자료 수집에 유효한 방법이다. 일화기록법에서 주의해야 할 점은, 먼저 사건 자체와 이에 관한 해석의 두 가지 내용은 엄격히 구별되어야 하며, 동시에 이 두 가지 요소는 함께 구비되어 있어야 한다는 것이다. 다음으로 구체적이고 특수한 사건을 기록하여야 하며, 일반화된 서술이나 평가적인 서술은 피해야 한다. 또한 기록하는 관찰자 혹은 교사가 먼저 흥분해서 사건을 '극적'으로 표현하거나 객관성을 잃어서는 안 된다. 일화기록법은 기록이 계속적으로 보존될 때만 진단적 가치가 있다. 한 개인의 전체적이고 정확한 인간상을 얻기 위해서는 장기간에 걸친 계속적·누가적인 기록이 보존되어야 한다. 일화기록법의 예는 다음과 같다.

〈예시 1〉 중학교 3학년 – 김종욱

3/25 새로 전학 온 종욱이가 오늘 처음 학교에 왔다. 자기 나이에 비해 키는 작지만 건장하고 어른스러워 보인다. 어머니는 그동안 학교생활에 잘 적응하지 못하고 PC방에서 보내는 시간이 많아 걱정이라고 하였다. 쉬는 시간에 반 친구들과 이야기하는 것을 들으니, 미래에 자기 자신은 세계에서 제일가는 프로게이머가 될 것임을 자신 있게 이야기하고 있다(학습에는 별 관심이 없으나 미래의 프로게이머로서 자부심과 긍지가 대단한 것 같다).

3/30 종욱이가 친구와 말다툼이 있은 뒤 주먹질을 했다고 하였다. 서용이와 게임에 대한 대화를 하던 중 시비가 붙어, 주먹으로 서용이의 얼굴을 때려 코피가 나고 말았다. 상세한 이야기를 들은 뒤 종욱이에게 같은 학급의 친구인 서용에게 사과하라고 했더니, 순순히 잘못했다고 사과를 하였다(종욱이는 과격한 성격이긴 하지만 신사다운 면모가 있다).

〈예시 2〉 일화기록표

• 학생: 허지수　　　• 학급: 3학년 5반　　　• 관찰자: 교사 – 유진희

날짜	장소	사건	진단
10. 10.	교실 내	국어 시간에 '사형'이라는 화제가 문제가 되었다. 대부분의 학생은 '사형' 제도의 폐지를 주장하며 그것은 끔찍하고 잔인한 일이라고 하였으나, 지수는 그 제도가 있어야 한다고 자신의 의견을 끝까지 주장하였다. 지수의 주장이 너무 강경하였기 때문에 교사인 '나'는 물론 학생들도 모두 어리둥절하였다.	지수가 사형 제도가 있어야 한다고 자신의 의견을 주장하는 배후에는 아마 과거의 큰 상처나 경험, 혹은 현재의 환경이 작용하고 있을 것 같다. 지수의 성격이 잔인하거나 사악해서 그런 것은 아니다.

출처: 황정규(1998)에서 재구성.

4) 의미변별척도

의미변별척도(semantic differntial scale)는 Osgood, Suci와 Tannenbaum(1957)이 여러 가지 사물, 인간, 사상 등에 관한 어떤 개념(concept)의 의미를 의미공간 속에서 측정하려고 창안한 정의적 특성의 측정방법이다. 의미변별척도는 각 개념의 의미를 양극적인 뜻을 갖는 형용사군에 의해 측정한 결과를 방향과 거리 혹은 질(quality)과 강도(intensity)를 갖는 의미공간에 포함할 수 있다는 가정이 밑받침되고 있다.

의미변별척도는 [그림 5-4]에서와 같이 양극단으로 대비되는 다양한 형용사를 피험자에게 제시하고 반응하게 한 후 의미 있는 3개의 요인, 즉 평가요인, 능력요인, 활동요인을 서로 독립적인 X, Y, Z축으로 하여 3차원의 의미공간에 위치시켜 상대적으로 비교분석하는 방법이다. 3차원 의미공간의 평가요인(X)은 가치판단적인 형용사(좋은-나쁜, 유쾌한-불쾌한 등)로, 능력요인(Y)은 능력과 관련된 형용사(강한-약한, 작은-큰 등)로, 활동요인(Z)은 활동성과 관련된 형용사(능동적-수동적, 날카로운-둔한 등)로 구성되어 있다. 피험자는 심리적 연속선상에서 어떤 위치에 주어진 개념에 대한 자신의 느낌을 표시해야 한다. 형용사 사이의 각 공간은 수치가 미리 배정되고, 반응자의 점수는 표시된 위치의 수치를 모두 합산하여 계산된다. 최초에 Osgood은 50개의 양극단 형용사로 7단계 척도를 구성하였으나, 이후 여러 연구자에 의해 수정되어 활용되고 있다.

의미변별척도는 계획하고 실시하는 것이 매우 쉽고, 집단의 학생들을 비교하는 데 효과적으로 활용할 수 있다는 장점이 있다. 반면에 이 척도는 근본적으로 의미를 분명히 할 수 있는 상황을 제시하지 않고 형용사의 쌍만을 제시하기 때문에 똑같은 형용사의 쌍에 대해 반응자마다 각기 다른 의미를 부여할 가능성이 있고, 사용되는 형용사의 의미가 대상에 따라 달라질 수 있다는 단점이 있다.

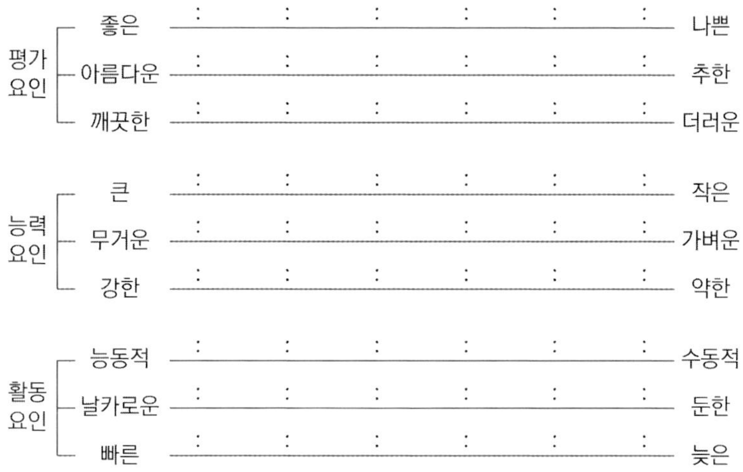

평가 요인	좋은	:	:	:	:	:	:	나쁜
	아름다운	:	:	:	:	:	:	추한
	깨끗한	:	:	:	:	:	:	더러운
능력 요인	큰	:	:	:	:	:	:	작은
	무거운	:	:	:	:	:	:	가벼운
	강한	:	:	:	:	:	:	약한
활동 요인	능동적	:	:	:	:	:	:	수동적
	날카로운	:	:	:	:	:	:	둔한
	빠른	:	:	:	:	:	:	늦은

[그림 5-4] 의미변별척도의 예

출처: 박도순, 원효헌, 이원석(2011).

5) 내용분석법

내용분석법(content analysis)은 본래 의사소통의 과정에서 발생하는 중요한 문제인 '누가, 무엇을, 누구에게, 어떻게, 전달하며, 그 효과는 무엇인가?'라는 문제를 확인·분석하기 위해 개발된 방법이다. 그러나 사회과학 일반에서 이 방법의 중요성이 인식되면서 교육학이나 심리학에서도 개인의 지적 및 정의적 특성을 연구하기 위한 방법으로 이용하게 되었다. 내용분석법은 이미 만들어진 텍스트를 체계적으로 양적·질적으로 분석하는 방법이다. 내용분석의 목적은 본질적으로 텍스트의 외현적이고 현재적인 내용뿐만 아니라 문맥이나 내용 속에 숨어 있는 암묵적이고 잠재적인 내용을 함께 분석하는 데 있다.

내용분석은 기존에 이미 있는 자료를 분석하는 데에도 사용할 수 있고, 또 특수한 연구목적을 위해 자료를 자연스럽게 얻은 다음 분석할 수도 있다. 편지, 일기, 민속자료, 신문, 모임에서의 대화, 발언 내용 등이 기존 자료의 예라고 하면 아동에게 작품을 쓰게 하거나, 인물평을 쓰게 하거나, 감상문을 쓰게 하거나, 비디오나 녹음기를 통한 자연적 상황에서의 대화 등을 통해 얻은 자료를 분석하는 것 등은 후자의 예에 속한다. 분석의 방법을 간략히 기술하면 다음과 같다.

첫째, 모집단(universe)의 정의와 유목화를 해야 한다. 가장 먼저 해야 할 일은 분석하려는 내용의 모집단(혹은 전체집합)를 정의하는 일이다. 둘째, 분석단위(unit of analysis)를 결정하는 단계이다. Berelson(1954)은 분석단위로서 다섯 가지 주 단위를 제안하고 있다. 즉, 단어(words), 주제(themes), 성격(characters), 문항(items), 시간-공간 측정(space-and-time measure)이다. 셋째, 양화(quantification)하는 과정이다. 분석한 결과는 어떤 형태로든지 양화할 필요가 있다. 그래야만 내용분석의 목적에 부합된다.

내용분석은 인상적·직관적 분석의 비신뢰성, 비타당성, 비객관성을 극복하기 위해 양적 분석으로 이해와 해석을 하려는 데 목적이 있다. 다만, 양화의 경우에는 유목화의 빈도나 백분율에 그칠 수도 있고, 서열을 정할 수도 있고, 측정치로 나타낼 수도 있다. 대개의 경우 유목화(categorization), 서열(ranking), 평정(rating)의 세 가지 방법이 사용된다. 경우에 따라서는 이론적 뒷받침과 측정학적 뒷받침을 받아 분석단위의 결과에 대해 가중치(weight)를 주는 방법도 이용할 수 있다.

6) 사회성 측정법

사회성 측정법(sociometry method)은 일명 수용성 검사, 교우관계 조사법으로 알려져 있으며, Moreno(1934)에 의해서 시작된 측정방법의 하나로 어떤 한 집단에서 그 집단구성원의 상호작용 양상이나 집단의 응집력을 알아보고자 할 때 이용되는 방법이다. 즉, 이 방법은 특정한 어느 한 집단 내에서 개인의 사회적 위치나 비형식적인 집단의 구조를 파악할 경우에 적용할 수 있는 것으로, 한 개인이 그의 동료에게 어떻게 지각되고 받아들여지고 있는지를 평가하는 데 이용한다. 사회성 측정법은 다음과 같은 유용성을 가지고 있다.

- 소집단 편성에 유용한 자료를 제공해 준다.
- 집단의 심리적 구조의 분석이 가능하다.
- 집단의 응집도를 측정한다.
- 친구관계 연구에 도움이 된다.
- 커뮤니케이션의 네트워크(network) 분석이 가능하다.
- 지도자와 추종자의 관계분석에 도움이 된다.

- 사회적인 적응이상(適應異常)의 진단에 도움이 된다.
- 구성원의 사회적 태도나 소집단의 편견 또는 차별 대상 파악에 도움이 된다.
- 구성원 개개인의 인성 분석에 유용하다.
- 교육방법 등을 더욱 향상시킨다.

사회성 측정법에 의하여 자료를 수집한 다음에는 이것을 의미하는 형태로 요약해서 분석한다. 사회성 측정검사에서 얻은 자료를 분석하는 방법은 세 가지로 나누어 볼 수 있다. 즉, 각 개인의 선택과 배척관계를 중심으로 사회도(sociogram)를 그려 보는 방법, 사회성 측정지수에 의한 분석 그리고 사회성 측정 행렬표를 작성하여 몇 가지 특성을 계산하는 방법이다. 이 가운데 행렬표를 만들어서 분석하는 방법이 보편적으로 많이 사용된다. 사회성 측정 행렬표 예시는 다음과 같다.

구분	열(선택받은 자)			
	1	2	3	…
1		○	×	
2	○		×	
3		×		
⋮				

행(선택하는 자)

*○: 좋아하는 사람　×: 싫어하는 사람

사회성 측정검사를 실시할 때는 다음과 같은 점에 유의해야 한다(김종서, 1991).

- 사회성 측정을 하는 자는 학급 담임이 좋다. 제3자인 경우에는 학생과 어느 정도 친밀감이 형성되어 있어야 한다. 왜냐하면 학생들이 그 결과의 이용에 대하여 의구심을 가지면 사실대로 반응하지 않을 우려가 있기 때문이다.
- 결과는 학생들에게 일체 알리지 않도록 한다. 사회성 측정은 이미 언급한 바와 같이 학생들의 개인적 적응의 개선, 집단의 사회구조 개선, 집단조직 등에 이용하는 것이 목적인데, 결과의 공개는 이러한 목적을 달성하는 데 저해되는 경우가 많다.

- 집단의 한계가 명시되어 있어야 한다. 예를 들면, '우리 학교' '우리 학년' '우리 학급' '우리 분단' 등 어떤 한계의 집단에서 선택할 것인지가 명시되어 있어야 한다.
- 전원을 대상으로 한 조사여야 한다. 즉, 한정된 집단의 전원이 조사대상이 되어야 한다. 휴학자를 제외한 장기 결석자, 단기 결석자도 모두 포함시켜야 한다. 이들 학생은 조사 시점에서는 대상을 선택할 수 없지만, 출석을 하는 경우에는 선택할 수 있는 기회를 주도록 한다.
- 학급의 전체 구조 및 그 변화과정을 알기 위해서는 한 학기에 한 번 정도 실시하는 것이 좋다.
- 초등학교 저학년은 개별면접으로 하는 것이 좋다. 저학년에서는 질문지에 응답할 수 있는 정도의 판단력이 없으므로 면접으로 하는 것이 좋으나 면접 시 특히 피면접자가 면접자의 암시를 받지 않도록 유의해야 한다.

7. 정의적 특성의 측정 절차 및 고려사항

1) 정의적 특성의 측정 절차

정의적 특성의 영역과 개념은 매우 다양하고 복잡하므로 각 특성에 맞는 평가방법을 효과적으로 적용하는 것이 무엇보다 중요하다. 정의적 특성의 측정 절차는 크게 다음 5단계로 나눌 수 있다(성태제, 2019).

① 1단계: 측정 영역이나 내용을 설정한다.
② 2단계: 규명된 정의적 특성을 소유하고 있는 사람은 어떤 행위를 할 것인지를 구상하여야 한다. 반대로 그 특성을 갖고 있지 않은 사람은 어떤 행위를 할 것인지도 구상하면 더 바람직하다.
③ 3단계: 측정하고자 하는 특성을 소유하고 있는 사람과 소유하고 있지 않은 사람, 즉 대비되는 두 개인이 자연적이거나 인위적 상황에서 어떻게 반응하는지를 고려해야 한다.

④ 4단계: 3단계를 기초로 해서 실제적이고 타당한 상황을 선택한다.
⑤ 5단계: 중다측정도구를 고안한다. 단일한 측정도구로 개인의 특성을 측정할 수 있으나 좀 더 타당하고 신뢰할 수 있게 정의적 특성을 평가하기 위하여 여러 가지 평가도구를 고안한다.

2) 정의적 특성의 측정 시 고려사항

인간의 속성은 정서나 감정을 포함하고 있기 때문에 정의적 특성을 측정할 때는 여러 가지 사항을 고려해야 한다. 정의적 특성을 측정할 때 고려해야 할 사항은 다음과 같다.

첫째, 무엇보다 측정하는 정의적 특성의 표적 행동에 대해 명확히 해야 한다. 즉, 특정한 정의적 특성을 지닌 개인이 어떤 행동을 할 것인지와 하지 않을 것인지를 생각해야 한다. 예를 들어, 교직적성이 있는 사람이 특정한 상황에서 어떻게 행동할 것인지와 어떤 다른 행동을 할 것인지를 생각하여야 한다.

둘째, 개인평가를 할 것인가, 아니면 집단평가를 할 것인가를 고려해야 한다.

셋째, 반응자의 허위반응을 고려해야 한다. 반응자는 특정한 이유로 검사자가 원하는 대로, 또는 검사결과를 자신이 원하는 방향으로 이끌기 위해 허위로 반응할 수 있는데, 이러한 경우는 반응자가 검사의 목적을 알고 있을 때 발생할 수 있다.

넷째, 반응의 중립화를 고려해야 한다. 검사지에 대해 특정한 경향성을 보이는 것이 자신에게 불리하거나 자신의 의사를 표현하고 싶지 않을 때 중립적인 반응을 보일 수 있다.

다섯째, 측정된 정의적 특성은 내면적인 다른 요인에 의해 영향을 받을 수 있다. 개인의 반응은 단순히 하나의 감정 혹은 기제에 의해 표현되는 것이 아니라 복합적일 수 있으므로 한 가지 방법이 아닌 다양한 측정방법을 통해 정의적 특성을 측정해야 한다.

연구문제

1. 교육현장에서 정의적 특성의 평가를 해야 하는 이유를 설명하시오.

2. 학생의 학습흥미도를 조사하기 위한 질문지 문항을 작성하시오.

3. 일화기록법을 사용하여 주변 학생의 교과목에 대한 태도를 분석하시오.

제6장

과정중심평가

- 과정중심평가의 의미를 이해할 수 있다.
- 수행평가의 의미를 이해하고 적용방법을 이해할 수 있다.
- 형성평가의 의미를 이해하고 적용방법을 이해할 수 있다.

　　과거에는 많은 사실을 아는 것이 중요했지만, 현대사회에서는 정보에 접근하는 방법과 그것을 실제 상황에 적용할 줄 아는 것이 중요하다. 이러한 사회의 변화는 학교에서 배워야 할 것들의 변화를 요구하게 된다. 즉, 교육과정과 교수 · 학습의 변화뿐만 아니라 교육과정과 교수의 주요 부분인 평가방식의 변화도 요구하고 있다. 종래의 양적 평가의 단점을 극복하여 학생 개개인이 능동적으로 자신의 경험을 재구성하고, 자신에게 의미 있는 지식이나 정보를 적극적으로 학습하도록 조장하며, 다양한 능력과 적성을 계발하고 창의력이나 문제해결력 등의 고등정신능력을 신장하는 데 적합한 새로운 평가체제가 부각되고 있다. 이에 따라 학교현장에서 학습결과 중심의 학생평가의 문제점을 인식하고 해결하기 위해 과정중심평가가 출현하게 되었다. 학습과정 중심의 형성적 기능을 중시하고, 통합된 지식과 역량을 평가하며, 학습자의 인지적 영역과 정의적 영역에서의 균형 있는 발달을 고려하는 방향으로 평가의 초점이 변화되고 있다.

1. 과정중심평가의 의미와 특징

1) 과정중심평가의 의미

과정중심평가는 2015년 개정 교육과정이 도입되면서 새로운 평가의 방향으로 제시된 것으로서 학문적 개념이 아닌 정책적 성격을 지닌 용어이다. 즉, 평가와 연계된 교육과정에 대한 새로운 관점과 방향을 제시하는 넓은 의미의 용어이다. 과정중심평가는 학생평가의 패러다임 변화에 따라 기존의 학생평가 운영방식을 개선하고자 도입된 정책 용어로, 새롭게 도입된 평가체제나 평가방법이라기보다는 기존에 사용되어 오던 다양한 유형의 평가가 가지는 기능들이 융합된 개념으로 볼 수 있다. 과정중심평가는 교육과정의 성취기준에 기반한 평가계획에 따라 교수·학습과정에서 학생의 변화와 성장에 대한 자료를 다각도로 수집하여 적절한 피드백을 제공하는 평가이다(한국교육과정평가원, 2017).

학교현장에서는 과정중심평가와 과정평가에 대한 개념적 차이가 명확히 규명되지 않아 과정평가와 결과평가를 대비시켜 과정중심평가에서 결과평가를 배제하는 것으로 해석하는 경우가 있다. 과정평가와 결과평가를 대비시켜 볼 때, 과정평가가 학생의 학습이 진행되는 과정에서 평가하는 것을 의미한다면, 결과평가는 학습이 종료된 이후 실시하는 평가를 의미한다. 따라서 과정중심평가는 과정평가와 결과평가를 모두 아우르는 개념으로, 기존에 주로 시행되어 온 결과중심평가에 비해 학생의 학습과정에서의 평가를 좀 더 강조하고자 하는 의미를 담고 있다(한국교육과정평가원, 2018).

2) 과정중심평가의 특징

과정중심평가는 학생이 갖추어야 할 지식, 기능, 태도 등을 종합한 성취기준을 준거로 평가하고, 평가결과가 학생의 성장과 발달을 돕는 데 사용되어야 함을 의미한다. 과정중심평가의 특징은 다음 세 가지로 요약할 수 있다.

첫째, 과정중심평가는 평가의 패러다임 확장이다. 평가 패러다임의 확장은 수업과정에서 평가를 교사와 학생, 학생과 학생 간의 교수·학습활동으로 활용할 수 있다는 것을 의미한다. 평가의 패러다임을 확장함으로써 평가결과를 활용할 수 있는 범위도 넓어진다. 과거에는 평가의 결과를 성적을 산출하는 등 제한적으로 활용하였지만, 과정중심평가에서는 평가의 결과를 학생의 성장과 발달을 위한 피드백으로 활용할 수 있다. 따라서 평가 패러다임과 결과의 확장은 기존의 평가가 '학습에 대한 평가(assessment of learning)'의 역할에서 학습의 주요 도구로 사용되는 '학습을 위한 평가(assessment for learning)'와 '학습으로서의 평가(assessment as learning)'로 확장됨을 의미한다.

둘째, 과정중심평가는 결과와 함께 과정을 중시하는 평가이다. 과정중심평가는 학생이 지식을 알고 있는지 여부를 평가하는 결과중심평가와 대비되어 학생의 문제해결과정에 중점을 둔다. 또한 도착점에서 정답만을 평가하는 것이 아니라 정답이 나오는 과정을 중시하고, 이 과정에서 나타나는 학생의 인지적·정의적 능력과 핵심역량을 모두 평가대상으로 본다.

셋째, 과정중심평가는 교육과정-수업-평가의 연계를 추구한다. 시간적 연계로서 평가를 수업의 한 부분으로 포함하여 수업과정에서 평가가 함께 이루어진다. 내용적 연계로서 수업과정에 평가하기 위해 차시 및 단원의 내용을 재구성하는 교육과정 재구성이 이루어진다. 이를 통해 수업과 평가의 연계가 이루어져 수업 중 가르친 내용을 단순히 점검만 하는 것이 아니라, 학생에게 맞춤형 피드백을 제공함으로써 학생의 성장과 발달을 돕는다.

과정중심평가의 특징을 평가목표, 평가방향, 평가방법, 교수·학습내용 및 평가결과 활용의 측면에서 결과중심평가와 비교하면 〈표 6-1〉과 같다.

〈표 6-1〉 결과중심평가와 과정중심평가 비교

구분	결과중심평가	과정중심평가
평가목표	• 선발, 분류, 배치 • 학습자의 최종적인 성취기준 달성 정도 평가	• 지도, 조언, 개선 • 학생 피드백을 위한 정보를 다각도로 수집
평가방향	• 학습에 대한 평가 • 학습의 결과 중시	• 학습을 위한 평가/학습으로서의 평가 • 학습의 결과 및 과정 중시

	지필평가 중심	지필평가, 수행평가 등 다양한 방법 적용
평가방법	• 지필평가 중심 • 정기평가 • 교사중심의 평가	• 지필평가, 수행평가 등 다양한 방법 적용 • 수시평가 • 교사평가, 동료평가, 자기평가 등 평가 주체의 다양화
교수 · 학습	• 인지적 성취영역 위주 • 교사 중심	• 인지적 · 정의적 특성 영역 • 학생 중심
결과활용	• 피드백의 부재	• 즉각적이며 수시적인 피드백

출처: 김대현, 김석우(2020).

2. 과정중심평가의 이론적 배경

1) 구성주의 학습이론

구성주의 학습이론에 의하면 교수 · 학습의 목적은 전통적으로 중시되어 왔던 객관적 지식이나 정보를 가르치고 배우는 것이 아니라, 개별 학습자의 소질이나 특성에 맞추어 보다 조직적이고 체계적인 인지구조를 가질 수 있도록 도와주고 격려하는 것이다(사회교육연구회, 2001). 이와 같은 교수 · 학습관의 변화로 교수 · 학습평가에 있어서 선다형 검사의 타당성에 대한 비판이 일기 시작하였다. 구성주의 학습이론에서는 학습자가 실제로 일어날 수 있는 상황에서 다양한 사회적 상호작용을 통해 문제를 해결하면서 배움을 형성해 나가는 학습과정을 중요시한다. 과정중심평가가 실제 문제를 해결해 나가는 수행과정과 수행 여부를 평가하는 구성주의 평가관의 특징과 일치함을 알 수 있다. 과정중심평가에서 강조하는 결과에 이르는 과정은 Vygotsky가 강조한 근접발달영역(Zone of Proximal Development) 안의 과정으로 볼 수 있다. 즉, 근접발달영역 안에서 이루어지는 교사의 역할과 우수한 또래와의 상호작용과 같은 사회적 관계를 매개로 학습목표에 도달하는 과정을 평가하는 것이 과정중심평가라고 할 수 있다.

2) 인지주의 학습이론

인지주의 학습이론은 학습의 실제 특성이 단순히 선형적이지 않고 다양한 측면이 있으며, 인지, 초인지, 정서적 측면을 띠고 있고 사회적 맥락에 기초하고 있다는 가정을 하고 있다(사회교육연구회, 2001). 특히 다른 인지들 중에서도 초인지라는 표현으로 사용되는 '메타인지(meta cognition)'는 '인지에 대한 인지' '사고에 대한 사고'와 같은 개념으로 이해될 수 있다. Flavell(1979)에 의하면, 메타인지는 몇몇 구체적인 목적 또는 목표를 수행하기 위해 적극적으로 자신의 인지활동을 감시하고, 그것에 따른 규제를 통해 인지과정의 조화를 꾀하는 것이다. 메타인지는 기억, 이해, 주의집중, 의사소통 그리고 일반적인 문제해결활동 등 인지과정에 중요한 기능을 한다. 이러한 인지과학에 바탕을 둔 연구자들은 전통적인 검사만으로는 피험자의 특정한 능력을 정확히 측정하는 일이 불가능하다는 인식하에 결과와 함께 과정을 평가하는 새로운 방법을 찾게 되었다. 즉, 보다 직접적이고 맥락적이며 생태적으로 타당한 평가가 필요하다는 것이다(남명호, 1995). 이러한 교육평가 방안으로 학습결과뿐만 아니라 학습자의 학습과정도 평가할 수 있는 과정중심평가를 들 수 있다.

3) 2015 개정 교육과정

인공지능 및 4차 산업혁명이 대두되는 미래사회에서 학교는 학생이 필요한 능력을 갖출 수 있도록 학생의 역량을 성장시키는 교육을 해야 한다. 교육에서 역량은 학생들이 습득한 지식을 실제 생활에서 활용할 수 있는 능력을 갖추는 것을 의미한다. 과거의 객관식 평가도구와 일제식 평가시스템으로는 학생의 역량을 제대로 평가할 수 없다. 2015 개정 교육과정에서는 "인문학적 상상력, 과학기술 창조력을 갖추고, 바른 인성을 겸비하여 새로운 지식을 창조하며, 다양한 지식을 융합하여 가치를 창조할 수 있는 창의융합형 인재"를 미래사회 인재상으로 제시하고 있다. 평가의 전환은 곧 교육과정에 대한 전면적인 패러다임의 전환을 전제로 한다. 2015 개정 교육과정에서는 학교현장에서 평가의 혁신을 통하여 교육 전반을 개선하고자 과정중심평가를 도입하였다. '수행평가'는 수업장면에서 과정중심평가의 방향성을 담을 수 있는 대표적인 평가방법이라 할 수 있다(한국교육과정평가원, 2017). 수행평가는 학생이 직접 만든 산출물이나 학생의 수행과정을 평가하는 것이므로, 교수 · 학습의 결과뿐 아니라 교수 · 학습의 과정을 중시하는 평가이다.

3. 과정중심평가로서의 수행평가

우리나라에서는 과거 지필평가라고 명명된 선택형 문항 중심의 평가방법이 주를 이루다가 지식기반사회, 세계화, 창조성 등이 교육의 화두로 떠오르면서 1990년대 중반 이후부터 학교교육의 문제해결을 위한 중요한 해결방법으로 수행평가가 도입 되었다(박지현, 진경애, 김수진, 이상아, 2018). 여기서는 과정중심평가의 대표적 평가 방법인 수행평가의 개념, 필요성, 특징, 수행평가 방법 및 개발 절차, 문제점 등에 대해 살펴보고자 한다.

1) 수행평가의 개념

일반적으로 수행이란 구체적인 상황에서 실제로 행동을 하는 과정이나 그 결과를 의미한다. 교육현장에서 기존 교육평가체제의 새로운 대안으로 제시되고 있는 수행 평가(performance assessment)는 학생 스스로가 자신의 지식이나 기능을 나타낼 수 있 도록 산출물을 만들거나, 행동으로 나타내거나, 답을 구성하도록 요구하는 평가방식 이라고 정의할 수 있다.

본래 수행평가는 심동적 행동특성을 평가하기 위하여 주로 음악이나 체육과 같은 분 야에서 사용하여 학습한 지식이나 기능, 기술을 얼마나 잘 수행하는지를 판단하는 평가 방법이었다. 즉, 심동적 영역에서 행위를 수행하는 모든 과정과 그 결과를 관찰에 의존 하여 종합적으로 평가하는 방법이다. 심동적 행동특성을 평가하던 수행평가는 성취결 과뿐 아니라 활용능력이나 기술을 다룰 수 있다는 장점 때문에 인지적 행동특성과 정의 적 행동특성에 이르는 인간의 모든 활동을 평가하는 방법으로 그 개념이 확대되었다.

수행평가는 비교적 폭넓은 용어로서 학생들에게 답이나 산출물을 만들어 내게 함으 로써 그들의 지식이나 능력을 입증하도록 요구하는 다양한 전략이 있다. 이러한 수행평가는 다양한 접근방식 때문에 여러 가지 용어와 혼용되고 있다. 대안적 평가(alternative assessment), 실제적 평가(authentic assessment), 포트폴리오 평가(portfolio assessment), 직접평가(direct assessment) 등의 용어가 그것인데, 교육 실제에서 다양하고 적절하게 수행평가 전략들을 사용하기 위해서는 각 용어들의 의미를 이해할 필요가 있다.

구체적으로 수행평가는 전통적인 선택형 문항 중심의 지필평가와 구별된다는 점에서 대안적 평가로, 수행 과제들이 실생활의 문제와 직접적으로 관련된다는 점에서 실제적 평가로 사용된다. 또한 장기간에 걸쳐 수집된 자료인 학생의 작품집이나 결과물 등을 이용하여 평가한다는 점에서 포트폴리오 평가로, 학생의 능력과 기술에 대한 증거를 관찰이나 면접에 의하여 직접적인 측정치로 확보한다는 점에서 직접평가로 사용되기도 한다.

2) 수행평가의 필요성

수행평가는 학생들의 다양한 능력이나 기술을 평가하고, 수행평가의 과제를 통하여 평가와 교수·학습과정을 연계하며, 협동학습을 지향함으로써 학생들이 또래 간의 관계 속에서 배우게 할 뿐만 아니라 교사와 학생 모두에게 교수·학습과정에서의 장단점의 정보를 제공할 수 있다. 학교 교육현장에서 수행평가가 필요한 이유는 다음과 같이 다양하다(백순근, 1998).

첫째, 학생이 인지적으로 아는 것도 중요하지만 아는 것을 실제로 적용할 수 있는지를 파악하는 것도 중요하다. 인지적으로 아는 것과 실제로 적용하는 것의 차이를 흔히 '볼 줄 아는 것'과 '할 줄 아는 것'의 차이로 설명하기도 한다. 교육적인 측면에서는 잘 볼 줄 아는 학생을 육성하는 것도 중요하고 잘 할 줄 아는 학생을 육성하는 것도 중요하지만, 둘 다 갖출 수 있도록 하는 것이 보다 바람직하다.

둘째, 획일적인 표준화검사를 적용하기 어려운 다양한 개인적 특성이나 상황에서 타당한 평가를 할 수 있다. 특히 교수·학습과정을 개선하기 위해서는 개인의 특성이나 상황을 충분히 고려한 검사가 필요한데, 이러한 요구에 부응하기 위해 수행평가가 도입되어야 한다.

셋째, 수행평가는 여러 측면의 지식이나 능력을 지속적으로 평가할 수 있다. 종래의 평가에서는 교수·학습의 결과를 한두 번에 걸쳐 평가하므로 교수·학습활동을 개선하기에는 부적절하다. 이를 개선하기 위해서는 교수·학습의 결과뿐만 아니라 그 과정에 대한 자세한 정보의 수집과 함께 학생 개개인의 특성과 수준을 지속적이면서도 종합적으로 평가하는 것이 필요하다.

넷째, 학습자 개인에게 의미 있는 학습활동이 이루어지도록 한다. 예를 들어, 교육 현장에서는 학습자가 이해하지도 못하는 지식을 기계적으로 암기하여 시험을 치르고, 그 직후에 모두 잊어버리는 현상이 많이 일어나고 있다. 따라서 암기식 학습활동은 학습자 개인의 삶에 있어서 무의미하고 쓸모없는 것이 되어 버린다.

다섯째, 교수·학습목표와 평가내용을 보다 직접적으로 관련시킬 수 있다. 만약 고등사고능력의 신장이 교수·학습의 목표라면 학생이 기억하는 단순한 사실이나 지식을 측정하는 선택형 검사를 사용하여 간접적으로 평가하기보다는 수행평가를 통해 직접적으로 평가하는 것이 바람직하다. 따라서 교수·학습목표를 효율적으로 달성하기 위해서는 평가내용이 목표와 직접적으로 관련되어 있어야 한다.

3) 수행평가의 특징

세계화·정보화 시대를 맞이하고 있는 오늘날의 교육 추세는 단순히 지식을 기억하고 재생하는 능력보다는 학습자의 다양한 개성을 존중하고 인성 및 창의성을 조장하는 새로운 교육평가체제를 요구하고 있다. 이러한 요구에 대한 대안으로 제시되고 있는 것이 수행평가이다. 수행평가의 특징은 다음과 같다(한국교육과정평가원, 2017).

첫째, 성장과정에 대한 지속적인 평가이다. 수행평가는 단편적 영역에 대해 일회적으로 평가하기보다는 학생 개개인의 변화와 발달과정을 종합적으로 평가하기 위하여 지속적으로 이루어질 것을 강조한다.

둘째, 과정과 결과를 함께 평가한다. 수행평가는 교수·학습의 결과뿐만 아니라 과정도 중시하는 평가로, 학생의 성장과 발달을 중시한다.

셋째, 의사소통·협업 등의 능력을 강화한다. 수행평가는 모둠활동 등을 통하여 의사소통과 협업 등의 능력을 강화시킬 수 있다.

넷째, 실제 상황과 유사한 맥락에서의 평가이다. 수행평가는 실제 발생할 수 있는 문제 상황과 유사한 형태로 구성되어야 한다.

다섯째, 능동적 학습활동을 유도한다. 수행평가는 학생들이 문제의 정답을 선택하는 것이 아니라, 스스로 답을 구성하거나 행동으로 나타냄으로써 능동적인 학습활동을 유도한다.

여섯째, 정의적 특성 평가를 통한 전인교육을 추구한다. 수행평가는 학생의 인지적인 영역뿐만 아니라 정의적인 영역에 대한 종합적이고 전인적인 평가를 중시한다.

4) 수행평가의 방법

수행평가에서는 근본적으로 학습자가 수행한 모든 자료를 평가자료로 활용할 수 있다. 현재 널리 사용되고 있는 수행평가의 방법으로는 논술형 검사, 구술시험, 토론, 실기시험, 실험 · 실습, 면접, 관찰, 자기평가 및 동료평가 보고서, 연구보고서, 포트폴리오 등이 있다. 이러한 방법들은 새로 개발된 것이 아니라 과거에도 있었던 것이다. 그러나 학습과정에서 기존 지식이나 가치관의 수동적인 수용보다는 자기 나름의 세계를 재창조해 가는 과정에서 창의성이나 문제해결력 등 고등사고기능을 강조하는 최근의 경향에 따라 수행평가 방법이 새롭게 각광받고 있다. 한국교육과정평가원(1999)에서는 수행평가의 본질을 구현하는 정도에 따라 〈표 6-2〉와 같이 구분하여 제시하고 있다.

〈표 6-2〉 수행평가의 본질 구현 정도에 따른 평가방법의 분류

수행평가 본질 구현 정도	평가방법	비고
매우 높음 ↑ ↓ 매우 낮음	실제 상황에서의 평가	널리 사용되고 있는 수행평가 방법들
	실기시험, 실험 · 실습법, 관찰법	
	면접법, 구술시험, 토론법	
	자기평가 및 동료평가 보고서법	
	포트폴리오	
	연구보고서	
	논술형	
	서술형	보통 수행평가 방법에 포함시키지 않음
	단답형	
	완성형(괄호형)	
	선다형	
	연결형(줄긋기형)	
	진위형(OX형)	

이와 같은 수행평가 방법의 구분은 특정 평가방법이 어떤 상황에서 어떤 방식으로 시행되느냐에 따라 위치가 달라질 수 있다. 수행평가의 방법은 교수·학습과정을 개선하고, 개별 학생에게 지도·조언하고 충고하기 위한 목적으로 사용된다면 어떠한 평가방법도 수행평가 방법에 포함될 수 있다. 이러한 수행평가의 방법들을 구체적으로 살펴보면 다음과 같다.

(1) 논술형 검사

논술형 검사는 주어진 질문에 여러 개의 문장이나 한 편의 완성된 글로 응답하도록 하는 문항의 유형이다. 논술형 검사도 일종의 서술형 검사이기는 하지만, 특별히 상정하고 있는 정답이 없는 상태에서 학생 나름의 생각이나 주장을 창의적·논리적이면서도 설득력 있게 조직하여 작성해야 함을 강조한다는 점에서 일반 서술형과 구별된다. 논술형 검사는 서술된 내용의 폭과 깊이뿐만 아니라 글을 조직하고 구성하는 능력을 동시에 평가한다. 이를 통해 학습자의 창의력, 문제해결력, 비판력, 조직력, 정보 수집 및 분석력 등 고등사고기능을 제대로 평가할 수 있게 된다.

(2) 구술시험

구술시험은 종이와 붓이 발명되기 전부터 시행되어 오던 가장 오래된 수행평가의 한 형태이다. 학생들에게 특정 교육내용이나 주제에 대해서 자신의 의견이나 생각을 발표하도록 하여 학생의 준비도, 이해력, 표현력, 판단력, 의사소통능력 등을 직접 평가하기 위한 방법이다. 구술시험에는 토론, 면접, 발표평가 등이 포함된다.

① 토론

토론이란 교수·학습활동과 평가활동을 통합하는 대표적인 방법으로, 특정 주제에 대해 학생들이 서로 토론하는 것을 보고 평가하는 것이다. 특히 찬반 토론을 많이 사용하는데, 사회적으로나 개인적으로 서로 다른 의견을 제시할 수 있는 토론 주제를 가지고 개인별로 찬반 토론을 하게 한다. 그런 다음 찬성과 반대 의견을 토론하기 위해 사전에 준비한 자료의 다양성이나 충실성 그리고 토론 내용의 충실성과 논리성, 반대 의견을 존중하는 태도, 토론 진행방법 등을 총체적으로 평가한다. 아울러 이러한 토론과정을 자세히 관찰함으로써 토론 진행과정에서 지도력을 발휘하여 토론을 이끌어 가는 사람, 당당하게 자기주장을 피력하는 사람, 다른 사람의 의견을 차분히 듣고 그 의견을 집약하는 능력을 발휘하는 사람, 상대방에게 의견을 자유롭게 제시하게 한 후 결론은 자기 의견대로 끌고 가는 사람 등 여러 유형의 성격을 파악할 수 있다.

② 면접

면접이란 교사와 학생이 서로 대화를 통해서 얻고자 하는 자료나 정보를 수집하여 평가하는 방법이다. 즉, 교사가 학생과 직접 대면하여 평정자가 질문하고 학생이 대답하는 과정을 통해 지필식 시험이나 서류만으로는 알 수 없는 사항들을 알아보고 그것을 평가하는 방법이다. 면접의 장점으로는 보다 심도 있는 정보를 얻을 수 있고, 사전에 예상할 수 없었던 정보나 자료를 얻을 수 있으며, 진행상 융통성을 발휘할 수 있는 것 등을 들 수 있다. 흔히 구술시험이 주로 인지적인 영역을 중심으로 학업성취도를 평가하는 반면, 면접은 주로 정의적 영역이나 심동적 영역을 평가한다는 점에서 구별된다.

③ 발표평가

발표평가는 특정한 주제에 대해 학생들이 조사한 내용을 발표하도록 하여 개별 학생들의 이해수준과 능력을 평가하는 방법이다.

(3) 실기시험

수행평가에서 언급하는 실기시험과 기존 실기시험의 가장 큰 차이점은 실기를 하는 상황의 성격이 다르다는 것이다. 종래의 실기시험이 평가가 통제되거나 강요되는 상황이라면, 수행평가는 자연스러운 상황에서 실제로 하는 것을 여러 번 관찰하여 그 수행능력을 평가하는 것이다. 예를 들어, 종래의 농구 실기시험에서는 공을 5개 주고 슛을 하게 하여 골인된 공의 수와 슛을 하는 자세를 보고 평가하는 경우가 많았다. 그러나 수행평가에서의 실기시험은 학급 또는 학교 대항 농구경기를 실제로 관찰하여 수행능력을 평가하게 된다. 수행평가를 위한 실기시험에서는 가능한 한 교수ㆍ학습활동과 평가활동을 분리하지 않고 수업시간에 자연스럽게 평가하는 것이 바람직하다.

(4) 실험 · 실습

실험 · 실습은 자연과학 분야에서 많이 사용하는 것으로, 어떤 과제에 대해 학생들로 하여금 직접 실험 · 실습을 하게 한 후 결과 보고서를 제출하게 한다. 이때 개인 단위로 실험 · 실습을 하게 할 수도 있고, 팀을 구성하여 공동작업을 하게 할 수도 있다. 교사는 학생들의 실험 · 실습과정을 직접 관찰하고 아울러 제출된 결과 보고서를 동시에 고려하여 평가하게 된다. 이러한 방법은 실험 · 실습을 위한 기자재의 조작능력뿐만 아니라 지식을 적용하는 능력이나 문제해결과정까지 포괄적이면서 종합적으로 평가할 수 있다.

(5) 관찰

관찰은 학생을 이해하고 평가하기 위한 가장 보편적인 방법 중 하나이다. 교사들은 늘 학생들을 접하고 있고, 개별 학생 단위이든 집단 단위이든 항상 관찰하게 된다. 학생들 간의 사회적 관계 구조를 파악하기 위해 한 집단 내에서 개인 간 또는 소집단 간의 역동적 관계를 집중적으로 관찰한다. 특히 나이가 너무 어리거나 지적 능력이 지나치게 낮은 대상을 평가하기 위해서는 평가 상황을 의도적으로 마련할 수 없는 경우가 있으므로 인위적인 상황이 아닌 자연적인 상황에서의 관찰법을 자주 사용하게 된다. 객관적이고 정확한 관찰을 위해서는 일화기록, 체크리스트(checklist), 평정척도, 비디오 분석 등을 활용하기도 한다.

(6) 자기평가 및 동료평가 보고서

자기평가 보고서 방법이란 특정 주제나 교수 · 학습영역에 대하여 학습자 스스로 학습의 과정이나 결과에 대한 자세한 평가 보고서를 작성 · 제출하게 하여 평가하는 방법이다. 동료평가 보고서 방법이란 이와 유사하게 동료 학생들이 상대방을 서로 평가하도록 하는 방법이다.

(7) 연구보고서

연구보고서 방법은 우선 각 교과별로 여러 가지 연구 주제 중에서 학생의 능력이나 흥미에 적합한 주제를 선택한다. 그리고 그 주제에 대해서 학습자 나름대로 자료를 수집하고, 분석 · 종합하고, 연구보고서를 작성 · 제출하도록 하여 평가하는 방법이다. 이때 연구의 주제나 범위에 따라 개인적으로 할 수도 있고 관심 있는 학습자들이 함께 모여서 단체로 할 수도 있다.

(8) 포트폴리오

포트폴리오(portfolio)란 학생이 쓰거나 만든, 지속적이면서도 체계적으로 모아 둔 개인별 작품집 혹은 서류철을 이용한 평가방법이라 할 수 있다. 이 평가방법은 단편적인 영역에 대해 일회적으로 평가하지 않고, 학생 개개인의 변화, 발달과정을 종합적으로 평가하기 위해 전체적이면서도 지속적인 평가를 강조하는 것으로 수행평가의 대표적인 방법 중 하나이다. 포트폴리오 평가는 학생의 지식, 기능, 태도의 성장을 관찰하고 기록하기 위해서 사용하며, 이러한 포트폴리오에는 학생의 여러 수행과정의 결과물인 사진, 오디오, 비디오, 일화기록, 관찰기록, 면담기록 등이 포함된다. 포트폴리오 평가는 학생의 현재 상태보다는 발전가능성에 초점을 두고 다양한 상황과 연령에 적용할 수 있으며 활용가능성이 높다는 장점이 있다.

5) 수행평가의 시행 절차

학교현장에서 수행평가의 시행은 일반적으로 교육과정 운영계획, 교수·학습 및 수행평가, 학기말 평정 및 기록의 과정으로 진행된다(한국교육과정평가원, 2017).

(1) 교육과정 운영계획

교수·학습과 연계한 수행평가를 하기 위해서는 교육과정의 성취기준에 기반을 두어야 하므로 성취기준 분석이 중요한 첫 단계이다. 이는 교육과정-교수·학습-평가의 일관성을 갖추기 위한 것이다. 성취기준은 각 교과에서 학생들이 성취해야 할 지식, 기능, 태도 등의 특성을 진술한 것으로, 이는 교수·학습 및 평가의 실질적인 근거가 된다. 성취기준은 해당 교육과정 내용, 성취수준과 연계성을 가지므로, 평가계획을 수립하기 전에 이를 분석할 필요가 있다.

성취기준을 분석한 후에는 수행평가의 영역, 방법, 횟수, 기준, 반영 비율 등과 성적 처리방법 및 결과의 활용 등 전반적인 평가계획을 수립한다. 교과협의회(학년협의회)의 논의를 통하여 정하는 것이 평가의 신뢰성을 위해 바람직하다. 특히 특정 시기에 여러 교과의 수행평가가 집중되지 않도록 교과 간 협의가 필요하다. 또한 수행평가의 계획 단계에서 교사가 학생의 변화와 성장에 대한 자료를 다각적으로 수집하기 위해 기록방법을 선택하고 결정하여 미리 기록지를 준비하는 것이 좋다. 그리고 평가계획은 국가수준 교육과정 및 시·도 단위 교육과정, 시·도 학업성적관리 시행지침, 학교단위의 학업성적관리규정 등을 반영하여 학교 상황이나 학생 특성에 적합하게 수립한다. 중학교 수행평가 계획표의 예는 〈표 6-3〉과 같다.

〈표 6-3〉 중학교 수행평가 계획표의 예

구분 / 과목	1학기(100%)				2학기(100%)			
	중간고사	기말고사	수행평가	수행평가 내용	중간고사	기말고사	수행평가	수행평가 내용
국어	40%	40%	20%	독서활동(10%) 수업 활동 및 태도(10%)	40%	40%	20%	독서활동 및 독서시험(10%) 수업 활동 및 태도(10%)
체육	•	25%	75%	배구(언더핸드 토스, 25%) 배구(오버핸드 토스, 25%) 제자리멀리뛰기(20%) 태도(5%)	•	25%	75%	소프트볼 캐치(30%) 팔굽혀펴기, 매달리기(25%) 윗몸일으키기(15%) 태도(5%)
영어	35%	35%	30%	듣기(20%) 태도(10%)	35%	35%	30%	듣기(20%) 태도(10%)
일본어	40%	40%	20%	태도 및 필기(10%) 과제물(10%)	40%	40%	20%	태도 및 필기(10%) 과제물(10%)

출처: 김석우(2015).

(2) 교수·학습 및 수행평가

교수·학습과 연계하여 수행평가 과제와 채점기준을 개발하며 수행평가를 운영하는 교수·학습 및 수행평가 단계에서 이루어지는 활동은 다음과 같다.

첫째, 수행평가 과제를 개발하기 위해서는 교육과정 내용과 성취기준, 학생 수준 및 특성, 성취수준 등을 분석한다. 그리고 실제적인 맥락, 통합적인 사고능력, 가치 있는 경험, 비구조화된 문제 등의 수행평가 과제 특성을 고려하여 문제 상황을 결정한다. 결정된 문제 상황을 바탕으로 과제를 수행하는 데 필요한 시간, 참여방법, 산출물의 형태 등을 고려한 세부과제를 작성한다. 수행평가 과제를 개발한 후에는 교과협의회(학년협의회)를 통하여 성취기준의 적합성, 평가방법의 타당성, 평가 시행가능성 등을 공동으로 검토하고 수정한다. 특히 성별이나 지역, 문화적 측면에서 특정 집단에 유리하거나 불리하게 제작되지 않았는지, 학생의 흥미와 참여 동기 등을 고려했는지를 공동으로 검토하고 수정한 후에 최종적으로 수행평가 과제를 확정한다.

둘째, 수행평가의 수행과정이나 산출물에 대해 평가하기 위해서는 채점기준이 제시되어야 한다. 채점기준이란 수행평가의 대상이 되는 수행과정이나 산출물의 질을 구별하기 위한 일련의 지침이라고 할 수 있다. 채점과정에서 채점자의 주관적인 판단이 개입되기 때문에 채점의 일관성을 확보하기 위해서는 채점기준이 반드시 필요하다. 채점기준에는 ① 수행평가 과제 수행의 판단 준거인 지식, 기능, 태도의 구체적인 평가요소, ② 성취수준의 준거를 평정하기 위한 평가요소별 척도(배점), ③ 평가요소에 근거하여 학생의 수행수준을 구별할 수 있는 세부적인 내용이 포함되어야 한다.

채점방식에는 총체적(holistic) 채점과 분석적(analytic) 채점이 있다. 총체적 채점은 학생의 수행과정 혹은 결과물에 대해 개별적인 평가요소에 초점을 맞추기보다는 전체적인 과정 혹은 결과물에 초점을 맞추어 평가하는 방식이다. 이 평가방법은 학생의 성취도를 등급이나 순위로 구별할 때는 유용하지만, 개별 학생들의 수행을 향상시키기 위한 피드백을 해 주기에는 한계가 있다. 반면에 분석적 채점은 학생의 수행과정 혹은 결과물에 대해 평가의 범주를 구분하고 각 범주별로 수행능력을 기술한 후, 그 기준에 맞춰 평가하고 평가결과를 합산하여 학생의 수행능력을 판단하는 방식이다. 이 평가방법은 채점자 간 일관된 채점이 가능하나 채점에 많은 시간이 소요된다. 두 가지 채점방식의 특징과 장단점을 고려하여 과제 유형과 특성에 따라 평가방법을 선택 또는 병행하여 수행평가의 가치와 효율성을 극대화하도록 한다. 채점기준과 함께 예시답안을 만들어 보면 평가도구의 적절성도 검토할 수 있고, 이후 실제 채점과정에서도 보다 신뢰롭고 효율적으로 채점을 진행할 수 있다. 예시답안 개발이 어려울 경우 채점기준을 최대한 상세하게 작성하면 수행평가의 타당성과 신뢰성을 확보할 수 있다. 그리고 채점이 완료되면 학생에게 채점결과를 공개하고 이의신청·처리·확인과정을 거쳐야 한다. 학생이 평가결과에 대해 이의를 제기한 경우 면밀히 검토하여 학교 학업성적관리위원회에서 정한 절차에 따라 적절한 조치를 취해야 한다.

셋째, 최근에는 학생들의 수행과제에 대한 평가의 공정성과 정확성을 위해 루브릭 (rubric)을 이용한다. 루브릭은 수행평가에서 활용하는 주요한 채점도구로서 과제의 각 수준마다 적용할 수 있는 평가척도를 포함하고 있다. 루브릭은 학습자에게는 과제를 수행하기 위한 수행기준이 되며, 교사에게는 수행과정 혹은 수행결과를 평가하는 데 사용되는 평가지침의 역할을 한다. 학생들이 과제를 시작하기 전에 루브릭을 안다면, 그들은 기대된 것과 그 기대에 도달하기 위해 해야 할 것을 알게 된다. 학부모에게는 받은 점수에 대해 논리적으로 이해하기 위한 합리적인 도구가 된다. 교사는 루브릭을 통해 교사의 주관이 많이 배제된 비교적 공정한 평가를 할 수 있게 된다. 고등학교의 사회과 수행평가 내용 및 기준에 대한 루브릭 사례는 〈표 6-4〉와 같다.

〈표 6-4〉 고등학교 사회과 수행평가 내용 및 기준의 예

학년	영역	단원명	성취기준	평가시기	평가방법	평가기준		
						세부기준	배점	평가척도 (상, 중, 하 3단계 평가)
1	사회	IV-1. 과학 기술의 발달과 정보화 (2) 정보화와 일상생활	사회1243 정보화로 인해 나타나는 일상생활과 공간 활용 방식의 변화 사례를 제시하고, 정보화 사회의 문제점과 해결방안을 제시할 수 있다.	3~ 6월	토의 1. 교사 평가	토의내용 적합성, 논리성	5	• 학생 개인의 토의내용이 주제에 적합하고 논리적임(5) • 학생 개인의 토의내용이 주제에 적합하나 논리적이지 못함(3) • 학생 개인의 토의내용이 주제에 부적합하고 논리적이지 못함(1)
						모둠 토의과정 내외 태도	7	• 모둠 토의의 규칙을 잘 준수하고, 토의 자료를 잘 준비해 옴(7) • 모둠 토의의 규칙을 준수하거나 혹은 토의 자료를 잘 준비해 옴(4) • 모둠 토의의 규칙을 준수하지 않고, 토의 자료도 준비하지 못함(1)

				토의과정 역할 충실도	3	• 토의과정에서 본인의 역할과 뒷정리를 우수하게 수행하였음(3) • 토의과정에서 본인의 역할과 뒷정리를 보통으로 수행하였음(2) • 토의과정에서 본인의 역할과 뒷정리를 제대로 수행하지 않음(1)
			토의 2. 또래 평가	종합평가	10	• 모둠 구성원들이 실시한 또래평가의 각 항목별 점수(상, 중, 하 각 3점, 2점, 1점)들을 합산한 후 10점 만점으로 환산하여 반영함
			토의 3. 개인 보고서	주제에 대한 이해	6	• 본인이 작성하는 주제에 대한 이해가 매우 잘 되어 있음(6) • 본인이 작성하는 주제에 대한 이해가 양호하게 되어 있음 (4) • 본인이 작성하는 주제에 대한 이해가 되어 있지 않음(2)
				논리성 및 독창성	6	• 본인의 의견과 근거들이 논리가 있으며 해결방안이 독창적임(6) • 본인의 의견과 근거들이 논리가 있으며 해결방안이 무난함(4) • 본인의 의견과 근거들이 논리적이지 못하고 독창성이 없음(2)

| | | | | | 공지
준수
(기한,
최소
분량) | 3 | • 교사가 제시한 제출기한과 최소 분량을 모두 지킴(3)
• 교사가 제시한 제출기한과 최소 분량 중 한 부분을 지키지 않음(2)
• 교사가 제시한 제출기한과 최소 분량을 모두 지키지 않음(1) |

넷째, 수행평가를 통해 학생의 학습과 성장을 지원하고, 교사의 수업과 평가의 질을 개선하기 위해서는 학생들의 수행과정과 결과에 대한 적절한 피드백이 제공되어야 한다. 과정을 중시하는 수행평가에서는 평가결과 성취도가 어떠한지를 중심으로 수행결과에 대한 피드백뿐만 아니라 학생이 과제를 수행하는 환경 또는 학생들 간의 관계 속에서 수행과정에 대한 피드백을 함께 제공해야 한다. 아울러 인지적 측면뿐만 아니라 정의적 측면에 대한 피드백을 실시하는 것도 중요하다.

(3) 학기말 평정 및 기록

평가를 시행한 후에는 수행의 최종 결과를 학생에게 제공하고 함께 의사소통하기 위해 수행평가결과를 기록하게 된다. 평가결과의 기록은 학생의 학습과 성장을 돕고, 학생의 학습동기를 향상시키는 방향으로 제시되어야 한다. 또한 수행평가결과뿐만 아니라 수행과정 중 관찰 및 누가 기록을 바탕으로, 학생의 성취수준의 특성 및 학습활동 참여도 등 특기할 만한 사항을 학교생활기록부 교과학습발달상황의 '과목별 세부능력 및 특기사항'란에 구체적으로 기록한다.

6) 수행평가의 문제점

(1) 비용 및 시간

학생들의 활동이나 그 결과에 대하여 기계가 아닌 사람이 평가하기 때문에 수행평가에서 비용의 문제는 본질적이다. 컴퓨터로 채점할 수 있는 선다형 검사에 비하여 채점의 공정성을 위해 많은 교사가 필요하며, 검사 소요 시간과 채점 소요 시간이 더 필요하다. 또한 수행평가의 전략과 채점방식에 따라 소요되는 시간과 필요한 교사의 수가 달라질 수 있으므로 실질적인 비용을 정확히 산출하는 것 자체가 어려운 일이다.

(2) 채점기준

수행평가에서는 선다형 검사와 같은 주된 전통적 평가방법과 달리 다양한 평가방법으로 점수를 부여한다. 즉, 문제를 풀어 가는 과정에서 부분점수를 주게 되는데, 부분점수를 줄 때 어느 정도까지 몇 점을 주어야 하는지에 대한 판단이 필요하다. 채점자에 따라 다른 점수를 부여할 수 있으므로 점수 부여 기준을 명확히 결정하여야 하는 어려움이 있다. 명확한 채점기준을 마련하였어도 채점하는 과정에서 부분점수가 필요한 경우가 있기 때문에 수행평가의 이러한 다양성은 평가결과의 일관성을 저해할 수 있다.

(3) 타당도

평가에서 타당도는 평가결과가 평가목적에 얼마나 부합하느냐의 문제로서 평가결과가 사용되는 목적에 따라 판단된다. 본질적으로 수행평가는 학생들의 능력이나 기술에 대한 직접적인 측정이므로 전통적인 검사도구에 비해 타당도가 중시된다. 그러나 수행평가의 내용에 대한 타당성 분석을 제외하고 전통적인 수리적 접근으로는 타당성을 입증하기가 어렵다. 왜냐하면 평가 점수의 범위가 좁고, 준거를 찾기가 어려워서 구인타당도나 준거 관련 타당도의 추정방법을 사용하기가 힘들기 때문이다.

수행평가와 관련하여 최근에 제기되고 있는 결과타당도는 검사나 평가의 실시결과가 사회에 미치는 영향에 대한 가치판단, 즉 평가결과의 활용에서 사회적 가치와 윤리적 이유를 중시하는 입장이다(Messick, 1989). 이런 의미에서 수행평가는 성별, 지역적, 문화적 측면에서 모든 학생에게 공정하게 시행되어야 한다. 이는 검사 자체의 공정성뿐만 아니라 수행평가를 통해서 어떤 능력을 측정할 때 그 능력의 신장을 위한 학습의 기회가 모든 학생에게 균등하게 주어졌는지도 고려되어야 함을 의미한다.

(4) 신뢰도

수행평가의 결과가 아무리 타당하다 하더라도 신뢰도를 확보하지 못한다면 어떤 목적으로도 평가결과로 사용할 수 없다. 수행평가의 신뢰도를 확보하기 위하여 다수의 채점자 확보, 명확한 채점기준, 채점자 훈련이라는 별도의 노력이 따라야 한다. 또한 과제 수가 많아지거나 채점해야 할 학생수가 너무 많아 발생할 수 있는 채점자의 피로는 채점의 일관성에 영향을 주는 중요한 요인이 되기도 한다(Klein et al., 1998; Herman, Aschbacher, & Winters, 1992). 왜냐하면 채점자의 피로가 발생하거나 누적되면 채점기준이 모호해지고, 학생의 수행 정도를 변별할 능력이 저해될 수 있기 때문이다. 이는 신뢰도를 낮추는 요인이 될 수 있다. 또한 학생에 의한 자기평가, 동료에 의한 평가도 수행평가의 신뢰도를 확보하기 위한 방안으로 활용될 수 있다.

7) 수행평가 제작 시 고려사항

수행평가는 학생들이 실제 상황과 유사한 맥락에서 주어진 과제나 문제를 해결하는 과정과 결과를 함께 다양한 방식으로 평가한다는 특징이 있다. 제작된 과제가 이러한 특징을 잘 반영하고 있는지에 대한 수행평가의 타당도를 평가하기 위해 고려해야 할 기준은 다음과 같다(Linn, Baker, & Dunbar, 1991).

첫째, 내용의 질이다. 평가에서 다루어지는 내용영역이 얼마나 가치 있는 영역인지가 중요하다. 수행평가에서 다루어지는 내용이 학생이나 교사가 시간과 노력을 기울여도 좋을 만큼 가치 있고 중요한 것인지를 고려해야 한다.

둘째, 내용의 범위이다. 평가 과제가 교육과정을 어느 정도 포함하고 있느냐의 문제이다. 수행평가의 과제는 교육과정과 연계되어야 하며, 교육과정의 핵심적인 요소들이 모두 포괄될 수 있도록 구성되어 있는지를 고려해야 한다.

셋째, 유의미성이다. 평가를 통해 학생들이 경험하는 것이 학생들의 성장에 얼마나 의미가 있느냐의 문제이다. 수행평가를 통해 학생들이 가치 있는 교육적 경험을 하고, 높은 동기를 갖고 의미 있는 문제에 참여하도록 할 수 있는지를 고려해야 한다.

넷째, 공정성이다. 평가과제가 학생들의 사회·문화적 배경을 공정하게 반영하고 있느냐의 문제이다. 수행평가가 학생들의 사회·문화적 배경을 공정하게 고려했는지, 특정 학생에게 유리하거나 불리한 방식으로 과제가 구성되지 않았는지 고려해야 한다.

다섯째, 인지적 복합성이다. 수행평가는 단순한 지식을 평가하는 것이 아니라 학생의 인지, 정서, 행동의 통합적 측면을 평가하는 것을 그 특징으로 한다. 수행평가의 과제가 학생들에게 복잡한 사고기능과 복합적인 문제해결능력을 사용하도록 요구하고 있는지 고려해야 한다.

여섯째, 전이 및 일반화 가능성이다. 가능한 한 유사 또는 새로운 상황에 직면했을 때 학습한 결과를 활용할 수 있도록 평가과제를 구성하는 것이 중요하다. 수행평가에서 다루었던 내용과 유사한 실제 상황에서 학습한 결과를 적용할 수 있는지, 내용이 다른 내용영역으로 전이 또는 일반화될 수 있는지를 고려해야 한다.

4. 과정중심평가로서의 형성평가

1) 형성평가의 의미와 특징

(1) 형성평가의 의미

형성평가는 언제 어떻게 학습증거를 수집할 것인지에 대한 것이며, 학생의 학습과 동기에 영향을 미치는 다양한 요인으로 구성되어 있다. 형성평가는 교사가 활용할 수 있는 가장 중요한 평가활동이며, 교사의 교수활동을 완전히 혁신할 수 있다. 형성평가는 학습증거를 수집하고, 학생에게 피드백을 주며, 성취도 향상을 위해 교수전략을 수정하는 과정이라 할 수 있다(손원숙 외 공역, 2015). 형성평가의 의도는 학습을 촉진하는 방법을 설정하여 학생이 알아야 하는 것과 현재 학생 수준과의 간극을 좁히는 것이다(Furtak, 2009). 형성평가는 수업과 평가를 연계시키는 가장 명확하고 유력한 방법이다.

최근 국내 학자들도 미래사회에서 요구되는 핵심역량을 제시한 2015 개정 교육과정을 통해 형성평가에 대한 재정의를 다양하게 시도하였다. 이 중 김성숙, 김희경, 서민희와 성태제(2015)는 "형성평가는 학습을 극대화시키기 위해 교수·학습장면에서 학생의 자료를 다각적으로 수집하고 교사는 이에 근거하여 학생에게 피드백을 제공하는 일련의 계획된 과정이다. 학생은 교사의 형성평가를 통해 스스로 성찰하고 자신의 성취를 향상할 수 있는 기회를 갖게 된다. 또한 교사는 형성평가를 통해 의도한 목표를 달성할 수 있도록 교수전략을 조정하게 된다.”라고 하였다. 형성평가의 목적은 학생의 동기와 성취를 증진시키는 것이라 할 수 있다.

(2) 형성평가의 특징

형성평가는 결과지향적 평가(assessment of learning)가 아니라 교수, 학습, 평가의 통합된 활동을 이루는 학습지향적 평가(assessment for learning)로 부각되고 있다. 실제에서는 다양한 형태의 형성평가가 사용될 수 있으며, 어떤 평가라도 학습증진을 위한 정보를 제공한다면 형성적으로 사용된다고 할 수 있다. 이러한 관점에서 형성평가의 특징은 다음과 같다(김성숙 외, 2015).

- 형성평가는 특정 시험이 아니라 일련의 과정이다.
- 형성평가는 교사만 활용하는 것이 아니라 교사와 학생 모두가 활용한다.
- 형성평가는 교수 · 학습장면에서 발생한다.
- 형성평가는 교사와 학생에게 제공되는 평가 기반 피드백이다.
- 형성평가는 추후 학습에 대한 정보 제공을 그 목적으로 한다.

2) 형성평가의 설계 단계

Popham(2014)은 교실 내에서 교사와 학생 간에 이루어지는 형성평가를 교사의 가르침과 학생의 배움을 교정해 나가는 과정으로 접근하였으며, 이에 대한 실현 단계를 4단계로 나누어 제시하였다.

(1) 내용 수집

교수자는 학생과의 상호작용 향상을 위해 수정이 필요한 교육내용과 교수법에 대한 검토를 해야 한다. 변화의 근거가 될 만한 구체적인 내용증거를 수집하는 단계이다.

(2) 전략 수립

수정이 필요한 내용을 바탕으로 학생에게 필요한 수업내용과 교수법 수정 전략을 세우는 단계이다.

(3) 수업변화 실천

학생평가의 근본 목적은 학생평정이 아니며, 교사와 학생 간의 교수 · 학습을 향상시키는 것에 있다. 이러한 목적 달성을 위해 교수 · 학습 간 변화내용 검토와 수정 전략 수집이라는 앞의 두 단계를 반복해서 적용하여 학습 위주의 수업 분위기로 변화를 실천하는 반복 실천의 단계이다.

(4) 수업변화 확산

하나의 교실단위와 교사수준이 아니라 교사공동체, 학교 전체의 풍토로 형성평가의 필요성이 확산되어 가는 단계이다.

3) 형성평가의 교실수준 적용

형성평가는 교사와 학생의 상호작용적인 관점에서 접근하여 교사와 학생의 상호 피드백을 통해 교수전략을 향상시키고 학생의 학습동기를 증진시키는 데 그 목적이 있다. 따라서 형성평가는 수업변화를 위해 수업 중 이루어지는 상호작용의 개념으로 접근하여 적용하여야 한다(Popham, 2014).

(1) 적용 절차

형성평가의 교실 적용을 위해 교사는 학생의 현재 수준은 어떠한가, 학생이 도달하고자 하는 목표는 무엇인가, 어떻게 도달할 수 있는가를 파악하여야 한다. 이에 따른 적용 절차는 다음과 같다(Wiliam, 2011).

첫째, 학생의 동기와 학습 범위에 대한 구체화이다. 교사와의 의사소통을 통해 수업에서 학생들이 무엇을 배우고 활용할 수 있는지를 인지하도록 돕는 과정이 필요하다. 교사는 학생과의 의사소통을 통해 학습내용의 목적과 범위를 이해하도록 돕고 학습동기를 유도하는 것이 필요하다.

둘째, 다양한 교수 · 학습방법을 활용한다. 교수 · 학습에 있어서 학생발달에 대한 정보 확보는 형성평가의 주요 목적 중 하나이다. 이를 위해 교사는 다양한 활동, 토론, 수행과제 등의 형식적 또는 비형식적 방법을 통해 학생발달을 위한 피드백 자료를 수집한다.

셋째, 피드백 제공이다. 교수 · 학습활동을 통해 수집한 피드백 자료를 통해 긍정적이고 생산적인 피드백을 제공하는 것이 필요하다. 모든 피드백이 학생에게 긍정적 영향을 미치는 것은 아니므로 학생의 학습촉진과 학습동기 부여를 위해 생산적이고 긍정적인 피드백을 제공하는 것이 필요하다.

넷째, 동료평가의 활용이다. 동료평가는 학생들 상호 간에 피드백을 주는 과정을 말한다. 교사는 동료평가가 교수 · 학습의 주요 자원이 될 수 있음을 인식하여 학생들 사이의 피드백이 학습활동의 긍정적 역할을 할 수 있도록 분위기를 조성할 필요가 있다.

다섯째, 학생 주도적 학습활동 유도이다. 형성평가의 최종 전략은 학생 스스로가 학습의 주체가 되도록 이끄는 것이다. 다양한 교수 · 학습방법 활용, 형성자료 수집, 피드백 제공 등 일련의 형성평가 적용 절차의 궁극적 목표는 학생 스스로 학습을 할 수 있도록 하는 학습풍토 조성이라 할 수 있다.

(2) 적용방법

학생정보 수집을 위한 형성평가의 적용방법은 구조화된 형성평가와 비구조화된 형성평가로 나눌 수 있다. 구조화된 형성평가는 교사가 미리 계획하고 학생에게 공지한 활동으로, 수업에 대한 결과평가인 시험, 과제보고서, 실험, 글쓰기, 프로젝트, 퀴즈 등 수업방법과 연계할 수 있는 것이 있다. 비구조화된 형성평가는 교사가 수업 중 이루어지는 학생활동 및 수업 분위기를 관찰하거나 질의응답을 통한 학생 반응을 수집하는 것으로 이루어진다.

구조화된 형성평가와 비구조화된 형성평가 간 절차, 방법 및 피드백의 특징을 비교하면 〈표 6-5〉와 같다.

〈표 6-5〉 형성평가의 비교

구분	구조화된 형성평가	비구조화된 형성평가
목적	교사의 교수 · 학습방법 및 학생의 주도적 학습능력 향상	
절차	• 수업 전/학기 전 사전예고	• 사전예고 없이 교사 중심의 관찰을 통해 수업 중 학생 반응 파악
방법	• 시험, 사전평가, 단원평가, 퀴즈 • 숙제, 수행과제	• 수업 반응, 행동관찰, 질의응답 • 언어적 · 비언어적 상호작용, 교실 분위기 관찰
피드백	• 수집자료 채점 및 판단 이후 결과와 해석 제공	• 상호작용을 통해 즉시 수행 • 자료 수집 후 결과 및 해석 제공

5. 과정중심평가에서의 피드백

1) 피드백의 의미

학교현장에서 일반적으로 행하는 피드백은 대답이나 행동이 옳은지 그른지를 간단히 확인하는 것이다. 예컨대, 교사가 구두 질문에 대한 학생의 대답에 "좋아." "맞아." "비슷해." 등과 같은 피드백을 하는 것이다. 이런 피드백은 학생들의 학습을 향상시키는 데 필요한 피드백의 일부에 해당한다. 이런 말은 피드백이라기보다는 평가적 판단으로 학생들에게 극히 제한적인 도움을 준다.

학생들은 학습목표를 자신의 수행과 비교하여 어떠했는지 알아야 하고, 학습목표와 자신의 수행 사이의 차이를 줄이기 위해서 무엇을 할 수 있어야 하는지, 언제 오류를 범하는지를 알아야 한다. '피드백'은 과정중심평가를 통해서 드러난 학생의 현재 수준과 학생이 도달해야 할 수행수준 간의 차이를 자세하게 알려 줌으로써 학생의 학습과 성장을 지원하고, 교사의 수업과 평가의 질을 개선하는 과정이라 할 수 있다(한국교육과정평가원, 2017). 학생의 요구와 특성, 성향 등을 상세하게 파악하여 피드백을 한 내용을 다음 수업에 반영하고, 개선된 교수 · 학습이 또다시 학생들의 성장과 발달로 이어지는 '선순환의 과정'을 만들 수 있다.

2) 효과적인 피드백을 위한 행동

교수는 학생의 특성, 상황, 배우는 과목에 따라 복잡하기 때문에 효과적인 피드백 또한 간단한 문제가 아니다. 학습목표와 학생의 특성에 따라 어떤 종류의 피드백을 얼마나, 언제 주어야 할지 다양한 선택이 있을 수 있다. Brookhart(2008)는 "피드백은 상황과 목적에 따라 항상 조절될 수 있다." "효과적인 피드백은 구체적이고 개인의 요구에 맞추어야 한다." "긍정적이고 짧아야 한다."와 같은 원칙들을 제시하였다. 좋은 피드백은 교사의 적절한 의사결정과 학생의 반응에 달려 있다. 즉, 효과적인 피드백은 차별화된다. 어떤 학생에게는 효과적인 것이 다른 학생에게는 효과적이지 않을 수도 있다. 효과적인 피드백을 위해서 해야 할 행동과 하지 말아야 할 행동을 정리하면 〈표 6-6〉과 같다.

〈표 6-6〉 효과적인 피드백을 위한 행동 목록

해야 할 것	하지 말아야 할 것
도전적이지만 도달 가능한 목표 사용하기	너무 높거나 너무 낮은 목표 사용하기
숙달목표 지향 강조하기	수행목표 지향 강조하기
명확하고 투명하며 쉽게 이해되는 피드백 사용하기	모호하고 이해하기 어려운 피드백 사용하기
학생의 수행을 규준, 준거, 인지전략, 이전 수행과 비교하기	학생의 수행을 다른 사람의 수행과 비교하거나 과업보다는 사람을 강조하기
적당한 양의 구체적이고 개인화되며 묘사적인 피드백 사용하기	일반적이고 모호한 피드백 사용하기
특별히 간단한 인지 과업, 시험, 다른 과제를 위하여 가능한 한 빨리 피드백 주기	인지적으로 복잡한 과업에서 약간 지연된 피드백을 주는 것을 제외하고는 높은 성취수준을 가진 사람에게 지연된 피드백 주기
확인과 정교화된 피드백 모두 사용하기	확인 피드백만 사용하기
피드백과 학생의 능력 연결시켜 보기	모든 학생에게 같은 피드백 사용하기
중요한 오류와 오해에 집중하기	중요한 오류 무시하기
노력 귀인 강조하기	외적 귀인 강조하기
학생이 학습할 때 피드백 주기	수행 후에만 피드백 주기
가능한 피드백 메시지 예상하기	계획적이지 않고 기대하지 않았던 피드백에 의존하기

출처: 손원숙 외 공역(2015).

3) 피드백의 방법

피드백(feedback)은 학생들이 더 많은 학습을 할 수 있도록 하는 것이어야 한다. 적절한 준거 등이 갖추어져 있다면 교사뿐만 아니라 동료 학생, 학생 스스로가 피드백의 주체가 될 수 있다. 적절한 피드백은 효과적인 교수와 학습에 핵심적이다. Brookhart(2008)를 참고하여 과정중심평가에서 효과적인 피드백 방법을 제시하면 다음과 같다.

첫째, 학습결과뿐만 아니라 학습과정에 대한 피드백을 함께 제공해야 한다. 결과가 나오기까지 일련의 과정과 결과가 나온 원인에 대한 피드백이 함께 이루어져야 한다. 과정에 대한 피드백을 통해 학생들은 자신의 성향, 학습수준, 부족한 부분 등에 대하여 구체적으로 확인할 수 있고, 이에 따른 학습전략을 수립하는 데 효과적일 수 있다.

둘째, 인지적 측면뿐만 아니라 정의적 측면에 대한 피드백도 함께 제공해야 한다. 학습의 성공과 실패의 원인에는 인지적 요인뿐만 아니라 정의적 요인도 작용하므로, 학생의 정의적 측면에 대한 피드백도 함께 제공해야 한다. 학습과정에서 어떠한 문제가 있었는지, 발생한 문제점들에 대해서 학생이 문제를 적극적으로 해결하였는지, 동기나 효능감이 낮지는 않는지 등 다면적인 측면에서 피드백을 제공하여야 한다.

셋째, 모든 학생에게 맞춤형 피드백을 제공해야 한다. 하위수준뿐만 아니라 중위수준, 상위수준 학생 모두에게 피드백을 제공해야 한다. 하위수준의 학생에게는 부족한 점을 채워 주고, 중위수준의 학생에게 상위수준으로 도약하기 위한 학습과제를 제공해 주며, 상위수준의 학생에게는 우수한 점을 심화 · 발전시키는 기회를 제공하여 수준에 맞는 피드백을 해야 한다. 이러한 과정을 통하여 성공 경험이 누적될 때 학생들은 점차 학습에 흥미를 느끼고 성취도가 향상될 수 있다.

넷째, 최대한 평가장면과 가까운 시간 안에 피드백을 해야 한다. 학생의 학습결손에 대한 진단과 처방은 최대한 그 즉시 이루어져야 학생의 성장 · 발달을 도울 수 있다. 과정중심평가에서는 평가가 이루어지는 수업 안에서 피드백을 함께 제공해야 한다.

다섯째, 학생의 성장을 위한 구체적인 정보를 제공해야 한다. 즉, 학습에서 개선점에 주목하여 학생에게 피드백을 제공하고, 그다음 단계에서 할 수 있는 과제를 제시해야 한다. 학생의 수준에 따라 지금보다 한 단계 도약하기 위한 학습내용, 학생의 성향에 맞는 학습방법을 꼼꼼하고 구체적으로 제시함으로써 학생의 성장과 발달이 이루어질 수 있도록 한다.

연구문제

1. 최근에 과정중심평가에 대한 관심이 증가하고 있는 이유를 교육평가의 목적과 관련하여 설명하시오.

2. 수행평가의 도구들은 기존의 평가도구에 비해 학생들의 수준에 적절하게 부합하도록 변환시키는 것이 용이하다. 수행평가의 실시가 수준별 교육과정에서 상승작용을 일으킬 수 있도록 학생의 다양한 수준에 맞는 평가방법을 설계하시오. 그리고 수행평가 방법에 맞는 채점기준표를 작성하시오.

3. 형성평가는 학생의 학습과 성장을 지원하고 교사의 수업과 평가의 질을 개선하는 과정이다. 구조화된 형성평가 절차와 방법, 비구조화된 형성평가 절차와 방법 중 효과적인 교실수준 적용방안을 설명하시오.

제7장

검사도구의 양호도

■ 검사의 개념과 그 종류를 설명할 수 있다.
■ 타당도의 개념과 그 종류를 이해할 수 있다.
■ 신뢰도의 개념과 그 종류를 이해할 수 있다.
■ 객관도의 개념과 그 종류를 이해할 수 있다.
■ 실용도의 개념과 그 종류를 이해할 수 있다.
■ 검사도구와 수업의 관계를 설명할 수 있다.

　　우리는 일상생활에서 많은 검사를 한다. 건강 상태를 알기 위해서 신체검사를 하고, 어떤 직업이 자신에게 적합한지 알기 위해서 직업적성검사를 하고, 타고 다니는 자동차가 이상이 없는지 알기 위해서 자동차 안전검사를 한다. 그뿐만 아니라 학교에서 배우는 지식과 기술을 이해하고 활용할 능력이 얼마나 있는지를 알기 위해서 학업성취도 검사를 하기도 하고, 대학에서 학업을 잘 해 나갈 수 있는지를 알아보기 위해 대학적성검사, 즉 대학수학능력시험을 치르기도 한다. 이와 같이 우리는 어떤 사실을 알아보고 그 사실이 목적한 바에 적합한지를 판단하기 위해 검사도구를 사용하여 검사를 한다. 검사도구를 구성하는 요소 하나하나의 정교함, 즉 개별 검사문항의 난이도, 변별도 그리고 추측도가 중요한 역할을 하지만, 검사도구 전체의 체계적 구성이 이루어 내는 양호도는 개별 문항의 기술적 정교함을 강화하면서 그 이상의 효율성을 담보한다. 교육에 있어서 검사도구의 양호도는 정확한 검사의 목적, 수업과 검사의 관계, 검사의 타당도, 신뢰도, 객관도, 실용도를 통해서 파악된다. 이 장에서는 교육 분야에서의 검사 및 검사도구의 개념과 종류, 검사도구의 양호도 그리고 검사도구와 수업에 대해 알아본다.

1. 검사도구

1) 검사와 검사도구

일반적으로 검사는 사실이나 일의 상태 또는 물질의 구성 성분 따위를 조사하는 일이다. 의약 분야에서는 물질을 시험하거나 시약으로 어떤 물질의 화학적 성질을 측정하는 것이고, 품질 경영 분야에서는 제품의 품질과 서비스의 특성을 검정하거나 시험기기를 사용하여 각 품질과 특성이 규정된 요구 사항을 확인하는 것이다. 교육심리학 분야에서는 피험자의 지식, 능력, 태도, 적성 등을 알아보는 것이다.

이러한 검사를 위해서 어떤 하나의 영역이나 주제에 대한 기능, 지적 능력, 지식, 태도 등을 측정하기 위한 많은 질문이나 수행과제 및 척도로 구성된 문답지나 시험지 등을 검사도구라 한다. 따라서 검사도구는 밖으로 구체적으로 드러나지 않는 내적 실체를 상세화하여 밖으로 드러내는 질문이나 수행과제 및 척도의 모음으로 판별하기 위한 도구라고 할 수 있다. 검사도구는 단일 구성일 수 있지만 대부분은 복합 구성이다. KISW-기초학력검사도구는 읽기, 쓰기, 수학으로 구성되어 있고, Wechsler 유아지능 검사도구는 열다섯 가지 소검사로 구성되어 있다.

2) 검사도구의 종류

검사도구의 종류로는, 첫째, 개인이나 집단 간의 점수를 비교하는가, 지식이나 수행에 대한 정보를 비교하는가에 따라서 규준참조 검사도구(Norm-Referenced Test Kits)와 준거참조 검사도구(Criterion-Referenced Test Kits)로 나눌 수 있다. 예를 들면, 비네·시몽 지능검사(Binet-Simon Intelligence Test)는 규준참조 검사도구이고, TOEFL은 준거참조 검사도구이다.

둘째, 규준과 표준점수를 산출하였는가에 따라서 표준화 검사도구(Standard Test Kits)와 비표준화 검사도구(NonStandard Test Kits)로 나뉜다. 예를 들면, 교실평가나 중간·기말시험은 비표준화 검사도구이고, SAT는 표준화 검사도구이다.

셋째, 교육목표에 따라서 인지적 영역 검사도구, 정의적 영역 검사도구, 심동적 영역 검사도구로 나눌 수 있다. 예를 들면, 지능검사(Binet-Simon, Wechsler), 학업적성검사(SAT, TOEFL), 학업성취도 검사(ACT, 중간·기말고사) 등은 인지적 영역 검사도구이다. 성격검사, 적성검사, 불안도검사, 만족도검사는 정의적 영역 검사도구이다. 그리고 체조나 피겨스케이트의 세련도검사와 완성도검사는 심동적 영역의 검사도구이다.

2. 타당도

타당도(validity)는 검사 또는 평가 도구가 본래 측정하고자 하였던 것을 충실히 측정하고 있는가 하는 문제와 관련된다. 즉, 타당도에 관한 질문은 '이 검사가 무엇을 재고 있는가?'로 표현될 수 있으며, '무엇'에 해당하는 것은 준거(criterion)로서 평가에 있어 틀의 역할을 한다. 예를 들어, 인간의 지능을 측정하기 위하여 지능검사를, 적성을 측정하기 위하여 적성검사를, 인성을 측정하기 위하여 인성검사를 사용할 때, 이러한 검사를 타당한 검사라 할 수 있다.

Gronlund와 Linn(1990)은 타당도를 이해하기 위해 주의할 점으로 다음의 네 가지를 제시하고 있다.

첫째, 타당도는 피험자 집단에 사용된 측정도구나 검사에 의하여 얻은 검사결과의 해석에 대한 적합성이지 검사 자체와 관련된 것은 아니다. 즉, 검사의 타당도라는 표현을 사용하기는 하지만 엄밀하게 말하자면 검사결과에 따라 만들어진 해석에 대한 타당성을 말하는 것이다.

둘째, 타당도는 정도의 문제이다. 타당도가 있다 혹은 없다고 말하는 것이 아니라 낮다, 적절하다, 높다 등으로 표현해야 한다.

셋째, 타당도는 특별한 목적이나 해석에 제한된다. 즉, 한 검사가 모든 목적에 부합될 수 없으므로, '이 검사는 무엇을 측정하는 데 타당하다.'라고 표현해야만 한다.

넷째, 타당도는 단일한 개념이다. 타당한 개념을 다양한 종류로 구분하기보다는 다양한 종류의 근거에 기초한 단일한 개념으로 해석하고 있다.

타당도는 여러 가지 방법으로 확인될 수 있다. 교육 및 심리 검사의 표준으로

French와 Michael(1966)의 제안에 따르면, 내용타당도, 준거 관련 타당도, 구인타당도로 구분할 수 있고, 준거 관련 타당도 속에 예언타당도와 공인타당도가 포함된다.

1) 내용타당도

내용타당도(content validity)는 검사내용에 기초한 근거(evidence based on test content)라고 불리는 타당도로 논리적 사고에 입각하여 판단하는 주관적인 타당도를 의미한다. 즉, 검사가 측정하고자 하는 속성을 제대로 측정하였는지를 검사전문가가 주관적으로 판단한다. 검사전문가의 전문지식에 의해 검증되므로 객관적 자료보다 주관적 판단에 따르며, 검사내용에 대해 다른 정의를 가지고 있는 전문가들은 각자 다르게 내용타당도를 판단할 수 있기 때문에 내용타당도에 의한 검사도구의 타당성 입증은 논란의 여지가 있을 수 있다. 그러나 내용타당도는 검사개발에서 중심 관건이며, 전문가의 전문적 판단이 측정 내용의 전집, 내용 선택, 문항유형 선택, 점수화 등의 의사결정에 중요한 역할을 하므로 계량화되지 않는다는 단점이 있다 해도 과학성이 상실되었다고 볼 수는 없다.

교육과정 측면에서의 내용타당도는 한 검사가 교육과정의 목표들을 어느 정도 제대로 적절하게 측정하고 있는지를 의미한다. 학업성취도 검사의 내용타당도는 검사 내의 문항들이 이원목적분류표에 기초하여 검사목적에 맞게 적절하게 제작되었는지를 확인하고 전문가들의 내용타당도지수(CVI)를 통해서 검증될 수 있다. 내용타당도를 확인하기 위한 CVI의 최솟값으로 0.70이나 보수적으로 0.80을 사용할 수 있다(Polit, Beck, & Owen, 2007; Dafis, 1992).

내용타당도와 유사한 개념으로 안면타당도(face validity)가 있다. 안면타당도는 피험자 입장에서 그 검사를 구성하는 문항들이 그 검사가 재고자 하는 바를 충실하게 재어 주고 있는지에 대한 피상적인 판단을 말한다. 즉, 안면타당도는 검사도구가 검사도구제작자나 피험자에게 친숙한 정도를 의미한다. 학업성취도 검사에서는 안면타당도가 지나치게 낮은 경우 피험자들이 검사의 목적을 이해하지 못할 가능성이 높아서 피험자 능력 추정에 오차가 커질 우려가 있다. 반면에 성격검사와 같은 정의적 특성을 측정하는 검사에서는 안면타당도가 너무 높으면 피험자들이 자기방어를 하여 거짓으로 반응할 가능성이 커지기 때문에 바람직하지 않다.

2) 준거 관련 타당도

준거 관련 타당도(criterion-related validity)는 한 검사의 점수와 하나의 준거의 상관계수로 검사도구의 타당도를 나타내는 방법인데, 경험적 타당도(empirical validity)라고도 부른다. 준거는 검사를 사용하는 사람들이 관심을 가지는 속성이나 결과를 말하는 것으로, 교육현장에서 관심을 가지는 준거는 교육의 목표 및 내용이기 때문에 목표지향 타당도라고 부르기도 한다. 준거 관련 타당도는 예언타당도와 공인타당도로 분류할 수 있다.

(1) 예언타당도

예언타당도(predictive validity)는 어떤 평가도구가 목적하는 준거를 얼마나 정확하게 예언하고 있는지를 의미한다. 이때의 준거는 미래의 행동특성이 된다. 즉, 검사 점수가 미래의 행동을 얼마나 잘 예측하느냐의 문제이다. 예를 들어, 대학수학능력시험이라는 평가도구에 대학 입학 후 학습자의 수학능력을 예언하는 타당도가 있다고 할 때, 여기서 사용된 준거는 대학 입학 후의 수학능력이 된다. 따라서 대학수학능력시험에서 높은 점수를 얻은 학습자가 대학에서 성공적으로 학업을 수행할 때, 대학수학능력시험의 예언타당도는 높다고 할 수 있다.

예언타당도의 추정방법은 피험자 집단에 새로 제작한 검사를 실시하고, 일정한 기간이 지난 후에 검사에서 측정한 내용과 관련된 행동을 측정한 후 검사 점수와 준거(미래 행동특성의 측정치) 간의 상관계수를 추정하는 것이다. 이때 상관계수가 클수록 예언의 정확성이 커지고 예언의 오차는 적어진다.

예언타당도의 장점은 검사도구가 미래의 행동을 예측해 주기 때문에 예언타당도가 높으면 선발, 채용, 배치 등의 목적을 위하여 검사를 사용할 수 있다는 것이다. 반면에 미래의 행동이 측정되어야 하므로 동시 측정이 불가능하기 때문에 검사의 타당성을 인정받는 데 시간이 오래 걸린다는 단점이 있다. 또 일정 시간이 지난 뒤에 측정 행동과 검사 점수와의 상관을 계산해야 하기 때문에 검사 실시 후 인간의 특성이 변화되지 않았다는 것을 보장하기 어렵다.

(2) 공인타당도

공인타당도(concurrent validity)는 새로운 검사의 타당도를 기존의 타당성을 인정받고 있는 검사와의 유사성 혹은 연관성에 의하여 검증하는 방법으로 예언타당도와는 달리 검사 자체와 준거가 동시에 측정되면서 검증되는 타당도이다. 예를 들어, 유아용 지능검사를 새로 개발하였다면, 동일 집단에 새로 개발된 검사와 거의 동시에 K-ABC 지능검사를 실시하여 두 검사의 상관을 계산함으로써 새로 개발된 검사의 타당성을 검증한다.

공인타당도의 추정방법은 새로 제작된 검사를 실시한 다음 동일 집단에 현재 타당성을 인정받고 있는 검사를 실시한 후 두 검사 간의 상관계수를 추정하는 것이다.

공인타당도와 예언타당도의 차이점은 다음과 같다. 첫째, 공인타당도는 검사 X와 준거 Y가 동시에 측정된다. 즉, 한 행동특성을 측정한 검사 X와 검사 밖에 존재하는 행동 준거 Y가 어느 정도로 잘 일치하느냐로 판단된다. 예언타당도는 행동의 준거를 미래에 두지만 공인타당도는 현재에 둔다. 둘째, 공인타당도는 준거의 성질을 예언에 두지 않고, 공통된 요인이 있느냐에 둔다. 즉, 검사 X를 검사 Y로 대체할 수 있느냐고 할 때 공인타당도에 해당한다고 볼 수 있다. 예를 들면, 작문 검사를 독후감 과제로 대체할 수 있을지를 알아보기 위해 그 둘 간의 상관을 알아보는 경우는 공인타당도에 해당한다.

공인타당도는 계량화되어 타당도에 대한 객관적인 정보를 제공한다는 장점이 있는 반면, 기존의 타당성을 인정받고 있는 검사가 없을 경우 공인타당도를 추정할 수 없다는 단점이 있다.

3) 구인타당도

구인타당도(construct validity)는 특정 검사도구가 측정하려고 하는 심리적 특성에 대해 조작적 정의를 내리고, 그 정의를 기준으로 특정 검사도구가 측정하고자 하는 심리적 특성인 구인을 얼마나 제대로 측정하고 있는지를 분석함으로써 검사도구의 타당성을 평가하는 방법이다. 여기서 구인(construct)이란 검사도구에 반영되어 있다고 가정하는 인간의 어떤 행동특성을 의미한다. 예를 들어, 창의성검사에서 창의성이 민감성, 유창성, 융통성, 독창성, 정교성으로 구성되어 있다면 이것들은 창의성을 구성하는 구인이라 할 수 있으며, 이 검사도구가 이 구인들을 제대로 측정하고 있는지를 밝히는 것이 구인타당도를 검증하는 것이다.

구인타당도는 측정하고자 하는 특성의 구성요인을 얼마나 충실하게 이론적으로 설명하여 경험적으로 측정하느냐의 문제이다. 구인타당도에서는 "이 특성을 가진 사람은 X라는 상황에서 Y의 행동을 보일 것이다."라는 법칙의 성립이 매우 중요하다. 예를 들어, 도덕성 발달검사를 실시한다고 할 때, 도덕성을 측정할 수 있는 구인은 한 개인의 도덕적 판단능력이라고 추정한다. 만일 이러한 추정이 옳다면, 이 검사에서 점수가 높은 사람은 점수가 낮은 사람보다 실제로 더 많은 도덕적 행동을 보일 것이라는 추리가 가능해진다.

Cronbach(1970)는 구인타당도를 검증하기 위한 일반적 절차를 다음과 같이 제시하고 있다. 첫째, 검사 점수 혹은 검사결과의 원인이 되는 구인이 무엇인지를 확인하는 과정이다. 이 같은 과정은 관찰 및 검사의 이론적 분석을 기초로 한 가상적 행위로 이루어진다. 둘째, 이 구인에 관련된 이론적 배경 연구와 이 이론에서 연역적으로 도출될 수 있는 가설을 설정하는 과정이다. 이것은 순전히 논리적 사고과정을 통하여 이루어진다. 셋째, 이 가설을 검증하기 위해 귀납적이고 경험적인 연구를 실행하는 과정이다. 여기에서 알 수 있듯이 구인타당도는 이론을 종합·정리하고 새로운 가설을 설정하는 과학적 연구과정이다.

구인타당도를 검토하는 대표적인 방법으로는 상관계수법, 실험설계법, 요인분석을 들 수 있다. 상관계수법은 각 구인에 의해 얻은 점수와 심리특성을 측정하는 총점의 상관계수에 의해 타당도를 검증하는 방법이다. 예를 들어, 학습능력검사가 읽기, 쓰기, 셈하기, 암기하기라는 구인으로 구성되어 있다면 각 구인에 의한 점수 간의 상관 및 각 구인 점수와 학습능력검사 총점의 상관을 구할 수 있다. 이때 암기하기와 학습능력검사 총점의 상관이 낮고, 다른 구인 간의 상관에 비해 암기하기와 각 구인 간의 상관도 낮다면 암기하기는 학습능력을 나타내는 구인이 될 수 없다고 판단하게 된다.

실험설계법은 심리적 특성을 구성하는 심리적 구인을 실험집단에는 처치를 하고 통제집단에는 처치하지 않았을 경우 실험집단과 통제집단 간에 심리적 구인에서 차이가 나타나면 그 구인을 심리적 특성을 설명하는 구인으로 보는 기법이다.

요인분석은 복잡하고 정의되지 않은 많은 변수 간의 상호관계를 분석하여, 상관이 높은 변수를 모아 요인으로 규명하고 그 요인의 의미를 부여하는 통계적 기법이다.

4) 타당도의 적용

타당도가 보장되지 않은 검사도구를 통해 얻은 자료로 인간의 심리적 증상을 진단하고, 인성을 측정하고, 학업성취를 비교하며, 교육효과를 확인하는 것은 잘못된 결론을 유도할 수 있으므로 타당도 검증은 행동과학을 위한 자료분석의 기본적인 절차이다. 따라서 새로운 검사도구를 개발할 때 타당도를 검증하는 것이 필수적인데, 기본적인 절차는 우선 검사가 측정하고자 하는 내용을 측정하는지 검증하는 내용타당도를 살펴보는 것이다. 그리고 심리적 특성을 측정하는 검사의 타당성 검증에 주로 사용되던 구인타당도는 검사도구의 타당성을 검증하는 합리적인 방법으로 간주되어 근래 임상심리학, 정신의학, 교육학, 체육학 등 모든 분야에서 점차 확대 적용되는 추세이다. 또한 준거 관련 타당도(예언타당도와 공인타당도)는 내용타당도나 구인타당도와는 개념적으로 독립적인 것이므로 검사도구의 타당도를 검증하기 위해서는 모든 방법을 사용하여 타당도를 검증하는 것이 바람직하다.

타당도 지수에 대한 절대적인 기준이 있는 것은 아니나 상관계수에 의해 추정되는 공인타당도와 예언타당도의 경우 .60 이상이면 타당도가 높다고 볼 수 있다. 상관계수의 언어적 표현기준에 의한 타당도 평가는 〈표 7-1〉과 같다.

〈표 7-1〉 상관계수 추정에 의한 타당도 평가

상관계수에 의한 타당도 지수	타당도 평가
.00 이상 ~ .20 미만	타당도가 거의 없다
.20 이상 ~ .40 미만	타당도가 낮다
.40 이상 ~ .60 미만	타당도가 있다
.60 이상 ~ .80 미만	타당도가 높다
.80 이상 ~ 1.00 미만	타당도가 매우 높다

출처: 성태제(2019).

한편, 최근에는 타당도의 개념이 검사도구의 특성이라기보다 검사결과가 사회에 미치는 영향에 초점을 맞춘 결과타당도(consequential validity)로 확대되고 있다. 결과 타당도는 검사가 목적에 얼마나 부합하는지, 즉 의도한 결과는 얼마나 달성하였으며, 의도하지 않은 어떤 결과가 나타났는지에 대한 검증이다. 따라서 결과타당도는 검사결과가 의도한 목적에 부합하는지를 중심으로 분석하여 가치판단을 하는 것이라 할 수 있다. Shepard(1997)는 검사 개발자가 검사의 시초가 되는 이론에 대한 검증뿐만 아니라 검사와 검사결과의 관계를 검토함으로써 검사가 의도한 결과와 의도하지 않은 결과에 대해서도 책임을 져야 하며, 부정적 충격(adverse impact)과 부수효과 (side effect)와 같은 의도하지 않은 결과에 대한 검증을 통해 검사의 목적에 맞게 검사도구를 수정해야 한다고 하였다.

성태제(1999)는 하나의 검사 개발에는 정치, 경제, 사회, 문화 등의 시대적 배경이나 환경이 관련되므로 검사결과는 의도한 결과, 의도하지 않은 결과, 긍정적 결과, 부정적 결과, 실제적 결과 그리고 잠재적 결과 분석이 되어야 한다고 주장한다. 반면에 검사결과의 검토에 대해서는 동의하지만 결과타당도의 개념이 모호하여 현장의 혼란을 야기하고 검사결과의 불합리한 활용에 관심을 갖게 하므로 사회적 결과에 대한 확인은 타당도와 분리해야 한다는 주장(Popham, 1997)과 결과분석이 검사결과의 처리, 사회적 허용성, 정치적 가치판단을 강조하게 되므로 결과타당도를 타당도의 종류에 포함시키는 것은 바람직하지 않다는 주장(Mehrens, 1997)도 있다.

3. 신뢰도

검사도구의 타당성이 입증되었다면 신뢰도(reliability)를 고려하여야 한다. 앞서 타당도가 무엇(what)을 측정하고 있느냐의 문제임에 반해, 신뢰도는 어떻게(how) 재고 있느냐의 문제라고 할 수 있다. 즉, 신뢰도는 측정하려는 것을 안정적이고 일관성 있게 그리고 오차 없이 측정하는가의 문제이다. 검사도구가 인간의 어떤 행동특성을 측정할 때마다 같은 점수를 얻는다면, 이 검사도구는 신뢰할 만한 검사이다. 예를 들어, 신체검사에서 학생들의 키를 측정하는데, 동일한 기계로 두 번을 쟀을 때, 첫 번째는 170cm로 측정되었고 두 번째는 175cm로 측정되었다면, 이 기계는 믿을 만하다고 할 수 없다. 즉, 신뢰도가 낮다고 할 수 있다.

신뢰도의 추정방법은 두 검사 점수의 상관계수로 추정하는 방법과 측정의 오차개념으로 추정하는 방법이 있는데, 상관계수로 추정하는 방법은 동일한 검사를 두 번 실시하거나 하나의 검사와 동형검사 점수의 상관계수를 사용하는 것이다. 또 측정의 오차개념으로 추정하는 방법은 진점수와 관찰점수의 비율을 사용하는 것으로, 즉 관찰점수의 분산에서 진점수(true score) 분산이 차지하는 비율이 높고 오차점수의 분산이 작다면 신뢰도가 높아지게 된다.

신뢰도 검증방법에는 여러 가지가 있으나 대표적인 방법으로는 재검사 신뢰도, 동형검사 신뢰도, 반분검사 신뢰도, 문항내적 일관성 신뢰도(KR-20, KR-21, Cronbach α계수)를 들 수 있다.

1) 재검사 신뢰도

재검사 신뢰도(retest reliability)는 한 가지의 측정도구를 동일 대상 집단에게 두 번 실시한 다음, 첫 번째 점수와 두 번째 점수 간의 상관계수를 산출하여 얻는 신뢰도이다. 그 측정도구가 얼마나 안정성 있게 측정하는지를 나타내기 때문에 안정성계수(coefficient of stability)라고도 한다.

재검사 신뢰도에서 오차의 근원은 시간 간격이다. 즉, 측정하는 시기를 다르게 했을 때 점수가 달라지는 정도가 재검사 신뢰도에서 다루는 오차라고 할 수 있다. 일반적으로 전후 검사의 실시 간격을 너무 짧게 잡으면 첫 번째 검사에서의 기억, 연습효과 등이 두 번째 실시에 영향을 미칠 가능성이 커지기 때문에 신뢰도는 높아질 것이다. 반대로 전후 간격을 너무 길게 잡으면 측정하려는 행동특성 자체가 그동안에 변화될 가능성이 커지므로 신뢰도가 낮아진다. 따라서 재검사 신뢰도를 표시할 때는 실시 간격을 명시해야 하며, 검사의 목적에 따라 달라야 하겠지만 대개 2~4주가 적당하다.

재검사 신뢰도의 장점은 추정방법이 간단하다는 것이며, 단점으로는 검사를 두 번 실시해야 한다는 것과 두 번 실시함으로써 생기는 연습효과나 기억효과가 있다는 것 그리고 실시 간격에 따라 신뢰도계수가 달리 추정된다는 것을 들 수 있다.

2) 동형검사 신뢰도

　동형검사 신뢰도(equivalent-form reliability)는 미리 2개의 동형검사를 제작하고, 2개의 동형검사를 동일한 피험자에게 거의 연속적으로 실시했을 때 두 검사에서 받은 점수들이 일치되는 정도를 상관계수로 추정하는 방법으로, 흔히 이것을 동형성계수(coefficient of equivalence)라고도 한다.

　동형검사란 표면적 내용은 다르지만 두 검사가 측정이론에서 동질적이며 동일하다고 추정할 수 있는 문항으로 구성된 검사이며, 문항의 난이도 및 변별도가 같거나 비슷하고 문항내용도 유사한 것으로 구성된 검사이다. 동형검사 신뢰도는 검사내용, 즉 문항의 차이 또는 문항표집에서 생기는 검사도구의 신뢰도에 관심을 두고 있다. 그러므로 동형검사 신뢰도에서 찾는 오차 변인은 검사내용의 차이에서 일어나는 오차라고 할 수 있다.

　동형검사 신뢰도는 재검사 신뢰도의 연습효과 및 시험 간격 설정의 문제점을 해결할 수 있지만, 검사를 두 번 제작·시행해야 하는 어려움이 있으며, 동일한 내용을 측정하면서 동일한 난이도와 변별도를 지닌 동형검사 제작이 쉽지 않다는 더 큰 단점이 있다.

3) 반분검사 신뢰도

　반분검사 신뢰도(split-half reliability)는 1개의 평가도구를 한 피험자 집단에게 실시한 다음 그것을 적절한 방법에 의해 두 부분의 점수로 분할하고, 이렇게 분할된 2개의 반분된 검사 점수 간의 상관을 산출하여 얻는 신뢰도이다. 이것은 동질성계수(coefficient of homogeneity)라고도 한다. 이 방법은 동형검사를 만들려면 비용과 시간이 많이 들기 때문에 하나의 검사를 두 쪽으로 나누어 신뢰도를 구하는 일종의 간이 동형검사 혹은 축소판 동형검사 신뢰도 추정방법이라고 할 수 있다. 반분검사 신뢰도에서 두 부분으로 분할하는 방법은 여러 가지가 있다. 주로 앞뒤로 정확히 반이 되게 하거나 짝수 문항과 홀수 문항으로 나누는 방법을 많이 사용하나, 검사의 문항내용과 구성 면에서 양분된 두 부분이 서로 비슷하고 동질적이 되도록 계획하여야 한다. 반분검사 신뢰도를 구하기 위해 반분하는 방법은 〈표 7-2〉와 같다.

〈표 7-2〉 반분검사 신뢰도를 구하기 위한 반분방법

구분	반분하는 방법
기우법	짝수번 문항과 홀수번 문항으로 반분
전후법	전체 검사를 문항 순서에 따라 전과 후로 반분
단순무작위법	무작위(random)로 추출하여 반분
문항특성방법	문항특성(문항의 난이도와 변별도)을 고려하여 반분

출처: 홍세희 외(2020).

반분검사 신뢰도는 검사를 두 번 실시하지 않고, 하나의 검사를 가지고 추정해 낸 동형검사 신뢰도라는 점에서 아주 간편하고 경제적이지만 검사를 양분하는 방법에 따라 신뢰도계수가 달리 추정된다는 단점이 있다. 즉, 검사문항이 동질적이지 않으면 반분신뢰도는 다른 신뢰도계수에 비해 과소평가되므로, 속도검사의 경우 검사를 앞뒤로 나누는 방법은 사용하지 말아야 한다. 그러므로 동질성이 낮은 문항으로 구성된 검사와 속도검사의 신뢰도를 추정할 때 반분신뢰도는 적절하지 않다.

일반적으로 검사도구의 신뢰도는 검사 길이와 밀접한 관계가 있다. 검사의 길이가 길어지면 신뢰도계수도 증가하는데, 반분검사 신뢰도는 검사 전체의 신뢰도가 아니라 반분된 부분검사의 신뢰도가 된다. 따라서 원래 문항수로 환원해서 신뢰도를 추정해야 하는데, 이때 검사 전체의 신뢰도를 구하기 위한 반분검사 신뢰도로는 Spearman-Brown 공식을 사용한다(Spearman, 1910).

$$r_{tt} = \frac{2r_{hh}}{1 + r_{hh}}$$

r_{tt}: 전체 검사의 교정된 신뢰도계수

r_{hh}: 반분된 검사 점수 간의 상관계수

예를 들어, 반분된 검사를 따로 채점하여 그 두 검사 점수 간의 상관계수 r_{hh}가 .80으로 나왔다면, 전체 검사의 교정된 신뢰도계수는 다음과 같다.

$$r_{tt} = \frac{2(.80)}{1 + .80} \fallingdotseq .89$$

4) 문항내적 일관성 신뢰도

재검사 신뢰도와 동형검사 신뢰도는 동일 피험자에게 검사를 두 번 실시해야 하는 번거로움이 따르며, 검사의 실시 간격과 동형성 정도에 따라 신뢰도계수가 변한다는 문제가 있다. 이에 비하여 문항내적 일관성 신뢰도(inter-item reliability)는 검사를 두 번 실시하지 않고 검사의 신뢰도를 추정할 수 있다는 장점을 지닌다.

문항내적 일관성 신뢰도는 검사 속의 한 문항 한 문항을 모두 독립된 1개의 검사 단위로 간주하여 문항들 간의 유사성, 측정의 일관성을 검증하는 방법이다. 문항내적 일관성 신뢰도는 한 검사에 포함된 문항 간 반응의 일관성은 문항의 동질성 여부에 의해 결정되므로, 한 검사의 문항내적 일관성 신뢰도를 구하려면 그 검사는 단일 특성을 재는 문항으로 구성되어 있어야 한다. 단일 특성을 재지 않거나 문항의 곤란도가 일정하지 않을 때 문항내적 일관성 신뢰도로 신뢰도를 구하면 그 검사의 신뢰도는 과소평가될 우려가 있다. 문항내적 일관성 신뢰도를 추정하는 방법에는 KR-20과 KR-21, Cronbach α 계수가 있다.

(1) KR-20과 KR-21

검사를 반분하는 방법에 따라 신뢰도 계수가 변화하는 문제점을 해결하기 위하여 Kuder와 Richardson(1937)이 각 문항들의 분산과 공분산을 사용하여 문항들 간 측정의 일관성을 추정하는 KR-20과 KR-21를 개발하였다. KR-20은 문항형식에서 문항의 반응이 맞으면 1, 틀리면 0으로 채점되는 이분문항(dichotomous item)의 경우에 사용하고, KR-21은 문항점수가 1, 2, 3, 4, 5점 등의 연속 점수인 다분문항에 사용한다. KR-20 및 KR-21의 산출 공식은 다음과 같다.

$$KR-20 = \frac{n}{n-1}\left(1 - \frac{\sum p_i q_i}{\sigma_X^2}\right)$$

$$KR-21 = \frac{n}{n-1}\left(1 - \frac{\overline{X}(n-\overline{X})}{n\sigma_X^2}\right)$$

n: 문항수
p_i: 문항의 답을 맞힌 피험자 비율
q_i: $1 - p_i$

σ_X^2: 피험자 총점의 분산

$\overline{X}$: 전체 검사 점수의 평균

KR-20과 KR-21의 관계에서 문항난이도 p_i가 동일할 때는 KR-20과 KR-21은 동일하지만, p_i가 동일하지 않을 때는 KR-21은 KR-20보다 작아져서 검사 신뢰도를 과소 추정하게 된다. KR-21은 문항점수가 연속변수일 때 신뢰도를 추정하기 위하여 제안되었으나, Cronbach α 계수가 제안된 후부터는 사용하지 않는다.

(2) Cronbach α 계수

1개의 검사를 한 집단에게 실시하고 거기에서 오차 변량을 제외한 진점수 변량을 추정해 보려는 노력이 시도되면서 Fisher가 개발한 변량분석에 기초하여 Cronbach (1951)가 Cronbach α 계수를 개발하였다. Cronbach α 계수 역시 관찰점수 분산과 진점수 분산 비율에 근거하여 문항내적 일관성의 신뢰도를 추정한다.

Cronbach α계수는 문항형식에서 문항의 반응이 맞으면 1, 틀리면 0으로 채점되는 이분문항뿐만 아니라 1개의 문항이 여러 단계의 점수로 채점되는 연속 점수의 경우인 다분문항에도 사용할 수 있다. Cronbach α 계수는 통계 프로그램으로 추정이 간편하여 가장 많이 사용된다.

Cronbach α계수로 신뢰도를 추정할 경우 검사를 양분하지 않아도 되고, 문항 간의 일관성에 의하여 단일한 신뢰도 추정 결과를 얻을 수 있다는 장점이 있는 반면, 검사도구의 신뢰도를 과소 추정하는 경향도 있다. 그러나 검사도구의 질을 분석함에 있어 어느 정도의 엄격성이 요구되기 때문에 과소 추정되는 정보가 더 바람직하다 (성태제, 2019).

Cronbach α계수의 산출공식은 다음과 같다(Cronbach & Gleser, 1964).

$$\alpha = \frac{n}{n-1}\left(1 - \frac{\sum_{i=1}^{n}\sigma_{Y_i}^2}{\sigma_X^2}\right)$$

n: 문항수

$\sigma_{Y_i}^2$: i번째 문항점수의 분산

σ_X^2: 총점의 분산

5) 신뢰도의 적용과 영향을 주는 요인

(1) 신뢰도의 적용

검사도구를 개발하거나 검사도구를 사용할 때 신뢰도에 대한 정보가 제공되어야 한다. 일반적으로 재검사 신뢰도가 가장 높고, 동형검사 신뢰도, 반분검사 신뢰도, 문항의 내적합치도, Cronbach α 계수 순인데, 재검사 신뢰도의 경우 과대 추정과 과학성 결여로 최근에는 사용이 권장되지 않으며, 가장 최근에 제안된 Cronbach α 계수가 일반적으로 사용되고 있다.

(2) 신뢰도 증가에 영향을 주는 요인

신뢰도 증가에 영향을 주는 요인은 다음과 같다.

첫째, 양질의 문항수가 많아야 한다. 인간의 속성을 측정할 때 적은 수의 문항보다 많은 수의 문항으로 검사를 실시할 때 측정의 오차를 줄일 수 있다. 양질의 문항수를 증가시키면 신뢰도계수는 계속 선형적으로 증가하는 것이 아니라 곡선형적으로 증가한다(Ebel & Frisble, 1991).

둘째, 개별 문항의 문항난이도를 중간으로 맞추려고 노력하는 것보다 개별 문항으로 구성된 전체 검사의 난이도가 중간 정도가 되도록 검사를 구성하는 것이 바람직하다. Traub(1994)는 중간 정도의 문항난이도로 검사를 구성하는 것이 검사 신뢰도를 높이기 위한 충분조건이 아니라고 하였다. 따라서 검사가 너무 어렵거나 쉬우면 검사 불안과 부주의로 인해 일관성 있게 응답하지 못하므로 신뢰도가 낮아진다.

셋째, 문항의 변별도가 높아야 한다. 변별도가 높은 문항은 능력이 높은 피험자와 능력이 낮은 피험자를 구분해 줄 수 있는 정도를 의미하므로, 문항변별도가 높을수록 검사의 신뢰도가 높아진다.

넷째, 검사도구의 측정내용이 보다 좁은 범위의 내용이어야 한다. 이는 검사내용의 범위가 좁을 때 문항 간의 동질성을 유지하기가 쉽기 때문이다. 만약 한국사 시험의 경우 검사내용의 범위가 근대사로 제한된다면 전체 내용을 포함하는 검사보다 신뢰도가 높을 것이다.

다섯째, 검사시간이 충분하여야 한다. 피험자들은 검사시간이 충분할 때 안정적으로 응답하고 자신의 능력을 제대로 발휘할 수 있다. 이는 문항수와 관계되는 문제이기도 하다. 그러므로 신뢰도는 속도검사에는 적절하지 않다.

여섯째, 피험자들이 검사에 대한 흥미가 높고 일정 정도로 성취동기가 높으면 신뢰도는 증가한다.

일곱째, 피험자 집단이 이질적일 때 신뢰도는 증가한다. 신뢰도는 진점수 분산 대 관찰점수 분산으로 정의되므로, 진점수 분산이 작다면 오차요인이 더 크게 작용하게 되어 신뢰도는 상대적으로 작아진다. 따라서 동일 검사라도 집단이 동질적일 경우 신뢰도가 상대적으로 작을 수 있다.

(3) 타당도와 신뢰도의 관계

타당도와 신뢰도의 관계에 대해 살펴보면, 타당도와 신뢰도는 다른 개념이라 할지라도 연관성이 있다. 검사도구에서 관찰된 점수는 진점수와 오차점수로 구분되며, 진점수는 타당한 진점수와 타당하지 않은 진점수로 구분된다. 이때 진점수는 신뢰도에 해당하는 부분이며, 타당한 진점수는 타당도가 된다. 이를 그림으로 표현하면 [그림 7-1]과 같다.

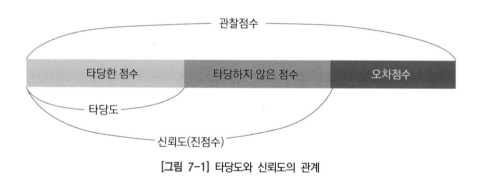

[그림 7-1] 타당도와 신뢰도의 관계

따라서 타당도가 높기 위해서는 신뢰도가 높아야 하지만 신뢰도가 높다고 해서 반드시 타당도가 높은 것은 아니다. 즉, 신뢰도와 타당도의 관계에서 신뢰도는 타당도를 위한 필요조건이지만 충분조건은 아니다. 즉, 적정 난이도와 높은 변별력이 있는 좋은 문항으로 구성된 검사는 신뢰도가 높을 가능성이 많으며, 이는 타당도가 높기 위한 필요조건이 되는 것이다.

4. 객관도

객관도(objectivity)는 평가자 신뢰도라고 할 수 있는데, 검사의 채점자가 주관적 편견 없이 얼마나 공정하게 채점하느냐의 문제이다. 즉, 객관도 혹은 평가자 신뢰도는 채점자의 채점이 얼마나 신뢰성 있고 일관성이 있느냐로 평정자에 따라 결정되는 신뢰도인 것이다. 객관도는 평정자가 주관적인 편견을 얼마나 배제하였는지를 보는 것이다. 한 채점자가 다른 채점자와 얼마나 유사하게 평가하였는지의 문제와 한 채점자가 많은 측정대상에 대하여 계속적으로 일관성 있게 평가하였는지의 문제로, 전자를 평가자 간 신뢰도, 후자를 평가자 내 신뢰도라고 한다. 평가의 결과가 등급으로 주어진다면 평정자 간 신뢰도 또는 평정자 내 신뢰도란 용어를 사용하고, 평가의 결과가 점수로 주어진다면 채점자 간 신뢰도 또는 채점자 내 신뢰도, 또 관찰에 의한 결과라면 관찰자 간 신뢰도 또는 관찰자 내 신뢰도라는 용어를 사용한다.

자연과학 분야의 측정에서는 객관도가 별로 심각한 문제가 되지 않지만 교육현상 또는 사회현상의 측정에서는 평가자에 따라 그리고 동일한 평가자라 하더라도 평가시점에 따라 평정(채점, 관찰)결과가 다를 수 있으므로 연구나 평가에 있어 객관도의 확보가 중요하다.

1) 평가자 내 신뢰도

평가자 내 신뢰도(intra-rater reliability)는 동일한 평가자가 모든 측정 대상을 계속해서 일관성 있게 측정하였는지 혹은 시간의 흐름에 따라서도 평가기준이 변하지 않고 동일하게 측정하는지를 의미한다. 평가자 내 신뢰도는 개인의 일관성이 전제되어야만 추정이 가능하다.

2) 평가자 간 신뢰도

평가자 간 신뢰도(inter-rater reliability)란 평가결과가 평가자 사이에서 얼마나 유사한지를 의미하는 것으로, 교육현장의 평가에서 평가자 간 신뢰도가 언급되는 경우는 예체능계 실기고사나 논술고사 등이다. 예를 들어, 대학입학 실기고사에서 동일한 미술작품을 보고도 채점자들이 서로 다른 평정을 하거나 체조경기에서 5명의 심판이 전혀 다른 평정을 한다면 이는 객관도가 낮은 경우이다.

평가자 간 신뢰도를 추정하기 위해서는 우선 평가대상자는 동일한 행위를 하거나 같은 문항에 응답하여야 하며, 평가자들은 상호독립적으로 동일한 평가대상자들을 평가해야만 한다.

평가자 간 신뢰도를 추정하는 방법은 양적 변수일 경우에는 상관계수법이나 일반화가능도이론을, 질적 변수일 경우에는 일치도 통계와 Cohen의 Kappa 공식을 사용한다.

(1) 상관계수법

평가결과가 연속적인 점수일 때, 두 명 이상의 평가자가 동일한 평가대상자들에게 얼마나 유사한 점수를 주는지를 분석하는 방법으로 Pearson의 단순적률상관계수를 구함으로써 추정한다. 여러 평가자 상호 간의 상관계수를 살펴봄으로써 평가결과의 유사성을 살필 수 있으며, 이때 상관계수가 .60 미만의 경우에는 부적절한 것으로 본다(성태제, 1998b).

(2) 일반화가능도이론

일반화가능도이론(generalizability)은 검사 상황에서 가능한 여러 오차요인에 변량분석을 동시에 적용하여 검사도구의 신뢰도를 추정하는 이론이다. 고전검사이론의 신뢰도계수는 진점수의 분산을 관찰점수(진점수와 오차점수의 합)의 분산으로 나눈 값이다. 고전검사이론에서 오차는 관찰점수와 진점수의 차이로 정의된다. 반면에 일반화가능도이론에서는 오차점수의 분산을 여러 개의 구성요소로 세분화하여 각 오차원의 분산성분을 추정하고 비교함으로써 각 오차원의 상대적 영향력이 평가되고 어떻게 신뢰도를 향상할 수 있는가를 제안할 수 있는 것이다. 고전검사이론의 신뢰도 추정에서는 측정오차를 구체적으로 설명할 수 없지만, 일반화가능도이론에서는 변량분석을 이용하여 각 측정조건의 변량성분을 추정하고, 오차분산성분의 상대적 크기를 비교함으로써 오차요인의 영향력을 설명하며, 일반화가능도 계수를 향상시킬 수 있는 측정조건을 제시함으로써 고전검사이론의 한계를 넘어선다(이종승, 1989; Brennan, 1983).

일반화가능도이론은 측정방법, 절차, 목적에 따라 오차점수의 분산이 달라지는데, 객관도, 즉 평가자 간 신뢰도에 초점을 맞출 경우 여러 평가자가 평가할 때, 평가자의 수준(전문가와 일반인), 평가자수, 평가대상의 수, 평가자의 수준과 평가자수의 상호작용, 평가자의 수준과 평가대상의 수의 상호작용, 평가자의 수와 평가대상의 수의 상호작용 등이 오차의 원천으로 제시될 수 있다. 평가자수 효과의 분산이 크다는 뜻은 여러 평가자가 동일한 평가기준이 아닌 주관적 평가를 했다는 의미이며, 평가자수와 평가대상 수의 상호작용 효과의 분산이 크다는 뜻은 여러 평가자가 동일한 평가대상에게 다른 평가를 하거나 한 명의 평가자가 여러 평가대상에게 다른 기준을 적용하여 평가를 하는, 즉 일관성 없는 평가를 하였다는 뜻이다.

(3) 일치도 통계

일치도 통계는 두 명 이상의 평가자가 하나의 평가장면에 대해 어떤 유목이나 범주로 평가해야 할 때, 평가자 간 상호 일치 빈도를 전체 빈도로 나눈 다음 평가자수를 곱해서 계산한다.

$$평가자 간 신뢰도 = \frac{평가자 간 상호 일치한 빈도}{평가자들의 총 평가(관찰)빈도} \times 평가자수$$

〈평가자 간 신뢰도 예〉

관찰자 \ 범주	①	②	③
A	7	4	1
B	5	5	2
A와 B가 동의한 빈도	5	4	1

예를 들면, 두 명의 관찰자가 세 가지 범주로 구성된 평가도구로 평가한 결과, 관찰자 2인이 동의한 빈도는 10회, 전체 관찰빈도는 24이므로 약 0.83 정도의 평가자 간 신뢰도를 보인다.

$$\frac{10}{24} \times 2 \fallingdotseq 0.83$$

일반적으로 일치도 통계에서 평가자 간 신뢰도는 .80 이상이 나오는 것이 바람직하며, .80 이하일 경우 그 원인을 분석하고 추가로 평가자 훈련을 실시하여 신뢰도 수치를 높인 다음 평가를 하도록 해야 한다. 일치도 통계는 계산이 쉽다는 장점이 있는 반면, 우연에 의하여 동일하게 평가되는 확률을 포함하므로 평가자 간 신뢰도를 과대 추정할 위험이 있다.

(4) Kappa 계수

일치도 통계가 우연에 의하여 동일하게 평가되는 확률을 통제하지 못하여 평가자 간 신뢰도를 과대 추정하므로 이 문제를 해결하기 위하여 Cohen(1968)이 우연에 의한 확률을 제거한 Kappa 계수를 제안하였다.

$$K = \frac{P_A - P_C}{1 - P_C}$$

P_A: 일치도 통계
P_C: 우연에 의해 일치될 확률

Kappa 계수의 이론적 범위는 0~1.0이며, 우연에 의해 일치될 확률이 제거되었으므로 일치도 통계보다는 낮게 계산된다. 따라서 .60 이상만 되어도 어느 정도 신뢰도가 높다고 할 수 있다(성태제, 1995).

3) 객관도의 적용

객관식 검사에서는 객관도가 문제되지 않지만 서답형 문항으로 구성된 지필검사, 평가자의 평정을 요구하는 관찰이나 면접에는 후광효과, 관용 혹은 엄격함의 오류, 집중경향의 오류, 논리적 오류, 근접의 오류, 대비의 오류 등이 작용하여 평정자 혹은 채점자로 말미암은 채점의 오차가 생긴다.

후광효과는 평가대상에 대한 평가자의 인상이 평정에 영향을 주는 것으로, 외모가 준수한 학생에게 성적평가를 높게 하는 것을 예로 들 수 있다. 관용 혹은 엄격함의 오류는 평정자의 평정기준이 후하거나 인색하여 높은 혹은 낮은 점수를 주는 오류를 말하며, 집중경향의 오류는 판정 내리기 어렵거나 잘 모를 경우 중간 점수를 부여하는 오류를 말한다. 논리적 오류란 평정할 문항들이 논리적으로 관련되어 있을 때 서로 유사하게 평정을 내리는 것으로, 예를 들면 어휘력과 발표력은 다른 평정 내용인데도 평정자의 논리적 판단에 따라 유사하다고 생각되어 유사한 평정을 하는 경우를 예로 들 수 있다. 근접의 오류는 평정문항이 연이어 붙어 있을 경우 유사한 평정을 하는 것이며, 대비의 오류는 평정자와 대비되는 특성을 지닌 평가대상에 대해 과대 혹은 과소 평정을 하는 것을 의미한다.

일반적으로 객관도가 낮은 이유는 검사도구 자체가 불완전하거나 평가자의 소양이 부족하기 때문이다. 따라서 객관도를 높이기 위해서는 평가도구 및 평가기준을 객관화해야 하고, 채점자의 평가에 대한 소양을 높여야 하며, 가능하면 여러 사람이 공동으로 평가하여 그 결과를 종합하는 것이 좋다.

5. 실용도

검사도구의 실용도(practicality)란 검사도구의 이론적 측면에 반대되는 개념으로 검사도구의 목적과 관련하여 실제적 활용도를 의미한다. 즉, 한 검사도구가 문항제작, 평가실시, 채점상의 비용, 시간, 노력 등을 최소화하고 소기의 목적을 달성할 수 있는 정도를 말한다. 실용도는 평정자의 입장에서 검사의 목표를 달성하는 데 검사도구의 준비에서 결과 산출에 이르기까지 얼마나 신속한지와 사용하기에 얼마나 편리한지를 측정하는 것이다. 전자는 검사도구의 내적 실용도, 후자는 외적 실용도라고 할 수 있다. 내적 실용도는 검사에 사용되는 시간과 도구의 사용 범위가 가장 중요한 요인으로 신속성과 활용성을 판단하는 것인 데 반하여, 외적 실용도는 검사에 투입되는 평정자의 노력이 가장 중요한 판단기준으로 도구의 편의성을 의미한다.

1) 내적 실용도

검사도구의 내적 실용도는 검사 준비에서 시작하여 검사의 결과를 산출하는 시간이 빠를수록 높아진다. 그러므로 첫째, 같은 목적을 위해서는 전체 문항수가 적을 뿐만 아니라 하위문항이 적은 검사가 내적 실용도가 높다. 둘째, 검사문항들의 지시사항이 간단하고 명백해서 피평정자가 이해하기 쉬워야 한다. 셋째, 검사도구가 얼마나 널리 이용될 수 있는지, 그 활용 범위와 반복적으로 사용될 수 있는지, 그 활용 빈도가 내적 실용도에 영향을 미친다.

2) 외적 실용도

검사도구의 외적 실용도는 평정자의 노력과 도구제작 및 도구사용의 비용을 측정하는 것이다. 그러므로 첫째, 평정자가 검사를 시행하기 위해서는 검사도구를 이해하기 쉬워야 한다. 검사를 시행하기 위해 검사의 절차와 방법을 배우는 데 노력과 시간이 많이 든다면 실용도는 낮아진다. 둘째, 검사도구를 제작하는 투입 비용이 최소화되어야 한다. 문항제작이나 검사에 고도의 기술이 필요하거나 다른 도구를 많이 사용하여 비용이 많이 든다면 실용도가 낮아진다. 검사도구를 제작하는 경우에 비싼 앱 제작도구를 사용하는 경우도 그러한 예이다. 셋째, 검사를 시행하는 때에 통제해야 할 다른 외적 상황들이 최소화되어야 한다. 통제해야 할 상황들이 많다면 실용도는 낮아진다. 예를 들어, 수능 듣기평가처럼 일괄적으로 1회만으로 평가하는 경우 듣기환경을 통제하기 위한 노력과 비용은 외적 실용도를 저하시킨다.

외적 실용도를 추정하는 방법은 비용편익을 기초로 분석하는 비용편익법과 내용전문가 패널을 기초로 분석하는 내용분석법의 CVR을 사용한다.

(1) 비용편익법

비용편익법(Practicality on Cost and Benefit: PCB)는 특정 검사도구를 사용할 때 드는 비용과 편익을 비교하고 분석하여 검사도구의 실용도를 측정하는 방법이다. 실용도를 계산하는 공식은 다음과 같다.

$$P = (MB \times Ns) - (MC \times Nf) - tc$$

MN＝전체 평균편익

MC＝전체 평균비용

tc＝개별 검사비용

Ns＝성공수

Nf＝실패수

　예를 들어, 사원 선발 프로그램의 실용도에 위의 비용편익법 공식을 적용하면, MB는 성공적인 사원으로 인해 회사가 얻는 평균이익을 나타내며, MC는 성공적이지 못한 사원을 고용함으로써 발생하는 평균비용, Ns와 Nf는 각각 성공적인 사원수와 비성공적인 사원수, tc는 선발 프로그램에 드는 비용을 나타낸다(남명호, 2004). 검사의 비용과 편익을 데이터로 정확하게 산정할 수 있으면 이 비용편익법은 이용 가능하나 그렇지 못할 경우에는 실용도를 산출할 수 없다.

(2) 내용분석법

　비용편익법(PCB)으로 실용도를 산출할 수 없을 때 내용 전문가 패널의 내용분석법 (Practicality on Content Analysis: PCA)을 이용한다. 내용분석법에 의한 실용도 계수는 Lawsher의 CVR을 사용한다. CVR의 수리적 공식은 다음과 같다.

$$CVR = \frac{en - (N/2)}{N/2}$$

N: 전체 응답자수

en: '실용적이다'라고 응답한 응답자수

〈응답자수에 따른 CVR의 최솟값(p=.05; Lawshe, 1975)〉

응답자수	10	11	12	13	14	15	20	25	30
최솟값	.62	.59	.56	.54	.51	.49	.42	.37	.33

　예를 들어, 영어듣기평가가 개인의 영어역량을 평가하는 데 영어 전문가 15명을 대상으로 리커트 5점 척도에서 '실용적이다'라고 생각하는 응답자수가 11명이라면, 공식에 따라 산출되는 실용도의 CVR은 .47로 15명일 때 최솟값인 .49에 미치지 못하

므로 영어듣기평가만으로는 개인의 전반적인 영어역량을 평가하는 데는 실용적이지 못하다고 판단하는 것이다.

3) 실용도의 적용

검사도구의 실용도는 검사도구의 타당도를 전제하지 않으면 의미가 없다. 타당하지 않은 검사도구는 실용도를 논할 가치가 없는 것이다. 실용도는 검사도구의 타당도에서 시작되며, 실용도의 제일 원리는 타당도라고 할 수 있다. 그러나 타당도가 높아진다고 해서 당연히 실용도가 높아지는 것은 아니다. 타당도를 높이기 위해서 검사의 구성요인들을 정밀하게 하기 위해 문항수를 늘이면 검사도구의 타당도는 높아지겠지만 그로 인해 실용도는 낮아진다. 신뢰도 또한 실용도의 기초를 형성한다. 검사의 반복 측정의 결과가 한결같음을 보여 주는 신뢰도 없이 실용도를 논의하는 것은 의미가 없다. 역으로 검사의 지시사항이 간단하고 명백하여 검사문항을 이해하는 데 어려움이 없을 때, 즉 실용도가 높아지면 검사도구의 신뢰도 또한 상승한다. 따라서 타당도와 신뢰도가 좋은 검사도구라 할지라도 실용도가 떨어진다면 그 검사도구를 실제로 이용하는 데는 한계가 있을 것이다.

6. 검사도구와 수업

학교현장에서 검사도구의 사용은 일반적으로 수업 이후에 이루어지는 경우가 대부분이다. 원론적으로는 수업을 시작하기 전에 교사는 학생들의 사전 지식이나 태도 그리고 기능을 검사하는 진단검사를 하고, 수업이 진행되는 동안에도 교수 · 학습목표에 따라서 학생들의 교수 · 학습에 대한 이해 정도를 확인하는 형성과정검사를 하고, 수업이나 단원을 마치면 전 목표에 대한 도달도 검사를 행하는 것이 교육학적이다. 이와 같이 검사는 수업과 불가분의 관계에 있고, 따라서 검사와 수업은 조화로운 통합이 필요하다.

1) 검사를 위한 수업

　오늘날 학교, 특히 한국의 중등학교는 시험 없이는 수업이 없는 것 같다. 검사를 위한 수업(teaching to the test)만 있는 것 같다. 원래 검사를 위한 수업은 검사받을 사항이나 기능만을 대부분 가르치는 관행을 의미하였다. 이것은 대개 검사내용에 대한 추론이나 주요 선행 지식에 기초하였다. 검사가 충분히 포괄적인 경우에 이것은 부정행위가 아니다. 그러나 대부분의 검사는 지식이나 행동의 한 영역을 표집한다. 그리고 표집된 것을 정상적인 상황에 있는 영역의 수행 전체를 일반화하는 데 사용한다. 그때 검사를 위한 수업이 일어났다면 그 일반화는 타당하지 않게 된다. 그래서 시험을 위한 수업은 부정한 것이 된다.

　넓은 의미에서 검사를 위한 수업은 시험을 치는 기술을 가르치는 것 또한 포함한다. 검사 수행에 대해 특별한 동기나 유인책을 제공하는 것과 검사하기 위해서 설계된 기능이나 지식의 영역을 숙달하지 않고서 검사 수행을 증가시키기 위해서 개발된 특별한 자료를 사용하는 것이 여기에 해당한다. 이런 것이 부정은 아닐지 모르지만, 그 결과에 대해서 학부모나 공동체가 오해할 소지가 많다. 검사의 오염 현상이 일어나기 때문이다. 교사가 제작하는 검사도 사후적으로 같은 현상을 초래할 수 있다.

2) 수업을 위한 검사

　이것은 검사가 단순히 교수·학습이 이루어지고 난 이후에 그 성취 정도를 확인하는 도구만 사용되는 것을 경계하는 것이다. 그 영역에서 어떤 결론에 이르는 것에 대한 학습을 검사하지 않고 실제로 가르친 것만을 측정하도록 검사를 설계하는 것은 오류이다. 가장 흔한 예는 교사들이 제작하는 검사이다. 실제 수업에서 다룬 어휘들을 사용하기만 하는 독서 프로그램에 대한 검사도구는 일반 독서기능에 대해 잘못 묘사할 수 있다. 즉, 과도하게 낙관적으로 묘사할 수 있다.

　타당한 검사는 포괄해야 하는 전 영역에서 표집을 하며, 그것이 교육과정 목록에 묘사된 세계론이든 고등학교 교육과정에 묘사된 경제수학이든 영역 내에서 결론을 이끌어 낸다. 교과목을 가르치는 개별 교사가 이러한 오류를 방지할 검사를 구성하는 것은 거의 불가능하다. 왜냐하면 교사들은 검사도구를 제작하는 데 너무 깊이 관계되어 있고 자신들이 다룬 자료들만을 포함하는 등 공정하고 객관적이기 어렵기 때문이다. 그래서 교사들은 그들이 다룬 자료들만을 포함한다. 그러나 검사는 다른 기능들을 가지고 있고, 정의된 영역에 어느 정도로 숙달되었는지를 결정하는 것도 그 중 하나이다. 때때로 그것은 기본적 기능들 및 일련의 필수요건과 관련해서 가장 중요하다. 그러나 문항 선택의 과정에서 그것은 별로 중요하지 않을 수 있다. 그런 경우 타당도의 주요한 준거는 문항이 사실상 교육과정 범위에 적합한지이다. 검사를 위한 수업에서와 같이, 수업을 위한 검사하기(testing to the teaching)도 검사가 전체 영역을 포함하는 경우에는 부적절하지 않을 것이다.

연구문제

1. 검사하기의 장점에 대해 기술하시오.

2. 준거타당도와 구인타당도를 비교하여 설명하시오.

3. 여러 가지 신뢰도 방법의 장단점을 서술하시오.

4. 일반화가능도이론의 신뢰도계수에 대하여 설명하시오.

5. 검사와 수업의 관계에 대해 서술하고 수업에서 검사의 기능을 설명하시오.

표준화검사와 컴퓨터화검사

학 습 목 표

- 표준화검사의 의미, 기능, 제작과정 및 유형을 이해할 수 있다.
- 컴퓨터화검사의 의미와 유형을 이해할 수 있다.

현대인은 살아가면서 어떤 형태로든 표준화검사나 측정을 경험한다. 표준화검사는 표준화된 절차와 방법, 즉 동일한 검사조건에서 검사를 실시할 수 있도록 전문가들이 제작한 체계적인 검사이다. 표준화검사는 A 학교에서 실시를 하든 B 학교에서 실시를 하든 동일한 검사조건에서 실시하기 때문에 A 학교의 학생이 받은 점수와 B 학교의 학생이 받은 점수를 비교하는 것이 가능하다. 이 장에서는 표준화검사의 정의, 기능, 제작과정, 표준화검사의 종류, 선정·실시·해석상의 유의사항 등에 대하여 알아보고자 한다.

그리고 컴퓨터의 발달로 학교에서 교사는 컴퓨터를 이용하여 다양한 수업자료를 제시함으로써 학생들에게 생생한 경험을 제공하고 있다. 교육 분야에 컴퓨터가 보편화되면서 검사와 교육평가에서 컴퓨터 활용이 증가하고 있다. 이에 이 장에서는 지필검사에서 사용되는 종이와 연필 대신 컴퓨터의 화면과 키보드를 사용하여 실시하는 검사인 컴퓨터 이용검사와 피험자의 개별 능력에 따라 다음 문항을 선택하여 제시하는 개별적인 적응검사인 컴퓨터화 능력적응검사에 대하여 알아보고자 한다.

1. 표준화검사

1) 표준화검사의 의미

표준화검사(standardized test)는 교사가 임의로 만든 검사와는 달리, 누가 사용하더라도 검사의 실시, 채점 및 결과의 해석이 동일하도록 절차와 방법을 일정하게 만들어 놓은 검사를 말한다. 표준화검사란 행동을 표집하는 데 있어서 객관화되고 표준화된 절차에 의해서 측정함으로써 행동의 전체 집단을 미루어 짐작하고, 그것을 기초로 하여 두 사람 이상의 행동을 비교하는 체계적인 절차라고 할 수 있다. 이러한 표준화검사는 교사가 제작한 일반학급검사와 기타 비공식적으로 제작한 검사와는 다음과 같은 점에서 차이가 있다.

첫째, 검사제작 절차의 표준화이다. 표준화검사는 주로 상업적인 목적을 갖고 있고, 그 제작 규모와 절차가 대규모이며, 전문적·체계적이다. 표준화검사는 검사내용전문가 및 측정전문가들에 의해서 제작된다.

둘째, 검사내용의 표준화이다. 일반학급의 교사에 의해서 제작되는 학력검사나 질문지와는 달리 검사내용의 표준화라는 점에서 구별된다. 검사의 목적에 따라 엄격한 절차를 거쳐 검사문항이 제작되고 피검사자가 일정한 방향으로 반응할 수 있도록 체계적으로 규정된 일련의 검사문항이 피검사자에 대한 자극으로서 주어지게 된다.

셋째, 검사 실시의 표준화이다. 표준화검사의 특징으로 표준화된 조건하에서 검사가 실시될 수 있도록 검사 실시를 위한 일정한 지시와 검사시간의 제한 및 검사 실시 환경의 구조화를 들 수 있다.

넷째, 채점과정의 표준화이다. 채점상의 주관이나 편견을 배제하기 위하여 채점 절차를 엄격히 규정하고 있으며, 채점의 객관성을 유지하기 위하여 검사문항은 흔히 객관형 문항의 형식을 취한다. 표준화 학력검사 중에는 논문형 검사문항도 있고, 투사적 방법에 의한 성격검사 중에는 욕구좌절검사 등과 같이 그 채점과정이 엄격한 의미에서 객관적이라고는 볼 수 없는 검사도 있지만, 채점의 객관성을 유지하기 위하여 그 채점 절차를 가능한 한 엄밀히 규정하고 있다.

다섯째, 해석의 표준화를 들 수 있다. 일정한 검사결과를 누구나 동일하게 해석할 수 있도록 해석 절차와 방법을 엄밀하게 규정하고자 한다는 점 또한 표준화검사의 한 특징이다. 해석의 의의와 균일성을 유지하기 위하여 표준화검사는 흔히 규준집단의 검사결과를 제시하고 있다. 규준집단(norm group)이란 한 개인의 검사결과를 의미 있게 해석하기 위하여 사용되는 일정한 특성을 가진 피검사자 집단을 말한다. 규준(norm)이란 규준집단에서 얻은 검사 점수의 분포를 백분위나 T점수 등으로 나타내어 한 개인의 검사 점수를 이 규준집단에 비추어 해석할 수 있도록 마련된 검사 점수의 분포표를 말한다.

표준화검사란 이와 같이 검사제작 절차, 검사내용, 검사의 실시조건, 채점과정 및 해석에서의 '표준화'를 의미한다. 모든 표준화검사가 앞에서 제시한 모든 측면에서 반드시 표준화가 된 것은 아니지만 대체로 이러한 측면에서 교사나 비전문가가 일시적인 목적을 위하여 제작하는 검사나 질문지와 구별된다.

교사제작검사와 표준화검사를 비교하면 〈표 8-1〉과 같이 정리할 수 있다.

〈표 8-1〉 교사제작검사와 표준화검사의 비교

구분	교사제작검사	표준화검사
검사시행 지시 및 채점요령	• 구체화되어 있지 않음	• 구체화되어 있음
검사제작자	• 교사	• 교사, 교과전문가, 검사이론전문가
규준의 단위	• 학급단위, 학교단위	• 지역단위, 국가단위
사용과 목적	• 개인의 상대적 서열에 초점 맞춤 • 어떤 준거(목표)에 대한 성취 여부	• 개인의 상대적인 서열뿐만 아니라 학교, 지역, 국가 간 비교 가능

출처: 김석우(2015).

2) 표준화검사의 제작과정

표준화검사가 어떠한 절차와 과정을 거쳐 만들어지는지를 알아 두는 것은 표준화 검사를 잘 이해하고 적절하게 활용하는 데 도움이 된다. 표준화검사의 제작과정은 규준 작성을 제외하면 교사제작검사에도 동일하게 적용되며, 표준화검사의 단계별 제작과정은 다음과 같다.

(1) 제작계획 수립

먼저, 검사의 목적, 내용, 대상, 방법 등을 구체적으로 확인하고 분석해야 한다. 이를 위해서 기존의 검사 및 문헌을 통해 자료를 수집하여 분석하고, 제작하려는 검사의 이론·형식과 수집된 자료분석 결과 간의 논리적 타당도를 확인해야 한다. 또한 문항 형식과 유형, 하위검사 수와 문항수, 규준집단의 표집계획 및 규준 작성 등을 어떻게 할 것인지를 치밀하게 계획해야 한다.

(2) 문항 작성

이 단계는 표준화검사의 제작과정에서 가장 중요하며, 실제로 문항을 만드는 전문적인 단계에 해당한다. 따라서 이 단계에서는 문항제작에 관한 전문적인 지식과 실제적인 경험이 필요하다. 검사의 목적이나 대상이 확인되면 여기에 가장 합당한 문항형식을 선택해야 하며, 선택된 문항형식에 따라 문항을 제작한다. 물론 이때 제작하는 문항은 검사목적에 타당해야 하며, 문항수는 실제 검사에 포함될 수의 두 배 이상이 되어야 한다.

(3) 예비 조사

앞서 제작된 문항으로 구성된 예비 검사지를 사용하여, 활용하려는 대상을 대표할 수 있는 표본을 정하고 예비 조사를 실시한다. 이를 통해 문항을 수정하고, 실시 시간 및 방법 그리고 실시 도중에 발생할 수 있는 제반 문제점을 사전에 검토하고, 문항분석을 위한 자료를 수집한다.

(4) 문항분석

통계적 방법을 이용하여 검사문항으로 적절한지를 결정하는 절차를 문항분석이라 한다. 먼저, 문항별로 난이도를 조사하여 너무 쉽거나 어려운 문항을 제거한 후, 학습자 간 능력의 차이를 얼마나 잘 드러내는지를 나타내는 변별도를 분석한다. 문항분석에서는 각 문항에 대하여 난이도, 변별도, 타당도, 선택지별 오답률 등을 충분히 검토하여 적절한 문항을 선정해야 한다.

(5) 표준화검사 제작

문항분석의 결과에 따라 선택된 문항으로 구성된 검사를 최종적인 형태의 표준화검사로 제작하고, 실시방법(특히 검사시간, 지시문 등)과 채점방법을 결정한다. 개개의 문항이 적절하더라도 이를 종합한 하나의 검사가 전체적으로 반드시 적절하다고 볼 수는 없으므로 경우에 따라 여러 번의 예비 조사와 문항분석이 필요하다.

(6) 검사의 양호도 검증과 규준 작성

통계적 방법을 통하여 검사 자체의 신뢰도와 타당도를 산출하고 검증하여야 한다. 최종적인 검사가 완성되면 평가대상인 모집단을 가장 잘 대표할 수 있는 집단을 표집하여 표준화를 위한 검사를 실시하고, 그 결과에 근거한 규준을 작성한다. 일반적으로 규준은 분포의 모양, 평균치, 분산도, 백분위 점수, 표준점수 등을 남녀별, 연령별, 지역별로 작성하여야 한다.

(7) 검사요강의 완성

이러한 과정을 거쳐서 표준화검사는 검사지와 검사요강의 형식으로 제작된다. 검사요강은 검사의 실행·처리·해석의 지침서로 검사 전반에 걸친 상세한 내용이 수록되어 있다. 검사요강의 내용을 살펴보면, ① 검사의 목적과 특징, ② 검사의 문항내용과 형식, ③ 하위검사의 종류, ④ 검사의 실시방법, ⑤ 채점방법과 점수 표시, ⑥ 규준집단과 규준, ⑦ 신뢰도와 타당도, ⑧ 해석 및 활용방안, ⑨ 기타 주의사항 등이 수록되어 있다.

이상의 내용을 요약하면 〈표 8-2〉와 같다.

〈표 8-2〉 표준화검사의 단계별 제작과정

단계	단계별 제작내용
1. 제작계획 수립	• 기존의 검사 및 문헌을 통해 자료를 수집하고 분석한다. • 문항 형식과 유형, 하위검사의 수와 문항수를 계획한다.
2. 문항 작성	• 선택된 문항형식에 따라 문항을 제작한다. • 문항수는 실제 검사에 포함될 수의 두 배 이상이 되도록 한다.

3. 예비 조사	• 활용하려는 대상을 대표할 수 있는 표본을 대상으로 실시한다.
	• 실시 후 문항을 수정하고 여러 문제점에 대하여 사전에 검토한다.
4. 문항분석	• 각 문항에 대하여 난이도, 변별도, 타당도, 선택지별 오답률을 검토한다.
5. 표준화검사 제작	• 최종적인 형태의 표준화검사로 제작하고 실시방법과 채점방법을 결정한다.
6. 검사의 양호도 검증과 규준 작성	• 검사의 양호도 검증을 위해 신뢰도와 타당도를 검증한다.
	• 평가대상인 모집단을 가장 잘 대표할 수 있는 집단을 표집하여 검사를 실시하고 그 결과에 의해 규준을 작성한다.
7. 검사요강의 완성	• 검사의 실행 · 처리 · 해석의 지침서로 검사 전반에 걸친 상세한 내용이 수록되어 있는 검사요강을 만든다.

출처: 김대현, 김석우(2020).

3) 표준화검사의 기능

표준화검사의 기능은 다음의 다섯 가지로 나누어 볼 수 있다.

(1) 예측

예측(prediction)이란 신비주의적 의미의 예언이나 종교적 의미의 예언이 아니다. 어디까지나 확률적 의미로 쓰이는 것인데, 이 예측은 반드시 일치한다는 뜻으로 쓰이지 않고, 일치할 가능성을 말하는 것이다. 예측이란 간단히 말하면 잠정적 추정이라고 할 수 있다. 더 확실한 근거가 나올 때까지 지금의 상황에서는 이렇게 이야기하는 것이 가장 적절하다고 하는 말이다. 예를 들면, 현재의 검사결과로서 장래의 어떤 직무에서의 성패를 예측하는 것 등을 말한다. 어떤 사람이 성격검사에서 정서적 안정감 점수가 아주 낮게 나왔다고 하면, 이 사람은 특별한 조치가 없는 한 장래에도 정서적 불안정 상태로 말미암아 부적응 상태에 빠지게 될 것이라는 것을 미리 예측하는 것이 가능하다.

(2) 진단

진단(diagnosis)을 위해 검사를 이용할 경우에는 여러 가지 검사를 한 가지 형식으로 꾸미는 일이 많다. 개인이 가지고 있는 어떤 장점과 함께 단점을 발견해 내려면 한 가지 차원만 측정하는 것으로는 크게 도움이 안 된다. 그러므로 성격을 진단한다면 성격의 여러 가지 측면을 동시에 측정할 수 있는 검사가 있어야 한다. 다면적인 대상의 특질을 파악한 후 어떤 문제가 내포되어 있는지, 그 원인을 파악하여 실태를 알아내는 것이다. 그러나 심리검사만으로는 원인을 알 수 없는 경우가 보통이다. 왜냐하면 원인을 규명하는 작업은 다른 심리학적 방법을 병행해 가야 하기 때문이다. 또한 진단검사라는 명칭이 붙어 있지 않더라도 진단적 가치는 조금씩 다 가지고 있다. 가령, 성격검사나 흥미검사라고 하는 것은 보통 8～10개의 내용(하위검사)이 포함되어 있어서 그 사람의 성격의 형태, 흥미의 형태를 파악할 수 있다.

　진단검사는 일반적으로 장단점을 파악할 수 있는 것 외에도 개인의 질적인 특성을 파악하는 데에도 중점을 두고 있다. 예컨대, 지능을 진단하기 위해서는 집단검사보다 개인검사가 좋다는 말이 된다. 또 단순한 것보다는 복잡한 것, 거친 것보다는 정교한 것이 요구된다. 그래서 측정대상에 따라 검사의 성질도 여러 가지로 연구된 분석적 경향을 가진 것이 적당하다.

　교육연구소, 아동상담소와 같은 상담·치료기관에서는 진단적으로 꾸며진 검사를 늘 준비해 놓아야 한다. 그리고 학교나 기타 연계기관에서도 진단에 편리하도록 고안된 진단적 집단검사를 표준화해서 사용해야 할 것이다.

(3) 조사

　검사를 사용해서 어떤 집단의 일반적 경향을 알아보는 것을 조사(survey)라고 한다. 예컨대, 학급이나 학교의 상태를 전국적인 경향과 비교한다든지, 지역차·민족차를 비교하는 경우가 여기에 해당된다. 사회학적 또는 사회심리학적인 연구 목적으로 검사를 이용하는 것은 대개 이런 경우에 속한다. 또 학습능률이 올라가는 집단과 능률이 오르지 않는 집단을 나누고 그 두 집단에 동일한 성격검사를 실시하여 두 집단의 성격적 특징을 비교하는 연구에도 조사가 가끔 이용된다.

(4) 개성 또는 적성의 발견

　또 하나는 개성이나 적성을 발견해서 거기에 맞는 지도와 배치를 하는 것을 목적으로 검사를 이용하는 것이다. 예컨대, 군대에서는 대량의 인원에게 검사를 실시해서 그 배치를 결정하며, 병과를 결정하는 데에도 적성검사·특수조사를 실시한다. 또 민간회사에서도 적성을 발견해서 채용한다든지, 배치나 직원의 재훈련을 위해 검사가 실시되고 있다.

(5) 프로그램 평가

표준화검사의 사용은 개인의 이해와 의사결정에 도움을 줄 수 있을 뿐만 아니라 교육 프로그램의 평가에 대한 정보도 제공할 수 있다. 형식적인 교육 프로그램은 물론, 직업훈련 프로그램이나 보육 프로그램, 부녀자 및 노인 복지 프로그램 등의 각종 사회서비스 프로그램의 효과를 평가하고 그 결과에 따라 정책 결정을 할 때 검사를 통해 좀 더 체계적인 자료를 얻을 수 있다.

4) 표준화검사의 유형

표준화검사는 일반적으로 검사목적, 문항형식, 측정방법, 실시방법, 검사내용에 따라 다음과 같이 분류될 수 있다.

검사목적에 따른 분류에는 개관검사(survey test), 분석검사(analysis test), 진단검사(diagnostic test)가 있다. 개관검사는 전체적인 측정목표를 개략적으로 측정하는 것이고, 분석검사는 주요 요인에 따라 분석적으로 측정한다. 진단검사는 원인과 이유를 분석적으로 측정한다.

문항형식에 따른 분류에는 언어검사(verbal test), 비언어검사(nonverbal test), 수행검사(performance test)가 있다. 언어검사는 언어와 문장의 형식으로 측정하고, 비언어검사는 숫자, 기호, 도형 등의 형태로 측정하며, 수행검사는 실제 작업을 수행케 하여 측정한다.

측정방법에 따른 분류에는 속도검사(speed test)와 역량검사(power test)가 있다. 속도검사는 일정한 시간 내에 얼마나 빨리 그리고 정확하게 할 수 있는지를 측정하고, 역량검사는 능력의 수준을 측정한다.

실시방법에 따른 분류에는 개인검사(individual test)와 집단검사(group test)가 있다. 개인검사는 개인별로 실시하고, 집단검사는 집단을 대상으로 실시한다.

검사내용에 따른 분류에는 학력검사, 지능검사, 적성검사, 성격검사, 흥미검사, 태도 및 가치관검사, 사회성검사 등이 있다.

　앞의 분류 중 검사내용에 따른 분류에서 교사가 개별 학생의 소질과 특성을 파악하는 데 필요한 자료나 정보를 얻기 위해 사용할 수 있는 표준화검사를 표준화 학력검사, 표준화 지능검사, 표준화 적성검사, 표준화 성격검사, 표준화 흥미검사, 표준화 창의성검사 등으로 분류할 수도 있는데, 각각의 유형에 대해 부연 설명을 하면 다음과 같다.

(1) 표준화 학력검사

　표준화 학력검사는 일정 연령 또는 학년에 도달한 학생이 그 연령 혹은 학년에서 배웠거나 혹은 배워야 할 교육목표를 어느 정도 달성하고 있는지의 정도를 표준점수로 산출하는 검사이다(서울대학교교육연구소, 1997). 표준화 학력검사는 각 교과별로 학생의 학력을 측정하여 피험자의 학습수준이 정상아에 비해 어느 정도 떨어지는지를 알아보고, 학습자 배치에서 어느 수준의 집단에 들어가야 하는지를 결정하거나 구체적인 개별화 교수안을 짜는 데 활용된다.

　우리나라의 대표적인 기초학력 진단검사로는 박경숙 등(1989)이 한국교육개발원에서 개발한 '기초학습기능검사', 김재은(1990)의 '학력향상진단검사', 문용린(1995)의 '종합학습능력진단검사', 김동일이 개발한 'BASA 기초학습기능 수행평가체제' 등이 있다.

　우리나라 학교현장에서 많이 이용하는 표준화 학력검사에는 기초학습기능(basic learning skills)이라고 할 수 있는 3R, 즉 읽기(reading), 쓰기(writing), 셈하기(arithmetic) 능력을 측정하기 위한 기초학력 진단검사와 각 학년별·교과목별 학업성취도 수준을 측정하기 위한 학년별·교과목별 학업성취도 검사가 있다. 그리고 대학입학을 위한 대학수학능력시험이 있다. 이 중 기초학력 진단검사와 대학수학능력시험의 시행 절차에 대해 살펴보고자 한다.

　첫째, 기초학력 진단검사 중 2006년도 초등학교 3학년 국가수준 기초학력 진단검사는 학업성취도평가 등과 유사한 시행 절차를 통하여 검사를 실시하며, 구체적인 절차는 [그림 8-1]과 같다.

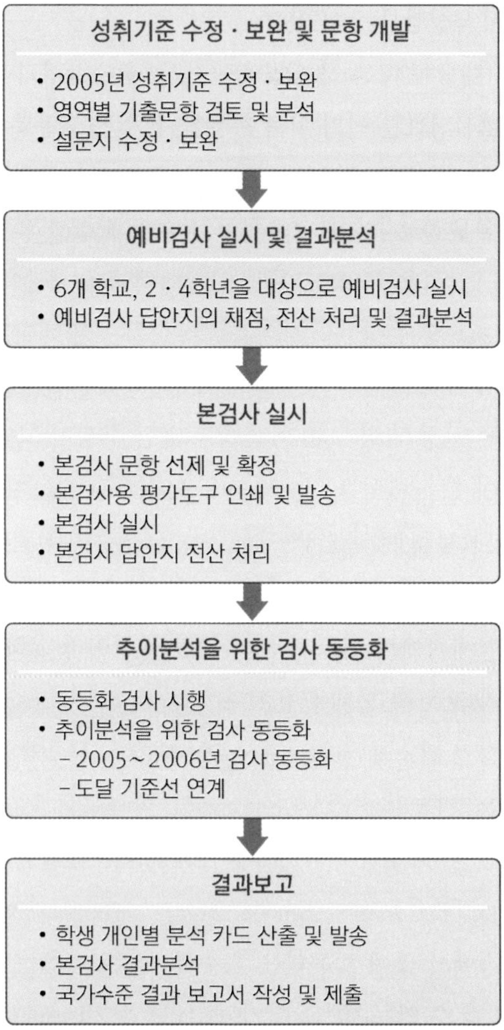

> ### 성취기준 수정 · 보완 및 문항 개발
>
> - 2005년 성취기준 수정 · 보완
> - 영역별 기출문항 검토 및 분석
> - 설문지 수정 · 보완

> ### 예비검사 실시 및 결과분석
>
> - 6개 학교, 2 · 4학년을 대상으로 예비검사 실시
> - 예비검사 답안지의 채점, 전산 처리 및 결과분석

> ### 본검사 실시
>
> - 본검사 문항 선제 및 확정
> - 본검사용 평가도구 인쇄 및 발송
> - 본검사 실시
> - 본검사 답안지 전산 처리

> ### 추이분석을 위한 검사 동등화
>
> - 동등화 검사 시행
> - 추이분석을 위한 검사 동등화
>   - 2005~2006년 검사 동등화
>   - 도달 기준선 연계

> ### 결과보고
>
> - 학생 개인별 분석 카드 산출 및 발송
> - 본검사 결과분석
> - 국가수준 결과 보고서 작성 및 제출

[그림 8-1] 2006년도 초3 기초학력 진단평가의 절차

출처: 한국교육과정평가원(2007).

기초학력 진단검사의 본검사 문항 중 읽기 본검사의 문항을 제시하면 〈표 8-3〉과 같다.

〈표 8-3〉 읽기 본검사의 문항

내용영역		문제 상황		글의 유형	
하위영역	문항수 (배점 비율)	하위영역	문항수 (배점 비율)	하위영역	문항수 (배점 비율)
한글 해독	5(21)	학습	13(47)	설명	5(16)
낱말 이해	8(25)			설득	3(11)
사실적 이해	10(32)	생활	13(41)	문학	6(18)
감상 및 평가	7(22)			도식	6(19)
합계	30(100)	합계	26(88)	합계	20(64)

출처: 한국교육과정평가원(2007).

　검사 후 학생 개인별 읽기, 쓰기, 셈하기의 세 영역에 대한 영역별 진단결과는 기초학력의 도달/미도달 여부를 알려 준다. 도달의 경우, '~의 기초학력 기준에 도달하였습니다.'라고 기술하고, 미도달의 경우, '~의 기초학력을 갖추기 위해 노력이 필요합니다.'라고 기술한다. 도달한 학생이 공통적으로 갖추고 있는 최소 능력 특성을 영역별로 제시한다. 도달한 학생의 읽기 진단 정보를 제시하면 〈표 8-4〉와 같다.

〈표 8-4〉 도달한 학생의 읽기 진단 정보

읽기	읽기의 기초학력 기준에 도달하였습니다. • 낱말과 문장을 정확하게 소리 내어 읽기 • 기본적인 낱말의 뜻을 정확하게 이해하기 • 간단한 글에 나타난 세부내용 파악하기 • 글에 나타나지 않은 내용을 파악하며 읽기

출처: 한국교육과정평가원(2007).

　둘째, 대학수학능력시험(College Scholastic Ability Test)은 대학입학을 원하는 학생이 의무적으로 혹은 필요에 의해 전국적으로 치르는 시험이다. 대학수학능력시험은 국가에서 주관하여 표준화된 절차에 따라 출제, 채점, 성적 통지가 이루어지는 검사로, 1994학년도부터 현재까지 시행되고 있다. 초기 성격은 대학 수학에 필요한 학업적성을 측정하기 위하여 통합교과적으로 고등학교 교육과정의 수준과 내용에 맞추어 고차원적인 사고력을 측정하는 발전된 학력고사였다(남명호 외, 2005). 이후 교육과정 개정, 사회적 요구 등에 따라 학업성취도를 측정하는 시험으로 변하였으며, 시험체제 및 점수체제 등도 여러 차례 변화를 거쳤다. 현재 대학수학능력시험에는 대학 수학에 필요한 적성검사의 성격과 고교 교육과정을 반영하는 성취도 평가의 성격이 공존한다고 볼 수 있다(한국교육과정평가원, 2020. 9. 29.). 그리고 교육부는 2015 개정 교육과정 취지에 따라 문·이과 간 벽을 없애고 학생 선택권을 강화하기 위해 대학수학능력시험의 선택과목을 확대하였다. 이로 인해 2022학년도 대학수학능력시험부터 국어 및 수학 영역은 공통과목과 선택과목 체제로 전환되며, 사회탐구와 과학탐구 영역은 계열 구분 없이 최대 2과목까지 선택할 수 있고, 직업탐구 영역에서는 전문공통과목 '성공적인 직업생활'이 신설된다. 2022학년도 대학수학능력시험의 시행 순서 및 영역별 배점, 문항수는 〈표 8-5〉와 같다(한국교육과정평가원, 2020. 5. 30.).

〈표 8-5〉 2022학년도 대학수학능력시험 시행 순서 및 영역별 배점·문항수

교시	시험 영역	시험 시간	배점	문항수	비고
1	국어	08:40~10:00 (80분)	100	45	• 국어·수학 영역: 공통과목은 공통 응시 +선택과목 중 1과목 선택 응시
2	수학	10:30~12:10 (100분)	100	30	
3	영어	13:10~14:20 (70분)	100	45	• 이전과 동일
4	한국사, 사회·과학·직업탐구	14:50~16:37 (107분)			
	한국사	14:50~15:20 (30분)	50	20	• 이전과 동일
	한국사 문제지·답안지 회수 탐구영역 문제지·답안지 배부	15:20~15:35 (15분)			• 사회·과학탐구 영역: 계열 구분 없이 최대 2과목 선택 응시 • 직업탐구 영역: 전문공통과목 '성공적인 직업생활'은 공통 응시+계열별 선택과목 중 1과목 선택 응시
	사회·과학·직업탐구 제1선택과목	15:35~16:05 (30분)	50	20	
	시험 본 과목 문제지 회수	16:05~16:07 (2분)			
	사회·과학·직업탐구 제2선택과목	16:07~16:37 (30분)	50	20	

5	제2외국어/한문	17:05～17:45 (40분)	50	30	• 이전과 동일

한편, 대학수학능력시험은 표준화된 절차에 따라 출제, 채점, 성적 통지가 이루어지는 등 교육부와 한국교육과정평가원에 의해 철저하게 운영·관리되어 대입전형 요소로서 공신력과 변별력을 갖춘 신뢰성 있는 시험으로 인식되고 있다. 하지만 현행 대학수학능력시험은 객관식 선다형 문항 위주로 출제되어 학생들의 창의적 사고력과 표현력을 평가하는 데 한계가 있다. 이에 따라 교육부는 미래사회에 필요한 역량평가 및 고교학점제 등 최근의 교육정책을 종합적으로 반영하기 위해 서술형·논술형뿐만 아니라 미래 역량을 타당하게 평가할 수 있는 새로운 대학수학능력시험 체제 개편을 모색하고 있다(한국교육과정평가원, 2020. 9. 29.).

(2) 표준화 지능검사

표준화 지능검사는 인간의 인지적(혹은 학문적) 잠재능력을 측정하는 표준화된 검사라고 할 수 있다. 표준화 지능검사는 분류의 기준이나 목적에 따라 여러 가지 방법으로 나눌 수 있다. 먼저 일반지능을 측정하는지, 특수한 정신능력을 측정하는지에 따라 일반지능검사와 특수지능검사로 분류될 수 있으며, 주어진 언어자극을 통해 언어를 사용하여 문항에 대답하게 되는지, 도형, 그림, 기호, 실제의 작업을 통해 측정하게 되는지에 따라 언어검사와 비언어검사로 나눌 수도 있다. 또한 구체적인 재료에 대한 어떤 작업이나 동작을 요구하는 수행(혹은 동작)검사와 종이 위에 제시된 문항들에 대답하도록 요구하는 지필검사로 구분할 수도 있고, 한 번에 한 사람을 대상으로 실시하도록 되어 있는 개인용 지능검사와 한 번에 여러 사람에게 동시에 실시할 수 있도록 구성되어 있는 집단용 지능검사로 구분할 수도 있다.

대체로 표준화 지능검사는 평균이 100이고 표준편차가 15이거나 16인 변환표준점수를 활용한다. 예컨대, Wechsler 지능검사나 Kaufman 지능검사에서는 표준편차가 15이고, Stanford-Binet 지능검사에서는 표준편차가 16이다. 따라서 지능검사의 점수, 즉 지능지수 혹은 IQ(intelligence quotient)를 해석할 때는 해당 지능검사의 표준편차를 확인하는 것이 필요하다. 아울러 표준화가 제대로 된 지능검사일 경우 동일한 연령집단의 평균이 100이 되기 때문에 그 집단의 50%가 100 미만의 지능지수, 즉 두

자릿수 지능지수를 가지게 된다는 것을 주지할 필요가 있다.

우리나라의 대표적인 표준화 지능검사에는 강위영, 이상복과 윤점룡(1992)의 'K토니검사(비언어성 인지능력검사)', 임인재(1993)의 '일반지능검사', 한국교육개발원(1993)에서 개발한 '한국교육개발원지능검사', 한국행동과학연구소(1995)에서 개발한 '지능검사(KIT-P)', 국립특수교육원(2002)에서 개발한 '한국형 개인지능검사', 문수백, 이영재, 여광응과 조석희(2007)의 'CAS 종합인지기능 진단검사', 신민섭과 조수철(2009)의 'K-Leiter-R 한국판 라이터 비언어성 지능검사', 곽금주, 오상우와 김청택(2011)의 'K-WISC-Ⅳ 한국 웩슬러 아동 지능검사', 문수백(2014)의 'KABC-Ⅱ 카우프만아동 지능검사 Ⅱ', 이종구, 현성용과 최인수(2014)의 'M-FIT 다요인 지능검사' 그리고 김동일(2015)의 'SIA 강점 지능검사' 등이 있다.

표준화 지능검사 중 KWIS(고려대학교부설행동과학연구소 편, 2007 재인용)의 예를 시행 절차, 문항구성, 채점방법, 신뢰도, 타당도 등을 통해 좀 더 자세히 제시하면 다음과 같다.

① 척도소개

이 지능검사는 과제를 통해 개인의 전반적인 능력을 평가하는 심리측정도구로 피험자가 목적에 맞는 문제해결 행동을 하는지를 측정한다. 하위 11개의 소검사로 구성되었으며, 이 중 6개는 언어성 IQ를, 5개는 동작성 IQ를 측정하는 표준화된 검사이다.

② 척도개발과정

전용신, 서봉연과 이창우(1963)가 WAIS(1955)를 번안하였다.

③ 척도내용 및 채점방법

• 기본 지식문제: 29개의 문항으로 구성되어 있으며, 개인이 소유한 기본 지식의 정도를 측정한다. 정답을 맞힌 문항에 1점씩 주어 점수를 계산하며, 최고 득점은 29점이다.

• 빠진 곳 찾기: 20개의 문항으로 구성되어 있으며, 20장의 그림카드를 도구로 사

용한다. 이 검사는 사물의 본질적인 부분과 비본질적인 부분을 구별하는 능력과 시각적 예민성을 측정한다. 정답을 제시하면 각 문항에 1점씩 준다.

- 숫자 외우기: 바로 따라 외우기 7문항과 거꾸로 따라 외우기 7문항으로 구성되어 있으며, 각 문항에는 제1시행과 제2시행이 있다. 이 검사는 청각적 단기기억과 주의력을 측정한다. 각 문항에 대해 두 시행 모두 성공하면 2점, 한 시행만 성공하면 1점, 모두 실패하면 0점을 주어 채점한다.

- 차례 맞히기: 10개의 문항으로 구성되어 있으며, 10벌의 그림카드 세트를 도구로 사용한다. 이 검사는 전체 상황에 대한 이해력과 계획능력을 측정한다. 시간과 배열순서에 따라 점수를 준다.

- 어휘문제: 35개의 단어목록으로 구성되어 있다. 이 검사는 일반지능을 나타내는 중요한 지표로서 학습능력과 일반개념의 정도를 측정한다. 표준화되어 제시된 채점기준에 따라 0에서 2점까지의 점수를 부과한다.

- 토막짜기: 9개의 문항으로 구성되어 있으며, 모형이 그려진 9장의 카드와 9개의 나무토막(빨간색-흰색의 정육면체)을 도구로 사용한다. 이 검사는 지각구성능력과 공간적 표상능력, 시각-운동협응능력을 측정한다. 제한 시간 내에 토막을 성공적으로 완성하면 시간에 따라 0에서 7점까지의 점수를 부과한다.

- 산수문제: 16개의 문항으로 구성되어 있으며, 수 개념의 이해와 주의집중력을 측정한다. 정답을 말하면 1점씩 준다. 10번부터 16번까지의 문항은 정확하고 빠르게 문제를 풀면 각 문항당 1점씩의 가산점을 준다.

- 모양 맞추기: 4개의 문항으로 구성되어 있으며, 4개의 상자에 들어 있는 모양 맞추기 조각들을 도구로 사용한다. 이 검사는 지각능력과 재구성능력, 시각-운동협응능력을 측정한다. 완성된 그림에 표시되어 있는 X선의 수가 점수가 된다.

- 이해문제: 16개의 문항으로 구성되어 있으며, 일상 경험의 응용능력이나 도덕적·윤리적 판단능력을 측정한다. 표준화되어 제시된 채점기준에 따라 0에서 2점까지의 점수를 부과한다.

- 바꿔 쓰기: 7개의 연습문항과 93개의 본문항으로 구성되어 있으며, 검사는 연필과 지우개를 사용하여 검사용지에 실시한다. 이 검사는 단기기억능력 및 민첩성, 시각-운동협응능력을 측정한다. 정확하게 써넣은 문항마다 1점씩 준다. 단, 7개의 연습문제는 점수에 포함하지 않는다.

- 공통성 문제: 14개의 문항으로 구성되어 있으며, 유사성의 관계파악능력과 추상적 사고능력을 측정한다. 표준화되어 제시된 채점기준에 따라 0에서 2점까지의 점수를 부과한다.

④ 신뢰도

〈표 8-6〉과 같이 바꿔 쓰기와 숫자 외우기를 제외한 모든 검사의 신뢰도는 기우반분법을 사용하여 내적 일치도 계수를 계산하고, 바꿔 쓰기와 숫자 외우기의 신뢰도는 검사-재검사 신뢰도로 구하였다.

〈표 8-6〉 내적 일치도 계수와 검사-재검사 신뢰도

기본 지식문제	.93	차례 맞추기	.72
숫자 외우기	.76	토막 짜기	.88
어휘문제	.93	모양 맞추기	.73
산수문제	.86	바꿔 쓰기	.83
이해문제	.84	언어성 IQ	.93
공통성 문제	.83	동작성 IQ	.88
빠진 곳 찾기	.82	전체 IQ	.91

출처: 고려대학교부설행동과학연구소 편(2007)에서 재인용.

⑤ 타당도

Wechsler가 정의한 지능의 개념인 합목적적 행동과 이성적 사고 그리고 효율적인 환경통제에 대한 개인적인 능력을 KWIS도 유의미하게 측정한다.

(3) 표준화 적성검사

표준화 적성검사는 인간 개인이 소유하고 있는 다양한 종류의 적성(예: 언어적 적성, 논리·수학적 적성, 공간적 적성, 음악적 적성, 운동적 적성, 인간관계적 적성, 자기이해적 적성, 자연주의자적 적성 등)을 체계적으로 측정하는 표준화된 검사라고 할 수 있다. 적성이란 지능이나 학력의 개념과 비교해 볼 때 '구체적인 과업이나 어떤 특정한 작업에서 장래의 성공가능성'을 예언하는 데 주안점을 두는 능력이라고 할 수 있으며, 표준화 적성검사의 주된 용도는 검사에서 피험자의 수행 정도를 측정하여 특정한 상황이나 과제에 대한 수행가능성을 예언하는 것이다(서울대학교교육연구소, 1997). 적성검사는 그 내용에 따라 각 적성요인을 총괄적으로 측정하여 어떤 직무에 적합한지를 알아보는 종합적성검사와 각 적성요인을 분리해서 개인이 어떤 특정 직무를 수행하는 데 필요한 능력을 갖추고 있는지의 여부를 측정하는 특수적성검사로 나눌 수 있다. 그리고 검사의 목적에 따라 진학적성검사와 직업적성검사로 나눌 수도 있다.

참고로 세계적으로 가장 많이 활용되고 있는 표준화 적성검사 중 하나는 1947년에 개발되어 지속적으로 수정ㆍ보완된 DAT(Differential Aptitude Test)인데, 총 8개의 하위검사, 즉 언어추리, 수리추리, 추상추리(abstract reasoning), 지각 속도 및 정확성, 기계추리, 공간관계, 철자, 언어 사용 등으로 구성되어 있다.

우리나라의 주된 표준화 적성검사로는 임인재(1982)의 '진로적성검사', 김충기와 정채기(1993)의 '진로흥미ㆍ적성검사', 문용린(1996)의 '종합적성 및 진로검사', 안창규와 안현의(2006)의 'Holland 진로발달검사', 이종구, 현성용과 최인수(2007)의 'KMIS—E 다중지능검사', 안창규(2008)의 'HOLLAND 진로탐색검사 II', 이종구(2014)의 'KVAT 직무적성검사'와 'KVCT 직무역량검사' 등이 있다.

(4) 표준화 성격검사

표준화 성격검사는 성격을 다양한 생활장면에서 개인의 적응을 특정 짓게 하는 사고와 정서를 포함한 행동의 고유한 유형으로 정의하고, 이러한 인간의 성격유형을 측정하고 진단하는 표준화된 검사이다. 표준화 성격검사는 그 유형에 따라 문장 속에 남겨진 빈칸에 자신의 생각을 기입하는 문장완성검사, 아동의 고유한 욕구를 확인하기 위한 욕구진단식 성격검사, 자기실현의 특징을 여러 가지 하위요소로 나누어 측정하는 자기실현검사, 성격과 관련되는 상황을 제시하고 해당 항목에 표시하게 하는 체크리스트 검사, 잉크반점 등을 제시하여 피험자의 의견을 측정하는 투사식 성격검사 등의 다양한 종류로 나눌 수 있다.

참고로 세계적으로 가장 많이 활용되고 있는 표준화 성격검사 중 하나는 1942년에 개발되어 지속적으로 수정ㆍ보완된 MMPI(Minnesota Multiphasic Personality Inventory)로, 이 검사는 567개의 양자택일형 문항(두 진술문 중 하나를 선택하도록 한 문항)으로 구성되어 있다. 이 검사를 통해서 심기증, 우울증, 히스테리, 정신병증, 남녀지향성, 편집증, 정신쇠약증, 정신분열증, 경조증(經操症, mania), 사회적 내ㆍ외향성 등을 확인할 수 있다.

우리나라에서 사용되고 있는 표준화된 성격검사에는 정범모(1967)의 초등학생용 '인성검사', 정한택(1967)의 '성격적응검사', 정범모, 이정균과 진위교(1975)의 한국판 'MMPI 다면적 인성검사', 김정택과 심혜숙(1993)의 'MMTIC 어린이 및 청소년 성격유형검사', 김영환, 김지혜, 오상우와 홍상황(2001)의 'PAI 성격평가 질문지', 안현의와 안창규(2014)의 'NEO-II 성격검사' 그리고 김동일(2012)의 'Big5 성격검사' 등이 있다.

(5) 표준화 흥미검사

표준화 흥미검사는 기본적으로 학업에 대한 흥미를 측정하는 것과 직업에 대한 흥미를 측정하는 것의 두 가지로 나누어 볼 수 있다(서울대학교교육연구소, 1997). 흥미란 어떤 현상이나 사물에 대한 관심 또는 어떤 활동에 적극적으로 참여하려는 성향이라고 할 수 있는데 이는 사람에 따라 다르며, 흥미의 유무는 학습활동에서나 직업활동에서 성공과 실패를 예견해 주는 중요한 단서가 되기도 한다.

참고로 세계적으로 가장 많이 활용되고 있는 표준화 흥미검사 중 하나는 1927년에 개발되어 지속적으로 수정·보완된 SII(Strong Interest Inventory)로, 이 검사는 총 317개의 문항으로 구성되어 있다. 이 검사를 통해 일반 직업문제(general occupational theme)에 대한 흥미(탐구적·현실적·전통적·예술적·사회적·기업적 측면에 대한 흥미), 기본흥미(basic interest: 운동, 수학, 의학, 공학, 응용과학에 대한 흥미) 그리고 더욱 구체적인 직업흥미(occupational interest: 공학자, 방사선기술자, 치과의사, 배관공, 공중인, 안과의사, 회계사, 화학자, 자동차 기술자, 전기기사 등) 등에 대한 정보를 확인할 수 있다.

국내의 대표적인 표준화 흥미검사로는 한국행동과학연구소(1992)에서 개발한 'KIBS 흥미검사'와 노동부중앙고용정보관리소(1994)에서 개발한 '직업흥미검사' 등이 있다.

(6) 표준화 창의성검사

표준화 창의성검사는 개인의 창의성 수준을 측정하는 표준화된 검사이다. 창의성이란 주어진 과제에 대하여 여러 가지 새로운 방법을 스스로 모색하고, 그 방법이 자신에게나 다른 사람들에게 적절한지를 판단하여 이전과는 다른 새로운 방법으로 문제를 해결하는 능력이다. 이는 문제에 대하여 인식하는 과정, 다양한 해결방안을 생각하고 유추하는 과정, 각각의 해결방안을 구체화하면서 평가하는 과정 등에서 발현된다고 할 수 있다. 창의성의 구성요소는 크게 창의적 사고, 창의적 태도 등으로 구별해 볼 수 있다. 창의적 사고에는 독창성, 이해력, 적합성, 융통성, 유창성, 정교성, 통합력, 판단력 등이 포함되며, 창의적 태도에는 호기심, 자발성, 모험심, 독립성, 집착성, 인내심, 긍정적 사고, 판단의 보류 등이 포함된다. 우리나라에서 사용되고 있는 표준화 창의성검사에는 전경원(2000)의 'K-CCTYC 유아 종합 창의성검사', 전경원과 전경남(2008)의 'K-FCTES 초등 도형 창의성검사' 그리고 이경화(2014)의 'K-ICT 통합 창의성검사' 등이 있다.

5) 표준화검사 선정 · 실시 · 해석상의 유의사항

표준화검사를 선정 · 실시 · 해석할 경우 다음과 같은 사항에 유의해야 한다(이은해, 1995; 이정환, 박은혜, 1996).

첫째, 표준화검사의 선택은 연구자의 목적과 대상에 알맞은 것이어야 한다. 기존의 표준화검사들을 비판적으로 평가하고 그 검사를 실시하는 목적에 가장 타당한 것을 선택하도록 한다.

둘째, 적절한 수준의 검사 신뢰도와 타당도가 제시되어 있어야 한다. 대상을 평가하는 데 있어서 신뢰도와 타당도가 높은 검사도구를 사용하는 것은 매우 중요하다.

셋째, 검사 실시상의 특별한 훈련이나 전문지식이 필요한지의 여부를 확인해야 한다. 질적 수준도 중요하나 검사를 사용하는 사람도 전문적인 태도와 능력을 갖추어야 한다. 검사별로 사용자의 전문 훈련이나 배경이 요구되는 경우 이를 검사요강에 명시할 필요가 있다. 따라서 검사의 실시 · 채점 · 해석에서 특별한 전문적 소양이 필요한지 검토해 보아야 한다.

넷째, 검사의 소요 시간 및 비용이 적절한지를 고려해야 한다. 검사자는 실시 절차에 대하여 충분히 이해하고 검사를 실시하기 전에 다시 한 번 지시내용과 소요 시간 등을 숙지하여 실시 도중 머뭇거림이 없어야 한다. 가능한 한 검사는 한 번에 끝내는 것이 좋으나 불가피할 경우에는 휴식을 취한 후 계속하거나 몇 회로 나누어서 실시할 수밖에 없다.

다섯째, 검사 실시 장소는 조용해야 하며, 책상 간격, 실내 온도와 광선, 통풍 상태 등 물리적 조건이 점검되어야 한다.

마지막으로, 표준화된 검사 절차를 준수해야 한다. 최종 검사의 실시는 문자 그대로 '표준화된' 절차에 따라 엄격히 통제하고 일률적인 절차로 이루어져야 한다.

2. 컴퓨터화검사

1) 컴퓨터와 검사

컴퓨터의 발달로 학교에서 교사는 컴퓨터를 이용하여 다양한 수업자료를 제시함으로써 학생들에게 생생한 경험을 제공하고 있다. 교육 분야에 컴퓨터가 보편화되면서 검사와 교육평가에서 컴퓨터 활용이 증가하고 있다. 컴퓨터는 단순히 자료의 처리와 저장에 머물지 않고, 문항 작성, 문제은행 구축, 검사제작, 검사 실시, 결과분석 등 교육평가의 전반적 과정에 널리 활용되고 있다. 미국의 교육평가원(Educational Testing Service: ETS)에서는 1998년 7월 TOEFL을 컴퓨터화한 검사를 시작한 이후 모든 국가에서 지필검사를 대체하고 있다. 우리나라에서도 TOEFL 시험이 2000년 10월부터 기존의 지필방식을 대신하여 컴퓨터 이용검사(CBT)로 시행되었다(박도순, 2012). 2005년 9월부터는 인터넷 기반 시험(iBT)으로 미국에서 처음 시행되었고, 우리나라에서는 2006년 5월부터 시작되었다. 컴퓨터를 활용한 검사가 증가하고 있는 원인으로 다음과 같은 다섯 가지를 들 수 있다(부재율, 2002).

첫째, 평가의 타당성이 증가할 수 있다. 특히 비언어적 정보를 해석하는 능력을 평가하기 위하여 그림과 사진 등을 포함한 지필검사를 치르는 것보다 컴퓨터 멀티미디어를 이용한 평가가 재고자 하는 구인을 보다 타당하게 잴 수 있다.

둘째, 표준화를 통해 신뢰도가 증가할 수 있다. 예를 들어, 역할극을 통해 대화능력을 평가하는 것보다는 대화형 프로그램을 이용한 검사의 경우 검사환경의 표준화가 높아져 신뢰도가 증가할 수 있다.

셋째, 얻을 수 없던 정보를 얻을 수 있다. 예를 들어, 학생의 마우스 조작 데이터를 통해 학생이 문제를 치르는 데 소요된 시간, 문제를 풀기 위해 거치는 과정 등의 정보를 얻을 수 있다.

넷째, 검사에 투여되는 시간과 노력이 줄어든다. 검사결과 분석 업무에서 컴퓨터를 활용함으로써 빠르고 일관되게 정확한 수행을 할 수 있다.

다섯째, 검사 관련 행정 업무를 편리하게 할 수 있다. 컴퓨터는 단순하고 반복적인 업무를 수행하는 데 탁월한 능력을 가지고 있으므로 검사 관련 행정 업무를 보다 편리하게 수행할 수 있도록 해 준다.

2) 컴퓨터화검사 개요

컴퓨터에서 실시되는 시험의 형태를 컴퓨터화검사(computerized testing)이라고 한다. 컴퓨터의 발전은 교육 및 심리검사의 제작 및 활용에 지대한 영향을 미치고, 종래의 지필검사를 대체할 수 있는 가장 실용적인 대안으로 간주되고 있다. 컴퓨터화검사는 검사의 이론적 발전에 고도화된 컴퓨터 관련 기술이 결합하여 급속도로 발전하였다.

컴퓨터화검사의 대표적인 유형으로 컴퓨터 이용검사(Computer Based Testing: CBT)와 컴퓨터화 능력적응검사(Computerized Adaptive Testing: CAT)가 있으며, 이 둘의 검사 기법은 상호보완적이면서도 협동적인 상태로 공존하고 있다(백순근, 1996).

CBT는 컴퓨터의 신속하고 정확한 자료처리능력을 이용하여 검사 답안지를 채점하거나 그 결과를 분석하여 해석하는 데 활용하는 방식이다(김영환, 손미, 정희태, 김영진, 2002). CBT를 실시하기 위해서는 기본적으로 검사에 필요한 컴퓨터 하드웨어 및 소프트웨어를 갖추고 있어야 하며, 실시하고자 하는 검사와 관련된 문제은행이 사전에 구축되어 있어야 한다. 또한 피험자는 컴퓨터 문해력(computer literacy)을 갖추고 있어야 한다.

CAT란 컴퓨터 공학과 검사이론이 서로 긴밀하게 연결되면서 발전된 하나의 검사방법이다(백순근, 채선희, 1998). 컴퓨터의 연산기능을 충분히 활용하는 CAT는 되도록 짧은 시간 내에 적은 수의 평가문항을 사용하면서도 학습자의 능력에 대한 측정오차가 최소가 되도록 정확하게 측정할 수 있으며, 필요에 따라 측정오차의 크기나 검사의 길이 그리고 검사의 신뢰도 등과 같은 변인들을 개별적으로 조정할 수 있다(백순근, 1994).

현재 컴퓨터화검사는 CBT의 단계를 지나 CAT로 발전하고 있다. 지필검사의 형태로 실시되었던 많은 대규모의 표준화검사는 컴퓨터화검사로 전환되었으며, CAT로 전환하려는 노력이 지속되고 있다. 예를 들어, 미국의 ETS(Educational Testing Service)에서는 대부분의 학력·자격검사를 CBT는 물론 CAT 형태로 개발 및 실시하고 있다. PRAXIS(Professional Assessments for Beginning Teachers), GRE(Graduate Record Examination General Test), GMAT(Graduate Management Admission Test), TOEFL(Test of English as a Foreign Language), NCLEX(National Council Licensure Examination) 등을 CAT로 개발하여 시행하고 있다.

국내의 경우 한국교육과정평가원에서 CBT 형태의 수학·과학 교과 학력검사를 개발·실시하였으며, 네트워크상에서 컴퓨터화검사와 CAT 형태의 학력검사를 실시하고 있다(백순근, 채선희, 1998).

3) 컴퓨터 이용검사(CBT)

CBT는 컴퓨터를 이용하여 실시하는 지필검사로서 기존 지필검사에 비해 소요되는 시간과 경비가 절감되고, 즉각적인 결과 피드백(feedback)으로 검사를 통한 학습향상을 도모할 수 있다. 또한 동영상이나 음성파일을 이용하여 다양한 형태의 문항을 제작할 수 있다.

CBT의 장점은 다음과 같다(Wise & Plake, 1989: 성태제, 2019 재인용).

첫째, 응답결과나 검사결과의 즉각적인 송환은 학습능력 향상을 촉진할 수 있으며, 채점과 결과 통보에 걸리는 인력과 시간, 경비를 절약한다.

둘째, 그래프, 사진, 동영상, 음성 등의 새롭고 다양한 형태의 문항을 통하여 지금까지 지필검사로는 측정하지 못하였던 능력을 측정할 수 있으며, 피험자에게 질문을 보다 쉽고 정확하게 이해시킬 수 있고, 검사에 대한 흥미를 유발할 수 있다.

셋째, 실시상의 어려움이 따르던 수행평가도 컴퓨터를 이용한 모의실험(simulation)을 통하여 다양하고 편리한 방법으로 실시할 수 있다. 예를 들어, 환자의 증상을 컴퓨터로 보고 그 증상에 대한 진단과 치료방법을 서술하게 하든가, 아니면 실제로 키보드나 마우스와 같은 컴퓨터의 입력장치를 치료도구로 하여 환부의 치료를 시행하도록 할 수 있다. 그뿐만 아니라 실험·실습과 관련된 내용의 인지 여부를 확인할 수 있다.

넷째, 검사일정에 구애받지 않고 언제라도 원하는 시기에 검사를 실시할 수 있다. 또한 굳이 검사장에 입실하지 않아도 컴퓨터만 있다면 네트워크를 이용하여 어디에서든지 응시가 가능하다.

다섯째, 기존의 지필검사를 치르지 못하던 피험자에게도 검사를 실시할 수 있다. 지시문을 읽지 못하는 시각장애자나 유아에게도 음성을 이용하여 검사를 실시할 수 있는 등 장애 정도에 따라 적절한 평가환경을 제공하는 것이 가능하다.

여섯째, 문항과 피험자에 대한 다양한 정보를 제공하고 지속적으로 저장, 관리할 수 있다. 피험자의 응답결과뿐 아니라 각 문항마다 응답에 걸리는 시간, 문항의 재검토나 수정 여부 등을 알 수 있으므로 보다 정확한 피험자의 능력 추정을 위한 자료로 이용할 수 있다.

일곱째, 검사를 종이에 인쇄하여 운반하거나 보관할 필요가 없으므로 검사내용에 대한 비밀보장이 용이하고, 그만큼 경비도 절감할 수 있다.

4) 컴퓨터화 능력적응검사(CAT)

(1) CAT의 개념

CAT는 모든 피험자에게 동일한 검사를 실시하는 것이 아니라, 개별 피험자의 능력에 맞는 문항을 제시하여 문항을 맞히면 더 어려운 문항을, 틀리면 더 쉬운 문항을 제시하여 피험자의 응답결과에 적응하는 방식으로 실시하는 검사이다. CAT의 실현을 위해서는 즉각적인 채점과 다음 문항 선택을 위한 컴퓨터의 빠른 실시간 계산능력이 필수적이며, 이를 통해서 피험자 능력에 적합한 보다 효율적이고 개별적인 검사가 가능하게 되었다. CAT에서는 피험자의 능력수준에 부합한 검사를 실시하므로 다양한 능력수준의 피험자에게 동일한 형태의 검사를 실시하는 것보다 적은 수의 문항으로 보다 정확한 피험자의 능력을 추정할 수 있다. CAT의 이러한 특성에 의해 얻을 수 있는 장점은 다음과 같다(성태제, 2019).

첫째, 누구에게나 공정하고 정확한 검사결과를 얻을 수 있다. CAT를 실시하면 피험자에게 높은 정보를 주는 문항만을 선별적으로 제시할 수 있으므로 모든 피험자의 능력을 같은 정도로 정확하게 측정할 수 있다. 둘째, 피험자의 능력에 맞는 문제를 제시함으로써 동기를 유발하고 사기를 진작시켜, 검사 상황에서 유발되는 측정오차를 감소시킬 수 있다. 셋째, 효율적인 검사를 실시할 수 있기 때문에 검사에 소요되는 시간을 단축할 수 있으며, 검사 실시에 따르는 경비절감에도 기여한다. 넷째, 개인마다 다른 형태의 검사를 시행함으로써 검사 도중에 발생하는 부정행위를 방지할 수 있다. 다섯째, 검사문항 내용에 대한 정보 유출의 가능성을 최소화할 수 있다.

이와 같이 많은 장점을 지니고 있는 CAT는 가장 발전된 검사형태의 하나로 많은 연구가 이루어지고 있으나, 그 실제적 활용은 미미한 실정이다. CAT에 대한 문제점은 다음과 같다(김영환, 손미, 1997).

첫째, CAT의 기본 원리가 되는 이론적 배경이 수학과 통계학에서 시작되었기 때문에 일반 실무자들이나 비전공자들이 접하기가 어려워서 쉽게 활용할 수 없다. 둘째, 현재 연구된 CAT 모형들이 아주 다양해서 어떤 모형이 좋은지 현장의 교사와 활용자들이 구별하여 사용하기 힘들다. 셋째, 문항반응이론(Item Response Theory)에 의하여 출제 문항의 모수들을 계량해야 하는 CAT 모형은 CAT 모형은 사전에 많은 양의 데이터를 모으고 분석하여 정리할 것을 요구하고 있어 장시간 체계적인 연구를 할 수 없는 일반 실무자들의 경우에는 활용의 제한이 많다. 넷째, 대부분의 CAT 모형이 구체적으로 어떻게 검사를 개발해야 하며 컴퓨터 프로그램으로 어떻게 구현해야 되는지에 대한 지침을 제공하지 못하고 있으며, 설계를 위해 표준화된 자료의 부족으로 실제 개발에 많은 제한이 있다.

(2) CAT의 알고리즘

CAT는 피험자의 사전 정보에 의해 임시적으로 추정된 능력수준에 해당하는 난이도를 가진 문항에서 검사를 시작하여, 맞히면 어려운 문항이 제시되고 틀리면 보다 쉬운 문항이 제시되어 제시된 문항에 대한 정답 여부에 따라 새로운 능력이 추정되고, 다시 이 능력에 적합한 문항을 선정하는 방식으로 검사가 진행된다. CAT에서 피험자들은 각자의 능력수준에 해당되는 난이도를 가진 문항으로 검사를 시작하여, 능력수준에 따라서 다른 수의 다른 문항에 응답하게 되며, 종료기준을 만족하면 언제라도 검사를 마칠 수 있다.

CAT의 알고리즘 순서도는 [그림 8-2]와 같다.

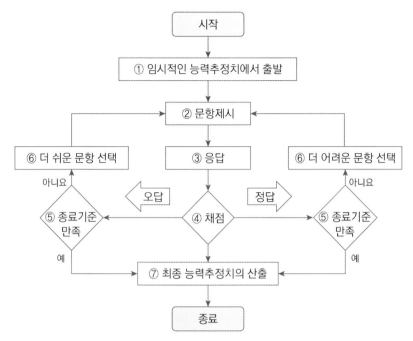

[그림 8-2] 컴퓨터화 능력적응검사 알고리즘의 순서도

출처: 성태제(2019).

5) 컴퓨터화검사 간 비교

CAT의 실행에 있어서 컴퓨터의 역할은 매우 중요하다. 검사내용을 화면에 제시하는 것뿐만 아니라 문항과 피험자에 대한 모든 자료를 계산하고 저장해야 한다. CBT와 CAT의 특성을 비교하면 〈표 8-7〉과 같다. 〈표 8-7〉에서는 이 두 검사를 검사의 난이도, 검사문항수, 통제 주체 및 제작 측면에서 그 특징을 비교하였다.

〈표 8-7〉 컴퓨터 이용검사(CBT)와 컴퓨터화 능력적응검사(CAT) 비교

구분	컴퓨터 이용검사(CBT)	컴퓨터화 능력적응검사(CAT)
난이도	응시집단의 평균 능력 점수로 조정	응시자의 능력에 따라서 난이도 조정
검사문항수	고정적이며 상대적으로 많음	상대적으로 적음
통제 주체	응시자	컴퓨터
제작 측면	제작이 비교적 간단함	제작이 어려움

6) 컴퓨터화검사 실시 시 고려사항

최근에는 컴퓨터뿐만 아니라 태블릿 PC, 스마트폰 등 다양한 매체로도 검사가 가능하다. 또한 컴퓨터의 발달에 측정이론의 발달이 더해져 피험자의 수준에 따라 문항이 선택되어 제시되는 것이 가능해졌다. 컴퓨터화검사는 많은 장점을 가지고 있지만, 측정하고자 하는 내용이 아닌 컴퓨터 활용능력에 의해 영향을 받을 수 있다. 컴퓨터화검사를 실시할 때 고려해야 할 사항은 다음과 같다(성태제, 2019).

첫째, 검사내용의 입·출력을 위한 하드웨어 설비와 문제은행을 관리하고 검사결과를 분석하기 위한 소프트웨어가 갖추어져야 한다. 둘째, 피험자 평가에 공정성을 기하기 위해 컴퓨터 사양과 설정이 동일한 상태에서 검사가 이루어져야 한다. 셋째, 검사 실시 이전에 컴퓨터화검사의 특징과 실시방법에 대한 구체적인 안내가 필요하다.

연구문제

1. 표준화검사의 기능에 대하여 서술하시오.

2. 표준화검사의 제작과정에 대하여 서술하시오.

3. 표준화검사의 유형에 대하여 서술하시오.

4. 표준화검사 선정 · 실시 · 해석상의 유의사항에 대하여 설명하시오.

5. 컴퓨터화검사에 대해 설명하시오.

6. 컴퓨터 이용검사의 장점을 설명하시오.

7. 컴퓨터화 능력적응검사의 장점을 설명하시오.

8. 컴퓨터 이용검사와 컴퓨터화 능력적응검사를 비교하시오.

제9장

문항제작

- 문항제작자의 지식과 소양을 기술할 수 있다.
- 문항유형에 따른 장단점을 기술할 수 있다.
- 문항편집에 있어서 내용진술의 원칙을 기술할 수 있다.

개인의 잠재능력에 대한 평가는 검사에 의하여 실시되고 있다. 검사는 여러 가지 문항으로 구성된다. 그러므로 개인의 능력을 타당하고 신뢰할 수 있도록 측정하기 위한 검사는 좋은 문항들로 구성되어야 한다. 문항제작에 필요한 본질적인 요소는 교육목표에 대한 깊은 이해, 그 목표를 문항으로 번역해 내는 지식, 기술, 경험이 필수적이다. 또한 방법 면에서는 체계적인 절차에 따라 제작되어야 한다.

이 장에서는 학교현장에서 좋은 문항을 제작하기 위한 '문항제작의 이론과 실제'에 대하여 살펴보고자 한다. 이를 위하여 문항의 의미와 구성요소, 좋은 문항의 조건, 검사제작자의 자격, 문항의 유형, 문항유형에 따른 제작 시 유의사항 및 그 장단점을 설명하고자 한다. 또한 문항을 좀 더 체계적이고 일관성 있게 제시할 수 있는 문항편집의 요령을 알아보고자 한다.

1. 문항의 의미와 구성요소

1) 문항의 의미

검사는 학생 개인의 능력이나 교사의 수업 개선에 결정적인 정보를 제공한다. 그러므로 검사도구의 기본 조건은 타당도와 신뢰도를 확보하는 것이다. 검사도구의 타당도와 신뢰도를 결정하는 요인은 다양하지만, 검사문항의 유형이나 검사도구 자체의 측면에서는 검사문항의 질에 달려 있다. 문항은 검사나 시험을 구성하는 기초단위로, 응시자가 특정 내용이나 기술을 어느 정도 알고 있는지 알아보기 위해 진술된 질문이다.

교육현장에서 흔히 시험문제라고 부르고 있는 문항에 대한 개념을 체계적으로 정의하려는 시도는 Osterlind(1989)의 주장에서 비롯되었다. 그에 의하면, 문항은 학업성취, 능력, 성향, 특성과 같은 구인(construct)을 추론하는 데 필요한 자료를 수집하기 위한 측정단위를 말한다. 이 정의는 다음과 같은 세 가지 하위요소를 포함하고 있다(Osterlind, 1989).

첫째, 문항은 하나의 측정단위이다. 측정은 객관적으로나 주관적으로 수량화할 수 있다는 의미이다. 문항에서 얻은 자료에 대한 수리적 해석이 가능하다.

둘째, 문항은 자극과 응답 형식으로 구성되어 있다. 문항은 자극과 반응의 인과관계로 설명할 수 있다. 그래서 피험자에게 응답하는 형식에 맞추어 반응하도록 안내한다.

셋째, 문항은 심리적 구인을 추론하는 기능을 한다. 심리적 구인은 인간 행동을 설명하기 위해 의도적으로 만든 가설적인 구성 개념이다. 독서능력과 정서발달 등과 같은 특성이 바로 심리적 구인의 예시이다. 심리적 구인은 이론적으로 개념화되지만 직접 관찰할 수 없으므로 구인의 존재 여부와 정도를 추론해야 한다. 그러므로 문항이 심리적 구인을 추론할 수 있는 자료를 제공하지 못한다면, 그것은 문항이라고 할 수 없다.

2) 문항의 구성요소

검사문항은 자극과 응답 형식을 갖춘 측정단위이다. 문항의 형식에는 의문문이 아닌 형식도 있기 때문에 문항은 '질문(question)'과는 다르다. 예를 들어, 완성형이나 결합형 문항은 의문문으로 진술되지 않는다. 문항의 요소는 지시문, 지문, 그래픽, 문두, 답지 등으로 구성되어 있다. 이 중 문항의 대표적인 구성요소는 지시문(direction), 문두(stem), 답지(options)이다. 지시문은 문항에 어떻게 반응할 것인지를 명시한 문장이다. 문항 하나하나에 별도로 사용되는 개별지시문과 일련의 문항에 공통적으로 사용되는 공통지시문으로 구분된다. 문두는 피험자의 반응을 유도하기 위해 질문을 제시하거나 상황을 설정하는 부분이다. 즉, 문두는 반응을 유발하기 위한 자극의 기능을 한다. 답지는 선택형 문항에서 문두에 대해 제시해 놓은 선택지를 의미한다. 서답형 문항은 지시문과 문두만으로 구성된다. 답지는 정답으로 채점되는 정답지와 오답으로 채점되는 오답지로 구성된다.

2. 좋은 문항의 조건

검사는 문항으로 구성된다. 좋은 검사는 결국 좋은 문항들의 집합이다. 그래서 문항제작자는 타당하고 신뢰성 있는 검사가 되도록 좋은 문항을 만들려고 최선을 다한다. 그러나 Gronlund(1988)는 좋은 문항을 제작할 때 공통적으로 장애가 되는 요소로서 필요 이상의 어려운 단어, 불필요하게 복잡한 문장 구조, 모호한 문장, 요점 없이 기술된 문장, 불분명하게 제시된 그림, 혼돈스런 지시문, 인종과 성별의 편파성이 포함된 문장 등을 들고 있다. 이 장애를 극복한 문항을 좋은 문항으로 간주할 수는 있으나, 절대적이지는 않다. 왜냐하면 좋은 문항을 제작하는 것은 하나하나를 고려하여 제작하는 단순한 작업이 아니라 모든 것을 고려하여 작성하는 복합적인 작업이기 때문이다. 즉, 좋은 문항 그리고 나쁜 문항이라고 단순히 평가하는 것이 적절하지 않을 수 있다는 것이다. 그럼에도 좋은 문항이 되기 위해서는 최소한 다음의 조건을 만족시켜야 할 것이다.

첫째, 문항내용의 적절성을 고려해야 한다. 적절성이란 문항의 내용이 측정하고자 하는 내용을 얼마나 잘 측정하고 있는지를 의미하는 것으로서 문항제작자가 우선적으로 확인해야 할 요소이다. 문항들이 측정하고자 하는 내용을 제대로 담고 있을 때, 그 검사는 '타당도가 높다'고 한다.

둘째, 문항내용이 복합성(complexity)을 지녀야 한다. 복합성이란 개인이 부딪히는 요소 혹은 관계의 폭과 관련되는 문항의 특징을 말한다. 즉, 문항이 '복합적이어야 한다'는 것은 질문의 내용이 단순한 기억에 의한 사실보다는 분석, 종합, 평가, 창안 등의 고등정신능력을 측정할 수 있는 문항이어야 한다는 것이다. 문항내용의 복합성이란 복잡성과 구별되는데, 복잡성은 질문이 매우 복잡하게 쓰여 있을 경우를 의미한다.

셋째, 문항의 참신성을 고려하여야 한다. 참신한 문항이란 내용 및 형식의 측면에서 볼 때 이미 존재하는 진부한 형태가 아닌 새로운 형태임을 의미한다. 즉, 문항의 내용 및 형식이 학생들에게 새로운 경험을 주는 것이어야 한다. 참신한 문항의 제작이 쉽지는 않겠지만, 문항제작자에게는 학습내용과 관련된 뉴스 및 데이터, 사회 트렌드 등을 통해 새로운 시각을 도입하려는 노력이 필요하다.

넷째, 문항의 구조화를 고려하여야 한다. 문항의 구조화 정도는 문항의 의미가 피험자에게 일반적인 의미를 주도록 되어 있느냐, 모호한 의미를 주도록 되어 있느냐의 정도를 의미한다. 이는 문항의 체계성과 명료성이라는 말과 유사하며, 문항의 질문이 모호하지 않고 구체적이어야 한다는 것과도 상통한다. 예를 들면, "수행평가에 대해 논하라."라는 문항보다는 "수행평가의 정의와 특성을 설명하고, 수행평가 시행상의 문제점과 개선방안을 제시하라."라는 문항이 더 구조화되었다고 볼 수 있다. 대체적으로 서답형 문항보다는 선택형 문항이 더 구조화되어 있다고 할 수 있다.

다섯째, 문항은 학습동기를 유발할 수 있어야 한다. 문항의 난이도가 적절하여 학습동기를 유발할 수 있어야 한다. 피험자 집단의 능력에 비추어 지나치게 어렵거나 쉬운 문항은 교육목표를 측정하는 데 적절하지 못하다. 피험자가 사고력을 배양하고 학습에 대한 흥미와 도전감, 긍정적 자아개념을 형성할 수 있도록 제작할 필요가 있다. 이것은 평가문항에 대한 피험자의 반응결과가 학업성적뿐만 아니라 정의적 행동의 형성에 중요한 영향을 미칠 수 있다는 사실에 근거한다.

여섯째, 문항은 윤리성을 지녀야 한다. 검사도 교육의 일부라는 관점에서 시행되기 때문에 문항의 내용이 비윤리적·반사회적 문제, 극단적인 갈등 상황 등을 지니고 있지 않아야 한다.

일곱째, 문항은 비차별성을 지녀야 한다. 문항의 내용이 특정 집단에 유리하거나 불리하지 않도록 제작되어야 한다. 예를 들어, 문화적인 측면에서 한 피험자 집단은 해당 문항내용에 익숙하지만 다른 피험자 집단은 문항내용을 낯설게 느낀다면, 이는 피험자의 능력과 무관하게 응답률에 영향을 미칠 것이다.

여덟째, 문항의 제작원리와 편집지침에 충실해야 한다. 문항유형에 따른 제작원리와 문항형식의 일관성이 준수되지 않을 경우 피험자에게 혼란을 줄 수 있으며, 검사도구가 피험자의 능력을 정확하게 측정하지 못할 수 있다.

3. 문항제작자의 자격

좋은 문항을 제작하는 일은 단순히 문항제작과 관련된 지식과 제작 절차를 안다고 해서 성공할 수 있는 것은 아니다. 교육의 질이 교사의 질을 넘어설 수 없듯이 문항의 질 또한 문항제작자의 질을 넘어설 수는 없다. 그러므로 양질의 문항을 제작하기 위해서 문항제작자는 다음과 같은 능력을 소유하고 있어야 한다.

첫째, 문항제작자는 그 문항으로 검사하려고 하는 교과에 대한 충분한 이해가 있어야 한다. 여기서 '교과의 이해'라는 것은 교과에 대한 사실이나 원리뿐만 아니라 교과 내 또는 교과 간의 연관성, 함축성에 대한 지식을 알아야 한다는 것을 포함한다. 이를 위해서 교육과정, 교과서, 교사용 지도서의 내용을 두루 섭렵하고, 정확하게 이해할 필요가 있다.

둘째, 문항제작자는 피험자 집단의 특성을 잘 알고 있어야 한다. 즉, 문항의 내용을 잘 전달하기 위해서는 수험자 집단의 특성을 고려하여 제작해야 한다는 것이다. 이를 위해서 피험자 집단의 학습발달 수준뿐만 아니라 그들이 사용하는 어휘수준을 파악하는 것도 중요하다.

셋째, 문항제작과 관련된 지식, 기술, 기능을 습득해야 한다. 즉, 문항의 유형과 특성, 좋은 문항의 조건, 문항제작상의 유의점, 문항편집의 세부적인 절차 등에 대한 깊은 이해가 수반될 때, 타당하고 신뢰도 있는 문항을 제작할 수 있을 것이다.

넷째, 검사이론에 대한 이해가 필요하다. 출제한 문항이 좋은 문항인지, 아니면 나쁜 문항인지를 평가하기 위한 문항분석이론, 즉 고전검사이론(Classical Test Theory)이나 문항 하나하나에 근거하여 분석하는 문항반응이론(Item Response Theory)을 숙지하여야 한다. 그리고 문항변별도, 문항난이도, 문항추측도, 타당도 및 신뢰도 등이 무엇인지 이해하여야 한다. 특히 선다형 문항에서 오답지 매력도를 분석하여 문항의 난이도를 조절하는 방법을 알아야 한다.

다섯째, 문장력이 필요하다. 문항제작자가 자신의 아이디어를 언어라는 매개체를 통하여 간결·명확하게 글로 표현할 수 있을 때, 그 문항은 제대로 된 역할을 하게 된다. 문장력을 향상시키기 위해서 평소 자신의 생각을 글로 작성해 보는 연습을 하고, 자신이 작성한 문항을 동료에게 검토받는 것도 상당한 도움이 될 것이다.

여섯째, 풍부한 문항제작과 검토 경험을 가지는 것이 필요하다. 아무리 앞에서 나열한 능력에 대한 탁월성을 가졌다고 하더라도 문항을 제작해 본 경험이 없으면 좋은 문항을 제작하기란 쉽지 않다. 즉, 문항을 제작·분석하고 수정·보완하는 경험을 통하여 새롭고 참신한 문항을 제작할 수 있을 것이다. 문항제작의 실제 경험은 문항제작자가 갖추어야 할 매우 중요한 요소이다.

일곱째, 다른 사람의 조언에 귀 기울이는 성품이 필요하다. 문항을 제작할 경우 동료, 문항검토자, 평가자 등에 의해 다른 의견이 제시될 수도 있다. 또한 검사가 실시된 이후에는 피험자로부터 좋은 의견이 제시될 수도 있다.

4. 문항의 유형

1) 응답자의 반응 형식에 따른 분류

문항의 유형은 분류기준에 따라 여러 형태로 분류될 수 있다. 일반적으로 널리 사용되는 문항의 유형은 응답자의 반응 형식에 따라 선택형 문항(selection-type-item)과 서답형 문항(supply-type-item)으로 나뉜다. 선택형 문항은 지시문 및 문두와 함께 여러 선택지를 제시한 다음 그중에서 적합한 선택지를 고르도록 하는 유형이다. 서답형 문항은 피험자가 답을 스스로 생각해서 직접 쓰도록 하는 유형이다. Mehrens 와 Lehmann(1975)은 선택형 문항과 서답형 문항에 포함되는 문항형식의 분류를 〈표 9-1〉과 같이 제시하고 있다.

〈표 9-1〉 문항형식의 분류

선택형 문항	서답형 문항
• 진위형(true-false form) • 선다형(multiple choice form) • 연결형(matching form)	• 완성형(completion form) • 단답형(short-answer form) • 논술형(essay)

　흔히 문항의 유형을 채점방식에 따라 채점과정에 채점자의 주관이 개입될 소지가 없는 객관식 문항과 채점자의 주관이 개입될 수 있는 주관식 문항으로 구분하고 있다. 이에 따라 선택형 문항을 객관식, 서답형 문항을 주관식이라 부르는데, 이는 학문적 용어가 아니다. 왜냐하면 서답형 문항에 속하는 단답형과 완성형의 경우 채점과정에서 주관성이 개입될 정도가 문항의 특성에 따라 유동적이기 때문이다. 예컨대, 정답 1개만 갖는 완성형 수학문항의 경우 채점과정에 주관성이 개입될 여지가 거의 없기 때문에 객관식 문항에 더 가깝다고 말할 수 있다.

　문항의 유형은 각기 고유한 장단점과 용도가 있기 때문에 교육목표, 평가목적, 학생집단의 성질 등을 고려하여 결정되어야 한다. 일반적으로 평가의 객관성, 신뢰성, 공정성, 신속성을 기하고자 하는 검사에는 선택형 문항이 적합하고, 비판적인 사고력이나 분석력, 종합력과 같은 고등정신능력을 측정하는 검사에는 서답형 문항이 적합하다. 선택형 문항과 서답형 문항의 특징을 비교하면 〈표 9-2〉와 같다.

〈표 9-2〉 선택형 문항과 서답형 문항의 비교

구분	선택형 문항	서답형 문항
측정수준	지식, 이해, 적용, 분석	종합, 평가
문항반응의 특징	선택반응, 정확한 지식	문항이 요구하는 지식, 회상 및 구성 반응

대표성	높음	낮음
문항제작	어려움	쉬움
제작시간	많음	적음
채점의 객관성	높음	낮음

출처: 권대훈(2016).

2) 평가 상황의 구조화 정도에 따른 분류

평가 상황의 구조화 정도에 따른 분류는 수행평가의 개념을 명료화하기 위한 수단이다. 선택형 문항과 수행평가 문항 간의 반응 형식에는 뚜렷한 차이가 있으나, 서답형 문항과 수행평가 간의 관계를 응답자의 반응 형식이라는 하나의 기준으로 판단하기에는 어려운 점이 있다. 인지적 행동특성을 평가하는 선택형 문항의 평가와 수행평가를 구조화의 정도에 따라 연속선상의 개념으로 볼 때 연속선상에 있는 두 평가방법은 강조점이 다르다(성태제, 2019). 선택형 문항에 의한 평가는 고정된 형태의 평가방법에 의존하나, 수행평가는 개방된 형태의 평가방법을 사용한다. 즉, 인위적인 상황에서 실시하는 선택형 검사의 문항은 구조화되어 있으나, 실제적인 상황에서 실시하는 수행평가는 문항이 비구조화되어 있다. 평가 상황의 구조화 정도에 따라 선택형 문항과 수행평가의 관계를 나타내면 [그림 9-1]과 같다.

[구조화]   [비구조화]

선택형 문항   서답형 문항   수행평가

[그림 9-1] 선택형 문항과 수행평가의 관계

5. 문항의 제작과 편집

1) 문항제작

문항제작을 위해서는 몇 가지 절차를 걸쳐야 한다. 이 절차는 시간적일 수도 있고 논리적일 수도 있다. 문항제작 절차는 다음과 같다.

첫째, 검사의 목적을 진단평가, 형성평가, 총괄평가 중 어느 것으로 할 것인지를 구체화하는 것이다. 검사의 목적을 어느 것으로 하는지에 따라 문항의 형식은 물론 내용과 채점방법 등이 달라진다. 둘째, 측정할 내용을 정의하고, 측정할 내용은 최대한 구체적으로 규명한다. 가르치는 사람보다는 학습자가 갖추어야 할 기술이나 지식, 행동을 구체적으로 서술한다. 이를 위해서는 Bloom의 교육목표 분류학 등을 유용하게 활용할 수 있다. 셋째, 문항제작을 위한 계획을 작성한다. 여기에는 문항정보표(또는 이원분류표) 작성, 문항수와 문항유형 결정, 채점방법과 점수 배정 결정, 문항수준 결정 등의 활동이 포함된다. 넷째, 문항제작의 계획에 따라 문항을 제작한다.

2) 문항편집

문항을 편집할 경우 문항의 제작원리와 편집지침에 충실해야 한다. 문항제작은 문항의 종류와 제작방법 그리고 장단점을 고려하여 작성하게 된다. 이는 문항의 내용적 측면과 관련된 것이다. 하지만 문항의 형식적 측면에도 주의를 기울여야 한다. 문항형식에 일관성이 없을 경우 피험자에게 혼란을 줄 수 있으며, 검사도구가 피험자의 능력을 정확하게 측정하지 못할 수 있다. 결국 문항형식의 일관성이 없는 문항은 아무리 좋은 내용의 문항이라도 문항이나 검사의 질이 떨어지게 된다. 동일 기관에서 동일한 기간에 실시되는 모든 검사는 통일된 형식에 따라 편집되어야 한다. 그러므로 검사를 시행하는 기관에서는 검사의 목적에 맞고 피험자의 특성을 고려한 편집지침이나 안내가 필요하다. 여기서 제시하는 문항편집지침은 문항편집의 일관성을 유지하여 검사형식의 질을 높이고자 안내하는 지침이지 절대적 원칙은 아니다.

(1) 내용 진술

- 질문이나 답안의 모든 내용은 한글의 표준어로 표현함을 원칙으로 한다. 문항 자체보다는 그것을 통하여 검사하고자 하는 내용에 대한 이해력을 살펴보고자 하는 것이 목적이기 때문에, 질문이나 답안들은 피험자가 이해하기 쉽도록 표현되어야 한다. 그리하여 문항의 모든 표현은 한글 표준어로 표기하여야 한다. 그러나 다음의 경우는 예외가 될 수 있다.
  - 효과적인 의미 전달을 위해 한문이나 영문을 표기하여야 하는 경우라면 괄호를 사용하여 한문이나 영문을 표기할 수 있다.
  - 일상적으로 사용되는 외래어의 경우는 한글로 표기한다.
  - 외국어 문항일 경우 필요에 따라 한글 또는 해당 외국어로 적절히 혼용할 수 있다.
- 질문이나 답안의 모든 내용은 현재 시제로 표현함을 원칙으로 한다.
- 서답형 문항 중 논술문의 경우 질문의 문미를 '하오체'인 '……하시오.'로 표현한다. 지시문을 간결하고 명확하게 표현하기 위해서 '하라체'인 '……하라.'로 표현할 수 있으나, 피험자를 존중하는 의미에서 높임말을 사용하는 것이 바람직하다.
- 선택형 문항 중 선다형 문항의 경우 정답을 선택하는 문항임을 알고 있으므로, 질문의 문미를 '고르시오.'라는 표현을 생략하고 '……는(은)?'으로 표현하는 것이 일반적인 경향이다. 검사의 목적이 가능한 한 많은 내용을 알고 있는지를 정확하게 측정하는 것이므로, 불필요한 서술을 생략하는 것이 검사에 드는 시간을 절약하고 검사의 신뢰도를 높일 수 있다.
- 질문에서 필요한 구나 단어만 진한 글씨체나 고딕체로 인쇄하거나 밑줄을 친다. 이것은 피험자의 주의를 환기시킴으로써 피험자의 혼란과 실수를 방지할 수 있으며, 검사의 신뢰도를 높일 수 있다.

(2) 문항과 답안

- 답안의 번호는 원문자 번호로 표기하는 것이 좋다. 답안 번호는 문항번호와 보기나 지문에 표기된 기호와 다르게 표현하는 것이 피험자의 혼돈을 방지하는 데 효과적이다. 흔히 문항번호가 아라비아 번호로 표기되므로, 최소한 답안 번호는 이와는 달라야 할 것이다. 그래서 답안 번호는 원문자 번호로 표기하는 경우가

많다.

- 두 문항 이상에 걸친 공통 지시사항은 '하오체'로 진술하고, 지시문 앞에 해당되는 문항번호를 다음과 같이 묶는다.

[1–3] 다음 글을 읽고 물음에 답하시오.

- 선택형 문항과 서답형 문항의 번호를 달리 부여하는 것이 바람직하다. 문항의 유형별로 그 번호를 달리 표기한다면 피험자가 답안지에 응답하기가 편리할 것이고 채점도 쉽다. 일반적으로 객관식 문항의 번호는 아라비아 숫자에 점을 찍어 '1. 2. 3. 4. ……' 등으로 표기하고, 주관식 문항의 번호는 별도의 번호를 부여하여 '[주관식 1], [주관식 2], [주관식 3] ……' 등으로 표기한다.

(3) 인용

- 지문이나 〈보기〉 안에 나오는 인용된 문장은 " "로 표기하고, 인용된 어구는 ' '로 표기한다.

그는 "사람은 사회적 동물이다."라고 말하였다. 그리고 인간을 '성인' '사회적 동물' 등으로 표현하고 있다.

- 지문의 출처를 밝혀야 할 때는 〈보기〉 지문 우측 하단에 다음과 같이 표기한다.

내 무엇이라고 이름하리 그를
나의 영혼 안의 고흔 불
공손한 이마에 비추는 날
나 바다 이편에 남긴
그의 반임을 고히 지니고 걷노라

－정지용의 〈그의 반〉－

---

(4) 〈보기〉의 표시

- 일반적으로 〈보기〉를 질문과 구분하기 위해 보기의 내용을 상자 안에 담고 〈보기〉라는 표기를 한다.
- 〈보기〉속의 내용에 번호를 부여할 때, 식별이 용이하며, 다른 내용의 번호와 혼동되게 하지 말아야 한다.
- 〈보기〉의 내용들을 선택하지 않고 참고하는 경우는 〈보기〉 내용을 구분하기 위하여 내용 앞에 점(•)을 찍어 표기한다.

(5) 글자체와 글자 크기

① 글자체

문항의 글자체는 가장 익숙한 글자체로 하는 것이 바람직하다. 그래서 한글의 경우에는 신명조체로 하는 것이 좋다고 본다. 왜냐하면 한글의 글자체는 다양하지만, 일반적으로 여러 인쇄물에서 신명조체를 많이 사용하고 있기 때문이다. 그러나 특이한 지시사항이나 주의사항이 있을 경우, 다른 글자체를 사용할 수도 있다.

② 글자 크기

글자의 크기는 피험자 집단의 연령에 따라 달리하는 것이 바람직할 것이다. 일반적으로 교과서의 글자 크기는 10이다. 그래서 고등학생 이상의 피험자에게는 글자크기 10이 적당하다고 본다. 그러나 연령이 어린 피험자일수록 글자 크기를 크게 하는 것이 시각적으로 편안함을 줄 수 있다. 글자 크기에 대한 절대적 원칙은 없으나, 〈표 9-3〉에 따라 글자 크기를 정하는 것이 바람직하다.

〈표 9-3〉 연령에 따른 문항의 글자 크기

연령	크기	비고
유아~초등 3	14	4. 우리나라 최초의 문예동인지는?
초등 4~중학 3	12	4. 우리나라 최초의 문예동인지는?
고등학생 이상	10	4. 우리나라 최초의 문예동인지는?

출처: 성태제(2019).

(6) 최종 검사의 편집 검토

첫째, 각 검사문항이 주어진 명세적 목표를 측정해 주는 데 적절한지를 보고, 검사문항의 표현이나 배열상에 어떤 결점이 있는지를 재검토한다. 문항편집지침 준수, 각 문항 배점의 합과 총점의 일치성, 선택형의 경우 정답의 특정 패턴 및 특정 번호 배치 등을 확인한다.

둘째, 최종 검사를 편집하기 전에 설정된 세분화 목표와 검사문항이 일반적으로 일치하고 있는지를 재검토하여 확인한다. 문항내용 비중의 적절성, 문항 간 내용의 독립성 등을 확인한다.

셋째, 가능한 한 동일한 교수목표를 측정하는 문항끼리 묶어 준다. 특히 절대기준 평가도구에서는 무엇을 아는지 또는 무엇을 할 수 있는지를 직접적으로 나타낼 수 있어야 하므로 검사문항을 교수목표별로 묶는 것이 중요하다.

넷째, 검사를 받는 데 대한 지시와 각 문항유형에 따른 응답에 관한 지시를 분명히 제시하고, 하나의 제시문(평가장면)을 두고 2개 이상의 문항이 제시될 때는 가능한 한 묶어서 제시하는 것이 좋다. 검사에 대한 지시에서도 피험자가 어떻게 응답을 해야 하고, 어느 쪽으로 답해야 하는지를 분명히 제시하고, 모를 때는 추리를 해도 좋은지에 대한 설명이 있어야 한다.

다섯째, 문항은 난이도 순으로 배열해야 한다. 즉, 문항은 간단하고 쉬운 것부터 복잡하고 어려운 순서대로 배열한다. 피험자가 어려운 문항을 먼저 대하게 되면, 검사 불안이 높아져서 쉬운 문항도 틀리는 경우가 있기 때문이다.

여섯째, 문항점수를 제시한다. 문항점수를 검사지에 제시해 주면 피험자는 어떻게 응답하는 것이 문항점수에 유리한지 그 전략을 세울 수 있다.

일곱째, 문항번호는 일렬로 매겨야 한다.

이상과 같은 최종 편집에 관련된 제 문제를 충분히 고려한 후 인쇄에 들어간다. 인쇄를 할 경우 문제사태의 정밀성, 선명도, 글자 크기, 문항 간의 간격 등 인쇄 기술에 대한 검토도 충분히 이루어져야 한다.

6. 문항제작의 실제

문항을 제작하는 것은 매우 힘든 일이다. "유능한 검사문항 제작자도 좋은 문항을 하루에 겨우 5~15개밖에 만들지 못한다."라는 Adkins(1947)의 조사결과는 문항제작이 얼마나 어려운 일인지를 지적해 주는 좋은 실례라고 할 수 있다. 이 절에서 다양한 문항유형별 정의와 제작 시 유의사항 그리고 장단점을 살펴보면 다음과 같다.

1) 선택형 문항

(1) 진위형

진위형(true-false form) 문항은 피험자가 제시된 진술문에 진위(眞僞), 즉 옳고 그름을 응답하는 문항형식이다. 변형된 모형으로 '예/아니요, 찬성/반대'로 응답하는 문항형태가 있다. 진위형 문항을 제작하고자 할 때는 다음과 같은 내용에 유의해야 한다.

첫째, 질문, 즉 진술문에는 중요한 내용이 포함되어야 한다. 바꿔 말하면 중요하지 않은 내용이 문항을 답하는 데 영향을 주어서는 안 된다는 것이다. 왜냐하면 피험자가 문항의 정답을 알고 있을지라도 중요하지 않은 내용으로 인하여 오답을 할 개연성이 있기 때문이다.

〈검토문항〉 1인치는 2.54mm이다. (   )
〈수정문항〉 1인치는 2.54cm이다. (   )

둘째, 1개의 진위형 문항은 하나의 내용만을 포함하도록 한다. 하나의 문항에 많은 내용을 포함시킬 경우 측정에 어려움이 따르므로 1개의 진위형 진술문에는 옳거나 그른 내용이 하나만 들어가야 한다.

〈검토문항〉 링컨은 1863년 11월 19일에 게티스버그 연설문을 6주일 걸려 만들었다. (　　)
〈수정문항〉 링컨은 게티스버그 연설문을 작성하는 데 6주일이 걸렸다. (　　)
　　　　　　 링컨은 1863년 11월 19일에 게티스버그에서 연설을 했다. (　　)

셋째, 부정문의 사용은 가능한 한 줄여야 한다. 특히 이중부정은 피해야 한다. 진위형 문항에서 '아니다' 또는 '아닌' 등의 부정어 사용은 피험자를 혼란에 빠지게 하여 실수를 유발한다. 부득이 부정어를 사용해야 한다면, 부정어 밑에 밑줄을 긋는 것이 바람직하다.

〈검토문항〉 민주 시민은 문제해결을 위해 폭력을 사용해서는 안 된다. (　　)
〈수정문항〉 민주 시민은 문제해결을 위해 폭력을 사용할 수 있다. (　　)

넷째, 가능한 한 단순한 문장으로 간단명료하게 질문한다. 조건이 많이 붙은 긴 문장은 한쪽이 옳고 다른 한쪽이 그를 가능성이 있다. 특히 겹문장이나 여러 개의 홑문장을 늘어놓은 형태의 문항은 질문의 내용을 불명확하게 한다.

〈검토문항〉 한글을 창제한 사람은 세종대왕이고, 한글날은 10월 3일이다. (　　)
〈수정문항〉 한글을 창제한 사람은 세종대왕이다. (　　)

다섯째, 답의 단서가 될 수 있는 절대적 어구나 일반적 어구는 사용하지 않는다. 예를 들어, '절대' '항상' '반드시' '결코' 등의 절대적 어구는 오답의 단서가 될 수 있는 반면에 '흔히' '때때로' '대체로' 등과 같은 일반적 어구는 정답을 암시할 수 있기 때문이다.

〈검토문항〉 바다는 항상 육지보다 기온이 높다. (　　)
〈수정문항〉 낮에 바다는 육지보다 기온이 높다. (　　)

진위형 문항은 일반적으로 능력수준이 낮은 피험자 집단인 초등학교 저학년에서 자주 사용하지만, 많은 피험자를 간단하게 분류하는 방법으로 이용되기도 한다. 그 예로 회사의 입사시험이나 퀴즈대회 등에 자주 사용된다.

이러한 진위형 문항의 장점은 다음과 같다. 첫째, 문항제작이 용이하다. 둘째, 채점의 객관성을 높일 수 있다. 셋째, 넓은 범위에서 많은 문항을 골고루 출제할 수 있어 대표성이 매우 높다.

그러나 진위형 문항의 단점 또한 간과할 수 없다. 첫째, 추측에 의하여 정답을 선택할 확률이 1/2이기 때문에 우연에 대한 통제가 쉽지 않다. 따라서 진위형으로만 구성된 검사의 신뢰도는 자연히 낮아지게 된다. 둘째, 고등정신능력보다는 단순한 기억력을 요구하는 지식과 중요하지 않은 교수목표를 평가할 개연성이 높다. 그 결과 학습자의 학습동기를 감퇴시키고 학습자의 피상적인 학습태도를 조장할 소지가 있다. 셋째, 선다형 문항과 달리 진위형 문항은 학생들이 어떤 오류를 범했는지를 진단하기가 어렵다.

(2) 선다형

선다형(multiple choice form) 문항은 선택형 문항유형 중 가장 많이 쓰이는 형태로 2개 이상의 답안을 주고 그중 맞는 답안이나 혹은 가장 알맞은 답안을 선택하는 형식이다. 선다형 문항은 매우 쉬운 문항에서부터 어려운 문항까지 제작할 수 있어 학업성취도 검사에 흔히 사용된다. 왜냐하면 여러 개의 답안 중에서 정답이 아닌 틀린 답안을 어떻게 제작하느냐에 따라 문항난이도가 변화될 수 있기 때문이다. 선다형 문항은 구조적인 측면에서 보면 문항에서 질문을 제기하거나 상황을 설정하는 문두와 문두에 대해 제시해 놓은 답지인 선택지로 구성된다.

일반적으로 선다형 문항은 여러 개의 답안 중에서 하나의 옳은 답을 선택하는 정답형(correct-answer form) 문항과 답안 중에서 가장 맞는 답을 선택하는 최선답형(best-answer form) 문항으로 분류된다. 특히 최선답형은 정답형보다는 피험자에게 혼동을 더 줄 수 있으므로 제작하기에 다소 어렵지만, 일단 좋은 문항으로 만들기만 하면 훨씬 유용하다는 이점이 있다. 선다형 문항을 제작하고자 할 때 유의할 사항은 다음과 같다.

첫째, 문두는 질문의 내용이 모호하지 않도록 간결하고 단순하게 서술하여야 한다. 즉, 불필요하게 어렵고 복잡한 문항보다는 간단하고 명확하게 문두를 제시함으로써 질문의 요점이 명확하게 드러나야 한다.

〈검토문항〉 남자 기계체조 경기에는 몇 종목이 있는지 맞는 답을 고르시오. (　　)
　　　　　① 5종목　　　　　② 6종목
　　　　　③ 7종목　　　　　④ 8종목
〈수정문항〉 남자 기계체조 경기의 종목 수는? (　　)
　　　　　① 5　　　　　② 6
　　　　　③ 7　　　　　④ 8

둘째, 정답은 분명하고, 오답은 매력적으로 만들어져야 한다. 답안 가운데 정답은 분명하고 명확해야 하며, 오답은 능력이 낮은 피험자에게는 그럴듯하고 정답처럼 만들어져야 한다. 특히 오답의 경우 피험자가 질문에 대한 정확한 지식을 가지고 있지 않다면 매력적인 틀린 답안으로 말미암아 혼동이 생기도록 답안을 제작해야 한다.

• 중국 사천성에 지진이 발생한 후 전염병의 위험이 생겼다고 한다. 다음 방법 중 어느 것이 이 위험을 가장 줄일 수 있겠는가? (　　)
〈검토답안〉 ① 모든 음식을 익혀 먹는 것
　　　　　② 주민을 다른 곳으로 이사 가게 하는 것
　　　　　③ 가축을 전부 다 잡아 죽이는 것
　　　　　④ 병든 사람을 멀리 격리하는 것
〈수정답안〉 ① 집이나 거리에 있는 진흙을 깨끗이 치우는 것
　　　　　② 살충약을 전 도시에 살포하는 것
　　　　　③ 더러운 것을 모두 땅속에 묻어 버리는 것
　　　　　④ 모든 음식과 물을 끓여 먹는 것

셋째, 정답을 고를 수 있거나 오답을 제거할 수 있는 단서를 주지 말아야 한다. 만약 모든 피험자가 어떤 문항의 질문내용에서 정답에 대한 단서를 찾았다면, 그 문항은 피험자의 능력을 변별할 수 없는 쓸모없는 것이 된다.

〈검토문항〉 뿌옇게 흐린 물로서 비교적 수질 오염에 내성이 강한 물고기나 거머리 등이 살
        수 있는 물은? (   )
        ① 1급수   ② 2급수   ③ 3급수   ④ 4급수
〈수정문항〉 버들개와 어름치가 살 수 있는 물은? (   )
        ① 1급수   ② 2급수   ③ 3급수   ④ 4급수

넷째, 답안의 형태나 길이는 서로 비슷해야 하며, 다를 경우에는 짧은 답안부터 배열하는 것이 바람직하다. 대체로 정답의 길이는 길거나 자세하고 오답은 짧은 경향이 있으므로 답안의 길이를 유사하게 만들어야 한다. 따라서 문항을 제작할 때는 오답도 정답만큼 길고 자세하게 의도적으로 진술해야 한다.

• 도시와 촌락을 나누는 가장 일반적인 기준은? (   )
〈검토답안〉 ① 도로수   ② 인구수   ③ 건물의 높이
        ④ 면적   ⑤ 발전가능성
〈수정답안〉 ① 면적   ② 인구수   ③ 도로수
        ④ 건물의 높이   ⑤ 발전가능성

다섯째, 단순한 지식이 아니라 복합성이 있는 문항을 출제해야 한다. 복합적인 문항은 문두에 '언제' '어디서' '누가' 등과 같은 의문사가 아니라 '어떻게' '왜' 등과 같은 의문사를 사용해서 출제해야 한다.

〈검토문항〉 미국의 독립선언은 언제인가?
        ① 1770년   ② 1776년   ③ 1783년
        ④ 1788년   ⑤ 1796년

〈수정문항〉 미국의 독립선언에 영향을 준 18세기의 사상을 다음 〈보기〉에서 <u>모두</u> 고르면?
        ┌─────────────〈보기〉─────────────┐
        │   가. 혁명권   나. 천부인권   다. 사회계약사상   │
        └────────────────────────────┘
        ① 다   ② 가, 나   ③ 가, 다
        ④ 나, 다   ⑤ 가, 나, 다

선택형 문항 중에 가장 대표적인 문항형식이 선다형이다. 그만큼 선다형 문항은 장점이 많은 문항형식이라고 할 수 있다. 선다형 문항의 중요한 장점을 들자면 다음과 같다.

첫째, 다양성 및 포괄성이다. 즉, 학습내용의 많은 영역을 측정할 수 있다는 점에서 여러 가지 문제 상태, 목적, 내용을 다양하게 다룰 수 있다. 둘째, 주어진 시간 내에 많은 문항의 검사를 실시할 수 있고, 넓은 영역의 학업성취 수준을 측정할 수 있기 때문에 검사내용의 타당도를 증진시킬 수 있다. 셋째, 채점이 용이하고 컴퓨터를 이용할 수 있어서 채점의 신뢰도와 객관도가 높다. 넷째, 단순한 기억 여부뿐만 아니라 분석력, 종합력, 추리력과 같은 고차적인 사고능력을 필요로 하는 학습성과도 평가할 수 있는 융통성이 있다.

반면에 선다형 문항의 단점으로는 주어진 답안에서 하나를 선택하기 때문에 창의성, 분석력, 문제해결능력 등 고등정신능력을 측정하는 데 한계가 있고, 그럴듯하고 매력적인 오답을 제작하기가 쉽지 않으며, 특히 좋은 문항을 제작하는 데 많은 시간이 소요된다. 따라서 좋은 문항을 만들기 위해서는 상당한 경험과 문항제작에 관한 지식이 필요하다. 또한 주어진 답안에서 정답을 선택하므로 추측으로 정답을 맞힐 확률을 완전히 배제할 수는 없다.

(3) 연결형

연결형(matching form) 문항은 자극군인 전제와 반응군인 선택지에서 서로 관계되는 것을 찾아 연결하도록 하는 문항형식으로서 배합형, 결합형이라고도 한다. 연결형 문항의 자극군은 선다형 문항의 문두에 해당되고, 반응군은 선다형 문항의 선택지에 해당되므로 연결형 문항은 선다형 문항의 특수 형식이라고 할 수 있다. 가장 흔하게 쓰이고 있는 유형은 전제와 선택지가 한 묶음으로 되어 있는 단순 연결형이다.

연결형은 두 가지 내용의 연관성에 대한 기초지식을 측정한다. 연결형 문항을 제작하고자 할 때 유의할 사항은 다음과 같다.

첫째, 전제나 선택지는 고도의 동질성을 가진 것끼리 제시하도록 한다. 전제는 전제대로 또 선택지는 선택지대로 같은 개념, 사실, 법칙 등에 속하는 유목으로 묶어야 한다. 동질성이 결여되면, 피험자에게 정답의 단서를 주게 될 가능성이 커지기 때문이다.

〈검토문항〉우리나라의 고유 명절과 민속 놀이를 바르게 연결하시오.
　　　　① 단오　　　　　　　㉠ 윷놀이
　　　　② 추석　　　　　　　㉡ 강강술래
　　　　③ 국군의 날　　　　　㉢ 불꽃놀이
　　　　④ 정월대보름　　　　　㉣ 쥐불놀이
〈수정문항〉우리나라의 고유 명절과 민속 놀이를 바르게 연결하시오.
　　　　① 단오　　　　　　　㉠ 기마전
　　　　② 설날　　　　　　　㉡ 윷놀이
　　　　③ 추석　　　　　　　㉢ 강강술래
　　　　④ 정월대보름　　　　　㉣ 그네뛰기
　　　　　　　　　　　　　　㉤ 제기차기
　　　　　　　　　　　　　　㉥ 쥐불놀이

둘째, 전제보다 답안의 수가 많아야 한다. 전제의 문제수보다 답안수를 많게 하는 이유는 마지막으로 남은 답안이 자연적으로 정답이 되는 경우를 방지하기 위해서이다. 일반적으로 답안수는 전제 수보다 2~3개 정도 더 많이 제시하는 것이 바람직하다.

셋째, 전제나 답안의 수를 적절히 제한하여야 한다. 이상적인 전제나 답안의 수는 전제는 5개, 답안은 7~8개가 적절하며, 특별한 경우를 제외하고는 10개를 넘지 않도록 하는 것이 바람직하다. 전제나 답안의 수가 너무 많으면 피험자가 혼란스러워하고 싫증을 내게 되며, 이미 제시한 동질성을 유지하기 어렵게 된다.

연결형 문항은 문항제작이 비교적 간편하고, 유사한 사실을 비교하고 구분하고 판단하는 고등정신능력을 측정하기에 좋은 문항형태이며, 특히 채점을 신뢰할 수 있고 객관적으로 하는 것이 용이하기 때문에 검사의 객관도 및 신뢰도를 높일 수 있다.

이에 비해 연결형 문항의 단점은 다음과 같다. 첫째, 좋은 문항을 만드는 데 많은 노력과 시간이 소요된다는 점이다. 따라서 정교하게 만들지 못하면 진위형처럼 단순한 사실의 기억을 측정하는 데 그치기 쉽다. 둘째, 연결이 진행되어 가면서 점차 연결의 수가 줄어듦에 따라 추측요인이 작용할 가능성이 커질 수 있다.

2) 서답형 문항

(1) 완성형

완성형(completion form) 문항은 진술문의 일부분을 비워 놓고 거기에 적합한 단어, 구, 기호, 수 등을 써넣게 하는 방법이다. 완성형 문항을 제작하고자 할 때 유의할 사항은 다음과 같다.

첫째, 중요한 내용을 여백으로 두고 여백의 수를 적절히 제한한다. 진술문 가운데 의미가 있고 중요하다고 생각되는 부분을 비워 놓음으로써 피험자가 지엽적이고 미세한 내용보다는 중요한 내용을 인지하고 있는지 확인할 수 있어야 한다. 이상적인 여백의 수는 진술문의 내용과 길이에 따라 다르지만 일반적으로 1~2개가 적당하다.

둘째, 정답이 짧은 단어나 기호로 응답하도록 질문한다. 완성형 문항은 문장의 중간이나 끝에 여백을 두어 질문하는 유형이기 때문에 가능한 한 짧은 단어로 응답할 수 있도록 한다.

셋째, 진술문 가운데 답을 암시하는 내용이 없어야 한다. 진술문의 중간에 여백을 두어 질문을 할 때 조사(을/를, 이/가 등)가 정답을 암시하지 않도록 여백 뒤에 가능한 조사 모두를 사용하는 것이 바람직하다.

넷째, 여백은 질문의 후미에 두는 것이 바람직하다. 여백이 질문 안에 있는 문장은 읽기가 쉽지 않으며, 응답하는 데 많은 시간이 소요되므로 가능한 한 여백은 질문 뒤에 두어야 한다.

다섯째, 채점 시 여백 하나를 채점 단위로 한다. 채점의 정확성과 체계성을 위해 여백 각각을 채점단위로 한다. 여러 개의 여백을 묶어서 점수를 부여하게 되면 여백을 하나씩 채점할 때보다는 채점의 일관성이 결여될 수 있다.

완성형 문항의 장점으로는 선택형 문항에서와 같은 단서가 없으므로 추측요인을 배제할 수 있으며, 문항제작이 선택형의 선다형 문항에 비하여 비교적 쉽다는 점을 들 수 있다. 이는 선다형 문항에서 답안을 제작하는 것보다 문장의 중요 부분에 여백을 남기는 것이 더 쉽기 때문이다. 또한 채점이 비교적 용이하고 채점의 객관성을 유지할 수 있다. 반면에 단점으로는 단순한 지식, 개념, 사실 등을 측정할 가능성이 높다는 것을 들 수 있다.

> • 다음 괄호 안에 적당한 말을 써넣으시오.
>   기초 통계에서 합을 나타내는 그리스 문자는 (   )이다(다).

(2) 단답형

단답형(short-answer form) 문항은 간단한 단어, 어구, 수, 기호로 응답하는 문항형식으로 용어의 정의나 의미를 측정할 때나 수리계산 문제에 자주 사용된다.

단답형 문항제작은 선다형보다는 비교적 쉬우나, 답에 철자법이 틀린 글자가 있을 때 정답 처리에 곤란한 면이 있다. 가능하면 철자법보다는 내용 이해에 중점을 두어야 하지만, 오자에 대한 정답 수용 정도의 기준도 고려해야 한다. 단답형 문항을 제작하고자 할 때 유의할 사항은 다음과 같다.

첫째, 간단한 형태의 답이 나올 수 있도록 문항을 제작한다. 정확한 용어를 사용하여 질문의 내용이 명료해지면 여러 개의 정답이 나올 가능성이 적어지므로 간략한 답이 제시될 수 있다.

> 〈검토문항〉 • 다음에서 설명하는 의병투쟁은 무엇인가?
>   조선 말기에 일어났다.
> 〈수정문항〉 • 다음에서 설명하는 의병투쟁은 무엇인가?
>   을미사변과 단발령을 계기로 일어났으며, 양반 유생 의병장과 동학 농민군의 잔여 세력이 함께 하였다.

둘째, 정답의 수는 될 수 있는 대로 1개 혹은 몇 개가 되도록 한정해야 한다. 단답형에서는 정답이 1개인 것이 바람직하지만 부득이한 경우에는 문항의 내용상 정답이 2~3개여도 무방하다.

> 〈검토문항〉 최근 우리나라의 유가가 상승하고 있다. 주된 원인을 들어 보시오.
> 〈수정문항〉 최근 우리나라의 유가를 상승하게 하는 주된 원인 세 가지만 들어 보시오.

셋째, 수치나 계산과 관련된 문제에서는 기대하는 정확성의 정도 혹은 계산 절차의 수준을 명시하도록 한다. 예를 들어, 계산문제의 경우에는 지시를 아주 엄밀하게 함으로써 학습자들이 질문을 명료하게 이해할 수 있고, 한 문항을 해결하는 데 소요되는 시간을 줄일 수 있다. 따라서 정답에 대한 구체적인 단위를 지정해 주거나 계산 절차를 어느 수준까지 제시하라는 지시가 포함되면 채점하는 데 도움이 된다.

단답형 문항의 장점은 문항제작이 용이하고 넓은 영역의 내용을 측정할 수 있기 때문에 짧은 시간 내에 광범위한 검사를 하는 데 유용하며, 추측요인에 의하여 정답을 맞힐 확률을 최대한 제거할 수 있다는 점을 들 수 있다.

반면에 단점은 짧은 답을 요구하는 문항의 특성상 단순 지식, 개념, 또는 사실만을 평가할 가능성이 높으므로 단순기억에 의존하는 학습을 조장할 수 있으며, 채점 시 선택형 문항과 비교하여 객관성을 확보하기가 어렵다는 점을 들 수 있다.

(3) 논술형

논술형(essay)은 주어진 질문에 제한 없이 여러 개의 문장으로 응답하는 문항형식이다. 피험자는 문제 접근 방법, 정보 활용, 응답 구성 등 모든 부분에서 제한을 받지 않는다. 이러한 점에서 논술형 문항은 조건에 맞는 선택지를 고르도록 하는 선택형 문항이나 짧은 답을 요구하는 완성형 문항과는 확연히 구분된다. 특히 논술형 문항은 일정한 형식이 있는 것이 아니라 질문이나 지시에 따라 자유롭게 피험자가 능력을 발휘하도록 하므로 분석력, 비판력, 조직력, 종합력, 문제해결력, 창의력 등의 고등정신능력을 측정할 수 있다. 또한 논술형 문항은 작문능력을 평가할 수 있는 유일한 형식의 문항이고, 학습태도와 가치를 평가하는 데에도 사용할 수 있다. 한편, 논술형과 서술형의 차이점을 구분해 보면, 서술형은 논술형에 비해 서술해야 하는 분량이 많지 않고, 채점 시 서술된 내용의 정확성과 깊이 및 넓이에 주된 관심을 둔다. 반면에 논술형은 나름대로의 생각이나 주장을 논리적으로 설득력 있게 조직하여 작성하는 것을 강조한다.

논술형에서 허용되는 피험자의 반응은 매우 다양하지만, 반응 범위의 제한 여부에 따라 제한 반응형(restricted response form)과 확대 반응형(extended response form)의 두 가지 유형으로 나눌 수 있다. 제한 반응형은 응답의 범위와 형태를 엄격하게 제한한 형식이다. 일반적으로 제한 반응형은 정의하고, 열거하며, 기술하고, 이유를 들도록 하는 문항으로 활용된다. 확대 반응형은 분석력, 종합력, 평가력, 비판력과 같은 고차적인 능력을 측정하기 위해 응답방식에 아무런 제한을 가하지 않고 충분한 자유를 주는 형식이다.

- 지구는 지각, 맨틀, 핵으로 이루어져 있다. 이와 같이 지구의 내부를 파악할 수 있는 방법을 50자 이내로 제시하시오. (제한 반응형)
- 1850년에서 1861년 사이에 미국의 남북전쟁을 유발한 사건들에 관해 논하시오. (확대 반응형)

논술형 문항을 제작할 때 유의할 사항은 다음과 같다.

첫째, 피험자 집단의 특성과 수준을 고려해야 한다. 논술형에서는 반응의 자유를 최대한 허용하므로 피험자들이 어떤 성질을 지닌 집단인지를 분명하게 파악하지 못했을 때, 질문에 대한 반응이 지나치게 다양해지기 쉽다. 그리고 피험자들이 너무 접근하기 어려운 것을 물어서는 안 된다.

둘째, 질문의 요지가 분명하고 구조화되어야 한다. 질문이 너무 모호하거나 일반적이 되면 출제자가 원하지 않은 답이 제시되어 채점하는 데 어려움이 따르게 된다. 또한 내용을 알고 있음에도 답안의 방향을 잘못 잡아서 불이익을 받는 피험자를 줄일 수 있을 것이다.

〈검토문항〉 황산을 만드는 촉매법을 쓰시오.
〈수정문항〉 황산을 만드는 촉매법의 공식을 쓰고, 사용하는 물질과 생기는 물질을 들어보시오. 그리고 촉매과정의 각 단계에서 일어나는 반응을 기호로 표시하고, 그 과정에서 생기는 부산물과 그 용도를 쓰시오.

셋째, 논쟁점이 있는 논술형 문항은 피험자의 의견을 먼저 밝힌 후 그 의견을 논리적으로 전개하도록 하는 것이 좋다. 즉, 찬성과 반대 중에서 선택하여 작성하도록 한다. 자신의 의견과 일치하는 주장으로 논지를 전개할 때, 자신의 능력을 최대한으로 발휘할 수 있기 때문이다.

넷째, 채점기준을 미리 마련해야 한다. 채점이 논술형 문항 성패의 관건이 된다고 해도 과언이 아니다. 동일한 답안지라도 채점자마다 다른 점수를 부여할 가능성이 크기 때문에, 구체적인 채점기준을 마련하여야 한다. 특히 채점기준은 가능한 모든 답안을 열거하여 해당 부분에 몇 점을 줄 것인지까지 결정하여야 한다.

논술형 문항의 장점은 피험자의 모든 정신능력을 측정하는 데 적절하다는 점을 들 수 있다. 즉, 전체적인 관련 속에서 전후가 논리성 있게 표현되는지를 평가할 수 있다는 것이다. 또한 분석력, 조직력, 문제해결력, 작문능력 등 다양한 고등정신능력을 측정할 수 있으며, 선다형이나 단답형에 비하여 상대적으로 문항을 제작하기가 쉽다.

반면에 논술형 문항의 단점은 다음과 같다. 첫째, 검사 내 출제 문항수가 제한되기 때문에 교과영역을 광범위하게 측정하기 어렵다. 둘째, 문장력이 작용하여 채점에 영향을 줄 수 있다. 예컨대, 답안의 내용과는 관계없이 문장력이 뛰어난 답안은 상대적으로 높은 점수를 받을 가능성이 높다. 셋째, 채점하는 데 노력과 시간이 많이 든다. 넷째, 채점의 일관성의 문제이다. 이는 가장 심각한 단점으로 하나의 답안을 여러 사람이 채점할 경우 각각의 점수가 달라질 가능성이 커지므로 채점자의 신뢰도가 낮아진다. 이와 같은 문제는 채점자 간 신뢰도와 채점자 내 신뢰도로 채점의 객관성을 확보해야 한다.

논술형 문항이 다른 문항형식에 비하여 여러 가지 좋은 특징이 있지만, 현장에서 잘 활용되고 있지 않은 까닭은 논술형 문항형식에 내재된 '채점의 비신뢰성, 비객관성'에 있다. 이와 같은 채점의 문제점을 해결하려면 점수 부여기준을 명료화하거나 채점방법을 체계화하여야 한다.

채점방법에는 '분석적 채점방법(analytic scoring method)'과 '총체적 채점방법(holistic scoring method)'이 있다. 전자는 채점의 기준을 요소로 분석해서 배점하고, 그 기준에 의해 요소별로 채점을 한 다음 종합하는 방법이다. 후자는 전체를 하나의 채점단위로 간주하여 점수를 부여하는 방법으로, 피험자의 응답을 전반적으로 읽은 후 전체적인 느낌이나 관점에 의해 채점하려는 입장이다. 두 방법이 각각 장단점을 가지고 있으나 효과적인 것은 분석적 채점방법이다. 총체적 채점방법은 상대적으로 빠른 시간에 채점할 수 있으나 채점의 신뢰도가 떨어진다. 또한 총체적 채점방법은 채점방법에 대한 근거 제시가 쉽지 않아 피험자에게 피드백을 주기 어렵다. 따라서 총체적 채점방법은 분석적 채점방법보다 채점자의 높은 전문성이 요구된다.

논술형 검사의 채점 시 유의할 사항은 다음과 같다.

첫째, 모범답안을 작성하여 채점의 기준을 명료하게 설정한다. 즉, 답안지를 어떤 기준, 어떤 방법에 의해 평가할 것인지를 미리 정해 놓아야 한다는 것이다. 그리하여 채점되어 나온 점수에 대한 이의제기에 대해 명료하게 설득할 수 있어야 할 것이다.

둘째, 채점의 객관성 확보를 위해 채점 시 편견이나 착오가 작용하는 것을 피해야 한다. 채점자도 인간인지라 개인적 편견, 느낌에 따라 채점에 영향을 주는 인상의 착오가 나타날 수 있다. 그러므로 채점 시 피험자의 인적사항을 가리고 답안지의 내용만 보도록 한다. 또한 글씨체, 철자법 등에 좌우되어서는 안 된다. 흔히 저지르기 쉬운 실수는 답안지를 전반부에는 자세히, 정확히 보다가 후반부에는 적당히 채점해 버리는 것인데, 이런 착오를 피하기 위해서는 채점 중간 중간 휴식을 취하면서 같은 기준에 따라 채점되도록 해야 한다.

셋째, 답안지는 학생단위로 채점하지 말고 문항단위로 채점하도록 한다. 논술형 문항이 여러 개 있을 때, 한 학생의 답안지를 한 번에 모두 채점하지 말고 1번 문항에 대해 전체 학생의 답안을 채점한 다음, 2번 문항에 대해 전체 학생을 상대로 채점하는 문항단위 채점방식을 따르는 것이 좋다. 왜냐하면 한 문항을 채점할 때의 기준이 모든 학생의 답안지를 채점할 동안 지속될 수 있고, 채점 속도도 상대적으로 빠르다는 이점이 있기 때문이다.

넷째, 가능하면 혼자 채점하는 것보다는 여러 사람이 채점해서 평균을 내는 것이 바람직하다. 왜냐하면 여러 사람의 채점을 종합하는 것이 개인적 편견이나 주관적 판단을 줄이는 효과를 가져와 채점의 객관성을 높여 주기 때문이다.

연구문제

1. 좋은 문항을 제작하기 위해서 문항제작자에게 요구되는 준비와 전략을 기술하시오.

2. 선택형 문항과 서답형 문항의 제작에서 특별히 유의해야 할 점으로 어떤 것이 있는지 기술하시오.

3. 단답형 문항과 완성형 문항 사이의 차이를 비교하시오.

4. 논술형 문항의 제작과 채점 과정에서 유의해야 할 사항을 설명하시오.

제10장

문항분석

■ 고점검사이론에서 문항난이도, 문항변별도, 문항추측도를 설명할 수 있다.
■ 문항반응이론에서 문항난이도, 문항변별도, 문항추측도를 설명할 수 있다.
■ 고점검사이론 기반 분석결과를 바탕으로 문항양호도를 파악할 수 있다.
■ 문항반응이론 기반 분석결과를 바탕으로 문항양호도를 파악할 수 있다.

한 검사가 의도한 기능을 다하는지 다하지 못하는지는 그 속에 포함되어 있는 문항, 즉 실올의 코에 해당하는 문항 하나하나가 제대로 되어 있는지에 달려 있다. 그러므로 한 검사의 좋고 나쁜 정도나 그 적절성을 검증하기 전에 그 속에 포함되어 있는 문항을 검증하는 작업이 선행되어야 한다. 문항분석 결과를 바탕으로 검사도구의 양호도를 판단함과 동시에 이를 근거로 검사문항의 수정 · 보완이 이루어지므로 문항분석은 검사도구의 개발과정에서 필수적인 절차로 간주되고 있다.

이 장에서는 고전검사이론에 바탕을 둔 문항분석과 최근 관심이 높아지고 있는 문항반응이론에 바탕을 둔 문항분석을 함께 다룰 것이다. 특히 문항분석에서는 결과 자체가 최종목표가 아니라 문항분석 결과와 교사의 전문적 판단을 통해 문항의 양호도를 높이고, 교사와 학생들이 시험결과에 대해 토론하는 과정의 효율성을 높여 교수 · 학습을 개선하는 일이 더욱 중요하다. 따라서 문항의 질을 판단하고 이를 개선할 수 있도록 문항분석 방법에 접근해야 한다.

1. 문항분석의 의미

어떤 검사의 좋고 나쁨은 그 검사의 기본 단위인 문항의 질에 달려 있다. 즉, 그 검사 속에 담긴 문항의 질이 나쁘면 검사 전체의 질도 나빠지게 된다. 그러므로 검사결과를 분석하기 위해서는 문항을 분석하는 작업이 선행되어야 한다. 문항분석(item analysis)은 문항이 원래 의도한 기능을 제대로 수행하는지를 통계적으로 분석하는 작업이다. 즉, 시험이 실시되고 점수화가 된 후 문항의 타당성 평가를 의미한다. 문항분석의 목적은 한 검사 속에 포함되어 있는 문항들이 얼마나 적합하며, 각 문항이 제구실을 하고 있는지를 분석하여 문항들을 개선하는 데 있다(진영은, 조인진, 김봉석, 2002). 문항에 대한 평가는 크게 두 가지 방법으로 분석한다. 하나는 질적평가이며, 다른 하나는 양적평가이다. 문항에 대한 질적평가는 문항이 측정하는 목적에 부합되게 제작되었는지를 점검하는 방법이다. 이는 내용타당도를 확인하는 과정이며, 검사 내용전문가의 전문적 판단에 의존한다. 문항내용이 이원분류표와 일치하는지를 검토하며, 각 문항유형에 따른 문항제작 원리에 근거하여 제작되었는지를 분석한다. 문항에 대한 양적평가는 어떤 통계치나 공식(수식)을 이용하여 문항의 질을 점검하는 방법이다. 이는 피험자의 응답결과를 검사이론에 입각하여 문항난이도, 문항변별도, 문항추측도를 분석하는 것이다. 문항분석을 위한 검사이론에는 고전검사이론과 문항반응이론이 있다.

2. 고전검사이론에 의한 문항분석

1) 기본 가정

고전검사이론(Classical Test Theory)에 기초한 문항분석은 피험자들의 응답을 문항별로 채점한 후 총점에 의하여 문항을 분석하는 방법으로 검사집단의 영향을 받게 된다. 같은 문항이라 할지라도 검사집단이 우수 집단인 경우와 그렇지 않은 경우 난이도는 다르게 측정된다. 고전검사이론에 의한 문항분석 결과는 검사목적에 따라 다르게 해석되므로 검사자는 규준참조평가 혹은 준거참조평가에 따라 해석에 유의하여야 할 것이다. 고전검사이론을 전개하기 위해서는 다음의 다섯 가지 기본 가정이 요구된다.

　　첫째, 관찰점수는 진점수와 오차점수로 이루어진다.

$$X = T + e$$
관찰점수 = 진점수 + 오차점수

　　어느 학생의 수학능력시험 언어영역 점수가 90점이 나왔다면 이 점수는 이 학생의 수학능력시험 언어영역에 대한 진짜 능력이라기보다는 관찰된, 즉 측정된 점수일 것이다. 이 측정된 능력 점수는 알지 못하는 진짜 능력에 해당하는 점수와 검사를 실시하는 과정에서 발생할 수 있는 오차점수로 구성되어 있음을 말한다.

　　둘째, 피험자의 진점수는 무수히 반복하여 측정된 점수의 평균값이다.

$$T = \frac{\sum X}{n} = E(X)$$

　　고전검사이론의 첫 번째 기본 가정에서 제시된 진점수를 추정하기 위한 가장 타당한 방법은 동일한 측정내용을 무수히 반복하여 얻은 모든 관찰점수의 평균으로 계산하는 것이다.

　　셋째, 진점수와 오차점수의 상관은 0이다.

$$\rho_{Te} = 0$$

　　피험자들의 관찰점수는 진점수와 오차점수로 구성되어 있음을 가정할 때, 진점수가 낮으면 오차점수가 작고, 진점수가 높으면 오차점수가 크다는 연관성이 없음을 뜻한다. 반대로 능력이 높은 피험자는 오차점수가 작고, 능력이 낮은 피험자는 오차점수가 높다는 등의 연관성이 없음을 뜻한다.

넷째, 한 검사에서 얻은 오차점수와 다른 검사에서 얻은 오차점수의 상관은 0이다.

$$\rho_{ee'} = 0$$

피험자들이 두 검사를 치렀을 때 한 검사에서 얻은 오차점수들과 다른 검사에서 얻은 오차점수들은 상호독립적이므로 관계가 없다.

다섯째, 한 검사에서 얻은 진점수와 다른 검사에서 얻은 오차점수의 상관은 0이다.

$$\rho_{Te'} = 0$$

이상의 가정에서 오차점수의 평균은 '0'이라는 결론에 도달한다.

$$\bar{e} = \frac{\sum e}{n} = 0$$

무한히 반복 측정할 때 진점수보다 능력을 더 발휘하여 오차점수가 양수일 때도 있으며, 능력을 발휘하지 못하여 오차점수가 음수일 때도 있다. 그러므로 오차점수의 평균은 0이라는 결론에 도달한다.

여섯째, 관찰점수의 분산은 진점수 분산과 오차점수 분산으로 구성된다.

$$\sigma_X^2 = \sigma_T^2 + \sigma_e^2$$

만약 오차점수의 분산이 0이라면 관찰점수와 진점수의 값이 같아지며, 이는 신뢰도가 완벽하여 측정오차가 전혀 없음을 뜻한다.

2) 문항난이도

　　문항난이도(item difficulty)는 문항의 어렵고 쉬운 정도를 의미한다. 문항난이도 지수(P)는 총 피험자 중 정답을 맞힌 피험자의 비율, 즉 문항의 전체 정답률을 뜻한다. 고전검사이론에서 문항난이도 지수가 높으면 쉬운 문항이고 낮으면 어려운 문항이다. 그러나 흔히 문항난이도를 말할 때 상, 중, 하로 표현되는 의미와 문항곤란도로 사용되는 의미에 혼란에 있어 학교현장에서는 문항통과율로 표현하기도 한다.

　　규준참조평가에서 문항의 난이도는 학생들의 능력 차이를 구분해 내야 하므로 중간 수준의 난이도를 중심으로 검사를 제작하여야 한다. 그러나 준거참조평가에서는 한 집단의 검사 점수의 평균이 높거나 혹은 낮은 것은 중요한 문제가 되지 않기 때문에 의도적으로 난이도 조절이 필요하지 않고, 오히려 문항내용의 적절성을 높일 수 있도록 문항과 이원목적분류표의 일치 여부를 검토하는 것이 더욱 중요하다.

(1) 총 피험자수에 의한 문항난이도

　　일반적으로 문항난이도를 계산할 때는 미달항과 추측도를 고려하지 않은 다음과 같은 공식이 이용된다.

$$P = \frac{R}{N}$$

P: 문항난이도 지수
N: 총 피험자수
R: 문항의 답을 맞힌 피험자수

　　예를 들어, 어느 학교에서 300명의 학습자가 국어 시험을 치른 결과, 어떤 문항을 정답으로 선택한 학습자가 180명이라면 이때의 문항난이도 지수는 다음과 같다.

$$P = \frac{180}{300} = 0.6$$

(2) 추측요인을 고려한 문항난이도

답안이 주어지는 선택형 문항에 있어서는 정답을 한 피험자 중에서 답을 정확히 모르면서도 추측해서 정답을 한 피험자가 있을 수 있다. 이러한 경우 문항난이도 지수가 과대 추정되어 실제보다 쉬운 문항으로 나타난다. 예를 들어, 정답이 하나인 오지 선다형 문항의 경우, 완전히 추측해서 정답을 맞힐 확률이 1/5이고, 오답안 중 어느 하나를 택할 확률은 1/(5−1)이다. 어느 한 문항에서 정답 반응수 가운데 추측에 의하여 우연히 맞힌 수가 포함되어 있을 확률은 오답수에 비례할 것이라고 가정하면 추측에 의해서 맞힌 답의 분량을 추정할 수 있을 것이다. 이와 같은 추측요인을 교정한 문항난이도는 다음의 공식에 의하여 산출된다.

$$P = \frac{R - \dfrac{W}{K-1}}{N}$$

P: 문항난이도 지수
N: 총 피험자수
R: 문항의 답을 맞힌 피험자수
K: 선택지의 수
W: 문항의 답을 틀린 피험자수

앞에서 예로 든 어떤 문항에 대하여 다음과 같은 반응분포가 나왔을 때 추측요인을 고려한 문항난이도는 다음과 같다.

$$P = \frac{\left(180 - \dfrac{30 + 35 + 25 + 30}{5 - 1}\right)}{300}$$

$$= \frac{\left(180 - \dfrac{120}{4}\right)}{300}$$

$$= \frac{150}{300} = 0.50$$

문항분포
① 30
② 35
*③ 180
④ 25
⑤ 30
300

이상과 같이 추측요인을 고려한 문항의 난이도는 그렇지 않았을 때에 비해 낮다는 것을 알 수 있다.

(3) 미달항과 추측요인을 고려한 문항난이도

검사 전체에 대한 피험자의 점수를 계산할 때는 시간이 모자라서 답을 하지 못한 문항 혹은 미달항(non-reached items)을 모두 틀린 것으로 간주하여 채점한다. 그러나 문항분석에서는 문항난이도를 통하여 문항의 쉽고 어려운 정도를 알고자 하기 때문에 각 문항에 반응하지 않은 피험자는 제외해야 한다. 예를 들어, 속도검사의 경우 미달항이 많이 발생하기 쉬운데, 이런 경우 실제로 어렵지 않은 문항도 어려운 문항으로 분석되는 문제점이 발생한다. 따라서 문항분석에서는 시간이 모자라서 반응하지 못한 문항들을 고려하여 문항난이도를 산출하는 것이 바람직하다. 이에 관한 공식은 다음과 같다.

$$P = \left(\frac{R - \dfrac{W}{K-1}}{N - NR} \right)$$

P : 문항난이도 지수

R : 문항의 답을 맞힌 피험자수

N : 전체 피험자수

NR : 미달 피험자수

K : 선택지의 수

W : 문항의 답을 틀린 피험자수

예컨대, 300명의 피험자를 대상으로 어떤 문항에 대하여 다음과 같은 반응분포가 나왔을 때의 난이도 지수는 다음과 같다.

$$P = \frac{\left(180 - \dfrac{30+35+25+30}{5-1}\right)}{300-30}$$

$$= \frac{\left(180 - \dfrac{120}{4}\right)}{270}$$

$$= \frac{150}{270} \fallingdotseq 0.56$$

문항분포
① 30
② 35
*③ 180
④ 25
⑤ 30
30 (미달 학습자수)
300

(4) 서답형 문항의 난이도

서답형 문항의 난이도를 계산하는 것은 앞에서 설명한 공식과 유사하다. 즉, 어떤 서답형 문항에서 전체 피험자들이 받은 점수의 합을 R, 그 문항에 주어진 배점을 A, 전체 피험자수를 N이라고 하면 서답형 문항난이도를 계산하는 공식은 다음과 같다.

$$P = \frac{R}{N \times A}$$

R : 전체 피험자가 받은 점수의 합
N : 전체 피험자수
A : 문항에 주어진 배점

예컨대, 40명의 피험자를 대상으로 어떤 서답형 문항에 대하여 전체 피험자가 받은 점수의 합은 280점이고, 그 문항에 주어진 배점은 10점, 전체 피험자수는 40명이라면 서답형 문항난이도는 다음과 같다.

$$P = \frac{280}{40 \times 10} = 0.7$$

문항난이도에 의하여 문항을 평가하는 절대적 기준은 없으나 Cangelosi(1990)는 문항난이도에 따른 평가기준을 〈표 10-1〉과 같이 제시하였다.

〈표 10-1〉 Cangelosi의 문항난이도에 의한 3단계 문항평가

문항난이도	문항평가
.25 미만	어려운 문항
.25 이상 ~ .75 미만	적절한 문항
.75 이상	쉬운 문항

문항난이도를 좀 더 세부적으로 평가하기 위해서는 5단계로 나누어 볼 수 있다. Ebel(1965)의 기준에 따른 난이도 지수와 문항평가는 〈표 10-2〉와 같다.

〈표 10-2〉 Ebel의 문항난이도에 의한 5단계 문항평가

문항난이도	문항평가
.00 ~ .20 미만	매우 어려운 문항
.20 이상 ~ .40 미만	어려운 문항
.40 이상 ~ .60 미만	중간 난이도 문항
.60 이상 ~ .80 미만	쉬운 문항
.80 이상 ~ 1.00	매우 쉬운 문항

3) 문항변별도

문항변별도(item discrimination)란 문항이 피험자의 능력을 변별하는 정도를 나타내는 지수를 말한다. 즉, 어떤 문항의 변별도가 클수록 그 문항이 피험자의 능력을 잘 변별하는 문항이 된다. 예컨대, 어떤 문항에 대하여 성취도가 높은 학생이 그 문항을 맞히고, 성취도가 낮은 학생이 틀릴 확률이 높은 경우 문항변별도가 높다고 할 수 있다. 그러므로 문항 변별도는 성취도가 높고 낮은 피험자를 변별하는 정도에 대한 정보를 제공한다.

규준참조평가에서는 변별도가 문항의 질을 좌우한다. 만약 변별도가 0이라면, 그 문항은 성취도가 높은 학생과 낮은 학생에게 똑같이 작용하여 성취도가 높고 낮은 학생을 변별할 수 없는 문항이다. 하지만 준거참조평가에서 변별도는 부적 변별도가 나오지 않는다면 크게 문제시되지 않는다. 예를 들어, 어떤 문항에 대해 모든 학생이 답을 하여 변별도가 0이 나온다고 하더라도 그 문항이 교수목표와 일치한다면 좋은 문항이 될 수 있다.

문항변별도를 산출하는 공식은 흔히 문항변별도 지수(item discrimination index)로 표현되며, 이는 상하부 지수(upper-lower index)와 상관계수(correlation coefficient)로 산출된다.

(1) 상하부 지수를 사용한 문항변별도

어떤 문항에서 답을 맞힌 피험자나 답을 틀린 피험자 모두 총점이 같다면, 이 문항은 변별력이 없는, 즉 변별도 지수가 0인 문항이 된다. 다시 말해서, 검사 총점을 기준

으로 총점이 높은 학습자(상위능력 집단)와 총점이 낮은 학습자(하위능력 집단)로 양분했을 때, 상위 집단의 학습자가 각 문항에서 정답을 맞히는 비율은 하위 집단의 학습자가 정답을 맞히는 확률보다 의미 있게 높아야 바람직하다. 만약 이러한 비율의 차가 의미 없게 나왔다면 그 문항은 상위능력과 하위능력 집단을 변별하는 데 아무런 역할을 못한 것이기 때문에 변별력이 없는 문항이라 할 수 있다.

일반적으로 문항변별도는 검사 총점을 어떤 준거에 따라 두 집단 혹은 세 집단으로 나누고 상위능력 집단과 하위능력 집단 간 정답률의 차이로 산출한다.

Johnson(1951)이 제시한 문항변별도 산출 공식은 다음과 같다.

$$D.I. = \frac{R_U}{F_U} - \frac{R_L}{F_L}$$

$D.I.$: 문항변별도 지수
R_U: 상위능력 집단의 정답자수
R_L: 하위능력 집단의 정답자수
F_U: 상위능력 집단의 피험자수
F_L: 하위능력 집단의 피험자수

예를 들어, 300명의 피험자를 대상으로 상위능력 집단과 하위능력 집단을 보편적으로 사용되고 있는 총점기준 상위 27%와 하위 27%로 나누어 어떤 문항에 대한 문항상관표를 다음과 같이 제시하였을 때, 문항변별도 지수는 다음과 같다.

		정답	오답	
검사총점	상	72	9	81(27%)
	중	51	87	138(46%)
	하	27	54	81(27%)
		150	150	300

$$D.I. = \frac{72}{81} - \frac{27}{81} ≒ 0.56$$

문항변별도 지수에서 상위능력 집단은 모두 정답을 선택하고 하위능력 집단이 모두 오답을 선택하였을 경우 D.I. = +1.00이 되고, 반대로 상위능력 집단은 모두 오답을 선택하고 하위능력 집단이 모두 정답을 선택하였을 경우 D.I. = −1.00이 되어 문항변별도 지수는 $-1.00 \leq D.I. \leq +1.00$ 범위에 놓인다. 그러나 상위능력 집단과 하위능력 집단에서 모두 정답을 선택했거나 오답을 선택했으면 문항변별도 지수 $D.I. = 0$이 된다.

상하부 지수를 사용한 문항변별도는 추정은 쉬우나 집단을 어떻게 구분하는지에 따라 문항변별도 지수가 변화되는 단점이 있다. 문항변별도를 구하기 위해 두 집단을 구분하는 방법은 여러 가지가 있지만, 총 피험자수에 근거하여 피험자수가 같도록 구분하거나 총점을 기준으로 상위 27%와 하위 27%로 구분하기도 한다(Kelly, 1939). 일반적으로 상위집단과 하위집단의 경계선인 중간집단에 의해 영향을 많이 받는 경향이 있어 피험자의 수가 적을 경우 상위 50%를 상위집단, 하위 50%를 하위집단으로 하는 방법이 많이 사용된다.

(2) 상관계수를 사용한 문항변별도

총점을 기준으로 상하집단으로 나누어 문항변별도를 계산하면 문항변별도 추정의 정확성이 낮아진다. 예를 들어, 상위집단 내에서 점수 차이를 고려하지 않고 동일하게 추정하여 계산하므로 더 정확한 값을 얻을 수 없게 된다. 이러한 단점을 보완하기 위하여 문항변별도는 문항 득점과 총점 간의 상관계수에 의하여 추정한다. 상관계수를 사용하여 문항변별도를 구하면 $+1.00$에서 -1.00까지 분포한다. 즉, 어떤 문항이 $+1.00$에 근접할 경우 정답자의 총점이 오답자의 총점에 비해 높다는 것을 의미한다. 이는 문항의 변별력이 높다고 해석할 수 있다. 상관계수를 사용한 문항변별도는 다음 공식에 의하여 추정된다. 상관계수를 계산하는 과정이 매우 복잡하기 때문에 통계 프로그램을 활용하는 것이 바람직하다.

$$r = \frac{N\sum XY - \sum X \sum Y}{\sqrt{N\sum X^2 - (\sum X)^2}\sqrt{N\sum Y^2 - (\sum Y)^2}}$$

r : 문항변별도
N : 총 피험자수
X : 각 피험자의 문항점수
Y : 각 피험자의 총점

예컨대, 10명의 피험자를 대상으로 10개 문항으로 구성된 어느 검사의 결과는 〈표

10-3〉과 같다.

〈표 10-3〉 문항변별도 추정을 위한 검사결과

문항 피험자	문항점수(X)										총점 (Y)	XY	X² (1번 문항)	Y²
	1	2	3	4	5	6	7	8	9	10				
1	1	1	1	1	1	1	1	1	1	1	10	10	1	100
2	0	1	1	0	0	0	1	1	1	1	6	0	0	36
3	1	0	0	0	0	0	0	0	1	1	3	3	1	9
4	1	1	1	0	0	0	1	1	1	0	6	6	1	36
5	1	0	0	0	1	1	1	1	1	1	7	7	1	49
6	1	1	1	0	0	1	1	1	1	1	8	8	1	64
7	0	0	0	0	0	0	1	1	1	1	4	0	0	16
8	0	1	1	0	0	0	0	0	0	0	2	0	0	4
9	1	1	1	1	1	0	0	0	0	0	5	5	1	25
10	1	1	1	1	1	1	1	1	1	0	9	9	1	81
Σ	7	7	7	7	4	4	7	17	8	6	60	48	7	420

출처: 김석우(2015).

1번 문항에 대하여 상관계수를 사용한 문항변별도를 계산하면 다음과 같다.

$$r = \frac{N\sum XY - \sum X \sum Y}{\sqrt{N\sum X^2 - (\sum X)^2}\ \sqrt{N\sum Y^2 - (\sum Y)^2}}$$

$$= \frac{10(48) - (7)(60)}{\sqrt{10(7) - 7^2}\ \sqrt{10(420) - 60^2}}$$

$$= \frac{480 - 420}{\sqrt{70 - 49}\ \sqrt{4200 - 3600}} = .53$$

문항변별도 지수에 의하여 문항을 평가하는 절대적 기준은 없으나, 문항변별도가 .40 이상이면 변별력이 좋은 문항이라 할 수 있다. 그러나 문항변별도가 .20 미만인 문항은 변별력이 낮으므로 이러한 문항은 수정되어야 한다. 특히 문항변별도가 음수인 문항, 즉 능력이 높은 학생들은 정답을 틀리고 능력이 낮은 학생들이 정답을 맞췄다면 그 문항은 '역'으로 변별하는 부적 변별문항으로서 검사에서 반드시 제외해야 한다. Ebel(1965)은 검사도구의 신뢰도와 관련하여 문항변별도 평가기준을 〈표 10-4〉와 같이 설정하고 있다.

〈표 10-4〉 Ebel의 문항변별도 평가기준

문항변별도	문항평가
.10 미만	변별력이 없는 문항
.10 이상 ~ .20 미만	변별력이 매우 낮은 문항
.20 이상 ~ .30 미만	변별력이 낮은 문항
.30 이상 ~ .40 미만	변별력이 있는 문항
.40 이상	변별력이 높은 문항

출처: Ebel (1965).

문항변별도는 문항난이도와 직접적으로 관련되어 있어 너무 어렵거나 쉬운 문항의 경우 학생의 능력을 변별하는 기능을 할 수 없다.

4) 문항추측도

어떤 능력을 측정하는 문항이 있다고 가정할 때 해당 능력이 없는 피험자들은 오답을 하게 된다. 그러나 실제로 추측에 의하여 문항의 답을 맞힌 피험자도 있을 것이다. 문항추측도(item guessing)는 문항의 답을 모르고 추측으로 문항의 답을 맞힌 비율을 의미한다. 틀린 문항에 벌점을 주지 않는 경우 추측은 검사에서 일어날 수 있는 행위이므로 문항추측도 역시 문항분석의 요소가 된다.

문항추측도를 추정하기 위해서는 총 피험자 중 문항의 답을 알지 못해 추측하여 응답한 피험자수와 추측하여 문항의 답을 맞힌 피험자수를 파악하여야 한다. 그러나 검사가 미치는 영향이 클수록 문항의 답을 추측하여 맞혔다고 대답하는 피험자는 없을 것이므로 확률이론에 의해 추측을 한 피험자수와 추측하여 문항의 답을 맞힌 피험자수를 추정한다. 문항추측도는 다음 공식에 의하여 추정된다.

$$P_{G_R} = \frac{\dfrac{W}{(K-1)}}{N}$$

P_{G_R}: 문항추측도

W: 오답자수

K: 선택지의 수

N: 전체 피험자수

예를 들어, 200명의 피험자 중에서 40명이 오지선다형 문항에 답을 맞히지 못하였을 경우, 문항추측도는 0.05로 나타난다.

$$P_{G_R} = \frac{\left(\dfrac{40}{5-1}\right)}{200} = 0.05$$

5) 오답지 매력도

선다형의 문항에서 선택지 작성은 문항의 질을 좌우할 뿐 아니라 고등정신능력의 측정에도 영향을 준다. 오답지 매력도(attractiveness of distractors)란 선다형 문항의 경우 피험자가 오답지도 정답처럼 보아 택할 가능성을 의미하며, 오답지에 대한 응답비율에 의하여 결정된다. 오답지들이 그럴듯하고 매력적일 때 문항의 난이도는 낮아지며, 비교, 분석, 종합 등의 고등정신능력을 측정할 수 있게 된다. 만약 매력이 전혀 없을 경우 답안의 기능을 상실하므로 사지선다형 문항은 삼지선다형 문항으로, 삼지선다형 문항은 진위형으로 변하게 된다. 따라서 선다형 문항에서 선택지에 대한 분석은 문항의 질을 향상시키는 중요한 작업이 된다.

각 오답지의 매력도는 다음의 공식으로 추정된다. 각 오답지가 매력적인지는 각 오답지에 대한 응답비율에 의해 결정되는데, 오답지에 대한 응답비율이 오답지 선택확률보다 높으면 매력적인 답안, 그 미만이면 매력적이지 않은 답안이라고 할 수 있다.

$$P_o = \frac{1-P}{K-1}$$

P_o: 답지 선택 확률

P: 문항난이도

K: 답지의 수

500명의 피험자가 오지선다형 문항의 각 답안에 응답한 결과와 그에 따른 오답지 매력도 추정결과는 〈표 10-5〉와 같다.

〈표 10-5〉 오답지 매력도 추정결과

답안\내용	응답자	응답비율	비고
①	40	.08	매력적이지 않은 오답지
②	210	.42	정답
③	100	.20	매력적인 오답지
④	30	.06	매력적이지 않은 오답지
⑤	120	.24	매력적인 오답지

〈표 10-5〉에서 전체 피험자 중 문항난이도 .42에 해당하는 피험자들이 문항의 답을 맞혔다. 이는 피험자 중 .58에 해당하는 비율의 피험자들이 오답을 선택하였음을 의미하며, 오지선다형 문항에서 오답들의 매력이 균등하다면 4개의 각 오답지에 균등하게 응답할 것이므로 각 오답지에 응답할 비율은 .145가 된다. 따라서 ③, ⑤는 답지 매력도 .145보다 크므로 매력적인 오답지이고, ①, ④는 답지 매력도 .145보다 작으므로 매력적이지 않은 오답지라고 평가할 수 있다.

6) 문항반응분포

문항반응분포(item response distribution)란 피험자들이 문항의 각 답지에 어떻게 반응하고 있는지를 기술하고, 이를 기초로 하여 분석하는 것을 의미한다. 문항반응분포에서는 분석의 대상이 문항 자체가 아니라 문항 속에 포함되어 있는 각각의 답지에 대한 반응이다. 이를 통하여 각 답지의 오답이 오답으로서 얼마나 매력이 있으며, 정답은 얼마나 정답 구실을 했는지, 또한 상위능력 집단과 하위능력 집단 간의 반응형태는 어떤 차이가 있는지 등을 알 수 있다.

〈표 10-6〉에서는 120명의 피험자를 대상으로 3개 문항에 대한 문항반응분포의 과정을 알아보기로 한다.

〈표 10-6〉 문항반응분포표

〈문항 1〉		〈문항 2〉		〈문항 3〉	
답지	반응자수	답지	반응자수	답지	반응자수
①	20	①	20	①	3
②	18	*②	15(정답)	②	23
③	16	③	63	*③	90(정답)
*④	50(정답)	④	12	④	2
⑤	16	⑤	10	⑤	2
	120		120		120

〈문항 1〉은 우리가 기대하는 바람직한 문항이라 할 수 있다. 우선 정답에 많은 수의 피험자가 반응하고 있고, 오답지에도 비교적 고르게 피험자의 반응이 분포되어 있어서 무난한 반응분포를 보이는 문항이다.

〈문항 2〉는 잘못된 문항이다. 정답인 ②번에는 15명의 피험자가 반응을 나타낸 반면, 오답인 ③번에 63명이라는 많은 피험자가 반응하고 있는 것은 정답이 정답 구실을 제대로 못하기 때문이다. 이런 경우에는 정답이 왜 제구실을 못하는지를 검토하여 정답문항을 개선하거나 ③번 오답의 매력을 줄여야 한다.

〈문항 3〉은 정답이 너무 뚜렷하고 오답의 매력이 너무 적어 이상한 반응분포를 보이는 문항으로 실제로 사용하기에는 어려운 문항이다. 특히 오답인 ①, ④, ⑤번은 거의 매력이 없기 때문에 형식적으로는 5개의 답지를 가진 선다형이지만 실제로는 답지 ②, ③번 중 하나를 선택하는 진위형 문항으로 볼 수 있다. 이런 경우, 오답지의 매력을 좀 더 늘릴 수 있도록 문항을 수정하든지 다른 문항으로 대체해야 한다.

7) 고전검사이론의 장단점

고전검사이론은 19세기 말부터 전개되어 현재까지 사용되고 있는 이론으로서 비교적 간단한 절차에 의해 문항분석과 검사분석을 실시할 수 있다. 문항난이도, 문항변별도, 문항추측도, 오답지 매력도 등의 용어들은 고전검사이론에서 유래되었으며, 우리나라 교육현장에서는 추정방법과 계산이 쉬워 고전검사이론을 사용하고 있다. 그러나 고전검사이론은 문항모수 불변성의 개념과 피험자 능력 불변성의 개념이 유지되지 않으며 피험자 능력도 정확하게 추정하지 못한다는 문제점이 있다.

고전검사이론의 단점은 크게 세 가지로 요약될 수 있다. 첫째, 문항난이도, 문항변별도와 같은 문항의 고유한 특성이 피험자 집단의 특성에 따라 변화된다. 둘째, 피험자의 능력이 검사도구의 특성에 따라 달리 추정된다. 셋째, 피험자의 능력을 비교할 때 총점에 근거하므로 정확성이 결여된다. 이상의 문제점을 해결하기 위하여 문항반응이론이 등장하게 되었다.

3. 문항반응이론에 의한 문항분석

1) 등장 배경

문항반응이론(Item Response Theory)이란 피험자가 문항에 정반응을 할 확률을 문항특성 및 능력의 함수로 기술하는 통계이론이다. 1980년대 초기까지 잠재적 특성이론(Latent Trait Theory)으로 불렸던 문항반응이론은 현재 교육·심리측정 분야는 물론 검사도구 개발에 지대한 영향을 주고 있다. 문항반응이론은 이론적 모형이나 수리적 배경보다는 경험적 필요에 의하여 전개되었다고 할 수 있다. Binet와 Simon(1916)은 지능을 측정하기 위한 문항을 연령에 따라 각 문항에 정답을 한 피험자의 비율을 표시한 점들을 연결하는 문항특성곡선을 작성하였다. Binet와 Simon은 나이가 증가함에 따라 문항의 답을 맞힐 확률이 증가하는 증가함수의 원리를 응용하였으며, 곡선이 가파를수록 나이에 따라 문항의 답을 맞힐 확률이 매우 다르기 때문에 그 문항은 근접한 연령집단을 더욱 잘 변별해 줄 수 있다는 사실을 발견하였다. 이 곡선에서 연령에 따른 정답률의 변화를 파악하고, 이를 기초로 연령에 적합한 문항을 선택하여 검사를 제작하는 것에서 문항반응이론이 시작되었다고 할 수 있다. Richardson(1936)은 고전검사이론에 의한 문항특성 추정과 문항반응이론에 의한 문항특성 추정의 관계를 처음으로 증명하였으며, 이후 Lawley(1943)에 의해서 문항반응이론과 고전검사 이론과의 관계가 재정립되고 문항특성을 추정하는 모형과 방법이 제시되었다. 1980년 대에 이르러 컴퓨터를 이용하여 어려운 수리적 계산이 가능해지면서 문항반응이론은 교육측정 분야에서 보편화되기 시작하였다. 즉, 이론적 발전과 병행하여 개인 컴퓨터의 발달로 문항반응이론의 수학적 모형에 대한 어려움이 극복될 수 있었다.

2) 기본 가정

일반적으로 검사를 실시하는 목적은 피험자의 능력이나 기술 수준을 파악하기 위한 것이다. 이를 위해서는 피험자가 가진 능력이나 기술 수준에 따라 문항에 대한 응답이 어떻게 달라지는지 반드시 파악할 필요성이 있다. 또한 검사를 구성하고 있는 개별 문항이 각 능력수준을 얼마나 효과적으로 측정하고 있는지 파악하여야 한다. 따라서 문항반응이론은 고전검사이론처럼 검사의 총점에 의해 검사나 문항이 분석되는 이론이 아니라 문항 하나하나의 독특한 특성을 지닌 고유한 문항특성곡선에 의해 분석된다는 이론이다. 문항반응이론을 전개하기 위해서는 다음과 같은 2개의 가정이 충족되어야 한다.

첫째, 일차원성(unidimensionality) 가정이다. 인간의 능력은 여러 종류의 잠재적 특성(latent trait)으로 나타난다. 그러나 이론적·실제적 제한점 때문에 하나의 검사로 인간의 다차원 특성을 측정하기란 쉽지가 않다. 이에 하나의 검사도구는 인간이 지닌 하나의 특성(single trait)을 측정하여야 함을 전제로 한다. 예를 들어, 어휘력만을 측정하는 검사는 어휘력을 측정하여야 하며 수리력에는 영향을 주어서는 안 된다는 가정이다.

둘째, 지역독립성(local independence) 가정이다. 어떤 능력을 가진 피험자가 보인 하나의 문항에 대한 응답은 다른 문항의 응답에 영향을 주지 않는다는 가정으로서 어떤 문항과 다른 문항의 답을 맞힐 확률은 상호독립적이라는 뜻이다. 이는 한 문항의 내용이 다른 문항의 정답의 단서가 되지 않아야 한다는 의미도 포함된다.

한편, 문항반응이론의 장점으로 문항 특성 불변성 및 피험자 능력 불변성 개념이 있다. 문항 특성 불변성은 문항의 특성인 문항난이도, 문항변별도, 문항추측도가 피험자 집단의 특성에 따라 변화되지 않는다는 것이다. 예를 들어, 고전검사이론에서는 피험자 집단의 능력특성에 따라 동일한 문항이 상위 집단에서는 쉬운 문항이 되고, 하위 집단에서는 어려운 문항으로 분석된다. 그러나 문항반응이론에서는 문항특성이 피험자 집단의 능력특성에 따라 변하지 않는다.

　피험자 능력 불변성은 피험자의 능력은 특정 검사나 문항에 따라 변하는 것이 아니라 고유한 능력수준이 있다는 것이다. 즉, 고전검사이론에서는 동일 피험자 집단이라 하더라도 쉬운 검사에서는 어떤 피험자의 능력이 높게 나타나고, 어려운 검사에서는 능력이 낮게 나타난다. 그러나 문항반응이론에 따르면 검사의 쉽고 어려운 정도에 관계없이 피험자의 능력을 안정적으로 추정할 수 있다는 것이다.

3) 문항특성곡선

　문항반응이론은 하나의 잠재적 능력에 비추어 문항에 대한 반응을 설명할 수 있다고 가정하고, 관찰할 수 있는 문항반응과 관찰할 수 없는 능력 간의 관계를 분석한다. Binet와 Simon이 사용한 문항특성곡선은 나이와 문항의 답을 맞힐 확률과의 함수관계를 나타낸다. 그런데 나이보다 능력이 더 일관성이 있기 때문에 나이 대신에 피험자의 능력으로 치환한 곡선이 문항특성곡선이다(성태제, 2016). 즉, 문항특성곡선 (Item Characteristic Curve: ICC)이란 피험자의 능력에 따라 문항에서 정답을 맞힐 확률을 나타내 주는 그래프를 말한다.

　어떤 문항에 반응하는 각 피험자는 얼마만큼의 기초 능력을 가지고 있으며, 각 피험자는 능력 척도상에서 어느 위치의 수치를 갖는다고 가정한다. 문항특성곡선에서 X축을 나타내는 피험자의 능력은 그리스 문자 θ(theta)로 표기하고, Y축은 각 능력수준에서 그 능력을 가진 피험자가 그 문항에 정답을 맞힐 확률을 $P(\theta)$로 표기한다. 문항반응이론에 의한 전형적인 문항특성곡선은 [그림 10-1]과 같다.

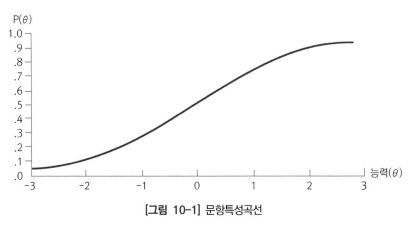

[그림 10-1] 문항특성곡선

출처: Binet & Simon (1916).

[그림 10-1]에서 보듯이 문항특성곡선은 피험자의 능력이 높아질수록 정답을 맞힐 확률이 높은 증가함수(increase function)를 나타낸다. 문항특성곡선에서는 능력이 높을수록 문항의 답을 맞힐 확률이 증가하나 직선적으로 증가하지는 않는다. 일반적으로 선형이 아닌 S자 형태를 나타낸다. 문항반응이론에서 피험자의 능력을 측정하는 척도는 모든 피험자의 능력이 평균 μ과 표준편차 σ를 가진 정규분포를 이룬다는 가정하에 능력의 평균은 0, 표준편차는 1인 척도를 표현하게 된다. 가로축을 나타내는 피험자의 능력은 이론적으로는 $-\infty$에서 $+\infty$ 사이에 존재하지만, 실제로 거의 대부분의 피험자의 능력은 −3.0에서 +3.0 사이에 위치한다. 이는 값이 클수록 측정하는 능력의 수준이 높음을 의미한다. 세로축은 문항을 맞힐 확률로, 1.0에 가까울수록 정답을 맞힐 확률이 높음을 나타낸다.

4) 문항난이도

문항난이도(item difficulty)란 문항의 쉽고 어려운 정도를 나타내는 지수로서 문항반응이론에서는 문항특성곡선이 어디에 위치하여 기능하는지와 연관된다. 문항특성곡선이 오른쪽에 위치할수록 문항이 어려움을 의미한다. 문항반응이론에서 문항난이도는 문항의 정답을 맞힐 확률이 .5에 대응하는 능력수준을 말하며, β 혹은 b로 표기한다. 따라서 대응되는 능력수준의 값이 커질수록, 즉 오른쪽으로 위치할수록 문항의 난이도가 높은 어려운 문항을 나타낸다. 이는 문항의 정답을 맞히기 위해 더 높은 수준의 능력이 필요하다는 것을 의미하기 때문이다. 문항의 기능이 각각 다른 세 문항의 문항특성곡선이 [그림 10-2]와 같다고 가정하자. 정답을 맞힐 확률이 .5가 되는 지점에 대응되는 능력값이 문항 1번은 −1.5, 문항 2번은 0, 문항 3번은 1.5이다. 따라서 문항 1번, 문항 2번, 문항 3번 순으로 문항난이도가 높은 문항임을 알 수 있다.

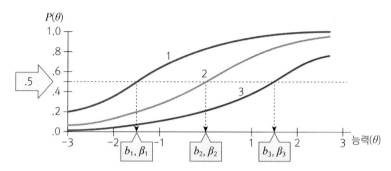

[그림 10-2] 문항특성곡선상의 문항난이도

출처: Baker & Kim (2017).

문항난이도의 이론적 범위는 −∞ 에서 +∞ 사이에 존재하나, 일반적으로 문항난이도는 −2.0에서 +2.0 사이에 있으며, 그 값이 커질수록 어려운 문항으로 해석된다. 문항반응이론에 의한 문항난이도는 총 응답자 중 정답자의 비율로 정의하는 고전검사이론에 의한 문항난이도와는 다르다. 즉, 고전검사이론에서 문항난이도는 그 값이 클수록 쉬운 문항을 뜻하는 반면, 문항반응이론에서 문항난이도는 그 값이 클수록 어려운 문항이다.

문항반응이론의 문항난이도에 대한 문항평가는 〈표 10-7〉과 같다(Baker, 1985). 이와 같은 문항난이도에 대한 해석의 기준은 절대적 기준이라기보다는 이해를 돕기 위한 서술적 표현이다.

〈표 10-7〉 언어적 표현에 의한 문항난이도의 범위

문항난이도	문항평가
−2.0 미만	매우 쉽다
−2.0 이상~−0.5 미만	쉽다
−0.5 이상~+0.5 미만	보통이다
+0.5 이상~+2.0 미만	어렵다
+2.0 이상	매우 어렵다

5) 문항변별도

　문항변별도(item discrimination)란 능력이 높은 피험자와 낮은 피험자를 변별해 주는 정도를 나타내는 지수로서 문항특성곡선의 기울기를 통해 파악할 수 있다. 문항특성곡선에서 난이도에 해당하는 지점의 접선의 기울기가 문항변별도이며, 기울기가 가파를수록 문항의 변별도가 높다는 것을 의미한다. 이는 기울기가 가파를수록 능력이 높은 피험자는 정답을 맞히고, 낮은 피험자는 오답을 선택하는 문항임을 나타내기 때문이다. 문항반응이론에서 문항변별도는 a 혹은 α로 표기한다. 문항반응이론에 의한 3개의 문항특선곡선에 의하여 문항변별도를 설명하면 [그림 10-3]과 같다. 문항 1번, 문항 2번, 문항 3번의 문항난이도는 같으나 문항특성곡선의 기울기가 다름을 알 수 있다. 문항 3번은 피험자의 능력수준이 증가하여도 문항의 정답을 맞힐 확률의 변화가 심하지 않은 반면, 문항 1번은 능력수준이 변함에 따라 문항의 정답을 맞힐 확률이 심하게 변함을 알 수 있다. 따라서 문항 1번이 문항 3번보다 피험자를 잘 변별해 준다고 말할 수 있다.

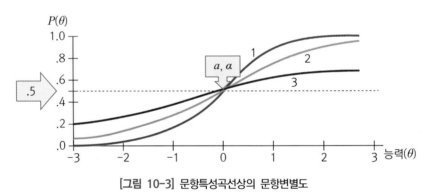

[그림 10-3] 문항특성곡선상의 문항변별도

출처: Baker & Kim (2017).

　일반적으로 문항변별도는 0에서 +2.0의 범위에 존재하며, 그 값이 높을수록 좋은 문항이다. 만약 문항변별도가 음수의 값을 지니면 이는 검사에서 제외해야 할 문항이다. 왜냐하면 이 문항은 피험자의 능력이 높아질수록 문항의 정답을 맞힐 확률이 낮아지기 때문이다. 고전검사이론에 의한 문항변별도는 문항점수와 검사 총점과의 상관계수에 의하여 추정되나, 문항반응이론에 의한 문항변별도는 문항특성곡선의 기울기를 말하므로 문항변별도에 대한 두 정의가 다름을 알 수 있다.

　문항반응이론의 문항변별도에 대한 문항평가는 〈표 10-8〉과 같다(Baker, 1985).

〈표 10-8〉 문항평가에 의한 문항변별도의 범위

정규 오자이브 모형	로지스틱 모형	문항평가
.00 이상~.20 미만	.00 이상~.35 미만	거의 없다
.20 이상~.39 미만	.35 이상~.65 미만	낮다
.39 이상~.80 미만	.65 이상~1.35 미만	보통이다
.80 이상~.99 미만	1.35 이상~1.70 미만	높다
1.0 이상	1.70 이상	매우 높다

6) 문항추측도

　문항추측도(item guessing)는 피험자가 능력이 전혀 없음에도 불구하고 문항의 정답을 맞힐 확률을 의미하며, c로 표기한다. 문항의 추측도 c값이 높을수록 그 문항은 좋지 않은 문항이라 할 수 있다. 문항추측도를 문항특성곡선에 의하여 설명하면 [그림 10-4]와 같다. 이 문항특성곡선에서 능력이 전혀 없는, 즉 −∞의 능력수준을 가지고 있는 피험자가 문항의 정답을 맞힐 확률은 0이 아니라 .1이다. 일반적으로 문항추측도의 범위는 0에서 1.0까지이나 일반적으로 '1/(답지 수)'보다 낮은 확률을 나타내며, 사지선다형 문항에서 .2를 넘지 않는다.

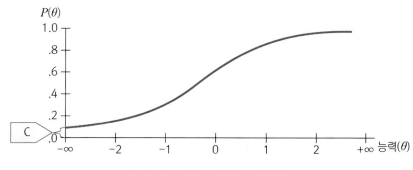

[그림 10-4] 문항특성곡선상의 문항추측도

출처: Baker & Kim (2017).

4. 고전검사이론과 문항반응이론의 비교

고전검사이론과 문항반응이론을 비교·정리하면 〈표 10-9〉와 같다(김석우, 2015).

〈표 10-9〉 고전검사이론과 문항반응이론의 비교

평가이론	고전검사이론	문항반응이론
기본 개념 및 분석방법	• 출제된 문항의 양호도를 검증하기 위한 이론으로 시험에 적절한 난이도와 높은 변별도를 지닌 양질의 문항이다. • 피험자가 출제된 문항 중에 몇 문항을 맞혔는지, 출제된 문항에 응답한 사람 중 몇 사람이 정답에 응답을 하였는지를 분석한다.	• 문항의 특성이나 피험자의 능력은 고정되어 있는 것으로 인식하여 문항의 특성과 피험자의 능력을 상황에 구애받지 않는 수치로 산출해 내는 방법이다. • 고도의 수학적인 방법을 이용하여 산출하므로 고전검사의 방법보다 복잡하다.
피험자의 점수	• 문항점수를 합산하거나 조금 정밀한 점수를 위해서는 문항당 가산점을 부여하여 점수를 합산하는 방법을 사용하고 있다. • 검사를 구성하는 문항이 달라질 경우 점수는 변할 수 있다.	• 피험자의 능력은 어느 시점에서 고정되어 있는 것으로 파악하여 그 능력을 점수화하는데, 문항반응이론에서는 θ로 표시한다. • 검사를 구성하는 문항이 달라지더라도 능력 점수는 변하지 않는다.
장점 및 단점	〈장점〉 • 산출방법이 간단하고 쉽다. 〈단점〉 • 검사시점에 따라 문항의 난이도가 조절되지 않는다. • 일정한 점수를 획득하면 통과되는 자격증 시험의 경우 시험이 실시되는 시점에 따라 시험 응시자의 합격/불합격이 결정될 수도 있다.	〈장점〉 • 정확한 측정이 가능하고 학생들의 변별이 더욱 정밀하다. • 상황에 따라 문항의 특징이나 피험자의 능력 점수가 변하지 않아 자격증시험 등에 적절하다. 〈단점〉 • 고도의 수학적인 방법이 사용되므로 산출방법이 어렵다.

5. 문항분석 적용 예시

〈표 10-10〉에서 〈표 10-12〉는 교원임용고사에서 실시된 교육평가 문항을 고전

검사이론과 문항반응이론을 적용하여 문항분석(난이도, 변별도, 오답지 매력도, 추측도)을 통해 분석한 결과를 나타낸 것이다. 이 자료를 바탕으로 문항의 대표적인 문제점으로 지적되는 내용타당도를 중심으로 문항의 양호도를 살펴보면 〈표 10-10〉과 같다.

〈표 10-10〉 문항분석 예시 1

문항번호	12	문항출처	2007학년도 초등 19번
평가영역	평가방법의 선정과 개발	평가내용 요소	검사이론에 따른 문항분석

　다음은 두 문항의 각 답지에 대한 학생 90명의 반응을 상위집단, 중간집단, 하위집단으로 나누어 분석한 문항반응분포표이다. 이 표를 보고 알 수 있는 문항의 특성에 대한 진술로 적절하지 <u>않은</u> 것은?(* 표시된 답지가 정답지임)

A문항				
답지	상	중	하	전체
①	5	8	3	16
*②	17	14	5	36
③	0	0	17	17
④	8	8	5	21
합계	30	30	30	90

B문항				
답지	상	중	하	전체
①	0	0	0	0
②	1	2	0	3
*③	29	27	30	86
④	0	1	0	1
합계	30	30	30	90

　① A문항의 문항난이도는 0.4이다. (10%)
*② B문항의 문항변별도는 0.5이다. (85%)
　③ A문항은 상위집단과 중간집단에게는 사실상 삼지선다형이다. (2%)
　④ B문항은 정답이 너무 뚜렷하고 오답지의 매력이 매우 낮다. (2%)

고전검사 이론	변별도	난이도	추측도	문항반응 이론	변별도	난이도	추측도
	0.142	0.854	0.049		0.628	−2.317	0.260

내용타당도	문항내용의 중요성	문항내용수준의 적합성	문항단어수준의 적합성	고등정신능력의 측정 여부	정답 시비 가능성
	○	○	○	○	×
	질문의 구체성	질문에 정답 단서 없음	오답지의 매력도		답지에 정답 단서 없음
	○	○	×		○

출처: 서미성(2009).

　〈표 10-10〉에서 12번 문항은 변별도는 낮은 편이고, 매우 쉬운 문항에 해당한다. 이 문항은 답지가 ①과 ②, ③과 ④로 양분되고 있다. 즉, ①과 ②는 난이도와 변별도로 답지를 구성했고, ③과 ④는 문항특성에 대해 기술한 형식으로 구성되어 있다. 따

라서 답지들의 길이도 상이하고, 답지의 형태도 유사하지 않은 문제점이 있다. 그리고 답지 ④의 내용은 상식선에서도 적절한 내용임을 알 수 있기 때문에 오답지로서의 기능을 하지 못하고 있다. 또한 답지 ①은 문항난이도를 직접 계산할 줄 알아야 정답 여부를 가릴 수 있는 반면, 정답인 ②는 변별도를 직접 계산할 줄 모르더라도 정답을 맞힐 수 있다. 이러한 문항은 문항변별도를 직접 계산할 줄 아는지를 평가하기 위해 계산하지 않고도 오답임을 알 수 있는 수치를 제시하기보다 직접 계산을 통해 정답 여부를 결정할 수 있는 수치를 제시하는 것이 바람직하다.

〈표 10-11〉 문항분석 예시 2

문항번호	25		문항출처	2006학년도 중등 28번
평가영역	평가결과의 활용과 교육연구방법론		평가내용 요소	평가결과의 활용

세 과목의 시험에서 얻어진 점수를 합산한 총점으로 학생들의 성적을 서열화하고자 한다. 합산된 총점의 서열화에 각 시험 점수가 미치는 비중(weight)을 가능한 한 동등하게 하기 위해 고려해야 할 사항으로 가장 적합한 것은?(* 표시된 답지가 정답지임)
① 각 시험의 문항 유형을 동일하게 출제한다. (8%)
② 각 시험의 실시 시간을 동일하게 조정한다. (2%)
*③ 각 시험의 점수 분산이 같아질 수 있도록 한다. (86%)
④ 세 과목의 시험이 같은 날에 실시되도록 한다. (4%)

고전검사 이론	변별도	난이도	추측도	문항반응 이론	변별도	난이도	추측도
	0.227	0.859	0.47		0.710	−2.180	0.252
내용타당도	문항내용의 중요성	문항내용수준의 적합성	문항단어수준의 적합성	고등정산능력의 측정 여부	정답 시비 가능성		
	○	○	○	○	×		
	질문의 구체성	질문에 정답 단서 없음		오답지의 매력도	답지에 정답 단서 없음		
	○	○		×	○		

출처: 서미성(2009).

〈표 10-11〉에서 25번 문항은 변별도는 적절하지만, 매우 쉬운 문항에 해당한다. 이 문항은 질문에서 실제 상황을 주고 그에 대한 해결방법을 찾도록 하므로, 고등정

신능력을 측정하는 데는 바람직한 문항이다. 그러나 답지의 구성을 보면 ①, ②, ④는 시험 실시와 관련된 조건을 다루고 있는 반면, 답지 ③만 점수에 관한 진술을 하고 있어 답지를 분석하여 정답을 찾을 수 있는 가능성이 있다.

〈표 10-12〉 문항분석 예시 3

문항번호	34		문항출처	2007학년도 중등 18번
평가영역	평가결과의 활용과 교육연구방법론		평가내용 요소	문항 및 검사의 양호도 분석

A라는 교육목표의 달성 여부를 알아보기 위해 문항 a가 작성되었을 때 이 문항의 내용타당도 또는 목표지향타당도의 관점에서 진술한 내용 중 가장 적절한 것은?
*① 문항 a를 틀린 사람은 목표 A를 달성하지 못했을 수 있다. (68%)
② 문항 a를 맞힌 사람은 목표 A를 달성했다고 말하기에 충분하다. (24%)
③ 문항 a를 맞힌 사람들이 많다면 이는 목표 A가 교육적으로 바람직하다는 증거이다. (5%)
④ 문항 a를 틀린 사람들이 많다면 이는 목표 A가 교육적으로 바람직하지 않다는 증거이다. (2%)

고전검사 이론	변별도	난이도	추측도	문항반응 이론	변별도	난이도	추측도
	0.192	0.681	0.106		0.647	−0.421	0.265

내용타당도	문항내용의 중요성	문항내용수준의 적합성	문항단어수준의 적합성	고등정신능력의 측정 여부	정답 시비 가능성
	○	○	○	×	○
	질문의 구체성	질문에 정답 단서 없음		오답지의 매력도	답지에 정답 단서 없음
	○	×		×	×

출처: 서미성(2009).

〈표 10-12〉에서 34번 문항은 변별도가 낮고 중간수준의 난이도를 가진 문항이지만, 추측도는 높은 문항에 해당한다. 이 문항은 '내용타당도'의 본질적인 측면을 아는지에 대해 측정하는 내용이라고 보기 어렵고, 고등정신능력을 평가하기보다는 단순 암기에 의한 지식을 평가하는 문항이라 할 수 있다. 또한 질문에 '내용타당도' '목표지향타당도'라는 단어를 명시함으로써 '목표 달성'에 대한 답지 ①, ② 중에 답을 선택할 가능성이 많아 답지 ③, ④는 매력적이지 못한 오답지라 할 수 있다. 그리고 ②의 진술문에 '충분하다'라는 용어 사용도 부적절하다.

연구문제

1. 문항난이도와 문항변별도는 어떤 관계가 있는지 설명하시오.

2. 고전검사이론과 문항반응이론에서 산출되는 문항난이도를 설명하시오.

3. 고전검사이론과 문항반응이론에서 산출되는 문항변별도를 설명하시오.

4. 고전검사이론과 문항반응이론의 장단점을 기술하시오.

5. 학교에서 실시한 검사문항에 대한 문항분석의 사례를 통해 문항의 양호도를 분석하시오.

평가결과의 분석

- 측정단위의 종류와 의미를 이해할 수 있다.
- 평가결과의 점수 표시 방법을 이해할 수 있다.
- 평가결과에 대한 기초적인 통계적 분석방법을 이해할 수 있다.

　학교에서 학생들이 시험을 보면 점수가 숫자로 주어진다. 예컨대, 100점 만점으로 채점된 국어과목 시험 점수에서 A 학생은 90점을, B 학생은 80점을 그리고 C 학생은 70점을 받았을 때, 90점을 받은 A 학생은 80점을 받은 B 학생보다 국어능력이 더 좋다고 말할 수 있는가? 또 A 학생(90점)과 B 학생(80점)의 국어능력 차이는 B 학생(80점)과 C 학생(70점)의 국어능력 차이와 같다고 말할 수 있는가? 한 학생이 이 국어 시험에서 0점을 받았다면, 그것은 무엇을 의미하는가?

　교육평가 활동을 통하여 학생에 대한 많은 정보와 자료가 수집되었다 하더라도 그것을 제대로 해석하고 정리하여 활용할 수 없다면 의미 없는 일이 되고 말 것이다. 흔히 평가를 학생에게 문제를 내서 시험을 보고 점수가 나오면 성적표에 기록하는 일로 모든 일이 끝났다고 생각한다면, 우리는 그것을 가치판단을 위한 진정한 평가활동이라고 말하기는 어려울 것이다. 따라서 평가도구를 통해서 학생들의 특성을 측정하고, 그 결과로 얻어지는 측정치를 어떤 방식으로 해석하고 이해할 것인가 하는 문제는 평가에 있어 매우 중요하다.

1. 평가결과 분석의 의미

학교현장에서 교육평가는 교사의 교육활동에서 학생의 교육목표 달성 정도를 확인하고, 그에 따른 적절한 처치를 하기 위한 필수적 활동이다. 평가도구를 통해서 학생들의 특성을 평가하고, 그 결과를 어떤 방법으로 해석하고 이해할 것인가 하는 문제는 평가에 있어 매우 중요하다. 그것은 평가결과를 어떠한 목적으로 어디에 활용할 것인지에 따라 해석의 방식이 달라지기 때문이다. 즉, 수업에서 교사가 가르친 결과를 얼마나 잘 학습하였는지를 알아보고자 하는 수업목표 달성도를 확인하는 평가인지, 아니면 상급학교 진학이나 포상을 위해 일정한 수의 학생을 뽑아야만 하는 선발의 목적으로 하는 평가인지에 따라 평가결과를 처리하는 방식도 크게 달라질 것이다.

평가를 실시하여 필요한 자료를 수집한 다음 그것을 평가의 목적에 맞게 체계적으로 정리·분석·해석하는 일련의 작업을 평가결과의 분석이라 한다. 평가결과를 분석하는 방법은 크게 양적분석과 질적분석으로 구분할 수 있다. 이는 평가의 목적과 수집된 자료의 성질에 따라서 어느 한 가지 방법을 사용할 수도 있고, 또는 두 가지 방법을 함께 사용할 수도 있다.

학교현장에서 교사는 지필검사나 수행평가 등 여러 형태의 검사를 제작하여 실시하고, 채점을 통해 학생에 관한 정보를 수집하게 된다. 채점(scoring)이란 문항반응에 점수를 매기고, 개개 학생별로 총점을 구하는 작업을 가리킨다. 교육 분야에 컴퓨터가 보편화되면서 검사와 교육평가에서 컴퓨터 활용이 증가하고 있다. 컴퓨터는 단순히 자료의 처리와 저장에 머물지 않고, 문항작성, 문제은행 구축, 검사제작, 검사 실시, 결과분석 등 교육평가의 전반적 과정에 널리 활용되고 있다. 이에 따라 이전에는 채점과 평가결과의 분석을 구분하였지만, 평가작업이 전산화되면서 채점과 평가결과의 분석이 연속적으로 동시에 이루어지고 있다.

2. 성적 표시 방법

평가결과 분석에서 성적 표시 방법을 논의함에 있어 우선 원점수, 백점만점 점수의 의미를 살펴보고, 학교생활기록부의 교과학습발달상황과 대학수학능력시험의 성적통지표 등에 기록되는 성적 표시 방법에 대해 살펴보도록 한다.

1) 원점수와 백점만점 점수

(1) 원점수

원점수(raw score)는 평가도구나 검사도구를 사용하여 어떤 사물이나 대상을 측정한 결과로 얻게 되는 원래 점수로서, 다른 점수체제로 바꾸기 전의 점수를 말한다. 즉, 원점수는 평가도구의 채점기준에 따라 채점을 하여 수험생이 맞힌 문항의 배점을 모두 단순히 합하여 얻어진 점수라고 할 수 있다. 예를 들어, 한 학생이 45문항의 사회과목 시험에서 1점 배점이 부여된 15문항 중 15개, 2점 배점이 부여된 10문항 중 8개, 3점 배점이 부여된 15문항 중 13개, 4점 배점이 부여된 5문항 중 3개 정답을 맞혔다면 이 학생의 원점수는 $(1×15)+(2×8)+(3×13)+(4×3)=82$점이 되는 것이다.

이러한 원점수는 검사대상의 수행능력을 숫자로 요약해서 표시해 줄 수 있지만, 다른 정보와 함께 제시되지 않으면 별다른 의미를 지니지 못하는 점수라고 할 수 있다. 즉, 원점수는 검사마다 측정의 단위가 다르고, 문항의 난이도가 다르기 때문에 서로 다른 검사로부터 얻어진 점수를 비교하거나 같은 의미를 부여할 수 없다. 예컨대, 사회과목 시험에서 82점을 받은 학생이 수학과목 시험에서 70점을 받았다고 해서 수학과목보다 사회과목 성적이 더 우수하다고 말할 수는 없다. 따라서 원점수는 학생이 해당 검사에서 만점을 기준으로 몇 점을 받았는가 하는 정보만 나타낼 뿐 해석되지 않은 점수이며, 그 자체로는 아무런 의미가 없다.

(2) 백점만점 점수

평가대상을 측정한 결과로 얻게 된 원점수를 바탕으로 해서 인위적인 기준점인 0점과 100점을 기준으로 삼아 점수를 표시하는 방법이다. 이 백점만점 점수는 만점을

100점으로 정해 놓았기 때문에 가장 편하게 많이 사용하는 점수 표시 방법이다. 백점만점 점수는 인위적인 기준점을 정해 놓은 것을 제외하고는 원점수와 별다른 차이가 없으며, 척도의 종류로 보면 서열척도에 해당한다. 이러한 백점만점 점수는 원점수와 마찬가지로 점수의 안정성과 객관성, 일관성이 부족하다. 왜냐하면 검사도구가 쉽게 제출되거나 어렵게 제출되면 점수결과가 크게 달라지는 경우가 있기 때문이다. 결국 평가하고자 하는 대상을 정확하고 신뢰성 있게 나타내는 점수가 되지 못하는 것이다.

2) 성적 표시 방법

원점수와 백점만점 점수 자체로는 얻을 수 있는 정보가 제한적이므로, 일정한 기준에 따라 점수를 변환함으로써 평가의 목적에 필요한 정보를 얻게 된다. 점수를 변환하기 위해 사용되는 기준은 그 성격에 따라 규준(norm)과 준거(criterion)로 나눌 수 있다. 규준은 획득된 점수에 따른 집단 내의 상대적 위치를 보여 주는 것으로 상대평가의 성적 표시 방법을 의미한다. 반면에 준거란 상대적 서열과 관계없이 주어진 교육목표를 달성했을 경우 가지게 될 지식, 기능, 태도 등의 절대적 수준을 의미하는 것으로 절대평가의 성적 표시 방법을 의미한다. 학교현장에서는 매 학기말 지필평가와 수행평가의 점수를 합산한 후 성적을 산출하여 학생들에게 성적을 통지한다. 성적 (grade)은 특정 영역의 성취도를 총체적으로 평가한 것이다. 성적은 학생들이 배운 지식, 기능, 태도 등을 평가한 결과를 하나의 숫자나 문자로 간결하게 요약하여 표시한다.

(1) 석차

석차(등위점수, rank)는 원점수와 백점만점 점수의 크기에 따라 부여한 서열 혹은 순위를 말한다. 일반적으로 석차는 전체 사례수를 분모로 하고 순위를 분자로 하여 분수 형태로 표기한다. 예컨대, 100명 중에서 6등을 했을 경우 6/100으로 표기한다. 이러한 석차는 집단 내에서 한 학생의 상대적 위치를 정확하게 표시하여 직접 비교해 볼 수 있으며, 같은 학생에게 실시한 다른 검사결과에 대해서 상호비교를 가능하게 해 주기 때문에 많이 사용된다. 예를 들어, 한 학생의 국어과목 석차가 5/60이고 수학과목 석차는 10/60이면, 이 학생은 국어를 수학보다 잘한다고 할 수 있다. 그러나 석차에는 몇 가지 단점이 있다. 집단이 달라지거나 집단의 사례수가 다르면 석차를 의미 있게 비교하기가 어렵다는 문제점이 있다. 이를테면, 150명 중에서 3등을 한 경우와 20명 중에서 3등을 한 경우는 같다고 할 수 없다. 그리고 피험자 간의 등위 차이를 능력 차이라고 할 수는 없다. 즉, 석차는 점수 간의 동간성(同間性)을 갖고 있다고 할 수 없기 때문에 등위 차이가 난다고 해서 능력의 차이가 똑같이 난다고 말할 수 없는 서열척도인 것이다. 또한 석차의 가장 큰 단점은 동점자가 많을 때 동점자 계산이 복잡하다는 것이다.

동점자수를 고려한 석차는 다음 공식을 통해 계산한다.

$$석차 = \frac{A + B}{2}$$

동점자가 많을 때는 동점자가 차지하는 등위 범위에서 최고 등위(A)와 최하 등위(B)를 합하여 양분한 것을 공동 석차로 부여하면 된다. 예를 들어, 한 시험에서 90점 이상 받은 학생이 4명이고, 89점 동점을 받은 학생이 5명이 있다고 하자. 89점을 받은 학생들이 받을 수 있는 등위는 5등, 6등, 7등, 8등, 9등이므로, 최고 등위는 5등이고 최하 등위는 9등이다. 따라서 89점을 받은 학생의 석차는 (5+9)/2=7등이 된다.

---

(2) 등급

등급은 스테나인(stanine) 점수에 해당하며, 스테나인은 점수를 표준화하여 하위 성적으로부터 9개 집단으로 나눈 것이다. 스테나인 점수는 가장 높은 9점은 대응되는 백분위 서열이 96% 이상으로, 즉 상위 4%에 해당하며, 반대로 가장 낮은 1점은 하위 4%에 해당한다. 그런데 우리나라는 정서상 1등급을 선호하여 학교의 과목별 석차 등급과 대학수학능력시험의 영역(과목)별 등급은 스테나인 점수를 역으로 등급을 정하였다. 학교에서 과목별 석차등급은 지필평가 및 수행평가의 반영비율 환산점수의 합계에 의한 석차순에 따라 9개 구간으로 나누어 평정한다. 대학수학능력시험의 영역(과목)별 등급은 표준점수에 의한 석차순에 따라 9개 구간으로 나누어 평정한다. 동점자가 발생하여 등급경계에 있는 경우 중간석차를 적용한 중간석차 백분율에 의하여 등급을 부여한다. 이러한 평정방법은 학생들을 집단으로 분류할 때 유용하게 사용된다. 하지만 같은 등급에 있는 학생들은 모두 동일한 점수를 받게 되므로, 정보의 손실이 발생할 수 있다. 등급별 석차누적비율은 〈표 11-1〉과 같다.

〈표 11-1〉 등급별 석차누적비율

구분	1등급	2등급	3등급	4등급	5등급	6등급	7등급	8등급	9등급
누적비율	4%	11%	23%	40%	60%	77%	89%	96%	100%

〈중간석차 적용방식 사례〉

　수강자수가 130명인 과목에서 1등이 1명, 2등은 동점자가 6명인 경우, 1등급 학생은 5명이나 2등인 학생 6명은 1등급 인원을 초과하게 된다. 이 경우 중간석차 백분율을 적용하면 3.46%로, 2등인 동점자 6명의 학생에게는 1등급을 부여한다.

- 중간석차=석차+(동석차 인원수-1)/2=2+(6-1)/2=4.5
- 중간석차 백분율=4.5/130×100=3.46%

　따라서 이 경우에는 1등 1명과 2등 6명에게 1등급을 부여하므로, 1등급 인원을 초과하게 된다. 한편, 한 집단에서 1등인 동점자수가 많을 때 중간석차 백분율을 적용하면 모두 2등급이 부여되어 1등급을 부여받지 못하는 경우가 발생할 수도 있다.

(3) 백분위

　임의 기준점 100점을 잡아 표시하는 백점만점 점수와 다르게 백분위는 집단 크기와 상관없이 집단의 사례수를 100으로 잡아서 피험자가 얻은 원점수를 바탕으로 등위를 매겨 100부터 0까지 부여하여 표시하는 방법이다. 즉, 백분위는 집단의 자료를 크기순으로 늘어놓아 100등분한 값을 말한다. 그러므로 전체 집단에서 측정 점수 이하의 점수를 얻은 사례들이 차지하는 백분율(%)을 의미한다. 예를 들면, 대학수학능력시험에서 320점의 백분위가 85라고 하면 대학수학능력시험 응시자의 85%가 320점 이하의 점수(또는 대학수학능력시험 응시자의 15%가 320점 이상의 점수)를 받았음을 뜻한다. 그리고 백분위 점수(percentile score)와 백분위(percentile rank)는 다른 의미를 가진다. 즉, 백분위 점수는 특정 백분위에 해당되는 원점수를 말한다. 예컨대, 수학시험에서 70점의 백분위가 80이라고 할 때 백분위 80에 해당하는 백분위 점수는 70점이 된다.

이러한 백분위는 집단 크기를 100으로 규정하는 공통기준이 있어 다른 집단의 점수분포, 다른 검사도구의 점수분포에서 나온 결과를 서로 비교할 수 있기 때문에 표준화된 검사에서 규준으로 자주 사용된다. 이처럼 백분위는 전체를 크기순으로 100등분했을 때 상대적 위치를 나타내므로 상대평가에서 흔히 사용되며 해석이 매우 쉽다는 장점이 있다. 그러나 백분위는 동간성을 갖고 있지 않기 때문에 피험자의 실제적인 능력을 비교할 수 없다. 또한 원점수를 백분위 점수로 환산할 때 중간 점수는 과소평가되고, 상하 극단 점수는 과대평가되는 단점을 갖고 있다. 왜냐하면 정규분포에서는 중간 부분에 대부분의 사례가 몰려 있지만, 분포의 양극단으로 갈수록 사례들이 감소하기 때문이다. 이로 인해서 분포의 중간 부분에서는 백분위 차이가 크더라도 실제 점수 차이는 작지만, 분포의 양극단에서는 백분위 차이가 작더라도 실제 점수 차이가 크다. 예를 들면, 정규분포에서 백분위 40과 백분위 50의 실제 점수 차이는 백분위 1과 백분위 10의 점수 차이보다 훨씬 작다. 또한 백분위는 동간성이 없으므로 평균을 계산하는 것은 의미가 없다는 점에 유의해야 한다.

〈원점수를 바탕으로 백분위를 환산하여 계산하는 방법〉

25점 만점인 검사를 50명의 학생에게 실시한 검사에서 원점수 25점의 백분위가 얼마인지 파악하고자 할 때 백분위를 구하는 절차는 다음과 같다.

① 원점수를 높은 점수부터 낮은 점수 순으로 차례대로 첫 번째 열에 기입한다.
② 각각의 원점수에 해당하는 빈도수를 두 번째 열에 기입한다.
③ 빈도분포에서 원점수가 가장 낮은 점수부터 빈도수를 누가하여 누가빈도를 세 번째 열에 기입한다.
④ 동점자수를 고려한 백분위는 다음 공식을 통해 계산한다.

$$PR(X) = \frac{cf(X) + (f(X)/2)}{N} \times 100$$

여기서 PR(X)는 원점수 X에 대한 백분위, cf(X)는 X의 누가빈도, 즉 원점수 X보다 낮은 점수를 받은 학생수, f(X)는 원점수 X를 받은 학생수, N은 전체 학생수를 의미한다. 동점자수에 의한 영향력을 완화하기 위해 동점자수를 1/2로 줄여서 반영한다. 따라서 원점수 25점의 백분위는 다음과 같이 구해진다.

원점수(rs)	빈도(f)	누가빈도(cf)	백분위(pr)
25	2	50	100
23	**2**	**48**	**96**
22	1	46	92
21	2	45	90
19	4	43	86
.	.	.	.
.	.	.	.
.	.	.	.
.	.	.	.
9	2	3	6
5	1	1	2

$$PR(X=25) = \frac{48+(2/2)}{50} \times 100 = 98$$

(4) 표준점수

여러 가지 검사도구를 통하여 얻어진 측정치에 대하여 원점수와 단위를 변경하는 중요한 이유는 그러한 변환을 통하여 서로 다른 두 가지 측정치를 비교할 수 있다는 데 있다(김석우, 2016). 표준점수(standard score)는 원점수를 의미 있게 비교하기 위하여 해당 점수분포의 평균과 표준편차를 하나의 단위로 변환한 척도이다. 즉, 표준점수는 개인의 원점수가 평균을 기준으로 얼마나 떨어져 있는지를 표준편차로 나누어 표시된다. 이러한 표준점수로는 Z점수, T점수, 스테나인 등이 있다. 표준점수들이 가진 공통적인 특징을 몇 가지 제시하면 다음과 같다.

첫째, 원점수, 백점만점 점수, 등위점수, 백분위와 달리 유의미한 기준점을 갖고 있다. 둘째, 동간성을 갖고 있어 피험자 능력의 차이를 비교할 수 있다. 셋째, 표준편차를 단위로 하기 때문에 피험자 능력의 상대적 수준을 집단 내, 집단 간에 비교할 수 있다. 넷째, 여러 검사에서 나온 결과를 의미 있게 비교할 수 있다.

이와 같이 상대적 위치에 관한 정보를 제공하는 표준점수 중에서 가장 대표적으로 많이 사용되고 있는 Z점수, T점수, 스테나인을 살펴보도록 한다.

① Z점수

Z점수는 원점수와 평균점수의 차이 값인 편차점수를 그 분포의 표준편차로 나누

어 얻은 점수이다. 한 분포의 원점수를 Z점수로 환산하면 이 Z점수의 분포는 평균이 0이고 표준편차가 1인 정규분포로 바뀌기 때문에 분포가 다른 점수들 간의 비교가 가능해진다. 즉, Z점수가 0이라는 것은 원점수가 평균과 같다는 것이며, Z점수가 0보다 크면 원점수가 평균보다 높다는 것이고, Z점수가 0보다 작으면 원점수가 평균보다 낮다는 것을 의미한다. 예를 들면, 국어 시험의 평균점수가 68이고 표준편차가 8일 때, A학생의 점수가 84점이면 A학생의 Z점수는 2가 된다. 이는 A학생이 평균보다 2 표준편차 높은 점수를 받았다고 해석할 수 있다. Z점수는 가장 대표적인 표준점수로서 널리 이용되고 있으며, Z점수를 계산하는 공식은 다음과 같다.

$$Z = \frac{(X - \overline{X})}{S} = \frac{d}{S}$$

X: 각각의 원점수
$\overline{X}$: 집단의 평균
d: 편차점수
S: 집단의 표준편차

② T점수

Z점수의 단점은 소수점으로 표시된다는 것과 원점수가 평균보다 작을 경우에는 음수로 표시된다는 것이다. 이에 따라 대부분의 일반인은 이런 점수를 해석하기 어렵고, 오해를 할 가능성이 있다. 이러한 단점을 해결하기 위해서 Z점수를 새로운 척도로 변환한 것 중 하나가 T점수이다. T점수는 교육심리학자인 Thorndike를 존경하는 의미에서 T점수라고 명명했다고 한다(권대훈, 2016). T점수는 Z점수에서 소수점을 없애기 위해 표준편차에 10을 곱하고, 음수의 값을 없애기 위해 50을 더한 값이다. T점수를 계산하는 공식은 다음과 같다.

$$T = 10Z + 50$$

Z점수를 계산하는 공식을 활용하여 T점수를 다음의 예를 통해서 더욱 자세히 이해해 보자.

어느 학교의 기말고사에서 국어와 수학의 평균과 표준편차가 다음 표와 같을 때 홍길동은 국어 점수 60점, 수학 점수 60점을 받았다. 이 학생의 국어와 수학의 Z점수와 T점수를 구하시오.

	평균	표준편차
국어	68	8
수학	56	4

첫째, 이 학생의 Z점수를 구하면 다음과 같다.

Z점수를 구하는 공식을 활용하여 계산하면,

$$Z점수(국어) = \frac{60-68}{8} = -1.0$$

$$Z점수(수학) = \frac{60-56}{4} = 1.0$$

이 학생의 국어 60점에 해당하는 Z점수는 −1.0이고, 수학 60점에 해당되는 Z점수는 1.0이다. 평균이 0이고 표준편차가 1인 단위 정상분포상에서 의미를 분석해 보면 −1.0보다 1.0이 높은 것을 알 수 있다. 따라서 이 학생은 수학의 성취가 국어 성취보다 훨씬 높다는 것을 알 수 있다.

둘째, 앞에서 구한 Z점수를 통해서 이 학생의 T점수를 구하면 다음과 같다.

T점수를 구하는 공식을 활용하여 계산하면,

$$T점수(국어) = 10(-1.0) + 50 = 40$$
$$T점수(수학) = 10(1.0) + 50 = 60$$

이상과 같이 T점수 계산을 통해 소수점과 음수 부호가 없어지게 되어 Z점수의 단점을 보완하게 된다.

③ 스테나인

스테나인(stanine)은 standard+nine의 합성어로서, 이 원어(standard nine-point score)의 의미에서 말해 주듯이 9개의 범주를 가진 표준점수로서 평균을 5, 표준편차를 2로 표준화한 점수이다. 스테나인을 계산하는 공식은 다음과 같다.

$$Stanine = 2Z + 5$$

스테나인 점수는 원점수의 분포를 정규분포로 가정하고, 가장 낮은 점수 1부터 가장 높은 점수 9까지 분포하게 된다. 그러므로 점수의 성질이 최고점수에서 최하점수까지 배열이 가능한 것이라면 어떤 점수라도 스테나인으로 표시할 수 있다. 이처럼 9단계의 척도를 생각해 내게 된 가장 큰 이유는 IBM(International Business Machine)의 펀치카드가 1열에 9개의 구멍을 갖고 있기 때문에 시작된 것이라 한다(구병두 외, 2015). 각 스테나인 점수에 해당되는 전체 사례수의 백분위(%)는 〈표 11-2〉와 같다.

〈표 11-2〉 스테나인과 대응 비율

스테나인	1	2	3	4	5	6	7	8	9
%	4	7	12	17	20	17	12	7	4

스테나인 점수는 이해하기가 쉽고, 학생들을 집단으로 분류할 때 유용하게 사용된다. 하지만 스테나인은 9개의 점수만 사용하기 때문에 상대적 위치를 정밀하게 표현하기는 어렵다. 즉, 스테나인 구간에 있는 학생들은 모두 동일한 점수를 받게 되므로, 정보의 손실이 발생할 수 있다. 예를 들면, 스테나인 점수의 중간인 5구간에는 백분위 40~60%인 학생들이 포함되어 동일 집단 내 성취수준이 가장 낮은 학생과 가장 높은 학생 간의 차이가 약 20%가량 발생한다. 또한 스테나인은 경계선에 위치한 사소한 점수 차이를 과장할 수 있다는 문제점도 있다. 예컨대, 백분위 22%에 해당하는 학생의 스테나인 점수는 3이지만, 백분위 23%에 해당하는 학생의 스테나인 점수는 4이다. 우리나라는 정서상 1등급을 선호하여 고등학교의 과목별 석차등급과 대학수학능력시험 성적의 등급은 스테나인 점수를 역으로 등급을 정하였다. 즉, 스테나인에서는 점수 9등급이 가장 높은 수준이지만, 고등학교의 교과학습평가와 대학수학능력시험에서는 1등급이 가장 높은 수준을 의미한다.

정규분포에 기초한 스테나인과 Z점수, T점수 및 백분율의 관계를 나타내면 [그림 11-1]과 같다.

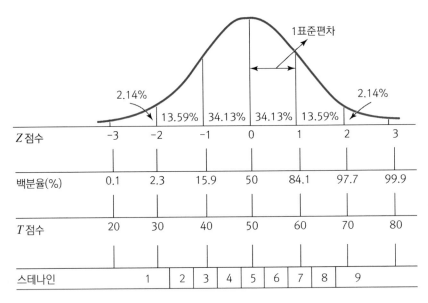

[그림 11-1] 정규분포와 표준점수

출처: 김석우(2016).

(5) 백분율

백분율(percentage)은 전체의 수량을 100으로 하여 그것에 대해 가지는 비율이며, 기호는 %를 사용한다. 교육평가에서 백분율은 정답률 혹은 교육목표를 도달한 정도에 따라 0에서 100 사이의 숫자로 성적을 표시한다. 예를 들어, 한 학생이 제시된 목표나 성취수준에 비추어 80%를 성취하였다면 80점이라는 백분율 성적을 부여하게 되는 것이다. 단, 백분율은 상대평가에서 논의한 백분위와는 다른 개념이므로 혼동하지 말아야 한다. 백분율은 성취도를 간결하게 요약하고, 기록 및 통계처리가 용이하다는 장점이 있다. 그러나 백분율은 몇 가지 단점이 있다. 우선 백분율은 명칭 자체가 오해의 소지를 안고 있다. 즉, 백분율에서 100점을 받은 학생은 수업내용을 완전히 이해했다는 것을 의미하는 것처럼 보이지만, 사실은 그렇지 않다. 왜냐하면 시험을 어렵게 출제하면 백분율이 낮아질 수 있기 때문이다. 이것은 백분율이 수업내용을 이해한 정도를 제대로 나타내지 못한다는 것을 의미한다. 또한 백분율은 학생들의 성취도 수준을 100점 척도에서 정밀하게 변별하는 것이 불가능하다. 아무리 유능한 교사라고 하더라도 성취도가 80%인 학생과 81%인 학생을 변별할 수는 없다.

(6) 평어

평어는 성적을 문자로 표기하는 방법이다. 최근 중학교와 고등학교에서는 평어를 수·우·미·양·가로 표기하던 전통적인 방법을 국제적인 표준에 맞추기 위해 A·B·C·D·E와 F로 표기하는 방법으로 바꾸었다. 학교현장에서 학생의 성취도를 0에서 100까지의 척도로 세분하여 평가하는 것이 쉽지 않기 때문에 백분율의 급간에 근거하여 평어로 변환하여 표시하는 방법을 사용하고 있다. 예컨대, 수업목표 도달 정도(정답률)가 90% 이상이면 A, 수업목표 도달 정도가 80% 이상~90% 미만이면 B, 수업목표 도달 정도가 70% 이상~80% 미만이면 C, 수업목표 도달 정도가 60% 이상~70% 미만이면 D, 수업목표 도달 정도가 60% 미만이면 E 등으로 성적을 표시한다. 이처럼 평어에는 평점이 부여되어 있다. 평점은 각 교과를 100점 만점으로 하였을 때 학생이 성취한 점수를 말한다. 평어는 절대평가와 상대평가에서 공통적으로 성적을 표기하는 방법으로 사용되고 있다. 그러므로 평어만 봐서는 그것이 절대평가의 성적인지 상대평가의 성적인지 알 수 없다. 평어는 많은 사람에게 친숙하다는 점과 함께 성적을 몇 개의 범주로 간결하게 분류하여 단순하게 표기하고 성적평가의 오류를 줄일 수 있다는 장점이 있다. 그러나 평어는 총체적인 성취도만 나타내고, 평어의 의미가 교사나 학생에 따라 다르다는 단점이 있다.

(7) 합격-불합격 평가

합격-불합격 평가(pass-fail grading)는 성적을 2개 범주로 표기하는 방법이다. 고등학교의 교양교과와 중학교의 자유학기에 이수한 과목의 성취도는 'P'로 입력한다. 일반적으로 대학에서 D 이상의 성적은 합격으로 하고, F는 불합격으로 표시한다. 운전면허시험에서도 필기시험과 실기시험에서 몇 점을 받았다는 것이 중요한 것이 아니라 마지막 총평 결과 합격-불합격을 결정한다. 이러한 합격(이수)-불합격(미이수) 평가는 학교교육에서 불필요한 점수 경쟁을 방지하고, 학생들이 일정 수준 이상의 목표 성취를 달성하면 되는 경우에 활용될 수 있다. 그러나 성취도에 관한 구체적인 정보를 제공하지 못한다는 단점이 있다.

(8) 서술식 평가

서술식 평가는 성적을 점수(숫자)나 부호로 표시하지 않고 구체적인 문장으로 기술하는 방법이다. 서술식 평가를 할 때는 무엇을 어느 정도 학습했는지는 물론 어떻게 학습했는지에 관한 정보를 포함해야 한다. 최근 대학입학전형에서는 학교생활기록부 위주의 학생부종합전형의 도입과 함께 학교에서 교실수업을 개선하고 학생활동 중심의 교육을 위해 서술식 평가가 확대되고 있다. 서술식 평가의 장점은 교육목표별 성취도, 학습태도, 학생의 장점과 단점을 구체적으로 기술함으로써 학생에 대한 전체적인 이해를 표시할 수 있다는 것이다. 반면에 시간과 노력이 많이 소요된다는 단점이 있다. 또한 우리나라처럼 온정주의가 많은 사회 분위기에서는 학생의 단점이나 취약점을 언급하는 것을 꺼려 올바른 평가결과를 얻기가 쉽지 않다는 문제점이 있다.

3. 통계적 분석방법

통계는 불확실한 상황에서 현명한 의사결정을 하기 위한 이론과 방법의 체계로 자료의 수집, 분류, 분석과 해석의 체계이다. 평가를 위해서는 교육현상과 관련된 모든 것의 양, 정도, 질, 가치, 장점 등을 체계적으로 측정할 필요가 있고, 측정에 의해 수집된 정보를 합리적이고 과학적으로 해석하여 활용하고자 할 때 수집된 자료를 수리적 논리로 해석하는 통계가 필요하다. 왜냐하면 객관적 근거를 바탕으로 한 주장은 더 명확하고, 주관적 판단에 의한 오류를 줄일 수 있으며, 타인과의 의사소통에도 도움이 되기 때문이다. 따라서 교육평가를 교육현상에 대한 가치판단과 합리적인 의사결정을 위해 교육과 관련된 정보를 수집·해석하고 활용하는 과정이라고 할 때 수집된 정보를 의미가 드러나도록 분석하고 해석하기 위해서는 통계가 필요하다.

1) 척도

측정은 사물이나 사람의 속성을 수량화하는 절차를 의미한다. 인간의 속성을 수량화하게 되면 속성이나 개인차에 대한 명확한 의사소통이 가능해진다. 그리고 검사를 실시한 후 채점을 하고, 그 결과를 숫자로 표시한 것을 측정치라고 한다. 수치를 부여하는 규칙이 필요하며, 이는 척도로 해결된다. 즉, 척도(scale)란 사물이나 인간의 다양한 속성을 측정할 때 사용하는 측정의 단위이다. 측정을 통해 수집한 수치는 척도에 따라 매우 다른 정보를 갖고 있다. 어떤 척도로 측정하느냐에 따라 수치의 의미가 달라진다. 즉, 시험성적 90점과 체중 90kg은 모두 동일하게 '90'이라는 수치를 표현하였지만 단위가 다르기 때문에 의미하는 바가 다르다. 바꿔 말하면 이는 어떤 사물이나 대상의 특성을 평가하기 위한 측정치는 주로 숫자로 표시되지만, 어떤 척도로 측정하느냐에 따라 측정치에 적용할 수 있는 통계적 방법이 달라질 수 있으며, 그에 따른 해석도 달라진다는 것을 의미한다. Stevens(1951)는 척도의 종류를 어떤 수리적 정보를 포함하고 있는지에 따라 명명척도, 서열척도, 동간척도, 비율척도의 네 가지로 구분하고 있다.

(1) 명명척도

명명척도(nominal scale)는 가장 낮은 수준의 척도라고 할 수 있는데, 어떤 사물이나 사람을 구분하여 분류하기 위해서 사용하는 척도이다. 명명척도의 특성은 두 가지를 들 수 있다.

첫째, 명명척도는 양적 표현이 아니라 단지 구별을 요구하는 것이며, 응답자의 반응이 합산되어 빈도로 표현된다. 예를 들면, 성별을 표시할 때 남자와 여자를 이름 대신에 남자는 1과 여자는 2로 표시하는 것이 이에 해당한다. 이러한 숫자는 단순히 이름을 붙여 준 것과 같기 때문에 명명척도라고 부른다. 명명척도는 수치라기보다는 단지 대상을 특정 범주로 분류한 것이다.

둘째, 명명척도의 특성은 방향성이 없으며, 크기나 순서를 의미하지 않는 질적인 척도이다. 명명척도의 간단한 예로 전화번호, 학번, 등번호 등을 들 수 있다. 이처럼 명명척도로 매겨진 수치를 가지고 가감승제 등의 수리적 분석을 하는 것은 의미가 없다. 따라서 명명척도에 의해서 얻어진 자료를 가지고 적용이 가능한 통계적 방법은 사례수, 백분율, 최빈치 등이다.

(2) 서열척도

서열척도(ordinal scale)는 어떤 사물이나 사람의 상대적인 서열이나 순위를 나타내기 위해서 사용되는 척도이다. 즉, 사물이나 사람에게 부여된 수치(점수)에 대하여 순위나 대소를 결정하기 위해서 사용된다. 이러한 서열척도의 예로 학생 성적의 순위(등위), 키나 몸무게 순서 등을 들 수 있는데, 학생들이 중간고사나 기말고사를 치르고 얻게 된 성적을 바탕으로 등위를 매겨 순서를 정하는 것이 서열척도의 한 예라 할 수 있다.

서열척도의 성질은 각각의 수치 간에 양적인 대소나 서열은 표시할 수 있지만 수치 간의 간격이 같지 않기 때문에 측정단위 간격 간의 동간성을 갖고 있지 않다. 예를 들어, 시험성적 등위 결과에서 1등을 한 학생과 2등을 한 학생의 점수 차이는 9등을 한 학생과 10등을 한 학생의 점수 차이와 서로 같다고 할 수 없다. 왜냐하면 각각 1등씩 차이가 나지만 실제 점수 차이는 다를 수 있기 때문에 동간성을 갖고 있지 않은 것이다. 이처럼 서열척도에서는 명명척도와 마찬가지로 가감승제와 같은 수리적 계산은 의미가 없다. 따라서 서열척도에 의해서 얻어진 자료의 분석을 위해 사용이 가능한 통계적 방법으로는 명명척도의 방법과 함께 중앙치, 사분편차, 백분위 점수 등이 있다.

(3) 동간척도

동간척도(interval scale)는 어떤 사물이나 사람에게 부여된 수치 간격이 동일한 차이를 부여하는 척도이다. 척도상의 측정단위 간격이 모두 일정하다는 뜻을 갖고 있기 때문에 등간척도라고도 한다. 이런 의미에서 서열척도가 갖고 있는 성질인 수치 간의 대소 비교나 서열이 유지되고 수치 간의 간격까지 일정하다. 동간척도의 예로는 날씨에서의 온도, 시험 점수 등이 있다. 온도계의 숫자 20℃는 10℃보다 더 덥다고 말할 수 있고, 30℃와 20℃의 간격과 20℃와 10℃의 간격은 10℃라는 온도의 차이로서 동일한 간격이다.

그리고 동간척도는 상대적 의미를 갖고 있는 임의영점을 갖고 있다는 내재적인 제한점이 있다. 임의영점(arbitrary zero point)이란 측정치 0이 '속성이 있다'는 성질을 갖고, 단지 비교를 위한 0의 값을 갖는 것을 의미한다. 예를 들어, 온도의 임의영점 0℃는 온도가 전혀 없는 것이 아니라 물이 어는 온도를 0℃로 임의로 정한 것뿐이다. 그러므로 20℃의 날씨는 10℃의 날씨보다 두 배로 더 덥다고 말할 수 없다. 또 다른 예로 시험 점수를 각각 100점, 50점 받은 학생이 있다고 하자. 이 두 학생의 점수 차이가 두 배 난다고 해서 실제 능력에서 두 배 차이가 나는 것은 아니며, 0점을 받은 학생이라고 해서 능력이 아예 없다고 말할 수는 없다. 이 때문에 수치들을 더하고 빼는 것은 가능하지만 곱하고 나누는 것은 의미가 없다. 따라서 동간척도의 통계적 방법으로는 명명척도와 서열척도의 방법이 다 적용됨은 물론이고 평균, 표준편차 등이 있다.

(4) 비율척도

비율척도(ratio scale)는 앞의 서열척도, 동간척도에서 갖고 있는 서열성과 동간성을 모두 갖고 있으면서 절대영점을 갖고 있는 척도이다. 절대영점(absolute zero point)이란 측정치 0이 '속성이 없다'는 성질을 갖는 것을 의미한다. 즉, 측정치 0을 의미하는 것은 임의영점과는 다르게 실제로 아무것도 존재하지 않는 것을 말한다. 예를 들어, 연필의 길이가 0cm라는 의미는 실제로 길이가 없다는 의미이다. 이러한 절대영점을 지니고 있기 때문에 비율척도는 0이 절대적인 기준이 되어 비율적인 계산이 가능해진다. 예를 들어, 두 물건의 길이가 40cm, 20cm라고 하면 두 길이의 차이는 실제로 두 배 차이가 난다고 할 수 있다. 비율척도의 예로는 무게, 길이, 거리 등이 있다. 비율척도는 서열성과 동간성 그리고 비율성을 모두 갖고 있기 때문에 여러 척도 중에서 가장 완전한 수학적 성질을 갖는 척도로서 가감승제가 가능하다. 따라서 비율척도의 통계적 방법에는 명명척도, 서열척도, 동간척도의 방법이 모두 사용된다.

(5) 척도의 종류별 비교

이상에서 설명한 네 가지 척도에서 명명척도에서 서열척도, 동간척도, 비율척도로 갈수록 특징이 많아짐을 알 수 있다. 이처럼 네 가지 척도의 특징이 다르기 때문에 사용하는 척도의 종류에 따라 서로 다른 통계적 방법으로 자료를 분석해야 한다. 네 가지 척도인 명명척도, 서열척도, 동간척도, 비율척도의 특징을 간단히 정리하여 제시하면 〈표 11-3〉과 같다.

〈표 11-3〉 척도의 종류별 비교

종류	개념	예	통계분석
명명척도	사물이나 사람의 구분·분류를 위한 척도	성별, 인종, 버스 번호 등	사례수, 백분율, 최빈치 등

서열척도	사물이나 사람의 상대적 서열을 표시하기 위한 척도	키 순서, 등수 등	명명척도의 통계적 분석과 함께 원점수, 백점만점 점수, 등위점수, 백분위 점수 등
동간척도	측정단위 간격마다 동일한 차이를 부여하는 척도	온도, 물가지수, 달력의 날짜, 시험 점수 등	명명척도와 서열척도의 통계적 분석과 함께 평균, 표준편차 등
비율척도	서열성과 동간성을 갖고 있고 절대 영점을 가지는 척도	길이, 몸무게, 가족 구성원수, 월 평균소득 등	모든 통계분석이 가능

출처: Stevens (1951)에서 재구성.

2) 집중경향치

어떤 빈도분포의 대표적인 경향을 밝혀 주는 통계적 수치를 그 분포의 집중경향치(central tendency)라고 한다. 여기서 빈도분포(frequency distribution)란 수집된 자료의 측정치를 크기 순서에 따라 나열한 다음, 각 측정치에 해당하는 대상의 수를 빈도로 나타낸 것을 말한다. 이 분포를 통해서 한 가지 수치로 자료 요약이 가능하다. 이 수치는 분포를 보지 않아도 짐작할 수 있도록 분포를 대표하고 있으며, 이러한 수치를 집중경향치라고 한다. 즉, 집중경향치는 자료들의 중심이 어디에 있는지에 대한 자료의 중심경향(central tendency)을 나타내는 값이다. 집중경향치에는 평균, 중앙치, 최빈치가 있다.

(1) 평균

평균(mean)은 일반적으로 산술평균으로 모든 수치를 합한 값을 사례수로 나눈 것으로, 가장 안정되고 신뢰할 수 있는 집중경향치이다. 수리적인 조작이 간편하고 동간척도나 비율척도에 의한 측정으로 의미가 있지만 양극단의 점수에 따라 크게 영향을 받는다는 단점이 있다. 평균을 구하는 계산 공식은 다음과 같다.

$$\overline{X} = \frac{\sum X}{n} = \frac{X_1 + X_2 + \cdots + X_n}{n}$$

(2) 중앙치

중앙치(median)는 빈도분포에서 총 사례수의 중간(N/2)에 해당하는 척도상의 수치이다. 빈도분포에서 중앙치를 구하는 방법은 수치들을 크기 순서로 배열하였을 때 전체 사례수(N)가 홀수일 경우와 짝수일 경우가 다르다. 사례수가 홀수인 경우에는 (N+1)/2번째 위치한 사례의 수치가 중앙치가 되는 반면, 사례수가 짝수인 경우에는 N/2번째 위치한 사례 수치와 (N/2)+1번째 위치한 사례 수치의 중간값이 중앙치가 된다. 그러므로 사례수가 짝수일 경우에는 빈도분포에서 실제로 존재하지 않는 수치가 중앙치가 될 수 있다. 중앙치는 쉽게 계산할 수 있고, 점수의 크기가 아니라 사례수의 영향을 받기 때문에 분포가 편포(한 방향으로 치우친 분포)를 이루어 극단치가 있을 경우 평균보다 더 적합하다. 그러나 중앙치는 평균보다 안정성이 낮고, 수리적 조작이 제약되기 때문에 널리 사용되지 않는다. 중앙치를 구하는 계산 공식과 사례는 〈표 11-4〉와 같다.

〈표 11-4〉 중앙치를 구하는 계산 공식과 사례

사례수(N)	사례	중앙치를 구하는 방법	중앙치
홀수	1, 2, 3, 4, 5, 6, 7, 8, 9	Md=(N+1)/2	9/2=5
짝수	1, 2, 3, 4, 5, 6, 7, 8	Md는 (N/2)번째 수와 (N/2)+1번째 수의 중간값	(4+5)/2=4.5

(3) 최빈치

최빈치(mode)는 빈도가 가장 많은 점수 혹은 급간의 중앙치를 말하는 것으로, 집중경향의 대체적인 경향을 짐작할 때 쓰인다. 최빈치는 빈도분포에 따라 여러 개 존재할 수 있다. 단, 빈도분포에서 모든 수치의 빈도가 같을 때는 최빈치가 존재하지 않는다. 최빈치는 통계적으로는 별다른 정보를 제공하지 못하지만, 옷이나 신발 사이즈와 같은 특수한 목적으로 사용된다. 최빈치는 계산이 쉽고 극단치의 영향을 받지 않는다는 장점이 있으나, 사례수가 적을 때는 안정성이 떨어진다는 단점이 있다. 최빈치를 구하는 계산 공식과 사례는 〈표 11-5〉와 같다.

〈표 11-5〉 최빈치를 구하는 계산 공식과 사례

사례	최빈치의 수	최빈치
1, 2, 3, 5, 5, 5, 6, 6, 100	Mo=1개	5
1, 2, 4, 4, 5, 6, 7, 7, 8, 9	Mo=2개	4, 7
1, 2, 3, 4, 5, 6, 7, 8, 9, 10	Mo=0개	없음

(4) 집중경향치의 특징 비교

집중경향치인 평균, 중앙치, 최빈치는 서로 다른 정보를 갖고 있다. 평균은 빈도분포의 균형을 유지하고, 중앙치는 빈도분포를 균등하게 양분하며, 최빈치는 빈도분포에서 가장 전형적인 수치를 나타낸다. 안정성 측면에서 평균은 극단치의 영향을 받기는 하지만, 집중경향치 중에서 가장 안정적이다. 하지만 중앙치나 최빈치는 표집에 따라 변동될 가능성이 많아 안정된 값을 얻기가 어렵다.

척도의 종류에 따라 사용하는 집중경향치가 다르다. 동간척도와 비율척도에서는 주로 평균을 사용한다. 명명척도인 경우에는 주로 빈도분석을 실시하여 어떤 수치의 빈도가 가장 높은지를 나타내는 최빈치를 사용한다. 서열척도인 경우에는 중앙치를 사용하는 것이 적절하다. 예를 들어, 우수반과 보통반으로 집단을 나눌 때는 중앙치를 기준으로 활용할 수 있다. 그리고 서열척도와 동간척도에서 극단치를 포함하고 있다면 평균보다 중앙치를 사용한다. 예를 들어, 소득수준의 경우에는 극단적인 고소득자로 인해 소득의 평균이 높아져 자료를 대표하는 값으로 보기 어렵기 때문에 중앙치를 확인한다.

그리고 자료의 분포에 따라서 집중경향치의 특성이 달라진다. 자료가 정규분포를 이룰 경우에는 평균, 중앙치, 최빈치가 일치하므로 어느 것을 사용해도 좋다. 하지만 자료가 편포를 이룰 경우에 평균은 편포도의 영향을 크게 받기 때문에 집중경향으로 적절하지 않다. 예컨대, 정적편포는 점수들이 왼쪽으로 치우진 분포로 최빈치가 가장 작고 평균이 가장 커서 많은 사람이 낮은 점수에 존재하는 분포를 의미한다. 이러한 정적편포는 어려운 시험에서 나타나기 쉽다. 반면에 부적편포는 점수들이 오른쪽으로 치우친 분포로 최빈치가 가장 크고 평균이 가장 작아 많은 사람이 높은 점수에 존재하는 분포를 의미한다. 이러한 부적편포는 쉬운 시험에서 나타나기 쉽다. 자료의 분포 형태와 집중경향의 관계는 [그림 11-2]와 같다.

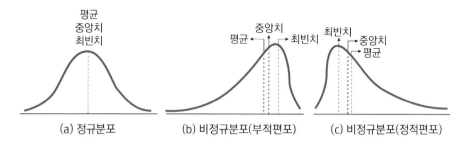

[그림 11-2] 분포 형태와 집중경향의 관계

출처: 김석우(2016).

3) 분산도

　분포를 파악할 수 있게 하는 통계치는 집중경향치뿐만 아니라 분산도도 있다. 분산도(variability)란 어떤 빈도분포에서 측정치가 흩어져 있는 정도를 나타내 주는 지수이다. 집중경향은 분포에 관해 모든 정보를 제공하지는 않는다. 이를테면, 두 집단의 평균이 동일하더라도 분산도에 따라 다른 특성을 나타낼 수 있다. 예를 들어, 분포 A(13, 15, 20, 25, 27)와 분포 B(5, 10, 20, 25, 40)의 평균은 모두 20이고 중앙치도 모두 20이므로 집중경향이 같다. 분포 A에서는 측정치들이 평균 중심으로 모여 있지만, 분포 B에서는 측정치들이 상당히 흩어져 있으므로 분포 A보다 분포 B가 더 이질적이다. 이처럼 분산도는 집중경향치를 중심으로 사례들이 얼마나 흩어져 있는지의 정도를 밝혀 준다. 그러므로 집중경향치와 분산도를 함께 제공해야 분포에 대해 보다 정확하게 파악할 수 있다. 분산도는 집단의 동질성과 이질성을 설명해 주며, 측정도구의 신뢰도와 일관성을 설명해 준다. 이러한 분산도는 어떤 특성에 있어서 개인차의 정도가 어떤지를 집단 간에 비교하는 수단으로 사용되며, 분산도를 나타내는 통계치에는 범위(range), 사분위편차(quartile deviation), 분산(variance)과 표준편차(standard deviation)가 있다.

(1) 범위

　범위(range: R)란 한 분포의 최댓값과 최솟값의 간격이나 차이를 말한다. 범위는 분포의 흩어진 정도를 가장 간단히 알아볼 수 있는 방법이다. 점수가 빽빽하게 모여 있는 분포의 경우 범위가 작아지고, 점수가 넓게 퍼져 있는 분포일수록 범위는 커진다. 연속변수일 경우 범위는 분포의 최댓값에서 최솟값을 뺀 후 1을 더해 주면 된다. 범위를 구하는 공식은 다음과 같다.

$$R = (H - L) + 1$$
$$H: 최댓값$$
$$L: 최솟값$$

여기서 '1'을 더하는 이유는 [그림 11-3]에서와 같이 점수의 오차한계를 고려하여 최고점수와 최저점수의 상·하한계를 포함시켜 교정해야 하기 때문이다. 예를 들어, 연속변수가 50, 55, 62, 68, 70일 때 범위는 오차한계까지 고려하여 정확한계를 가지고 구해야 하므로 R=70-50+(0.5+0.5)=70-50+1이 되는 셈이다. 정확한계(real limit)는 연속변수의 급간을 나누는 경계치이며, 연속변수의 개별치를 측정할 때 단위의 1/2단위만큼 반올림한 값으로 표현한다. 반면, 통계 프로그램인 SPSS의 경우는 범위를 구할 때 오차한계를 고려하지 않는다. 즉, 최댓값에서 최솟값을 뺀 후 1을 더하지 않고 범위를 구한다.

[그림 11-3] 범위의 오차한계

출처: 유진은(2019).

범위는 계산이 간편하다는 장점이 있다. 반면에 어떤 분포의 최고점과 최저점인 양극단의 수치만이 범위의 결정에 관련되고, 나머지 점수들은 무시하게 되므로 전체 분포의 분산도를 적절하게 설명하지 못한다는 단점도 있다. 이러한 범위는 사례수에 비례하여 커지기 때문에 사례수가 다른 두 분포를 비교할 때는 범위를 사용하지 못하고, 극단치의 영향을 많이 받기 때문에 신뢰할 수 있는 분산도 지수가 되지 못하여 통계에서는 잘 사용하지 않는다.

(2) 사분위편차

범위(range)의 대안으로 양극단 점수의 영향을 배제하고 어떤 일정한 위치에 있는 점수 간 거리를 통해 분산도를 지수화한 것이 사분위편차이다. 사분위편차(quartile deviation: Q)는 빈도분포에서 측정치들을 크기순으로 배열하였을 때 4등분한 값을 의미한다. 다음 그림에서 최저점에서 25%에 위치한 수치를 제1사분위수(Q_1)라 하고, 50%에 위치한 수치를 제2사분위수(Q_2)라 하며, 75%에 해당하는 수치를 제3사분위수(Q_3)라 한다.

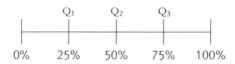

제2사분위수(Q_2)는 중앙치와 동일하기 때문에 최저점에서 25%에 위치한 제1사분위수(Q_1)와 75%에 해당하는 제3사분위수(Q_3)를 이용하여 사분위편차를 구한다. 이때 제3사분위수와 제1사분위수의 거리를 사분범위라 하고, 사분범위의 1/2을 사분위편차라고 한다. 즉, 사분위편차는 제2사분위수(Q_2)인 중앙치를 중심으로 분포가 얼마나 흩어져 있는지를 판단한다. 사분위편차가 클수록 흩어진 분포, 작을수록 밀집된 분포라고 할 수 있다. 사분위편차를 공식으로 나타내면 다음과 같다.

$$사분위편차(Q) = \frac{Q_3 - Q_1}{2}$$

이러한 사분위편차는 양극단값의 영향을 배제할 수 있어 극단적인 값이 있는 분포에서 사용할 수 있다는 장점이 있는 반면, 개별 점수 간의 실제 간격을 계산하지 못하므로 분산도를 정확하게 파악할 수 없다는 단점이 있다.

(3) 분산과 표준편차

분산(variance: V)은 범위와 사분위편차와는 달리 모든 측정치가 평균으로부터 얼마나 흩어져 있는지의 정도를 의미한다. 교육 분야에서는 분산을 변량이라고도 한다. 분산을 설명하기 위해서는 편차를 먼저 이해해야 하는데, 편차(deviation)란 측정치가 평균으로부터 떨어진 정도를 말한다. 즉, 분포에서 각 측정치와 평균의 차이를 편차라고 하며, 편차의 절대치가 크면 그 값은 평균에서 멀리 떨어져 있음을 의미한다. 점수의 흩어진 정도를 구하기 위하여 계산된 편차를 가지고 표준편차를 구할 수 있다. 용어 자체가 의미하듯이 표준편차(standard deviation: SD)는 표준 혹은 대표적인 편차를 측정하는 것이다. 표준편차는 편차의 평균이라고 할 수 있다(김석우, 2016). 이 정의에 의하면, 표준편차는 편차들을 모두 합하여 총 사례수로 나눈 것이다. 그런데 이러한 편차들을 모두 합하면 항상 0이 되므로, 표준편차의 값 역시 사례수의 값이 다름에도 0이 된다. 이에 따라 편차 그대로의 합을 사용하면 점수들의 흩어진 정도를 파악할 수 없으므로, 편차를 제곱한 값을 합하는 과정이 분산을 구할 때 사용된다. 분산은 다음 식과 같이 각 측정치와 평균의 차이를 제곱하여 합한 것을 사례수(N)로 나누어 구한다.

$$\sigma^2 = \frac{1}{N}\sum_{i=1}^{N}(X_i - \mu)^2$$

단, 모집단에서 뽑은 표본에 대한 분산을 계산할 때는 편차의 제곱을 n 대신에 n-1로 나눠 준다. 표본의 평균을 기준으로 편차를 계산하게 되면, 모집단의 분산을 과소추정하기 때문에 분모를 작게 만들어 이러한 편향(bias)을 교정하는 것이다.

그리고 분산을 계산할 때 편차를 제곱한 것을 되돌리기 위해 분산에 제곱근($\sqrt{}$)을 사용하는데, 분산의 제곱근을 표준편차라고 한다. 표준편차를 공식으로 나타내면 다음과 같다.

$$\sigma = \sqrt{\frac{1}{N}\sum_{i=1}^{N}(X_i - \mu)^2}$$

σ: 모집단의 표준편차
X_i: 관측치
μ: 모집단 평균
N: 전체 사례수

한편, 표준편차는 분산도에서 가장 신뢰할 수 있는 통계치이다. 분산도 중에서 가장 많이 쓰이는 표준편차는 자료의 값이 평균을 중심으로 얼마나 밀집해 있는지를 나타낸다. 일반적으로 표준편차가 작으면 측정치가 평균을 중심으로 밀집해 있고, 표준편차가 크면 측정치가 평균을 중심으로 퍼져 있음을 나타낸다. 즉, 표준편차는 클수록 측정치들이 이질적이고, 작을수록 측정치들이 동질적이라는 것을 뜻한다. 표준편차는 모든 점수의 영향을 받으며, 한 집단의 모든 점수에 일정한 수를 곱하면 표준편차는 곱한 수만큼 증가한다. 표준편차는 변수가 연속변수이고, 정규분포를 이룰 때 분산도를 나타내는 지수로 적절하다. 반면에 표준편차는 극단치의 영향을 받기 때문에 분포가 편포를 이룰 때는 적합하지 않고, 질적 변수(명명척도, 서열척도)에서는 구할 수 없다.

4) 상관분석

(1) 상관분석의 의미와 목적

상관분석이란 서열척도, 등간척도, 비율척도로 측정된 두 변인 간의 상관관계가 존재하는지 알아보고, 그 정도를 측정하는 것이다. 여기서 상관(correlation)이란 두 변수가 서로 관련된 정도, 즉 변수 X의 값이 변화함에 따라 변수 Y의 값이 변화하는 정도를 뜻한다. 예를 들어, 수학 점수가 높은 학생들이 과학 점수도 높다면, 수학 점수와 과학 점수의 관련성이 존재한다고 할 수 있다. 이처럼 상관분석은 상관관계를 추정하는 통계적 절차로 두 변수의 상대적 관계를 나타낸다. 상관분석의 목적은 다음과 같다(김석우, 2016).

첫째, 변인 간 관계를 규명함으로써 주위 현상을 이해하고 해석하는 데 있다. 많은 연구자는 상관연구에서 원인과 결과에 관한 아이디어를 얻으려고 한다. 그러나 상관관계는 원인과 결과의 관계를 나타내는 인과관계와는 다르다. 둘째, 두 변인 사이에 충분한 관계가 있을 때 한 변인의 측정치에서 다른 변인의 측정치를 예측하는 것이다. 그러나 상관분석에서는 상관계수의 크기로 변인 간의 관계의 정도와 두 변인 간의 변화 모양을 예측할 수 있다.

(2) 상관분석의 분류

상관분석은 변인에 영향을 주지 않은 상태에서 변인 간의 관계를 측정하는 것이다. 한 변인이 변함에 따라 다른 변인이 어떻게 변하는지의 정도를 수치로 나타낸 것이 상관계수(correlation coefficient)이다. 상관계수를 구하려면 동일한 집단에서 2개 변수에 관한 자료를 모두 수집해야 한다. 상관계수의 종류는 두 변수의 성질에 따라 매우 다양하지만, Pearson의 적률상관계수가 대표적이다. 적률상관계수는 두 변수가 모두 ① 연속변수이고, ② 정규분포를 이루며, ③ 선형관계에 있을 때 적용된다. 상관관계를 계산하는 방법으로 원점수를 이용한 Pearson의 적률상관계수를 구하는 공식은 다음과 같다.

$$r_{XY} = \frac{s_{XY}}{s_X s_Y} = \frac{\sum_{i=1}^{n}(X_i - \overline{X})(Y_i - \overline{Y})}{\sqrt{\sum_{i=1}^{n}(X_i - \overline{X})^2 \sum_{i=1}^{n}(Y_i - \overline{Y})^2}}$$

$\overline{X}$: 표본집단 X의 평균
$\overline{Y}$: 표본집단 Y의 평균
N: 사례 수

상관분석은 두 변인 간의 선형적인 관계를 알아보는 것으로 정적 상관과 부적 상관의 두 종류가 있다. 상관계수는 두 변수 관계의 성질이 선형성일 것을 가정한다. 즉, 변수 X가 증가할 때 변수 Y도 증가하든지, 변수 X가 증가할 때 변수 Y는 감소하는 직선적인 경향을 나타내야 한다. 두 변수 X, Y 사이에 X의 값이 커짐에 따라 Y의 값도 대체로 커지는 관계를 양의 상관관계 또는 정적 상관이라 한다. 반면에 두 변수 X, Y 사이에 X의 값이 커짐에 따라 Y의 값은 대체로 작아지는 관계를 음의 상관관계 또는 부적 상관이라 한다. 만약 두 변수 X, Y 사이에 X의 값이 커짐에 따라 Y의 값이 커지는지 작아지는지 분명하지 않은 관계는 상관관계가 없는 경우이다. 즉, 곡선형 관계인 경우 음수와 양수가 상쇄되어 상관이 낮거나 0으로 나올 가능성이 있다. 두 변수 간의 관련성을 시각적으로 표현한 그래프를 산포도(scatter plot)라고 한다. 상관계수 r의 값과 산포도의 관계를 그림으로 나타내면 [그림 11-4]와 같다.

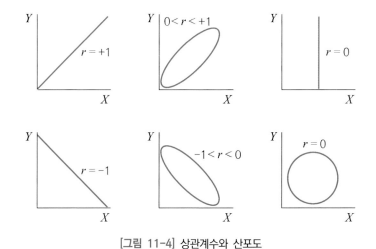

[그림 11-4] 상관계수와 산포도

(3) 상관계수의 해석

첫째, 상관계수의 범위는 −1.00에서 +1.00이다. 여기서 +와 −는 상관의 방향을 나타내고, 상관계수의 크기는 부호가 아니라 절댓값으로 결정된다. 예를 들어, 상관계수 −.70은 상관계수 +.50보다 상관이 높다. 그리고 상관계수의 값이 +일 때는 정적 상관, −일 때는 부적 상관이라 한다. 상관계수의 값이 +1.00이면 완전 정적 상관, −1.00이면 완전 부적 상관, 0이면 무상관이라 한다. 그리고 상관계수 크기에 대한 절대적인 해석기준은 없으며, 상대적으로 해석이 가능하다. 일반적으로 상관계수는 〈표 11-6〉과 같은 언어적 표현으로 해석한다.

〈표 11-6〉 상관계수의 해석

상관계수 범위(절댓값)	언어적 표현
.00~.20	상관이 매우 낮다
.20~.40	상관이 낮다
.04~.60	상관이 있다
.60~.80	상관이 높다
.80~1.00	상관이 매우 높다

출처: 성태제(2006).

둘째, 상관계수는 두 변인 간 공통요인의 정도를 하나의 값으로 요약한 수치로서 예언과 밀접한 관계가 있다. 즉, 상관계수는 변수 X가 변수 Y를 어느 정도 정확하게 예측할 수 있는지를 나타낸다. 상관계수는 절댓값이 클수록 변수 X가 변수 Y를 더 정확하게 예측한다. 또한 상관계수의 절댓값이 클수록 산포도는 직선에 근접한다. 그리고 변수 X 혹은 변수 Y의 범위가 제한되었을 경우 제한되지 않았을 때보다 낮은 상관계수를 얻을 수 있음을 주지하여야 한다. 예를 들면, 대학수학능력시험 성적과 대학 학점(GPA)의 상관분석 시 대학에 입학한 집단을 대상으로 조사한 결과 대학수학능력시험을 치른 전체 학생을 대상으로 조사하지 않아 자료가 제한되었다고 할 수 있으므로 상관계수가 낮아진다.

셋째, 상관계수는 인과관계가 아니라 상호관계(interaction)로 해석해야 한다. 즉, 한 변수가 다른 변수에 영향을 주는 것이 아니라 서로 영향을 준다는 것이다. 그러므로 상관계수는 한 변수가 변할 때 다른 변수가 어떻게 변하는지에 대한 관계를 나타내는 지수이며, 인과관계로 해석해서는 안 된다. 인과관계가 있다는 것은 한 변수가 다른 변수에 영향을 미치거나 원인이 된다는 것으로, 상관계수만으로는 인과관계를 유추할 수 없다. 예를 들면, 술 소비량과 교통사고율의 상관이 높다고 해서 술 소비량 때문에 교통사고율이 높아진다고 결론을 내릴 수는 없다. 왜냐하면 교통사고율에 영향을 주는 요소는 자동차의 수, 도로여건, 기후변화 등으로 다양하며, 이러한 다양한 원인에 의해 영향을 받기 때문이다.

연구문제

1. 대학수학능력시험 성적통지표에 표기된 점수 산출 과정을 설명하시오.

2. 척도의 종류별 특징을 사례를 들어 비교 설명하시오.

3. 집중경향치의 종류별 의미와 계산방법을 설명하시오.

4. 분산도에서 표준편차의 의미와 특징을 설명하시오.

5. 일상생활에서 상관관계의 사례를 들어 상관분석을 해 보시오.

제12장

평가결과의 기록

1. 평가결과를 기록하는 학교생활기록부의 성격과 기능을 이해할 수 있다.
2. 학교생활기록부의 기재원칙과 관리방법을 설명할 수 있다.
3. 학교생활기록부의 항목별 기재방법을 설명할 수 있다.
4. 교과학습평가의 평가결과 기록방법을 이해할 수 있다.
5. 교과학습평가 개선의 특징과 과제를 설명할 수 있다.

교육평가는 교육에서의 가치판단 활동이다. 교육평가가 학생들에게 시험을 보고 채점하여 나온 점수를 알려 주는 것으로 끝난다면, 이는 가치판단활동이라고 하기 어렵다. 심지어 학생들을 우수한 학생과 열등한 학생으로 가르기 위해 평가를 한다거나 학생들을 석차로 매겨 서열화하기 위해 평가한다면, 이는 진정한 교육평가라고 하기 어렵다. 교육평가에서 문항을 작성하고 채점하여 성적을 매기는 일 못지않게 중요한 것이 평가결과를 어떻게 교육적으로 기록 및 활용하는가 하는 문제일 것이다. 최근 교육부에서는 '2015 개정 교육과정' 적용과 자유학기제의 전면 시행으로 학생 참여형 수업 및 과정중심평가가 확대됨에 따라 학교생활기록부에 대한 관심이 그 어느 때보다 증가하고 있다. 또한 대학입학전형에서 학생부종합전형의 확대에 따라 학교생활기록부가 학생 선발의 중요한 전형자료가 되면서 학교생활기록부의 기재내용 및 교육적 활용에 대한 객관성과 신뢰성, 공정성 등이 요구되고 있다. 따라서 학교 및 교사에 따른 기재 분량 차이를 최소화하기 위해 교사의 학교생활기록부 기재역량 제고를 위한 노력이 필요하다.

1. 평가결과 기록의 의미와 유형

1) 평가결과 기록의 의미

일반적으로 학교현장에서 학생을 대상으로 실시하는 학생평가는 전통적으로 교육평가의 가장 중요한 영역으로 여겨져 왔다. 학교교육이란 교육과정에 따라 수업과 평가를 하는 것을 말한다. 가르치는 것과 함께 잘 가르쳤는지를 확인하는 평가 단계는 매우 중요하다. 학교교육이 달라지게 할 수 있는 요인 중 가장 대표적인 것이 학생평가의 변화이다. 학생평가는 교육활동의 불가결한 구성요소로서 학교교육을 통해 학습한 학생의 성과를 확인하려는 목적, 학생의 교육적 성장과 발전을 돕기 위한 목적, 향후 교수·학습과정의 계획을 수립하기 위한 목적으로 행하는 중요한 교육적 행위이다. 그러므로 학교현장에서는 교과활동과 함께 다양한 비교과활동을 통해 학생들의 잠재력과 꿈을 길러 주려는 노력이 지속되어야 한다. 교사는 교수·학습지도 및 생활지도 프로그램을 효과적으로 운영하면서 학교에서 이루어지는 학생의 활동에 대한 평가결과를 학교생활기록부에 기록해야 한다. 학교생활기록부는 학생 개인의 적성과 소질을 발견하고 지성과 인성의 균형을 통해 전인적 성장을 돕기 위한 누가기록 장부이다(박균열 외, 2014). 즉, 학교생활기록부는 학교의 교육과정에서 이루어지는 학생의 학업성취도 및 생활태도 등을 관찰·평가한 결과를 기록하여 학생을 총체적으로 이해할 수 있는 학교생활의 종합기록이라 할 수 있다.

2) 평가결과 기록의 유형

학교에서 이루어지는 학생평가의 결과를 학교생활기록부에 기록하는 유형은 학교생활기록의 내용 측면과 형식 측면으로 구분할 수 있다. 첫째, 학교생활기록 내용 측면에서는 크게 교과영역과 비교과영역으로 나뉜다. 교과영역은 학생들이 교육과정을 통해 얻은 교과목의 학업성적을 의미하며, 원점수, 과목평균, 표준편차, 성취도, 수강자수, 석차등급 등의 정보가 담긴다. 즉, 학생들의 인지적 행동특성에 대한 평가결과를 기록한 것이다. 비교과영역은 교육과정 중에서 교과영역을 제외하고 학생들이 경험한 모든 학교활동으로서 출결상황, 수상경력, 창의적 체험활동상황, 봉사활동 실적, 행동특성 및 종합의견 등의 활동 기록을 말한다. 즉, 학생들의 정의적 · 심동적 행동특성에 대한 평가결과를 기록한 것이다. 둘째, 학교생활기록 형식 측면에서 학교생활기록부(학교생활기록부 I)와 학교생활세부사항기록부(학교생활기록부 II)로 구분하여 작성 및 관리한다. 학교생활기록부 I과 학교생활기록부 II의 자료입력항목과 전산처리 기본 서식은 동일하며, 전산입력 또한 동일하게 실시한다. 다만, 학교생활기록부 II는 학생의 상급학교 진학지도 및 상급학교 학생 선발에 활용하기 위한 목적으로 작성하며, 학교생활기록부 I 은 학교생활기록부 II의 기록사항 중 학생의 교과학습발달상황의 세부능력 및 특기사항과 행동특성 및 종합의견, 교육부장관이 정하는 항목에 대한 특기사항을 삭제하여 보존한다.

2. 학교생활기록부의 성격과 기능

1) 학교생활기록부의 성격

학교생활기록부는 「초 · 중등교육법」 제25조에 근거하여 학생의 학업성취도와 인성 등을 종합적으로 관찰 · 평가하여 학생지도 및 상급학교의 학생 선발에 활용할 수 있도록 교육부령으로 정하는 기준에 따라 작성 · 관리하여야 한다. 이때 작성되어야 할 내용은 학생의 '인적사항' '학적사항' '출결상황' '자격증 및 인증 취득상황' '교과학습발달상황' '행동특성 및 종합의견' '그 밖에 교육목적에 필요한 범위에서 교육부령으로 정하는 사항'이 해당된다. 「초 · 중등교육법」 제25조의 규정에 근거하여 교육부 훈령으로 명시되어 있는 학교생활기록부의 성격은 법정 장부로서의 측면, 지도 자료적 측면, 보존적 측면 등으로 나누어 볼 수 있다(교육인적자원부, 2001).

첫째, 법정 장부로서의 측면에서 학교생활기록부는 법정 장부로서 반드시 작성해야 하는 문서인 동시에, 작성하도록 되어 있는 사항은 반드시 작성해야 하는 작성의 강제성을 띠고 있다. 학교생활기록부는 「초 · 중등교육법」과 「초 · 중등교육법 시행규칙」 「학교생활기록 작성 및 관리지침」에 법적 근거를 두고 있다. 학교생활기록부 작성의 근거 법령을 도식화하면 [그림 12-1]과 같다.

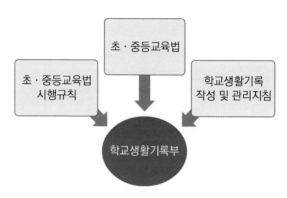

[그림 12-1] 학교생활기록부의 근거 법령

둘째, 지도 자료적 측면에서 학교생활기록부는 작성된 결과가 학생에 대한 교수·학습지도 자료로 활용됨과 동시에, 학교에서 이루어지고 있는 대부분의 학생활동 결과를 입력하여 학생을 총체적으로 이해하는 자료로서 상급학교의 진학, 취업 등의 자료로도 활용된다. 교육부는 매년 「학교생활기록부 기재요령」을 통해 학교생활기록부 작성 시 학교생활기록부는 학생의 성장과 학습 과정을 상시 관찰·평가한 누가기록 중심의 종합기록이 되도록 안내하고 있다.

셋째, 보존적 측면에서 학교생활기록부는 학교에서 이루어지고 있는 전반적인 학생활동 결과를 작성 및 보존함으로써 학생의 학적에 대한 증명으로서의 성격을 지닌다. 학교생활기록부의 보존은 「학교생활기록 작성 및 관리지침」(교육부훈령 제321호) 제18조에 근거하고 있다. 교육부훈령 제18조에 의거하면 학교생활기록부(학교생활기록부 I)와 학교생활세부사항기록부(학교생활기록부II)를 학생 졸업 후 5년 동안 학교에서 보관하고, 이후에는 「공공기록물 관리에 관한 법률」 및 동법 시행령에 따라 학교생활기록부(학교생활기록부 I)와 학교생활세부사항기록부(학교생활기록부II)를 준영구 보존해야 한다.

2) 학교생활기록부의 기능

학교생활기록부는 학생의 학교 생활태도 및 학습성장 변화를 담아내는 학생종합

성장보고서라 할 수 있다. 학교생활기록부의 기능은 교수·학습지도, 학생과 학부모를 위한 정보 제공, 진로 및 진학을 위한 증빙자료 등으로 활용된다. 구체적인 내용은 다음과 같다(박균열 외, 2014).

(1) 교수·학습지도

교사가 교수·학습지도 및 생활지도 프로그램을 효과적으로 운영하기 위해서는 학생의 학교생활과정에서 이루어진 총체적인 활동을 자세하고 충실하게 기록해야 한다. '인적사항, 학적사항, 출결사항' 기재 항목은 담당교사로 하여금 학기초에 학생의 가정환경 및 학적사항을 이해하고, 학기 중에는 학교에 대한 적응 정도 및 건강 상태 등 학생이 처한 상황을 파악하게 하는 데 도움을 준다. '수상경력, 자격증 및 인증 취득상황, 창의적 체험활동상황, 행동특성 및 종합의견' 기재영역은 인성, 학생의 관심(진로 및 진학)과 잘하는 분야, 성장잠재력 등을 다각적으로 이해하는 데 도움이 된다. 또한 '교과학습발달상황'란을 통해 각 교과에 대한 학업성취수준과 각 과목의 세부영역에서의 강약점을 파악할 수 있어 학생을 위한 수준별 학습이나 향후 교수·학습 프로그램을 개발하는 데 중요하게 활용되기도 한다. 학교생활기록부는 누적되어 기록되기 때문에 한시적으로 학생을 이해하는 것으로 끝나는 것이 아니라 다년(多年)간 교육적으로 활용된다는 점에서 중요한 역할을 한다.

(2) 학생과 학부모를 위한 정보 제공

NEIS(교육행정정보시스템)를 통해 온라인상에서 학교생활기록부가 제공되면서 현재 재학 중인 자녀의 학교생활기록에 대한 정보 열람이 용이하게 되었다. 온라인상에서 이루어지는 학부모서비스는 학교정보, 학생정보, 학부모상담 관리, 자녀교육활용 정도 등 관련 자료가 제공되고 있다. 이와 같은 자료는 자녀의 학교에서 이루어지는 교육 및 활동, 학업성취도 및 관심 분야, 학교 적응 및 고민 등을 파악할 수 있어 가정에서 자녀를 지도하는 데 중요한 용도로 활용된다. 이로 인해 자녀에 대한 학부모의 관심이 높아지는 요인이 되었다. 또한 NEIS에서 '학부모 온라인 상담' 서비스가 개설되면서 자녀의 학업, 진로, 학교생활, 보건, 영양 상태 등 학생과 관련된 전반적인 내용에 대해 교사와 온라인상에서 상담할 수 있게 되었다. 이와 같은 자료의 제공은 자녀에게 자신의 학업성취도 및 학교생활을 여러 측면으로 살펴봄으로써 자발적인 교육환경을 조성하고, 이로 인해 학습 욕구를 높일 수 있는 효과가 있다.

(3) 진학 및 취업을 위한 증빙자료

학교생활기록부는 교과와 비교과의 구분 없이 학생의 학교활동 전반에 대한 기록을 담고 있다. 학교생활기록부는 진학 및 취업에 있어 중요한 자료로 활용되고 있다. 학교생활기록부에 교과 및 비교과 활동이 어떻게 기록되는지는 대학입학전형에서 학생을 얼마나 제대로 평가할 수 있는지와 직결되는 문제이다. 2014년 입학사정관제가 '학생부종합전형'으로 명칭이 바뀌면서 대학입학전형의 수시모집에서 학교생활기록부가 학생 선발의 중요한 전형자료가 되었다. 학생부종합전형은 입학사정관 등이 참여하여 전형요소인 서류(학교생활기록부, 자기소개서, 추천서 등)를 중심으로 정성적으로 평가하여 학생을 선발하는 전형이다. 이에 따라 학생부종합전형의 평가요소는 학교생활기록부 기재내용의 신뢰성과 구체성에 상당한 영향을 받을 수밖에 없다. 이를테면, 대학은 수상경력, 창의적 체험활동상황, 교과학습발달상황과 세부능력 및 특기사항 등을 참고하여 학생의 소질과 적성에 따른 다양한 경험 및 활동을 평가하고, 창의적 체험활동상황, 행동특성 및 종합의견 등을 통해 인성 및 성장잠재력 등을 평가하게 된다. 또한 학교생활기록부는 취업을 위해 학생에 대한 정보를 제공하는 데 활용되기도 한다. 고등학교 졸업 후 바로 취업하고자 하는 학생에게는 학교생활기록부가 중요한 취업 서류의 역할을 한다.

3. 학교생활기록부의 기재 원칙과 관리

1) 학교생활기록부의 기재 원칙

최근 교육부는 학생평가 및 학교생활기록부의 신뢰성과 투명성을 높이기 위한 방안으로 학교생활기록부 내 과도한 경쟁 및 사교육 유발요소를 정비하고, 정규교육과정 중심으로 학교생활기록부를 간소화하였다. 학교생활기록부 기재와 관리의 책무성을 제고하기 위한 학교생활기록부의 기재 원칙은 다음과 같다(교육부훈령 제365호).

첫째, 학교생활기록부에는 학교교육계획이나 학교교육과정에 따라 학교에서 실시한 각종 교육활동의 이수상황(활동내용에 따른 개별적 특성이 드러나는 사항 중심)을 기재하는 것이 원칙이다. 학교교육계획 이외의 체험활동은 교육관련기관(교육부 및 소속기관, 시·도교육청 및 직속기관, 교육지원청 및 소속기관)에서 주최하고 주관한 행사, 봉사활동실적 등만 학교장이 승인한 경우에 한해 기재 가능하다.

둘째, 사교육 유발요인이 큰 사항은 '행동특성 및 종합의견'란을 포함하여 학교생활기록부의 어떠한 항목에도 기재할 수 없다. 예를 들면, 각종 공인어학시험 참여 사실과 그 성적 및 수상 실적, 교과 및 비교과 관련 참여 사실과 그 성적 및 수상실적, 교외 기관단체(장) 등에게 수상한 교외상(표창장, 감사장, 공로상 등), 모의고사 관련 성적 및 수상실적, 학회지 등에 투고 및 등재한 논문, 도서출간 및 지적재산권 등록 사실, 해외활동실적 및 관련 내용(어학연수, 봉사활동 등) 등은 어떠한 항목에도 기재할 수 없다.

셋째, 학생에 대한 기재 격차 최소화를 위해 학교생활기록부의 서술식 기재영역별 최대 입력 글자수를 제한한다. 교육부가 학교 및 교사에 따른 기재 분량 차이를 최소화하기 위해 '교육정보시스템 2021'에서 제시하고 있는 학교생활기록부의 영역별 입력 가능 최대 글자수는 〈표 12-1〉과 같다.

〈표 12-1〉 학교생활기록부 영역별 입력 가능 최대 글자수(교육정보시스템, 2021)

영역	세부항목	최대 글자수 (한글 기준)	비고
1. 인적 · 학적사항	학생 성명	20자	영문 60자
	주소	300자	
	특기사항	500자	
2. 출결상황	특기사항	500자	
3. 수상경력	수상명	100자	
	참가대상(참가인원)	25자	
4. 자격증 및 인증 취득상황	명칭 및 종류	100자	고등학교만 해당
5. 창의적 체험활동상황*	자율활동 특기사항	500자	
	동아리활동 특기사항	500자	

	진로활동 특기사항	700자	
	봉사활동실적 활동내용	250자	
6. 자유학기활동상황*	진로탐색활동 특기사항	1,000자	중학교만 해당
	주제선택활동 특기사항	1,000자	
	예술·체육활동 특기사항	1,000자	
	동아리활동 특기사항	1,000자	
7. 교과학습발달상황*	일반과목 세부능력 및 특기사항	과목별 500자	고등학교 전문교과II 능력단위별 500자
	체육·예술과목 세부능력 및 특기사항	과목별 500자	고등학교는 일반선택 과목에 한함
	개인별 세부능력 및 특기사항	500자	
8. 독서활동상황*	공통	500자	
	과목별	250자	
9. 행동특성 및 종합의견*	행동특성 및 종합의견	500자	
10. 전공·과정	1학기	60자	부전공 30자 이내 세부전공 30자 이내 복수전공 30자 이내
	2학기	60자	부전공 30자 이내 세부전공 30자 이내 복수전공 30자 이내
	비고	250자	고등학교

*: 최대 글자수 기준은 학년단위임.

※ 교육정보시스템에서 입력 글자의 단위는 Byte이며, 한글 한 글자는 3Byte, 영문·숫자 한 글자는 1Byte, 엔터(Enter)는 2Byte임.

※ 훈령 제243호(2018. 3. 1.) 이전의 적용을 받았던 학생이 복학, 재입학, 편입학 등의 사유로 제280호(2019. 3. 1.) 이후 훈령의 적용을 받아 항목별 입력 가능한 글자수가 축소되는 경우, 학업성적관리위원회의 심의를 통해 변경된 글자수에 맞도록 수정하여 입력해야 함.

넷째, 학교생활기록부 입력 및 정정 권한과 관련하여 업무의 편의나 관행을 이유로 담당이 아닌 교사에게 입력 및 정정 권한을 부여하는 행위를 금지한다. 학교생활기록부의 항목별 입력 주체와 정정처리 주체에 대한 명확한 규정을 통해 책임 소재를 명시하였다. 학교생활기록부 정정 시 학교생활기록부 정정대장 결재 절차에 따라 발견 학년도 담임교사가 정정처리를 하며, 졸업생의 경우 업무담당자가 정정한다. 학교생활기록부의 항목별 입력 주체는 〈표 12-2〉와 같다.

〈표 12-2〉 학교생활기록부의 항목별 입력 주체

항목		입력 주체	비고
출결상황 특기사항		학급담임교사	
창의적 체험활동상황 영역별 특기사항	자율활동	학급담임교사	
	동아리활동	해당 동아리 담당교사	
	진로활동	학급담임교사	
교과학습발달 상황	과목별 세부능력 및 특기사항	교과담당교사	• 학점제를 적용받는 산업수요 맞춤형 고등학교(2021학년도 1, 2학년 적용) 의 경우, 과목별 최소 성취수준 미도달 에 따른 보충학습 과정 이수 내역 입력
	개인별 세부능력 및 특기사항	학급담임교사	
자유학기활동상황		해당 활동별 담당교사	
독서활동상황		교과담당교사 학급담임교사	
행동특성 및 종합의견		학급담임교사	

출처: 교육부훈령 제365호.

　다섯째, 학교생활기록부에 항목과 관련이 없거나 기록해서는 안 되는 내용의 기재, 단순 사실을 과장하거나 부풀려서 기재, 사실과 다른 내용을 허위로 기재하는 등 학교생활기록부의 신뢰도를 저하시키는 사례가 발생하지 않도록 한다. 특히 학교생활기록부 허위사실 기재는 '학생성적 관련 비위'로 간주되어 징계양정기준을 적용하며, 징계의 감경에서도 제외된다.

　여섯째, 학생평가 및 평가결과에 근거한 학교생활기록부 기재는 교사의 고유 권한으로 학생이나 학부모 등으로부터 학칙 및 관리지침에 반하는 내용을 전달받아 작성하는 경우 부정청탁에 해당할 수 있다. 그리고 부모(친인척 포함)의 사회 · 경제적 지위(직종명, 직업명, 직장명, 직위명 등)를 암시하는 내용은 학교생활기록부의 어떠한 항목에도 기재할 수 없다.

일곱째, 고등학교의 경우 학교생활기록부에는 학생이 재학(또는 졸업 예정)한 고등학교를 알 수 있는 내용(학교명, 재단명, 학교 축제명, 학교 별칭 등)은 '학적사항', 수상경력의 '수여기관', 봉사활동실적의 '장소 또는 주관기관명'을 제외한 어떠한 항목에도 기재할 수 없다(교육부훈령 제365호).

여덟째, 학교의 장이 교육상 필요에 따라 소속 학생을 대상으로 교과(목) 및 창의적 체험활동 내용의 일부 또는 전부를 「초 · 중등교육법」 제24조 제3항 제1호의 원격수업으로 실시한 경우, 출결 및 평가, 학교생활기록부 작성 등의 처리방법은 교육부 장관이 별도로 정하는 바에 따른다(교육부훈령 제365호).

2) 학교생활기록부 자료의 입력 및 정정

학교생활기록부의 자료 입력 시 교육정보시스템에 직접 입력한다. 학교생활기록부의 문자는 한글로 입력하되, 부득이한 경우 영문으로 입력할 수 있다. 예를 들어, 외국인 성명, 도로명 주소에 포함된 영문, 일반화된 명사(CEO, PD, UCC, IT, POP, CF, TV, PAPS, SNS, PPT 등), 고유명사(외국 학교명, 도서명과 저자명 등)는 영문으로 입력할 수 있다. 서술형 항목 입력 시 특수문자, 문단구분 기호(번호) 입력은 지양한다. 특기사항 등에 입력하는 서술형 문장은 명사형 어미로 종결하며, 문단(내용)단위로 줄바꿈을 하여 입력할 수 있다. 교육정보시스템 또는 공문을 통해 전송된 자료에 학교폭력 관련 조치 사항이 포함되어 있는 경우, 전입교에서는 '학교폭력 가해학생 조치사항 관리대장'에 추가 기록하여 비공개 문서로 관리한다.

학교생활기록부 영역별 내용은 해당 영역에만 입력하고, 입력 글자수 초과를 이유로 특정 영역의 내용을 타 영역에 입력하지 않는다. 학교생활기록부의 서술형 항목은 교사가 직접 관찰 · 평가한 내용을 근거로 입력하며, 학교교육계획에 따라 실시한 교육활동 중 교사 지도하에 학생이 직접 작성한 자료는 활용할 수 있다.

학교교육계획에 따라 실시한 교육활동 중에 교사 지도하에 학생이 직접 작성한 자료로 학교생활기록부 기재 시 활용 가능한 자료는 다음 사례에 한정함
① 동료평가서 ② 자기평가서 ③ 수업산출물(수행평가 결과물 포함) ④ 소감문 ⑤ 독후감

학생의 전·출입 시 이전 학년도 자료의 정정은 전출교에서 자료를 받아 전입교에서 처리한다. 전출교는 학교생활기록부의 내용을 대조·확인 작업을 철저히 하여 오류가 없도록 확인하고 자료를 전송할 책임이 있다. 자유학기의 생활통지표 작성 시 교육정보시스템 자료의 활용 여부는 학업성적관리위원회에서 결정한다.

학교의 학년도는 「초·중등교육법」 제24조(수업 등)에 따라 3월 1일부터 시작하여 다음 해 2월 말일까지로 하며, 학년도 종료 시까지 학교생활기록부 작성을 종료하고, 매 학년이 종료된 이후에는 당해 학년도 이전의 학교생활기록부 입력자료에 대한 정정은 원칙적으로 금지한다. 단, 객관적인 증빙자료가 있는 경우에만 정정이 가능하며, 정정 시에는 반드시 정정내용에 관한 증빙자료를 첨부하여 자료의 객관성 여부, 정정의 사유, 정정내용 등에 대하여 학교 학업성적관리위원회의 심의 절차를 거친 후 학교생활기록부 정정대장(별표 10의 1조)의 결재 절차에 따라 정정사항의 발견 학년도 담임교사가 정정 처리해야 한다. 다만, 인적·학적사항의 학생정보는 학업성적관리위원회 심의를 생략할 수 있다. 학교생활기록부 정정대장은 교육정보시스템에서 제공하는 결재 절차를 거쳐 학기 중에는 전자문서로 관리하다가 매 학년도 말 처리가 종료되면 출력하여 증빙서류와 함께 준영구 보관한다.

3) 학교생활기록부의 관리

학교의 장은 「공공기록물관리에 관한 법률」 및 동법 시행령에 의거 학교생활기록부(학교생활기록부Ⅰ)와 학교생활세부사항기록부(학교생활기록부Ⅱ)를 준영구 보존해야 한다. 학교의 장은 준영구 보존하는 학교생활기록부(학교생활기록부Ⅰ)와 학교생활세부사항기록부(학교생활기록부Ⅱ)를 학생 졸업 후 5년 동안 학교에서 보관하고, 이후에는 「공공기록물관리에 관한 법률 시행령」 제4조, 제31조, 제32조에 따라 보존·관리하여야 한다. 학교의 장은 학교생활세부사항기록부(학교생활기록부Ⅱ)의 학적사항의 '특기사항'란에 입력된 「학교폭력예방 및 대책에 관한 법률」 제17조 제1항 제8호의 조치사항과 출결상황의 '특기사항'란에 입력된 「학교폭력예방 및 대책에 관한 법률」 제17조 제1항 제4호·제5호·제6호의 조치사항을 학생이 졸업한 날로부터 2년이 지난 후에는 삭제하여야 한다. 다만, 해당 학생의 반성 정도와 긍정적 행동변화 정도를 고려하여 졸업하기 직전에 「학교폭력예방 및 대책에 관한 법률」 제14조

제3항에 따른 학교폭력 전담기구의 심의를 거쳐 학생의 졸업과 동시에 삭제할 수 있다. 단, 다음 각 호의 어느 하나에 해당하는 경우 심의대상이 될 수 없다. ① 재학기간 동안 서로 다른 학교폭력 사안으로 「학교폭력예방 및 대책에 관한 법률」 제17조 제1항 각 호의 조치사항을 2건 이상 받은 경우이다. ② 「학교폭력예방 및 대책에 관한 법률」 제17조 제1항 조치사항의 조치 결정일로부터 6개월이 경과되지 않은 경우이다. 학교의 장은 학교생활세부사항기록부(학교생활기록부 II)의 '행동특성 및 종합의견'란에 입력된 「학교폭력예방 및 대책에 관한 법률」 제17조 제1항 제1호·제2호·제3호·제7호의 조치사항을 학생의 졸업과 동시에 삭제하여야 한다.

4. 학교생활기록부의 구성과 기재방법

1) 학교생활기록부의 구성

최근 교육부의 「학교생활기록 작성 및 관리지침」(교육부훈령 제321호)에 의해 개정되어 2019학년도 3월부터 적용되는 학교생활기록부는 학교급별로 기재 항목이 조금씩 다르게 구성되어 있다.

첫째, 초등학교의 경우 과도한 경쟁 및 사교육 등의 부작용 최소화를 위해 '수상경력' 항목이 삭제되었고, 또한 진로에 대한 명확한 방향을 정하기 어려운 초등학생의 발달단계를 감안해 '진로희망사항' 항목도 삭제되었다. 초등학교 학교생활기록부의 양식은 인적·학적사항, 출결상황, 창의적 체험활동상황, 교과학습발달상황, 행동특성 및 종합의견 등의 5개 항목으로 구성되어 있다.

둘째, 중학교의 경우 진로에 대한 명확한 방향을 정하기 어려운 점을 고려하여 '진로희망사항' 항목이 삭제되었다. 중학교 학교생활기록부의 양식은 인적·학적사항, 출결상황, 수상경력, 창의적 체험활동상황, 교과학습발달상황, 자유학기활동상황, 독서활동상황, 행동특성 및 종합의견 등의 8개 항목으로 구성되어 있다. 한편, 2009년 12월 10일 '고등학교 선진화를 위한 입학제도 및 체제 개편 방안' 발표에 따른 외고 등 특목고 진학을 위한 선행학습에 따른 사교육을 유발하는 입학전형요소 배제의 일환으로 초·중학교 학교생활기록부의 '자격증 및 인증 취득상황' 항목은 2010학년도 이후부터 더 이상 입력하지 않도록 함에 따라 삭제되었다. 반면에 2016학년도부터 중학교에 자유학기가 전면 도입되면서 자유학기 중에 자유학기활동을 실시한 결과를 기재할 수 있도록 '자유학기활동상황' 항목이 신설되었다.

셋째, 고등학교의 경우 학년별로 학생의 진로 및 발달 수준의 변화를 고려하여 '진로희망사항' 항목이 삭제되면서 진로희망 관련 사항은 신설된 창의적 체험활동 항목의 '진로희망' 분야에 기재하게 되었다. 그리고 산업수요와 직업의 변화를 고려하여 산업현장에서 요구되는 직무능력을 특성화고·마이스터고 학생들에게 체계적으로 가르치고 평가할 수 있도록 '지원자격 및 인증 취득상황' 항목에 '국가직무능력표준 이수상황' 기재 양식이 별도 추가되었다. 고등학교 학교생활기록부의 양식은 인적·학적사항, 출결상황, 수상경력, 자격증 및 인증 취득상황, 창의적 체험활동상황, 교과학습발달상황, 독서활동상황, 행동특성 및 종합의견 등의 8개 항목으로 구성되어 있다.

2) 학교생활기록부의 기재방법

학교생활기록부는 초등학교, 중학교, 고등학교에 따라 항목별 기재 내용과 양식이 조금씩 다르다. 중·고등학교에서 상급학교 진학을 위한 증빙자료로 제공되는 학교생활기록부 II 의 항목별 기재 내용과 양식은 다음과 같다(교육부, 2020. 4.).

(1) 인적·학적사항

인적·학적사항의 '학생정보'란에는 성명, 성별, 주민등록번호와 입학 당시의 주소를 입력하되, 재학 중 주소가 변경된 경우에는 변경된 주소를 누가하여 입력한다. '학적사항'란에는 중·고등학교에서는 입학 전 전적학교의 졸업연월일과 학교명을 입력하며, 검정고시 합격자는 합격 연월일과 '졸업학력 검정고시 합격'이라고 입력한다. 재학 중 학적변동이 발생한 경우에는 전출교와 전입교에서 각각 학적변동이 발생한 일자, 학교와 학년, 학적변동 내용을 입력한다(예: 편입학, 전입학, 전출, 휴학 등). '특기사항'란에는 학적변동의 사유를 입력한다. 특기사항 중 학교폭력과 관련된 사항은 「학교폭력예방 및 대책에 관한 법률」 제17조에 규정된 가해학생에 대한 조치사항을 입력한다. 인적·학적사항의 기재 양식은 〈표 12-3〉과 같다.

〈표 12-3〉 인적·학적사항의 기재 양식

학생정보	성명: 성별: 주민등록번호: 주소:		
학적사항	년 월 일 ○○중학교 제3학년 졸업 년 월 일 □□고등학교 제1학년 입학		
특기사항			

(2) 출결상황

출결상황의 '수업일수'란에 「초·중등교육법 시행령」 제45조에 따라 학교의 장이 정한 학생이 매 학년 출석해야 할 일수를 입력한다. 수업일수는 매 학년 190일 이상이다. '결석일수' '지각' '조퇴' '결과'란에는 질병·미인정·기타로 구분하여 연간 총 일수 또는 횟수를 각각 입력한다. 재취학 등 학적이 변동된 학생의 동학년의 수업일수 및 출결상황은 학적변동 전(원적교)의 것과 변동 이후의 것을 합산하여 입력한다. 단, 수업일수가 당해 학교 당해 학년 수업일수의 3분의 2 미만이 될 경우에는 각 학년 과정의 수료에 필요한 수업일수 부족으로 수료 또는 졸업 인정이 되지 않아 원칙적으로 당해 학년도 재입학·전입학·복학이 불가능하다. '특기사항'란은 결석사유 또는 개근 등 특기사항이 있는 경우에 입력한다. 특기사항 중 학교폭력과 관련된 사항은 「학교폭력예방 및 대책에 관한 법률」 제17조에 규정된 가해학생에 대한 조치사항을 입력한다. 출결상황의 기재 양식은 〈표 12-4〉와 같다.

〈표 12-4〉 출결상황의 기재 양식

학년	수업 일수	결석일수			지각			조퇴			결과			특기 사항
		질병	미인정	기타	질병	미인정	기타	질병	미인정	기타	질병	미인정	기타	

(3) 수상경력

수상경력에는 재학 중 학생이 교내에서 수상한 상의 명칭, 등급(위), 수상연월일,

수여기관명, 참가대상(참가인원)을 입력한다. 동일한 작품이나 내용으로 수준이 다른 상을 여러 번 수상하였을 경우, 최고 수준의 수상경력만을 입력한다. 단, 수상명에는 학생이 재학(또는 졸업예정)한 학교를 알 수 있는 내용을 입력하지 않는다(교육부훈령 제365호). 학년 초 학교교육계획서에 따라 실시한 교내상만을 기재하며, 수상 사실은 수상경력 이외의 어떠한 항목에도 입력하지 않는다(대회 참가 사실 등 기재 불가). 수상경력의 기재 양식은 〈표 12-5〉와 같다.

〈표 12-5〉 수상경력의 기재 양식

학년(학기)		수상명	등급(위)	수상연월일	수여기관	참가대상 (참가인원)
	1					
	2					

(4) 자격증 및 인증 취득상황

자격증 및 인증 취득상황에는 학생이 취득한 자격증의 명칭 또는 종류, 번호 또는 내용, 취득연월일, 발급기관을 입력하며, 원본을 대조한 후에 취득한 순서대로 입력한다. 기재할 수 있는 자격증은 고등학생이 재학 중에 취득한 것으로 누가기록한다. 자격증으로는 「국가기술자격법」에 따른 국가기술자격증, 개별 법령에 따른 국가자격증, 「자격기본법」에 따라 국가공인을 받은 민간자격증 중 기술과 관련 있는 내용이다. 초등학교와 중학교 학교생활기록부에는 '자격증 및 인증 취득상황'을 입력하지 않는다. 자격증 및 인증 취득상황의 기재 양식은 〈표 12-6〉과 같다.

〈표 12-6〉 자격 및 인증 취득상황의 기재 양식

구분	명칭 또는 종류	번호 또는 내용	취득연월일	발급기관
자격증				

　그리고 국가직무능력표준 이수상황에는 고등학교에 한하여 고등학생이 학교교육계획에 따라 국가직무능력표준을 이수한 경우 이수상황을 입력한다. 원점수는 능력단위의 평가에 따라 100점 만점으로 환산하여 입력한다. 성취도는 능력단위의 평가

에 따라 A, B, C, D, E, F, P, ● 로 입력하되, 현장실습으로 인해 인정점이 부여된 능력
단위의 성취도는 'P'로 입력하고, 정규교육과정 이외의 교육활동으로 이수한 능력단
위와 학적변동(전출·자퇴·퇴학·전입학 등)으로 인해 산출이 불가능한 능력단위의
경우 '●'으로 입력한다. 국가직무능력표준(NCS)은 산업현장에서 직무를 수행하기 위
해 요구되는 지식·기술·소양 등의 내용을 국가가 산업 부문별·수준별로 체계화
한 것을 말한다. 국가직무능력표준 이수상황의 기재 양식은 〈표 12-7〉과 같다.

〈표 12-7〉 국가직무능력표준 이수상황의 기재 양식

학년	학기	세분류	능력단위 (능력단위코드)	이수시간	원점수	성취도	비고

(5) 창의적 체험활동상황

창의적 체험활동상황에는 창의적 체험활동의 4개 영역인 자율활동, 동아리활동,
봉사활동, 진로활동 등의 활동내용, 평가방법 및 기준은 교육과정을 근거로 하여 학
교별로 정한다. 영역별 누가기록은 공정성, 객관성, 투명성, 신뢰도, 타당도 등이 확
보되도록 서식을 개발하여 활용하되, 학생의 구체적 활동내용이 포함된 자료를 바탕
으로 작성하여 관리한다. 자율활동, 동아리활동, 진로활동의 영역별 이수시간 및 특
기사항을 입력하고, 봉사활동 실적을 입력한다.

첫째, 자율활동 영역의 특기사항은 정규교육과정 또는 학교교육계획에 의해 실시
한 학생 상담활동, 자치활동 등을 입력한다. 자율활동의 결과에 대한 평가보다는 활
동과정에서 드러나는 개별적인 행동특성, 참여도, 협력도, 활동실적 등을 평가하고,
상담기록 등의 자료를 참고하여 실제적인 역할과 활동 위주로 입력한다. 자치활동
관련 내용은 구체적인 임원의 종류를 알 수 있도록 '전교' '학년' '학급' 등을 입력하고,
재임기간을 (   ) 안에 병기한다. 예컨대, 1학기 전교 학생자치회 부회장(2020. 03. 01.~
2020. 08. 16.)으로 기재한다.

둘째, 동아리활동 영역의 특기사항은 자기평가, 학생상호평가, 교사 관찰 등의 방
법으로 평가하며, 참여도, 열성도, 특별한 활동실적 등을 참고하여 실제적인 활동과
역할 위주로 입력한다. 동아리활동 중 학교스포츠클럽활동의 실적은 활동 인정기간

동안 학교장이 승인한 학교스포츠클럽활동의 구체적인 활동내용으로 '동아리활동' 란에 클럽명, 활동시간 등을 입력하되, 활동시간은 동아리활동 이수시간에 합산한 다. 다만, 정규교육과정 이외의 학교교육계획에 의한 학교스포츠클럽활동은 클럽명 과 활동시간만 입력한다. 동아리활동 중 정규교육과정 이외의 학교교육계획에 의한 청소년단체활동은 초등학교와 중학교의 경우 단체명은 입력하되 특기사항은 입력 하지 않으며, 고등학교의 경우 2021학년도 1학년부터 단체명 및 특기사항 모두를 입 력하지 않는다(교육부훈령 제365호). 자율동아리는 학교교육계획에 따라 학기초에 구 성할 수 있으며, 학기 중에 구성된 자율동아리는 입력하지 않는다. 학생의 자율동아 리활동은 학년당 1개만 자율동아리명을 입력하되, 필요시 동아리 소개를 30자 이내 (동아리명과 공백 포함)로 입력할 수 있다.

셋째, 봉사활동 영역의 실적은 학교계획에 의한 봉사활동과 학생 개인계획에 의한 봉사활동의 구체적인 내용(연간 실시한 봉사활동의 일자 또는 기간, 장소 또는 주관기관 명, 활동내용, 시간)을 별도의 '봉사활동실적'란에 실시일자 순으로 모두 입력한다. 학 생 개인계획에 의해 실시한 봉사활동은 학교장이 승인한 경우만 입력한다. 봉사활동 시간 인정은 1일 8시간 이내로 인정하고, 다른 창의적 체험활동 영역의 시간과 중복 하여 인정할 수 없다.

넷째, 진로활동 영역의 특기사항에는 진로희망 분야와 각종 진로검사 및 진로상담 결과, 관심 분야 및 진로희망과 관련된 학생의 활동내용 등 학생의 진로 특성이 드러 나는 사항을 입력한다.

다섯째, 창의적 체험활동상황의 영역별 특기사항에 정량적인 기록이 가능한 부분 은 횟수와 시간 등을 정량적으로 입력한다. 학교 교육과정상 편성하지 않은 영역의 특기사항은 입력하지 않는다. 창의적 체험활동상황의 영역별 특기사항에 입력할 수 없는 내용은 학교생활기록부의 어떠한 항목에도 입력할 수 없다. 창의적 체험활동 각 영역의 이수시간이 0시간인 학생에 대해서는 그 사유를 특기사항에 입력한다. 창 의적 체험활동상황의 기재 양식은 〈표 12-8〉과 같다.

〈표 12-8〉 창의적 체험활동상황의 기재 양식

학년	창의적 체험활동상황			
	영역	시간	특기사항	
	자율활동			
	동아리활동		(자율동아리)	
	진로활동		희망 분야	※ 상급학교 미제공

학년	봉사활동 실적				
	일자 또는 기간	장소 또는 주관기관명	활동내용	시간	누계 시간

(6) 교과학습발달상황

첫째, 중학교의 교과학습발달상황에는 '교과' '과목' '원점수/과목평균' '성취도(수강자수)'를 산출하여 각 학기말에 입력한다. 다만, 체육·예술(음악/미술) 교과(군)의 과목은 '교과' '과목' '성취도'를 입력한다. 중학교 교과학습발달상황의 기재 양식은 〈표 12-9〉와 같다.

〈표 12-9〉 중학교 교과학습발달상황의 기재 양식

학기	교과	과목	원점수/과목평균	성취도(수강자수)	비고

과목	세부능력 및 특기사항

〈체육·예술(음악/미술)〉

학기	교과	과목	성취도	비고

과목	세부능력 및 특기사항

〈교양교과〉

학기	교과	과목	이수시간	이수 여부	비고

　둘째, 고등학교의 교과학습발달상황에는 '교과' '과목' '단위수' '원점수/과목평균 (표준편차)' '성취도(수강자수)' '석차등급'을 산출하여 각 학기말에 입력한다. 다만, 다음의 교과(목)는 예외로 하여 각 호의 사항을 입력한다. ① 보통교과 진로선택과목(진로선택으로 편성된 전문교과 포함)은 '교과' '과목' '단위수' '원점수/과목평균' '성취도(수강자수)' '성취도별 분포비율'을 입력한다. ② 보통교과 공통과목의 '과학탐구실험' 및 전문교과Ⅱ, Ⅲ은 '교과' '과목' '단위수' '원점수/과목평균(표준편차)' '성취도(수강자수)'를 입력한다. ③ 보통교과의 체육ㆍ예술 교과(군)의 일반선택과목은 '교과' '과목' '단위수' '성취도'를 입력한다. 고등학교 교과학습발달상황의 기재 양식은 〈표 12-10〉과 같다. 고교학점제를 적용받는 고등학교의 양식에는 이수단위/단위수가 이수학점/학점수로 표기된다.

〈표 12-10〉 고등학교 교과학습발달상황의 기재 양식

학기	교과	과목	단위수	원점수/과목평균 (표준편차)	성취도 (수강자수)	석차등급	비고
이수단위 합계							

과목	세부능력 및 특기사항

〈진로선택과목〉

학기	교과	과목	단위수	원점수/과목평균	성취도 (수강자수)	성취도별 분포비율	비고
이수단위 합계							

과목	세부능력 및 특기사항

〈체육 · 예술(음악/미술)〉

학기	교과	과목	단위수	성취도	비고
이수단위 합계					

과목	세부능력 및 특기사항

셋째, 교과목 학습평가 입력방법으로서, 고등학교의 보통교과 중 교양교과는 과목명 및 이수단위를 입력하고 '성취도(수강자수)'란과 '석차등급'란에는 각각 'P'를 입력한다. 또한 중학교에서도 고등학교 교양교과(환경, 보건, 진로와 직업 등) 성격의 과목을 선택하여 이수한 경우 과목명 및 이수시간을 입력하고 이수 여부에 'P'를 입력한다. 전문교과I 및 보통교과[공통과목 과학탐구실험, 진로선택과목(진로선택으로 편성된 전문교과 포함), 체육 · 예술 교과(군)의 일반선택과목, 교양교과(군)의 과목 제외]는 과목 수강자수가 13명 이하인 경우 '교과' '과목' '단위수' '원점수/과목평균(표준편차)' '성취도(수강자수)'를 입력하고, '석차등급'란에는 '석차등급'이나 '●'을 입력한다. 다만, 수강자수가 13명 이하인 과목이 2과목 이상인 경우는 '석차등급'란에 '석차등급' 또는 '●' 표기 중 한 가지 방법으로 동일하게 입력한다. 체육 · 예술계 중학교(예술 · 체육 중점학교 포함)에서 학생이 선택과목으로 체육계 과목 또는 음악 · 미술계 과목을 이수한 경우 '교과' '과목' '원점수/과목평균(표준편차)' '성취도(수강자수)'를 입력한다. 학생이 자유학기에 이수한 과목의 '원점수/과목평균(표준편차)'란은 '공란'으로 두고, '성취도(수강자수)'란에 'P'를 입력한다. 또한 체육 · 예술(음악/미술) 교과(군)의 과목은 '성취도'란에 'P'를 입력한다. 고등학교에서 학교 간 통합 선택교과로 이수한 과목[진로선택과목(진로선택으로 편성된 전문교과 포함), 체육 · 예술 교과(군)의 일반선택과목, 교양교과(군)의 과목 제외]은 '교과' '과목' '단위수' '원점수/과목평균(표준편차)' '성취도(수강자수)'를 입력한다. 고교학점제를 적용받는 산업수요 맞춤형 고등학교는 '이수단위' 또는 '단위수'를 '학점수'로 본다.

넷째, 중 · 고등학교의 '비고'란에는 학교 간 통합 선택교과 이수, 학적변동으로 인한 이수과목 상이 등 교육과정 운영에 따른 특기사항에 관한 내용을 간략하게 입력한다.

다섯째, 중·고등학교의 '세부능력 및 특기사항'란에는 과목별 성취기준에 따른 성취수준의 특성 및 학습활동 참여도 등을 문장으로 입력한다. 다만, 체육·예술 교과(군) 및 전문교과Ⅱ의 실무과목은 다음 각 호의 사항을 입력한다. ① 체육·예술 교과(군)은 성취수준의 특성, 실기능력, 교과적성, 학습활동 참여도 및 태도 등을 입력한다. ② 전문교과Ⅱ의 실무과목은 능력단위별 학습활동 참여도 및 태도 등을 입력한다. ③ 학점제를 적용받는 산업수요 맞춤형 고등학교에 편성된 전문교과Ⅱ 실무과목은 최소 성취수준에 도달하지 못한 학생을 대상으로 실시한 보충학습의 과목명, 이수기간, 이수시간 등을 입력한다. 중학교의 '세부능력 및 특기사항'란에는 특기할 만한 사항이 있는 과목 및 학생에 대해 입력하고, 고등학교는 모든 학생에 대해 입력하되 세부사항은 교육부장관이 별도로 정한다. 특히 교과학습발달상황의 '세부능력 및 특기사항'란에 방과후학교 활동과 연구보고서(소논문) 작성 관련 사항은 기재할 수 없다(교육부훈령 365호).

여섯째, 초·중·고의 전 교과 대상으로 원격수업과 등교수업을 연계하여 실시한 경우, 원격수업의 내용(또는 과제 내용)과 등교수업에서 교사(위탁교육기관, 특수학급 및 순회교육 담당교사 포함)가 학생을 관찰·평가한 내용을 연계하여 '세부능력 및 특기사항'란에 기재 가능하다. 단, 원격수업(또는 과제) 내용만을 단독으로 입력하는 것은 불가능하다(교육부, 2021. 1.).

(7) 자유학기활동상황

자유학기활동상황은 중학교에 한하며 자유학기 중에 자유학기활동을 실시한 결과를 입력한다. 자유학기활동 이수시간은 활동내용별로 입력하고, 영역별 특기사항은 모든 학생을 대상으로 입력한다. 학업중단자(유예·면제)의 경우 학업중단일을 기준으로 자유학기활동의 이수시간과 특기사항을 입력한다. 자유학기활동 특기사항에 '진로탐색활동' '주제선택활동' '예술·체육활동' '동아리활동' 등 4개 영역별 수시로 관찰한 활동내용, 참여도, 흥미도, 각종 진로검사 및 진로상담 결과 등을 문장으로 입력한다. 자유학기활동상황 각 영역의 이수시간이 0시간인 학생에 대해서는 그 사유를 특기사항에 입력한다. 자유학기활동상황의 기재 양식은 〈표 12-11〉과 같다.

⟨표 12-11⟩ 자유학기활동상황의 기재 양식

학년	학기	자유학기활동상황		
		영역	시간	특기사항
		⋮	⋮	⋮

(8) 독서활동상황

　중·고등학교의 개인별·교과별 독서활동상황은 독서활동에 특기할 만한 사항이 있는 학생을 대상으로 학기단위로 입력한다. 교과목별로 해당 교과 관련 독서활동은 교과 담당교사가 입력하되, 특정 교과에 해당하지 않을 경우 학급 담임교사가 공통으로 입력할 수 있다. 독서활동상황은 독서기록장, 독서포트폴리오, 독서교육종합지원시스템의 증빙자료를 근거로 입력한다. 독서과정의 관찰·확인이 어려운 독서 성향 등은 기재하지 않고, 읽은 책의 제목과 저자만 기재하여 독서활동 기록의 신뢰도를 제고한다. 도서는 ISBN(국제표준 도서번호)에 등재된 도서에 한해 기재 가능하며, 정기간행물, 즉 ISSN(국제표준 연속 간행물번호)에 등재된 도서는 기재할 수 없다. 단순 독후활동(감상문 작성 등) 외 별도의 교육활동을 전개한 사항에 대해서는 도서명을 포함하여 그 내용을 다른 영역(세부능력 및 특기사항, 창의적 체험활동 등)에 입력할 수 있다. 독서활동상황의 기재 양식은 ⟨표 12-12⟩와 같다.

⟨표 12-12⟩ 독서활동상황의 기재 양식

학년	과목 또는 영역	독서활동상황

(9) 행동특성 및 종합의견

　행동특성 및 종합의견은 수시로 관찰하여 누가기록된 행동특성을 바탕으로 총체적으로 학생을 이해할 수 있는 종합의견을 담임교사가 문장으로 입력한다. 장점과 단점은 누가기록된 사실에 근거하여 입력하되, 단점을 입력하는 경우에는 변화가능성을 함께 입력한다. 행동특성 중 학교폭력과 관련된 사항은 「학교폭력예방 및 대책에 관한 법률」 제17조에 규정된 가해학생에 대한 조치사항을 조치 결정일자와 함께 결정 즉시 입력한다. 학교교육계획에 따라 실시한 봉사 활동의 경우, 교사가 직접 관찰·평가한 학생의 특기사항은 필요시 행동특성 및 종합의견란에 기재 가능하다(교육부훈령 제365호). 학생에 대한 일종의 추천서가 되도록 학생의 학습, 행동 및 인성 등 학교생활에 대한 다양한 분야에서의 구체적인 변화와 성장 등을 종합적으로 기재한다. 행동특성 및 종합의견의 기재 양식은 〈표 12-13〉과 같다.

〈표 12-13〉 행동특성 및 종합의견의 기재 양식

학년	행동특성 및 종합의견

(10) 기타사항

학교생활기록부의 '졸업대장번호'란에는 졸업대장의 번호를 입력한다. '구분'란에는 학생의 학과, 반, 번호 및 담임성명을 입력한다. 다만, 변경사항이 있을 경우에는 변경 전후의 내용을 함께 입력한다. '학과(전공·과정)'란에는 특성화고등학교(특정 분야의 인재양성을 목적으로 하는 교육을 실시하는 학교에 한함)의 학기별 전공코스 이수, 산업체 실습과정 또는 일반고등학교, 특수목적고등학교 및 자율고등학교의 개인별 과정선택 등 교육과정 이수에 따른 특기사항을 입력한다. 또한 학점제를 적용받는 산업수요 맞춤형 고등학교의 학생이 타학과 과목을 일정 학점 이상 이수한 부전공의 과목명을 입력한다. '사진'란에는 입학연도에 촬영한 천연색 상반신 사진(3.5cm×4.5cm, 전산자료)을 첨부하며, 졸업학년도에 그해 촬영한 사진으로 교체 첨부한다. 졸업대장번호, 학과(전공·과정), 학번, 담임성명 등의 기재 양식은 〈표 12-14〉와 같다.

〈표 12-14〉 졸업대장번호, 학과, 학번, 담임성명 등의 기재 양식

졸업대장번호					사진 3.5cm × 4.5cm
학년 \ 구분	학과	반	번호	담임성명	
1					
2					
3					

학년 \ 전공·과정	1학기	2학기	비고

5. 교과학습평가의 평가결과 기록

1) 교과학습평가의 기본원칙

(1) 교과학습의 평가방법

학교는 교육과정의 성취기준에 기반한 평가계획에 따라 교수·학습과정에서 학생의 변화와 성장에 대한 자료를 다각도로 수집하여 적절한 피드백을 제공하는 과정중심 평가를 통해 교수·학습의 질을 제고한다(교육부훈령 제365호). 교과학습의 평가는 지필평가와 수행평가로 구분하여 실시한다. 다만, 과목 특성상 수업활동과 연계한 수행평가만으로 평가가 필요한 경우 시·도교육청의 학업성적관리 시행지침에 따라 학교별 학업성적관리규정으로 정하여 수행평가만으로 실시할 수 있다. 그리고 감염병의 전국적 유행 등 국가 재난에 준하는 상황에서는 지필평가 또는 수행평가만으로 평가하거나, 초등학교와 중학교는 교육부장관이 정하는 바에 따라 지필평가 및 수행평가를 실시하지 않을 수 있다(교육부훈령 제365호).

수행평가란 교과 담당교사가 교과 수업시간에 학습자들의 학습과제 수행과정 및 결과를 직접 관찰하고, 그 관찰결과를 전문적으로 판단하는 평가방법이다. 각 교과(학년)별 지필평가 및 수행평가의 평가 영역·요소·방법·횟수·반영비율·수행평가 세부기준(배점) 등과 성적처리방법 및 결과의 활용 등은 각 과목의 교육과정 및 학교·교과의 특성을 감안하여 교과(학년)협의회에서 수립하고, 이를 학교 학업성적관리위원회의 심의를 거쳐 학교장이 최종 결정한다. 다만, 중학교 자유학기의 교과학습발달상황 평가는 학교별로 자유학기의 취지에 맞는 평가 방안을 마련하고, 이를 학교 학업성적관리위원회의 심의를 거쳐 학교장이 최종 결정한다. 수행평가에서 복수의 학생이 공동으로 수행하는 모둠활동 등을 평가할 때에는 개별 학생에게 역할을 부여하고, 개인별 학습과제에 대한 수행과정과 결과를 평가해야 한다. 정규교육과정 외에 학생이 수행한 결과물에 대해 점수를 부여하는 과제형 수행평가는 실시하지 않는다.

지필평가 문제는 타당도, 신뢰도를 제고할 수 있도록 출제하고, 평가의 영역, 내용 등을 포함한 문항정보표 등 출제계획을 작성하여 활용하며, 동일 교과 담당교사 간 공동 출제를 한다. 지필평가는 문항별 배점을 표시하여 가급적 100점 만점으로 출제하고, 문항의 수준별 난이도의 배열에 유념한다. 수행평가의 점수는 점수화가 가능한 영역의 점수만 반영하되, 기본 점수의 부여 여부, 부여 점수의 범위 등은 시·도교육청의 학업성적관리 시행지침에 따라 학교의 학업성적관리규정으로 정한다. 「공교육 정상화 촉진 및 선행교육 규제에 관한 특별법」 제8조 제3항에 따라 지필평가, 수행평가 등 학교 내 각종 평가 및 각종 교내대회에서 학생이 배운 학교 교육과정의 범위와 수준을 벗어난 내용을 출제하여 평가하지 않도록 유의한다.

학교 간 통합 선택교과(공동교육과정) 성적처리 방식은 다음과 같다(교육부훈령 제365호). 첫째, 거점학교에서 공동교육과정 과목 개설 시 해당 과목을 수강한 학생 모두를 '수강자수'로 하여 성적을 산출한다(일반고, 특목고, 특성화고, 산업수요 맞춤형고 등 모두 포함). 단, 농어촌·도서벽지 등 교육감이 허용하는 범위 내에 거점학교 학생과 타교 학생을 분리하여 타교 학생만을 대상으로 공동교육과정을 운영하는 경우, 거점학교 내 동일과목 유무와 상관없이 별도로 성적을 산출할 수 있다. 둘째, 일반고와 특목고(또는 특성화고) 간 전문교과과목을 공동교육과정으로 수강하는 경우에는 보통교과 중 '진로선택과목'으로 편성하고 진로선택과목의 성적 산출 방식에 따라 처리한다. 셋째, 산업수요 맞춤형 고등학교, 특성화고등학교, 일반고등학교 직업과정(구 종합고 직업계열) 간 전문교과II 과목을 공동교육과정으로 운영하는 경우에는 '전문교과II 과목'으로 편성하고 전문교과II 과목의 성적 산출 방식에 따라 처리한다.

학교생활기록부의 성적평가는 우선 학생별로 또는 과목별로 성적일람표를 작성하고, 이를 바탕으로 학교생활기록부에 성적이 종합적으로 정리 및 작성되며, 끝으로 학부모에게 전달할 성적통지표가 작성된다. 성적일람표는 과목별로 이루어진 지필평가와 수행평가 등을 통하여 얻어진 학생에 관한 평가결과를 정리하여 작성하게 되는 일람표이다. 지금은 이러한 모든 과정이 전산화되어 있어 일정하게 제시된 양식에 따라 담당교사가 교육정보시스템에 자료입력을 하면 전산처리에 의하여 작성되도록 되어 있다.

(2) 결시 및 학적변동 시 성적처리

교과목별 지필평가 및 수행평가에 참여하지 못한 학생(결시생)의 성적처리는 결시 전후의 성적 또는 기타 성적의 일정비율을 환산한 성적(인정점)을 부여하되, 인정 사유 및 인정점의 비율 등은 시·도교육청의 학업성적관리 시행지침에 의거하여 당해 학교의 학업성적관리규정으로 정한다. 그리고 모든 평가(학기말 성적산출 기준)가 완료되기 이전에 전출, 휴학, 면제, 유예, 제적, 자퇴, 퇴학 학생이 취득한 성적이 있을 경우, 이 학생의 재취학, 전·편입학을 위하여 그 성적을 전산입력하거나 별도로 보관하여야 한다. 재취학, 재·전·편입학생은 다음과 같이 성적을 산출한다.

첫째, 재취학, 재·전·편입학 일자 이전 원적교의 성적과 재취학, 재·전·편입학 이후의 취득한 성적을 합산한다. 둘째, 재취학, 재·전·편입학 이후 취득한 성적이 있고, 이에 상응하는 원적교 성적이 중복되는 경우에는 재취학, 재·전·편입학 이후 취득한 성적을 인정한다. 셋째, 재취학, 재·전·편입학한 이후 성적 산출을 위한 원적교의 성적이 없는 경우에는 재취학, 재·전·편입학 이후 취득한 평가의 성적을 반영한다. 다만, 결시 등의 사유로 인정점을 부여해야 하는 경우는 해당 학교의 학업성적관리규정에 의거한다. 넷째, 앞에서 제시되지 않은 예외적인 경우에 대해서는 시·도교육청의 학업성적관리 시행지침에 따라 학교 학업성적관리위원회의 심의를 통해 정한다. 다섯째, 원적교에서는 전출 학생의 전출 시점까지 취득한 성적(지필평가 및 수행평가의 점수 및 상세한 기록 등)을 전산자료로 입력하여 전입교로 전송하되, 부득이한 사유로 입력하지 못한 경우 정리하여 밀봉 후 전입교로 송부하고 사본을 보관하여야 한다.

한편, 「초·중등교육법 시행령」 제19조 제1항에 따른 '귀국학생 등'은 다음과 같이 성적을 산출한다. 첫째, 국내 학교에 취학, 재취학, 재·편입학한 후 취득한 성적만으로 성적을 산출한다. 둘째, 재취학, 재·편입학 이전 성적이 국내 학교에 있는 경우 이를 인정하고, 재취학, 재·편입학 이후에 취득한 성적과 합산한다. 셋째, 재취학, 재·편입학 후 취득한 성적이 있고, 이에 상응하는 이전의 국내학교 성적이 중복되는 경우에는 재취학, 재·편입학 이후의 성적을 인정한다. 넷째, 앞에서 제시되지 않은 예외적인 경우에 대해서는 시·도교육청의 학업성적관리 시행지침에 따라 학교 학업성적관리위원회의 심의를 통해 정한다.

(3) 평가결과 처리 시 유의사항

중 · 고등학교의 학업성적 평가결과 처리 시 유의할 사항은 다음과 같다(교육부훈
령 제365호). 첫째, 채점 등 평가결과를 전산처리할 경우 교과담당교사는 전산처리 결
과의 이상 유무를 철저히 대조 · 확인해야 한다. 둘째, 개인 정보 보호를 위해 지필평
가 및 수행평가 결과는 학생 본인만 확인하도록 하며, 타인에게 성적 정보가 노출되
지 않도록 유의해야 한다. 셋째, 성적처리 및 학생 확인이 완료된 지필평가의 학생 답
안지는 성적산출의 증빙자료로 5년간 보관한다. 넷째, 수행평가의 결과물은 학업성
적관리위원회의 심의를 거쳐 보관기간을 결정하여 보관한다. 다섯째, 성적처리가 끝
난 수행평가의 중요한 자료는 성적 산출의 증빙자료로서 졸업 후 1년 이상 당해 학교
에 보관하며, 상급학교 진학 시 입학전형권자의 요청이 있을 경우 이를 전형자료로
제공할 수 있다.

2) 중학교 교과학습평가의 평가결과 기록

중학교의 과목별 성적일람표는 매 학기말 교과 담당교사가 작성하되, 지필평가(명
칭, 반영비율 등 명기)와 수행평가(영역, 반영비율 등 명기)의 점수를 합산하고, 원점수/
과목평균, 성취도(수강자수)를 산출한다(다만, 체육 · 음악 · 미술 교과의 과목은 성취도만
을 산출). 단, 전산처리할 경우 전산입력하여 관리함을 원칙으로 한다. 중학교의 성적
일람표 작성 예시는 [그림 12-2]와 같다.

평가방법 (평가비율)		지필평가(60%)		수행평가(40%)				합계	원점수	성취도 (수강자 수)
번호, 성명	명칭, 연역 (반영비율)	1회 (30%)	2회 (30%)	○○○ (10%)	◇◇◇ (10%)	□□□ (10%)	△△△ (10%)			
1	김길동	28.50	29.40	8.80	9.60	8.80	10.00	95.1	95	A(452)
2	나민주	25.50	19.20	6.00	8.00	7.00	5.00	70.7	71	C(452)
3										
수강자 최고점		30.00	30.00	10.00	10.00	10.00	10.00	100.0		
수강자 최저점		9.95	10.00	5.00	6.00	7.00	5.00	42.9		
수강자 평균		23.42	25.74	8.40	8.16	8.76	7.59	82.0		
학급 평균		21.24	24.43	8.50	7.52	8.91	7.35	77.9		
과목 평균									82.1	

2020학년도 제1학기
국어과 성적일람표(중학교)

제1학년 (   )반 　　　　　　　　　　　　　　　　교과 담당교사 (   ) 인

[그림 12-2] 중학교 성적일람표 작성 예시(교육부훈령 제321호)

　원점수는 지필평가 및 수행평가의 반영비율 환산점수 합계를 소수 첫째 자리에서 반올림하여 정수로 기록하며, 과목평균은 원점수를 사용하여 계산해 소수 둘째 자리에서 반올림하여 소수 첫째 자리까지 기록한다. 성취도는 원점수에 따라 'A-B-C-D-E'의 5단계로 평정하며, 체육·음악·미술 교과의 과목의 성취도는 'A-B-C'의 3단계로 평정한다. 수강자수는 매 학기말 성적산출 시점을 기준으로 해당 과목을 수강한 학생수로 한다. 다만, 자유학기(학년)에 해당 교과 담당교사별로 해당 과목의 평가계획을 다르게 수립한 경우, 시·도교육청의 학업관리 시행지침에 따라 당해 학교의 학업성적관리규정으로 정하여 해당 교과 담당교사별로 수강자수를 달리할 수 있다. '재취학, 전·편입학생'과 '명예졸업, 유예, 면제 및 전출 학생 중 모든 평가가 완료되어 당해 학교의 학업성적관리규정에 따라 성적을 처리할 수 있는 학생'은 수강자수에 포함하고, '모든 평가가 완료되기 이전(학기말 최종 성적처리 불가능)의 학생(명예졸업, 유예, 면제 등)'과 '재취학, 전·편입학생 중 원적교에서 성적(성취도, 원점수 등)을 취득해 온 학생'은 수강자수에서 제외한다. 원점수에 따라 평정하는 과목별 성취도는 〈표 12-15〉와 같다(교육부, 2020. 4.).

〈표 12-15〉 원점수에 따른 과목별 성취도 평정

일반교과		체육 · 음악 · 미술 교과	
성취율(원점수)	성취도	성취율(원점수)	성취도
90 % 이상	A	80 % 이상 ~ 100 %	A
80 % 이상 ~ 90 % 미만	B	60 % 이상 ~ 80 % 미만	B
70 % 이상 ~ 80 % 미만	C	60 % 미만	C
60 % 이상 ~ 70 % 미만	D		
60 % 미만	E		

3) 고등학교 교과학습평가의 평가결과 기록

(1) 교과학습평가의 평가결과 기록

고등학교의 과목별 성적일람표는 매 학기말 교과 담당교사가 작성하고, 전산처리할 경우 전산 입력하여 관리함을 원칙으로 한다. 과목별 성적일람표는 지필평가(명칭, 반영비율 등 명기)와 수행평가(영역, 반영비율 등 명기)의 점수를 합산하여 성적을 산출한다. 교양교과(군)의 과목 및 모든 과목은 원점수, 과목평균, 과목 표준편차, 성취도(수강자수), 석차(동석차수), 석차등급을 산출한다. 단, 다음 ①~④에 해당하는 과목은 석차와 석차등급을 산출하지 않는다. ① 보통교과의 진로선택과목은 원점수, 과목평균, 성취도(수강자수), 성취도별 분포비율을 산출한다. ② 보통교과 공통과목의 '과학탐구실험'과 전문교과Ⅱ, Ⅲ은 원점수, 과목평균, 과목 표준편차, 성취도(수강자수)만 산출하고, 이 중 전문교과Ⅱ의 실무과목은 능력단위로 산출할 수 있으며, 능력단위 평가 시 이수시간, 원점수, 성취도만 산출한다. ③ 보통교과 체육 · 예술 교과(군)의 일반선택과목은 성취도만 산출한다. ④ 고등학교에서 학교 간 통합 선택교과로 이수한 과목[보통교과 진로선택과목, 체육 · 예술 교과(군)의 일반선택과목, 교양교과(군)의 과목 제외]은 원점수, 과목평균, 과목 표준편차, 성취도(수강자수)를 산출한다. 고등학교의 성적일람표 작성 예시는 [그림 12-3]과 같다.

2020학년도 제1학기 국어과 성적일람표(고등학교)											
제1학년 (강의실명)								교과 담당교사 ( ) 인			
평가방법 (평가비율)		지필평가 (60%)		수행평가 (40%)				합계	원점수	성취도	석차등급	석차 (동석차수/ 수강자수)
명칭, 연역 (반영비율) 반/번호, 성명		1회 (30%)	2회 (30%)	○○○ (10%)	◇◇◇ (10%)	□□□ (10%)	△△△ (10%)					
1/1	김길동	28.50	29.40	8.80	9.60	8.80	10.00	95.10	95	A	1	4(15)/532
1/2	나민주	25.50	19.20	6.00	8.00	7.00	5.00	70.70	71	C	5	273/532
1/3												
수강자 최고점		30.00	30.00	10.00	10.00	10.00	10.00	100.00				
수강자 최저점		9.95	10.00	5.00	6.00	7.00	5.00	42.95				
수강자 평균		23.42	25.74	8.40	8.16	8.76	7.59	82.07				
학급평균		21.24	24.43	8.50	7.52	8.91	7.35	77.95				
과목평균									82.1			
과목 표준편차									10.1			

[그림 12-3] 고등학교 성적일람표 작성 예시(교육부훈령 제321호)

　　원점수는 지필평가 및 수행평가의 반영비율 환산점수 합계를 소수 첫째 자리에서 반올림하여 정수로 기록하며, 과목평균과 과목 표준편차는 원점수를 사용하여 계산해 소수 둘째 자리에서 반올림하여 소수 첫째 자리까지 기록한다. 과목별 성취도는 성취율에 따라 'A-B-C-D-E'의 5단계로 평정하되, 기준 성취율에 따른 분할점수를 과목별로 학교가 설정할 수 있다. 단, 보통교과 공통과목의 과학탐구 실험, 보통교과 체육·예술 교과(군)의 일반선택과목, 보통교과 진로선택과목(진로선택으로 편성된 전문교과 포함), 전문교과 I 과학계열 교과(군)의 융합과학탐구, 과학과제 연구, 물리학 실험, 화학 실험, 생명과학 실험, 지구과학 실험, 전문교과 I 국제계열 교과(군)의 사회탐구 방법, 사회과제 연구의 성취도는 원점수에 따라 과목의 성취도는 'A-B-C'의 3단계로 평정한다. 원점수와 성취율에 따라 평정하는 과목별 성취도는 〈표 12-16〉과 같다(교육부, 2020. 4.).

〈표 12-16〉 원점수와 성취율에 따른 과목별 성취도 평정

보통교과		실험 · 예체능 · 진로 · 전문 교과	
성취율	성취도	성취율(원점수)	성취도
90 % 이상	A	80 % 이상 ~ 100 %	A
80 % 이상 ~ 90 % 미만	B	60 % 이상 ~ 80 % 미만	B
70 % 이상 ~ 80 % 미만	C	60 % 미만	C
60 % 이상 ~ 70 % 미만	D		
60 % 미만	E		

(2) 석차등급 산출 기록

과목별 석차등급은 지필평가 및 수행평가의 반영비율 환산점수의 합계에 의한 석차 순에 따라 다음과 같이 평정한다. 단, 등급별 누적 학생수는 수강자수와 누적등급비율을 곱한 값을 반올림하여 계산한다. 석차등급별 석차누적비율은 〈표 12-17〉과 같다(교육부, 2020. 4.).

〈표 12-17〉 석차등급별 석차누적비율

석차등급	석차누적비율
1등급	~ 4% 이하
2등급	4% 초과 ~ 11% 이하
3등급	11% 초과 ~ 23% 이하
4등급	23% 초과 ~ 40% 이하
5등급	40% 초과 ~ 60% 이하
6등급	60% 초과 ~ 77% 이하
7등급	77% 초과 ~ 89% 이하
8등급	89% 초과 ~ 96% 이하
9등급	96% 초과 ~ 100% 이하

학교별 학업성적관리규정에 동점자 처리 규정을 둘 수 있으나, 가급적 동점자를 발생시키지 않도록 유의한다. 그럼에도 불구하고 동점자가 발생하여 등급 경계에 있는 경우는 중간석차를 적용한 중간석차 백분율에 의하여 등급을 부여한다. 석차는

매 학기별로 과목별 지필평가 및 수행평가의 반영비율 환산점수 합계를 소수 셋째 자리에서 반올림하고 소수 둘째 자리까지 구하여 다음과 같이 산출한다.

첫째, 성적산출을 위한 수강자수는 매 학기말 성적산출 시점을 기준으로 해당 과목을 수강한 학생수(수강하였으나 이수하지 못한 학생수도 포함)로 한다. 다만, 필요하다고 인정되는 경우, 「초·중등교육법」 제48조 및 동법 시행령 제78조에 따라 교육감의 승인을 얻어 학과별로 학생을 선발한 학교는 교육과정 특성을 고려하여 시·도교육청 학업성적관리 시행지침에 따라 학교별 학업성적관리규정으로 학과별 수강자수를 정할 수 있다. 산업수요 맞춤형 고등학교(마이스터고)와 특성화고등학교(특정 분야의 인재양성을 목적으로 교육을 실시하는 학교에 한함)는 필요하다고 인정되는 경우, 교육과정 특성을 고려하여 시·도교육청 학업성적관리 시행지침에 따라 학교별 학업성적관리규정으로 수강자수를 정할 수 있다.

둘째, 직업과정 위탁생의 위탁교과와 특성화고등학교 및 특수목적고등학교의 개인별 평가가 곤란한 전문(공)교과, 실기(습)교과는 원점수, 과목평균 등을 기록할 수 있고, 성취도 또는 이수 여부를 기록한다.

셋째, 과목별로 동점자가 발생할 경우에는 그 동점자 모두에게 해당 순위의 최상의 석차를 부여하고 ( ) 안에 동점자수를 병기한다.

넷째, 시·도교육청에서 운영하는 공동실습소, 일반고등학교, 특수목적고등학교(산업수요 맞춤형 고등학교 포함) 및 자율고등학교의 직업과정 운영학교, 특성화고등학교 등에서 개설한 교과(과정)를 계열이 서로 다른 학교의 학생들이 함께 수강한 경우의 수강자수는 계열별로 구분하여 산출할 수 있다.

다섯째, '재·전·편입학생'과 '명예졸업, 퇴학, 자퇴, 제적, 휴학 및 전출 학생 중 모든 평가가 완료되어 당해 학교의 학업성적관리규정에 따라 성적을 처리할 수 있는 학생'은 수강자수에 포함하고, '모든 평가가 완료되기 이전(학기말 최종 성적처리 불가능)의 명예졸업생 및 퇴학, 자퇴, 제적, 휴학 학생'과 '재·전·편입학생 중 원적교에서 성적을 취득해 온 학생'은 수강자수에서 제외한다.

여섯째, 학점제를 적용받는 산업수요 맞춤형 고등학교에 편성된 전문교과Ⅱ 실무 과목은 과목별 최소 성취수준을 별도로 설정하되, 최소 성취수준의 성취율은 성취도 E 범위 내에서 담당교사가 과목 및 학생의 특성을 고려하여 정하고, 학업성적관리위원회의 심의를 거쳐 학교장이 최종 결정한다.

4) 대학수학능력시험의 평가결과 기록

　교육부는 2022학년도 대학수학능력시험부터 2015 개정 교육과정의 '문·이과 구분 폐지 및 융합' 취지를 반영하고, 학생 선택권을 강화하며 학습 부담을 완화하기 위해 대학수학능력시험의 선택과목을 확대하였다. 2022학년도 대학수학능력시험 체제의 주요 변화 내용은 국어, 수학 영역에 공통과목＋선택과목 중 1개 선택 응시, 사회탐구와 과학탐구 영역의 구분을 폐지하고 17개 과목 중 최대 2개 선택 응시, 제2외국어 영역에 절대평가 적용 등이다(교육부, 2019. 8. 13.). 대학수학능력시험의 성적통지 방식은 국어, 수학, 탐구 영역의 점수는 영역별로 단일한 표준점수, 백분위 등급을 통지하되, 응시한 선택과목명도 함께 제공한다. 절대평가를 적용하는 한국사, 영어, 제2외국어 영역에는 등급만 표기하여 제공한다. 이러한 2022학년도 대학수학능력시험 체제에 따른 성적 통지표 양식은 [그림 12-4]와 같다.

수험번호	성명		생년월일	성별	출신고교(반 또는 졸업연도)	
영역	한국사	국어	수학	영어	탐구	제2외국어/한문
선택과목		화법과 작문	확률과 통계		생활과 윤리　지구과학 I	독일어 I
표준점수						
백분위						
등급						

2021. 12. 10.
한국교육과정평가원장

[그림 12-4] 2022학년도 대학수학능력시험 성적통지표 예시

출처: 한국교육과정평가원(2019).

　2022학년도 이후 대학수학능력시험은 선택과목의 확대에 따라 응시자들이 공부하기 수월하고 좋은 점수를 받기 용이하다고 여겨지는 선택과목에의 쏠림 현상이나 선택과목 간 유·불리 문제가 발생할 수 있다. 이러한 현실적인 문제를 사전에 완화하기 위해 선택과목 간에 발생하는 난이도 차이를 최소화하거나 적정수준으로 유지하려는 대학수학능력시험 출제기관의 지속적인 노력이 요구된다. 아울러 대학에서

도 2015 개정 교육과정의 취지와 대학수학능력시험 체제 개선에 맞춰 타당하고 공정한 평가를 통해 학생을 선발하기 위한 대학입학전형 개선 노력이 필요하다.

6. 교과학습평가 개선의 특징과 과제

단위학교 교과학습의 평가에 직접적인 영향을 미치는 지침은 교육부훈령인「학교생활기록 작성 및 관리지침」의 별표9 '교과학습발달상황 평가 및 관리'이다. 2011년부터 성취평가제가 적용된 이후 현재 교육부훈령 제321호(2020. 3. 1. 시행)까지 중·고등학교 교과학습의 평가는 꾸준히 개선되었다. 학교생활기록부의 교과학습발달상황에서 교과학습평가 개선의 특징과 과제는 다음과 같다.

1) 교과학습평가 개선의 특징

첫째, 지필평가 문제는 타당도, 신뢰도를 제고할 수 있도록 출제한다. 이 규정의 개선으로 기존의 출제방법에서 객관도와 변별도를 높이는 문구가 삭제되었다. 이는 교사의 평가 자율성 강화를 의미하며, 오랜 기간 동안 지속되어 온 경쟁, 변별, 서열화를 중시하는 내면화된 상대평가 문화를 극복하는 출발점이 될 수 있다.

둘째, 과목 특성상 수업활동과 연계한 수행평가만으로 평가가 필요한 경우 시·도교육청의 학업성적관리 시행지침에 따라 학교별 학업성적관리규정으로 정하여 수행평가만으로 실시할 수 있다. 이 규정은 최근 단위학교에서 교육과정-수업-평가의 연계라는 과정중심평가가 강조되는 현실을 반영하고 있으며, 또한 대학입학전형 제도에서 학생부종합전형의 취지에도 부합된다.

셋째, 지필평가는 평가의 영역, 내용 등을 포함한 문항정보표 등 출제계획을 작성하여 활용한다. 문항정보표는 기존의 이원목적분류표에서 '행동영역'을 제외하고 개편한 양식이다. 이 규정을 계기로 평가문항 출제 시 오랜 기간 동안 사용되어 온 '이원목적분류표' 작성 의무화 규정이 없어져 평가의 혁신이 반영되고 있다.

2) 교과학습평가 개선의 과제

첫째, 지필평가는 중간고사 또는 기말고사와 같은 '일제식 정기고사'를 의미하며, 중등의 문항정보표의 구성에 따라 '선택형'과 '서답형'으로 구분한다. 단, 학교에서 형성평가 및 수행평가의 일환으로 실시하는 '선택형' 및 '서답형' 문항으로 구성된 평가는 본 훈령의 '지필평가'에 해당하지 않는다. 이와 같은 규정은 현재 수행평가가 다양한 방식의 '과정중심평가'의 의미로 사용되고 있는 학교현장에 혼란을 초래할 수 있다. 실제 1999년 교육부훈령 제587호에 의해 수행평가결과를 학교생활기록부에 기록하는 방법이 도입된 이후 수행평가가 포괄적 의미로 사용됨에 따라 서술형 및 논술형 평가가 지필평가로 구분되거나 수행평가로 구분되는 혼란이 발생하고 있다.

둘째, 지필평가는 동일 교과 담당교사 간 공동 출제를 한다. 이 규정은 학급 간의 성적차를 최소화하기 위한 수단으로서 교사별 평가의 원리에 벗어난 평가관이며, 준거참조평가 기반 성취평가제에서 유지되어야 할 근거가 없다. 특히 고등학교의 경우에는 교사별 평가의 요소를 최대한 살려야 고교학점제에 적합한 평가체제를 구축할 수 있다.

셋째, 고등학교 학업성적 평가결과 처리 시 '보통교과 및 전문교과 I'(2009 개정 교육과정: '한국사')은 '성취도(A-B-C-D-E 또는 A-B-C)'와 '석차등급(1~9등급)'을 병기하여 성적을 산출한다. 성취평가제와 석차등급제 병기는 대학입학전형의 영향력에 의한 성적 산출 방법이다. 이 규정은 대학입학전형과 연계할 경우에 5등급의 성취평가제와 9등급의 석차등급제 간의 불일치하는 모순점을 여전히 가지게 된다. 특히 2015 개정 교육과정과 고교학점제의 평가 취지에 부합되지 않아 평가의 질 제고를 위해 개선되어야 할 과제이다.

넷째, 학교생활기록부는 학생의 교육활동에 대한 사실의 기록과 그에 대한 교사의 평가로 나눌 수 있다. 여기서 학교생활기록부의 기재 내용과 분량 차이가 존재하는 것이 현실이며, 학교생활기록부 기재 격차를 해소하기 위한 노력이 요구된다. 따라서 학교의 교육과정을 중심으로 교과수업에서 학생들이 역량을 발휘할 수 있도록 학교문화를 개선하고 교육환경을 조성하는 과제로 해결방향을 접근할 필요가 있다. 이에 따른 교과수업 및 평가혁신을 위한 교사 전문성 강화가 필수적인 과제라 할 수 있다.

다섯째, 교육부는 2018년 8월 발표한 '고교교육 혁신방향'에서 2025년부터 고교학점제를 본격 시행하기로 하였다. 고교학점제는 진로에 따라 다양한 과목을 선택·이수하고, 누적 학점이 기준에 도달할 경우 졸업을 인정받는 교육과정 이수·운영 제도이다(교육부, 2017). 고교학점제 시행에 따라 학교교육에서 교육과정 재구성을 통해 교육과정-수업-평가의 연계가 요구된다. 따라서 학교교육의 과제라는 관점에서 고교학점제의 연착륙을 위해 과정중심평가와 함께 교과학습평가의 질 제고를 위한 노력이 필요하다.

7. 평가결과 기록 시 고려사항

학생평가는 학생지도라는 교육적 기능과 상급학교의 학생 선발에 활용할 수 있는 자료를 제공하는 선발적 기능을 행사하도록 「초·중등교육법」 제25조에 규정되어 있다. 학교현장에서 학생평가의 두 가지 기능을 최대한 충족시키기 위해서는 학교생활기록부가 공정성과 신뢰성을 바탕으로 기록되어야 한다. 학교생활기록부 기재 항목과 내용에 대한 상호연계가 필요하며, 학생의 성취뿐만 아니라 성장과 노력에 대한 구체적인 정보 기재가 가능하도록 기재방식이 개선될 필요가 있다(McMillian, 2011). 학교생활기록부가 잘 기록되면 활용이 잘 되고, 또한 학교생활기록부의 활용이 잘 되면 기록도 잘 된다. 학생평가의 평가결과를 학교생활기록부에 기록할 때 고려해야 할 사항은 다음과 같다.

첫째, 학교생활기록부 기록은 기존의 '학교 중심 학교생활기록부'에서 '학생 중심 학교생활기록부'로의 전환이 필요하다. 학생 중심 학교생활기록부란 '교사가 무엇을 어떻게 가르쳤는가'에 대한 기록이 아니라 '학생이 무엇을 어떻게 배우고 성장했는가'에 대한 개별화된 기록을 말한다(김경범, 김덕년, 전동구, 김해용, 2016). 즉, 학교생활기록부는 학생발달 중심의 종합적인 기록물이 되어야 한다. 따라서 교사는 과정중심평가를 통해 학생평가 결과뿐만 아니라 학생의 활동 및 성장과정까지 내실 있게 누가기록해야 한다.

둘째, 학교생활기록부 비교과영역의 서술식 기재 항목에 대한 내실화가 요구된다. 학생들의 학생평가 결과는 결국 교사의 교육활동의 결과이다. 학교는 충실한 교육과정 운영과 다양한 교육활동을 통해 학생의 일상을 충분히 관찰하여 기록할 수 있도록 교사별 평가가 이루어져야 한다. 교사는 교육과정 재구성, 학생 참여형·협력형 수업 등 교실수업의 질적 변화를 통해 학생평가를 실시하여야 한다.

셋째, 교사별 개인차에 따른 학교생활기록부 기재 격차를 최소화하기 위해 교사의 학교생활기록부 기재 역량이 제고되어야 한다. 따라서 교사는 학교생활기록부 기재 요령 숙지와 함께 연수를 바탕으로 학교생활기록부에 관한 전문성을 신장해야 한다.

넷째, 학교의 교육계획이나 교육과정에 의거하여 학교에서 실시하는 각종 교육활동의 이수상황을 학교생활기록부에 기재하도록 해야 한다. 학교생활기록부에 항목과 관련이 없거나 기록해서는 안 되는 내용, 단순 사실을 과장하거나 부풀려서 기재, 사실과 다른 내용을 허위로 기재, 사교육 유발요인이 큰 사항 등을 기재하지 않도록 유의해야 한다.

다섯째, 학교생활기록부의 타당도와 신뢰도 제고는 단순히 학교생활기록부 기재 내용과 방법의 변화로 이루어지는 문제가 아니라 상급학교 진학과 맞물려 있는 문제이다. 이를테면, 대학입학전형에서 고등학교는 학교생활기록부라는 전형자료를 생성하는 주체이며, 대학교는 고등학교에서 생성된 전형자료를 통해 학생을 선발한다. 따라서 하급학교에서는 타당하고 신뢰할 수 있는 학교생활기록을 통해 학생의 교육활동 정보를 제공하고, 상급학교에서는 학교생활기록부 중심의 전형자료를 토대로 타당하고 공정한 평가를 통해 학생을 선발할 때 공교육 정상화의 목적이 구현될 것이다.

연구문제

1. 학생평가의 평가결과를 기록하는 학교생활기록부의 성격과 기능에 대해 설명하시오.

2. 학교생활기록부의 항목별로 학생평가의 평가결과를 기재하는 내용과 방법에 대해 설명하시오.

3. 학교생활기록부가 진학이나 취업 등 진학 및 진로 지도에 적극적으로 활용되기 위한 요건에 대해 기술하시오.

4. 중·고등학교 시절 자신의 경험과 사례를 통해 학생평가를 학교생활기록부에 타당하고 신뢰롭게 기록하기 위한 방안을 서술하시오.

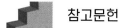 참고문헌

강승호, 김명숙, 김정환, 남현우, 허숙(2012). 현대교육평가의 이해. 경기: 교육과학사.

강신천(2014). 성취평가제에서의 이원목적분류표 작성 실태 분석과 개선 방안 연구. 교육과정 평가연구, 17(2), 21–48.

경기도교육청(2010). 2010 서술형 평가문항의 실제.

고려대학교부설행동과학연구소 편(2007). 심리척도 핸드북 Ⅰ. 서울: 학지사.

고정화(2010). 평가문항의 질 향상을 위한 문항 수정유형 분석. 학교수학, 12(2), 113–136.

곽병선(2001). 학교평가에 대한 좌표설정과 미래구상. 교육개발, 3·4월호. 서울: 한국교육개발원.

곽영순(2015). 미래 학교교육 변화 및 교육과정 재구성에 필요한 교사전문성 탐색. 교과교육학연구, 19(1), 93–111.

교원능력개발평가 실시에 관한 훈령(교육부훈령 제320호). 교육부교원양성연수과.

교원 등의 연수에 관한 규정(대통령령 제28780호). 교육부교원양성연수과.

교육공무원승진규정(대통령령 제30495호). 교육부교원정책과.

교육과학기술부(2011). 창의·인성교육 강화를 위한 '중등학교 학사관리 선진화 방안' 발표 보도자료.

교육부(2015). 초·중등교육과정총론. 교육부고시 제2015–80호[별책1].

교육부(2015. 9. 3.). 교원평가제도 개선방안. 교육부 보도자료.

교육부(2016). 「학교생활기록부 작성 및 관리지침」 훈령 일부 개정. 교육부 보도자료.

교육부(2017). 고교학점제 추진 방향 및 연구학교 운영계획(안). 교육부 보도자료(2017. 11. 27.).

교육부(2018a). 2015 개정 교육과정 평가기준 –고등학교 사회과–.

교육부(2018b). 학생부 간소화를 위한 '학교생활기록작성및관리지침' 일부 개정안 행정예고 및 학생부 신뢰·공정성 제고 방안. 교육부 보도자료.

교육부(2019). 학교생활기록부 작성 및 관리지침(훈령) 개정(안). 교육부공고 제2019–398호.

교육부(2019. 8. 13.). 2022학년도 대학수학능력시험 기본계획 발표 보도자료.

교육부(2019. 9. 23.). 2019 교육부 주관 시·도교육청 평가 결과 발표. 교육부 보도자료.

교육부(2019. 12. 17). 학교생활기록부 작성 및 관리지침(훈령) 개정(안). 교육부공고 제2019–398호.

교육부(2020. 2. 13.). 2020년도 교육공무원 성과상여금 지급 지침.

교육부(2020. 3. 2.). 고교학점제, 마이스터고부터 첫출발!. 교육부 보도자료.

교육부(2020. 4.). 2020학년도 중·고등학교 학교생활기록부 기재요령.

교육부(2021. 1.). 코로나19 대응을 위한 2021학년도 원격수업 및 등교수업 출결·평가·기록 가이드라인(안).

교육부훈령 제157호(2016. 1. 1.). 교원능력개발평가 실시에 관한 훈령. 교육부교원정책과.

교육부훈령 제321호(2020. 1. 6.). 학교생활기록부 작성 및 관리지침.

교육부훈령 제343호(2020. 7. 20.). 학교생활기록부 작성 및 관리지침.

교육부훈령 제365호(2021. 1. 4.). 학교생활기록 작성 및 관리지침.

교육인적자원부(2001). 초등학교·중학교·고등학교 학교생활기록부 전산처리 및 관리지침 전문 및 해설. 서울: 교육인적자원부.

구병두, 최종진, 심은석, 김부국, 김상남, 차승봉, 박균달, 정영교, 김은주, 김경민, 이범석, 심은영, 이경철, 구희진(2015). 교육평가. 경기: 양서원.

국립교육평가원(1996). 수행평가의 이론과 실제. 서울: 대한교과서주식회사.

권기욱(2000). 초·중등학교 교사평가의 평가준거체계 개발연구. 교육학연구, 38(3), 107-131.

권대훈(2016). 교육평가(3판). 서울: 학지사.

김경범, 김덕년, 전동구, 김해용(2016). 학교생활기록부정보의 재구조화. 서울대학교입학본부연구보고서, RR2015-1.

김경희, 김신영, 김성숙, 지은림, 반재천, 김수동(2006). 교사의 학생평가 전문성 기준 개발. 교육평가연구, 19(2), 89-112.

김대현(2011). 교육과정의 이해. 서울: 학지사.

김대현, 김석우(2007). 교육과정 및 교육평가(개정2판). 서울: 학지사.

김대현, 김석우(2020). 교육과정 및 교육평가(5판). 서울: 학지사.

김동일(2012). Big5 성격검사: 아동·청소년용 전문가 지침서. 서울: 학지사심리검사연구소.

김석우(2015). 교육평가의 이해(2판). 서울: 학지사.

김석우(2016). 기초통계학(2판). 서울: 학지사.

김석우, 김명선, 강태용, 정혜영(2000). 포트폴리오 평가의 이론과 실제. 서울: 학지사.

김석우, 이대용, 이승배, 서문효진(2014). CIPP 평가모형을 적용한 2009 개정 중학교 교육과정평가지표 타당화. 교육평가연구, 27(2), 469-490.

김성숙, 김양분(2001). 일반화가능도 이론. 서울: 교육과학사.

김성숙, 김희경, 서민희, 성태제(2015). 교수·학습과 하나되는 형성평가. 서울: 학지사.

김성훈, 이현숙 공역(2017). 수업중심 교육평가: 더 나은 수업을 위한 평가의 역할. W. James

Popham 저. 서울: 학지사.

김수동 외(2005). 영어수업에서 학생평가를 잘하려면. 서울: 한국교육과정평가원.

김수동, 이의갑, 김경희, 김선희, 박은아, 신명선, 김수진, 박가나, 서수현, 전영석(2005). 교사의 학생평가 전문성 신장연구(II). 한국교육과정평가원 연구보고, RRE 2005-3.

김순남(2013). 학생평가 방법 개선 연구. 현안보고, OR 2013-04. 서울: 한국교육개발원.

김순남, 이병환(2018). 고등학교 성취평가제의 諸문제와 정착방안. 열린교육연구, 26(3), 109-129.

김신영(2002). 현장교사의 평가전문성 연구. 교육평가연구, 15(1), 67-85.

김신영(2007). 교사의 학생평가 전문성과 중등교사 양성 과정. 교육평가연구, 20(1), 1-16.

김영환, 손미(1997). 컴퓨터를 활용한 적응적 개별학습 성취도검사의 제작과 활용을 위한 표준화지침 개발 및 효과 연구. 교육방송연구, 3(3), 109-130.

김영환, 손미, 정희태, 김영진(2002). SPRT형 CAT의 판정에 대한 학습자의 풀이시간 및 자신감의 영향. 교육정보방송연구, 8(4), 93-118.

김옥남(2006). 인지적 영역의 교육목표분류학 비교. 한국교육학연구, 12(2), 165-198.

김정환(1995). 교과교육과 질적평가. 한국교원대학교 부설 교과교육 공동연구소 학술세미나 발표자료.

김재춘(2002). 일반계고등학교 교육과정평가 방안. 교육과정연구, 20(2), 97-114.

김재춘, 부재율, 소경희, 채선희(2005). 교육과정과 교육평가: 예비·현직교사를 위한. 서울: 교육과학사.

김정덕(2009). 루브릭에 대한 교사의 인식과 수행평가 실행과의 관계. 교육방법연구, 21(1), 159-173.

김종서(1991). 잠재적 교육과정의 이론과 실제. 서울: 교육과학사.

김지선, 김혁동, 이원재, 이동배(2014). 교사 전문성을 위한 자기평가 준거 개발연구. 한국교원교육연구, 31(4), 167-196.

김충기, 정채기(1993). 진로흥미·적성검사. 서울: 한국적성연구소.

남명호(1995). 수행평가의 타당성 연구: 과학 실기 평가, 실험보고서, 컴퓨터 시뮬레이션 평가의 비교. 교육평가연구, 8(2), 115-143.

남명호(2004). 교육평가 용어사전. 서울: 학지사.

남명호(2006). 교사의 학생평가 전문성 신장연구(III). 한국교육과정평가원 연구보고, RRE 2006-5.

남명호, 이양락, 유영희, 연금필, 최원혜(2005). 대학수학능력시험 10년사 I. 서울: 한국교육과정평가원.

문용린(1996). 한국학생들의 정서지능측정 연구. 새로운 지능의 개념: 감성지능. 서울: 서울대학교 교육연구소.

박균열, 김순남, 데와타카유키, 박상완, 박선형, 박종필, 엄준용, 유진영(2014). 학교생활기록부 기재방식 및 교육적 활용에 관한 국제비교연구. 한국교육개발원 현안보고, OR 2014-1.

박도순(2007). 교육평가: 이해와 적용. 경기: 교육과학사.

박도순(2012). 교육평가: 이해와 적용(수정판). 경기: 교육과학사.

박도순, 원효헌, 이원석(2011). 교육평가. 서울: 문음사.

박도순, 홍후조(2006). 교육과정과 교육평가(3판). 서울: 문음사.

박성익, 조석희, 김홍원, 이지현, 윤여홍, 진석언, 한기순(2003). 영재교육학원론. 서울: 교육과학사.

박소영, 이재기, 이수정, 김성혜, 소경희, 김주후(2007). 국가교육과정의 평가체제 연구(I): 평가체제의 기본틀 구안을 중심으로. 한국교육과정평가원 연구보고, RRC 2007-4.

박은아, 박선화, 손민정, 이채희, 서민희, 김지영(2013). 성취평가제의 고등학교 적용 방안. 한국교육과정평가원 연구보고, RRE 2013-9.

박지현, 진경애, 김수진, 이상아(2018). 과정중심평가 내실화를 위한 교사의 평가 전문성 신장 방안. 한국교육과정평가원 연구보고, RRE 2018-5.

박창언(2019). 교육과정과 교육법. 서울: 학지사.

박철홍, 강현석, 김석우, 김성열, 김회수, 박병기, 박인우, 박종배, 박천환, 성기선, 손은령, 이희수, 조동섭(2013). 현대 교육학개론. 서울: 학지사.

배호순(2001). 단위학교 차원에서의 수행평가의 질관리 방안 구축을 위한 기초연구. 교육평가연구, 14(2), 47-70.

배호순, 윤병희, 김성훈, 황규호, 백순근, 김수형, 권태일, 임공희, 신춘호, 조윤정(1997). 초·중·고등학교 교육과정평가 방안 및 도구개발 연구. 서울: 한국교육과정평가연구회.

백경선, 김정윤, 함정식, 박동률, 가재빈, 안은자, 김진생, 곽상훈, 이승표, 송수현(2017). 학교 기반 교육과정평가 가이드북. 한국교육과정평가원 연구자료, ORM 2017-114.

백순근(1994). 컴퓨터를 이용한 개별적응 검사: 태도검사에의 활용. 교육평가연구, 7, 155-176.

백순근(1996). 학업성취도와 관련되는 여러 변인. 교육진흥, 4, 62-69.

백순근(1998). 수행평가의 이론과 실제. 서울: 원미사.

백순근(2000). 교육평가의 개념에 대한 고찰: '교육적 가치'를 중심으로. 교육평가연구, 13(1), 1-10.

백순근(2002). 수행평가: 이론적 측면. 서울: 교육과학사.

백순근, 이재열, 김혜숙, 유예림, 함은혜, 황은희, 최인희, 김지은, 상경아, 길혜지(2019). 교육평가의 이론과 실제. 경기: 교육과학사.

백순근, 채선희(1998). 컴퓨터를 이용한 개별적응검사. 서울: 원미사.

변영계(2005). 교수·학습이론의 이해. 서울: 학지사.

변영계, 김석우(2002). 학습기술검사. 서울: 중앙교육진흥연구소.

변영계, 이상수(2003). 수업설계. 서울: 학지사.

변창진, 최진승, 문수백, 김진규, 권대훈(1996). 교육평가. 서울: 학지사.

부산광역시교육연구정보원(2016). 2016년도 학교평가편람(중·고등학교).

부산광역시교육청(2020). 2020학년도 중등장학기본계획. 부산: 부산광역시교육청 중등장학과.

부재율(2002). 컴퓨터활용검사. 서울: 교육과학사.

사회교육연구회(2001). 지식과 사고-사회과교육 의식의 전환-. 서울: 학문사.

서미성(2009). 2004~2009학년도 초·중등교원임용시험 교육평가영역의 문항분석. 이화여
　　　자대학교 대학원 석사학위논문.

서울대학교교육연구소 편(1994). 교육학 용어사전. 서울: 하우동설.

서울대학교교육연구소(1997). 한국교육심리검사총람. 서울: 프레스빌.

서울대학교교육연구소 편(1998). 교육학 대백과사전. 서울: 하우동설.

서울시교육청(2010). 창의력과 표현력을 키워 주는 서술형평가 장학자료집.

석문주, 송명섭, 이명숙, 이원희, 이종일, 조용기, 최호성, 홍종관(1997). 학습을 위한 수행평가.
　　　서울: 교육과학사.

성태제(1995). 타당도와 신뢰도. 서울: 양서원.

성태제(1998a). 교육평가 방법의 변화와 결과타당도. 한국교육평가학회 창립 15주년 학술세미나
　　　발표논문집, 125-147.

성태제(1998b). 문항제작 및 분석의 이론과 실제. 서울: 학지사.

성태제(1999). 교육평가방법의 변화와 결과타당도에 대한 고려. 교육학연구, 37(1), 197-218.

성태제(2004). 문항제작 및 분석의 이론과 실제(개정판). 서울: 학지사.

성태제(2006). 현대 기초통계학의 이해와 적용. 서울: 교육과학사.

성태제(2016). 문항반응이론의 이해와 적용(제2판). 경기: 교육과학사.

성태제(2019). 현대교육평가(5판). 서울: 학지사.

성태제, 시기자(2014). 연구방법론(2판). 서울: 학지사.

손민정, 서민희, 박종임, 김유향, 이현숙(2015). 고등학교 보통교과 성취평가제 적용실태 분
　　　석 및 개선방안. 한국교육과정평가원 연구보고, RRE 2015-5.

손원숙, 박정, 강성우, 박찬호, 김경희 공역(2015). 교실평가의 원리와 실제: 기준참조수업과의
　　　연계. James H. McMillian 저. 경기: 교육과학사.

손원숙, 신이나, 배주현(2014). 초·중학교 교실평가 실제와 학생의 정의 및 인지적 성취
　　　간의 관계: TIMSS 2011 한국, 싱가포르 및 핀란드. 교육평가연구, 27(5), 1337-1359.

송인섭(2002). 신뢰도. 서울: 학지사.

안창규(2008). Holland 진로탐색검사Ⅱ TEST. 서울: 한국가이던스.

안창규, 안현의(2006). Holland 진로발달검사. 서울: 한국가이던스.

원효헌(2002). 교수활동의 질 개선을 위한 교사 자기평가. 교육평가연구, 19(3), 147-168.

유영식(2017). 교육과정-수업-평가를 일체화하는 과정중심평가. 서울: 즐거운학교.

유진은(2019). 교육평가. 서울: 학지사.

윤정일, 신효정(2006). 교사전문성에 관한 교사·학생·학부모의 인식 연구. 한국교원교육연구, 23(2), 79-100.

이건인, 이해춘(2008). 교육심리학. 서울: 학지사.

이병욱(2002). 공업계 고등학교 학교수준의 교육과정 평가준거 개발 연구. 충남대학교 대학원 박사학위논문.

이은해(1995). 아동발달의 평가와 측정. 서울: 교문사.

이인제, 이범홍, 박정, 진재관, 김옥남, 서수현, 김신영(2004). 교사의 학생평가 전문성 신장모형과기준. 한국교육과정평가원 연구보고, RRE 2004-5-2.

이인효(2001). 국가수준 학교평가제도의 배경과 의의. 교육개발, 3·4월호. 서울: 한국교육개발원.

이정환, 박은혜(1996). 교사들을 위한 유아관찰 워크북 Ⅱ. 서울: 한국어린이육영회.

이종구, 현성용, 최인수(2007). KMIS-E 다중지능검사 실시요강.

이종승(1989). 교육연구법. 서울: 배영사.

이형범(2015). 학교평가의 현황 및 발전방향. 서울교육, Spring Vol. 218. 서울: 서울특별시교육청.

임인재(1982). 진로적성검사. 서울: 대한사립중고등학교장회.

임후남, 김지하, 이강주, 문보은, 남신동, 김수연, 최금진(2017). 한국고등교육평가체제 개선 방안 연구. 한국교육개발연구원 연구보고서, RR 2017-09.

장명희(2002). 실업계 고등학교 학교교육과정 평가 방안. 교육과정연구, 20(2), 115-147.

전경원(2000). 창의학. 서울: 학문사.

전경원, 전경남(2008). 초등 도형 창의성 검사(K-FCTES). 서울: 학지사심리검사연구소.

전용신, 서봉연, 이창우(1963). KWIS 실시요강. 서울: 중앙교육연구소.

정범모(1976). 교육과 교육학. 서울: 배영사.

지옥정 역(1995). 프로젝트 접근법: 교사를 위한 실행 지침서. Sylvia C. Chard 저. 서울: 창지사.

지은림(2012). 성취평가제의 목적과 교육적 지향. 중등학교 성취평가제의 적용 과제. 제19회 KICE 교육과정·평가 정책포럼 자료집. 한국교육과정평가원 연구자료, ORM 2012-113.

진영은, 조인진, 김봉석(2002). 교육과정과 교육평가의 탐구. 서울: 학지사.

최미숙(2009). 국어과 평가 정책 연구-수행평가를 중심으로-. 국어교육학연구, 36, 161-194.

최정순, 강용진, 김건태, 김원예, 노정희, 승현아, 신봉수, 우정애, 여양구, 이순용, 정석민, 최준채, 황미영(2014). 성취평가제와 평가도구 개발. 한국교육과정평가원 연구자료, ORM 2014-75-4.

한국교육개발원(2009. 10.). 교원능력개발평가 시행을 위한 하위법령정비 방안. KEDI Position Paper 제6권 제8호(통권 제77호).

한국교육개발원(2009. 11.). 주요국의 비교과영역 교사평가 기준분석 연구. KEDI Position Paper 제6권 제10호(통권 제79호).

한국교육과정평가원(1999). 고등학교 공통필수 10개 과목에 대한 평가방법 개선연구(총 10권). 서울시교육청 수탁과제보고서.

한국교육과정평가원(1999). 수행평가 정책 시행 실태분석과 개선대책 연구.

한국교육과정평가원(2005). 교사의 학생평가 전문성 신장연구(II). 한국교육과정평가원 연구보고, RRE 2005-3.

한국교육과정평가원(2007). 2006년 초등학교 3학년 국가수준 기초학력 진단평가 연구: 종합. 연구보고, CRE 2007-3-1.

한국교육과정평가원(2010). 외국의 역량기반 교육과정 현장적용 사례연구: 호주와 뉴질랜드, 캐나다, 영국의 사례를 중심으로. 한국교육과정평가원 연구보고, RRC 2010-2.

한국교육과정평가원(2012). 문답식으로 알아보는 성취평가제. 한국교육과정평가원 홍보자료 PIM 2012-8).

한국교육과정평가원(2013a). 2013학년도 고교 보통교과 성취평가제. 시범학교 운영담당자 연수자료집 연구자료, ORM 2013-15.

한국교육과정평가원(2013b). 고교 보통교과 성취평가제. 2013학년도 시범학교 운영 자료집-사회과-연구자료, ORM 2013-16-4.

한국교육과정평가원(2017). 과정을 중시하는 수행평가 어떻게 할까요?(중등). 한국교육과정평가원 연구자료, ORM 2017-19-2.

한국교육과정평가원(2018). 과정중심평가 적용에 따른 학교수준 학생평가체제 개선방안. 한국교육과정평가원 연구자료, ORM 2018-39-7.

한국교육과정평가원(2019). 공통+선택과목 도입에 따른 수능 점수 산출 방안 연구자료, ORM 2019-31-5.

한국교육과정평가원(2020. 8. 5.). 2021학년도 대학수학능력시험 시행세부계획 공고. 한국교육과정평가원 공고 제2020-74호.

한국교육과정평가원(2020. 9. 29.). 대학수학능력시험의 성과와 발전 방향: 서·논술형 수능 도입 가능성 모색. 한국교육과정평가원 연구자료, ORM 2020-21-5.

한국교육과정평가원 홈페이지 http://www.kice.re.kr

한국교육심리학회 편(2000). 교육심리학 용어사전. 서울: 학지사.

한국대학평가원(2018). 2018 대학기관평가인증편람, ER 2017-50-3042.

한국초등교육평가연구회(1997). 수행평가 이렇게 합시다. 서울: 교학사.

홍세희, 노언경, 정송, 조기현, 이현정, 이영리(2020). 교육평가의 기초와 이해. 서울: 박영스토리.

황정규(1998). 학교학습과 교육평가(개정판). 서울: 교육과학사.

황정규(2009). 학교학습과 교육평가(개정판). 경기: 교육과학사.

황정규, 서민원, 최종근, 김민성, 양명희, 김재철, 강태훈, 이대식, 김준엽, 신종호, 김동일 (2016). 교육평가의 이해(2판). 서울: 학지사.

Abedi, J. (2007). English language proficiency assessment and accountability under NCLB Title III: An overview. In J. Abedi (Ed.), *English language proficiency assessment in the nation: Current status and future practice* (pp. 3-12). CA: University of California, Davis.

Adkins, D. C. (1947). *Construction and analysis of achievement test.* Washington, DC: Government and Printing Office.

Allport, G. W. (1961). *Pattern and growth in personality.* New York: Holt, Rinehart & Winston.

Anderson, L. W. (1981). *Assessment affective characteristics in the schools.* Boston, MA: Allyn & Bacon, Inc.

Anderson, L. W., & Krathwohl, D. R. (2001). *A taxonomy for learning, teaching, and assessing: A revision of Bloom's taxonomy of educational objectives.* NJ: Pearson.

Angoff, W. H. (1971). Scales, norms and equivalent scores. In R. L. Thorndike (Ed.), *Educational measurement* (2nd ed.). Washington, DC: American Council on Education.

Atkin, J. M., Black, P., & Coffey, J. (2001). *Classroom assessment and the National Science Education Standards.* Washington, DC: National Academy Press.

Ausubel, D. P. (1968). *Educational psychology: A cognitive view.* New York: Holt, Rinehart & Winston.

Baker, F. B. (1985). *The basic of item response theory.* Portsmouth, NH: Heinerman.

Baker, F. B. (1992). *Item response theory: Parameter estimation techniques.* New York: Marcel Dekker, Inc.

Baker, F. B., & Kim, S. (2017). *The basics of item responses theory using R.* New York: Springer International Publishing.

Baron, J. (1994). *Thinking and deciding*. Cambridge, UK: Cambridge University Press.

Berelson, B. (1954). Content analysis. In G. Linzey (Ed.), *Handbook of social psychology, Vol. 1*. (pp. 488-522). Cambridge, MA: Addison-Wesley Pub, Co.

Binet, A., & Simon, T. H. (1916). *The development of intelligence in children*. Vineland, NJ: The Training School.

Bloom, B. S. (1956). *Taxonomy of educational objectives: The classification of educational goals, Handbook I. Cognitive domain*. New York: David Mckay.

Bloom, B. S., Hastings, J. T., & Madaus, G. F. (1971). *Handbook on formative and summative evaluation of student learning*. New York: McGraw-Hill.

Bransford, J. D., Brown, A. L., & Codking, R. R. (1999). *How people learn: Brain, mind, experience and school*. Washington, DC: National Academy Press.

Brennan, R. L. (1983). *Elements of generalizability theory*. IA: ACT Publications.

Brennan, R. L. (2001). An essay on the history and future of reliability from the perspective of replications. *Journal of Educational Measurement, 38*, 295-317.

Brennan, R. L. (2015). *Educational measurement* (4th ed.). MA: Rowman & Littlefield Publishers.

Brookhart, S. M. (2008). *How to give effective feedback to your students*. Alexandria, VA: Association for Supervision and Curriculum Development.

California Department of Education. (2006). *Teacher guide for the 2005 California writing standards testing grade seven*. (http://www.cde.ca.gov/)

California Department of Education. (2011). *California standards tests technical report Spring 2010 administration*. (http://www.cde.ca.gov/)

Cangelosi, J. S. (1990). *Designing tests for evaluating student achievement*. New York: Longman.

Cattell, R. B. (1950). *Personality*. New York: McGraw-Hill.

Chi, M., Feltovich, P., & Glaser, R. (1981). Categorization and representation of physics problems by experts and novices. *Cognitive Science, 5*, 121-152.

Cohen, J. (1968). Weighted kappa: Nominal scale agreement provision for scaled disagreement or partial credit. *Psychological Bulletin, 70*(4), 213-220.

Coopersmith, S. (1967). *The antecedents of self-esteem*. San Francisco, CA: W. H. Freeman & Co.

Cronbach, L. J. (1951). Coefficient alpha and the internal structure of tests. *Psychometrika, 16*, 297-334.

Cronbach, L. J. (1963). Evaluation for course improvement. *Teachers College Record, 64*, 672-683.

Cronbach, L. J. (1970). *Essentials of psychological testing* (3rd ed.). New York: Harper & Row.

Cronbach, L. J. (1990). *Essential of psychological testing* (5th ed.). New York: Harper & Row.

Cronbach, L. J., & Gleser, G. C. (1964). The signal/noise ratio in the comparison of reliability coefficients. *Educational and Psychological Measurement, 24*(3), 467-480.

Davis, L. L. (1992). Instrument review: Getting the most from a panel of experts. *Applied Nursing Research, 5*, 194-197.

Deci, E. L., & Ryan, R. M. (2008). Reports an error in "Facilitating optimal motivation and psychological well-being across life's domains". *Canadian Psychology, 49*(1), 14-23.

Ebel, R. L. (1965). *Measuring educational achievement.* Englewood Cliffs, NJ: Prentice-Hall.

Ebel, R. L. (1972). *Essential of educational measurement* (2nd ed.). Englewood Cliffs, NJ: Prentice-Hall.

Ebel, R. L., & Frisble, D. A. (1991). *Essential of educational measurement* (5th ed.). Englewood Cliffs, NJ: Prentice-Hall.

Finnish National Board of Education. (2004a). *National core curriculum for basic education 2004.*

Finnish National Board of Education. (2004b). *National core curriculum for general upper secondary.*

Fishbein, M., & Ajzen, I. (1975). *Belief, attitude, intention, and behavior: An introduction to theory and research reading.* MA: Addison-Wesley.

Fisher, D., & Frey, N. (2007). *Checking for understanding: Formative assessment techniques for your classroom.* Alexandria, VA: ASCD.

Fiske, D. W. (1971). *Measuring the concepts of personality.* Chicago, IL: Aldine Press.

Flavell, J. (1979). Metacognition and cognitive monitoring: A new area of cognitive developmental inquiry. *American Psychologist, 34*, 906-911.

French, J. W., & Michael, W. B. (1966). *Standards for educational an psychological tests and manuals.* Washington, DC: American Psychological Association.

Furtak, E. M. (2009). *Formative assessment for secondary science teachers.* Thousand

Oaks, CA: Corwin Press.

Gagné, M., & Deci, E. L. (2005). Self−determination theory and work motivation. *Journal of Organizational Behavior, 26*(4), 331−362.

Gronlund, N. E. (1988). *How to construct achievement test.* New York: Macmillan Publishing, Co.

Gronlund, N. E., & Linn, R. L. (1990). *Measurement and evaluation in teaching* (7th ed.). New York: Macmillan.

Guilford, J. P. (1959). Three faces of intellect. *American Psychologist, 14*(8), 469−479.

Haladyna, T. M. (1994). *Developing and validating multiple−choice test items.* NJ: Lawrence Erlbaum Associates Publishers.

Hall, S. H., & Lindzey, G. (1970). *Theories of personality* (2nd ed.). New York: Wiley.

Harlow, H. F. (1959). Love in infant monkeys. *Scientific American, 200*(6), 68−74.

Herman, J. L., Aschbacher, P. R., & Winters, L. (1992). *A practical guide to alternative assessment.* Alexandria, VA: Association for Supervision and Curriculum Development.

Hively, W. (1974). Introduction to domain−referenced teaching. *Educational Technology, June,* 5−10.

Johnson, A. P. (1951). Notes on a suggested index validation: The U−L Index. *Journal of Educational Psychology, 62,* 499−504.

Kartovaara, E., & Council of Europe. Council for Cultural Co−operation. (1996). *Secondary education in Finland.* Strasbourg Cedex, France: Council of Europe Press.

Kelly, T. L. (1939). Selection of upper and lower groups for validation of test times. *Journal of Educational Psychology, 30,* 17−24.

Klein, S. P., Stecher, B. M., Shavelson, R., McCaffrey, D., Bell, R. M., Comfort, K., Othman, A. R., & Ormseth, T. (1998). Analytic versus holistic scoring of science per−formance tasks. *Applied Measurement in Education, 11*(2), 121−137.

Kluckhohn, F. R., & Strodtbeck, F. L. (1961). *Variation in value orientations.* Evanston, IL: Row, Peterson.

Krathwohl, D. R., Bloom, B. S., & Masia, B. B. (1964). *Taxonomy of educational objectives: The classification of educational goals, Hand book II: Affective domain.* New York: David Mckay Company, Inc.

Kuder, G. F., & Richardson, M. W. (1937). The theory of estimation of test reliability. *Psychometrika, 2,* 151−160.

Lawley, D. N. (1943). On problems connected with item selection and test construction. *Proceedings of the Royal Society of Edinburgh, 6,* 273-287.

Lawshe, C. H. (1975). A quantitative approach to content validity. *Personnel Psychology, 28,* 563-575.

Lewis D. M., Mitzel, H. C., Green, D. R. (1996). Standard setting: A bookmark approach. In D. R. Green (Chair), *IRT-based standard-setting procedures utilizing behavioral anchoring.* Symposium presented at the 1996 Council of Chief State School Officers 1996 National Conference on Large Scale Assessment, Phoenix, AZ.

Linn, R. L., & Baker, E. L. (1996). Can performance-based student assessments be psychometrically Sound? In J. B. Babon & D. P. Wolf (Eds.), *Performance-based student assessment: Challenge and possibilities* (pp. 32-83). Chicago, IL: University of Chicago Press.

Linn, R. E., Baker, E. L., & Dunbar, S. B. (1991). Complex, performance-based assessment: Expectations and validation criteria. *Educational Researcher, 20*(8), 15-21.

Mayer, R. E. (1999). *The promise of educational psychology: Learning in the content areas.* Upper Saddle River, NJ: Prentice-Hall.

Mclaughlin, M., & Vogt, M. (1996). *Portfolios in teacher education.* Newark, DE: International Reading Association.

McLeod, S. A. (2018, June 06). *Jean Piaget's theory of cognitive development.* Retrieved from https://www.simplypsychology.org/piaget.html

McMillian, J. H. (2003). Understanding and improving teachers' classroom assessment decision making. *Educational Measurement: Issues and Practices, 22*(4), 34-43.

McMillian, J. H. (2004). *Classroom assessment: Principle and practice for effective instruction* (3rd ed.). Boston, MA: Allyn & Bacon.

McMillian, J. H. (2007). *Classroom assessment: Principles and practice for effective standards-based instruction* (4th ed.). Boston, MA: Pearson Education, Inc.

McMillian, J. H. (2011). *Classroom assessment: Principles and practice for effective standards-based instruction* (5th ed.). Boston, MA: Pearson.

McMillian, J. H., & Workman, D. (1999). *Teachers' classroom assessment and grading practices: Phase 2.* Richmond, VA: Metropolitan Educational Research Consortium.

McTighe, J., & Ferrara, S. (1994). *Assessing learning in the classroom.* Washington, DC: National Education Association.

Mehrens, W. A. (1997). The consequences of consequential validity. *Educational*

Measurement: Issues and Practice, 16(2), 16−18.

Mehrens, W. A., & Lehman, I. J. (1975). *Measurement and evaluation in education and psychology.* New York: Holt, Rinehart & Winston.

Messick, S. (1989). Validity. In R. L. Linn (Ed.), *Educational measurement* (3rd ed., pp. 13−104). Washington, DC: American Council on Education & National Council on Measurement in Education.

Moreno, J. L. (1934). *Who shall survive?* Washington, DC: Nervous and Mental Disease Publishing, Co.

Murray, H. A. (1938). *Explorations in personality: A clinical and experimental study of fifty men of college age.* Oxford: Oxford University Press.

Nitko, A. J. (1980). Distinguishing the many varieties of criterion−referenced tests. *Review of Educational Research, 50*(3), 461−485.

No Child Left Behind Act of 2001 (NCLB). Pub. L. No. 107−110, 115 stat. 1425 U.S. Department of Education, 2002. (http://www.ed.gov)

Oosterhof, A. (2001). *Classroom applications of educational measurement* (3rd ed.). NJ: Prentice−Hall, Inc.

Osgood, C. E., Suci, G. J., & Tannenbaum, P. H. (1957). *The measurement of meaning.* Urbana, IL: University of Illinois Press.

Osterlind, S. J. (1989). *Constructing test items.* Boston, MA: Kluwer Academic Publishers.

Panaritis, P. (1995). Beyond brainstorming: Planning a successful inter−disciplinary program. *Phi Delta Kappan, April*, 623−628.

Peters, R. S. (1966). *Ethics and education.* London: George Allen & Unwin Ltd.

Piaget, J. (1957). *The construction of reality in the child.* London: Routledge & Kegan Paul.

Piaget, J. (1965). *The moral judgement of child.* New York: Free Press.

Piaget, J., & Cook, M. T. (1952). *The origins of intelligence in children.* New York: International University Press.

Polit, D. F., Beck, C. T., & Owen, S. V. (2007). Is the CVI an acceptable indicator of content validity? Appraisal and recommendations. *Research in Nursing & Health, 30*(4), 459−467.

Popham, W. J. (1995). *Classroom assessment: What teachers need to know.* Boston, MA: Allyn & Bacon, Inc.

Popham, W. J. (1997). Consequential validity: Right concern−wrong concept. *Educational*

Measurement: Issue and Practice, 16(2), 9−13.

Popham, W. J. (2003). *Test better, teach better: The instructional role of assessment.* Alexandria, VA: Association for Supervision and Curriculum Development.

Popham, W. J. (2008). *Transformative assessment.* Alexandria, VA: ASCD.

Popham, W. J. (2014). *Classroom Assessment: What teachers need to know* (7th ed.). Alexandria, VA: ASCD.

Provus, M. M. (1971). *Discrepancy evaluation for educational program improvement and assessment.* Berkeley, CA: McCutchan Pub, Co.

Reckase, M. D. (1995). Portfolio assessment: A theocratical estimate of score reliability. *Educational Measurement: Issues and Practice, 14*(1), 12−14.

Reed, S. K. (2010). *Cognition: Theory and applications.* Belmont, CA: Wadsworth, Cengage Learning.

Richardson, M. W. (1936). The relationship between difficulty and the differential validity of a test. *Psychometrika, 1*, 33−49.

Sands, W. A., Waters, B. K., & McBride, J. R. (Eds.) (1997). *Computerized adaptive testing: From inquiry to operation.* WA: American Psychological Association.

Scriven, M. S. (1967). The methodology of evaluation. In R. W. Tyler, R. Gagné, & M. Scriven (Eds.), *Perspectives on curriculum evaluation, AERA Monograph Series on Curriculum Evaluation, No. 1.* (pp. 39−83). Chicago, IL: Rand McNally

Shepard, L. (1997). The centrality of test use and consequences for test validity. *Educational Measurement: Issues and Practice, 16*(2), 5−24.

Siegler, R. S., DeLoache, J. S., & Eisenberg, N. (2003). *How children develop.* New York: Worth.

Simpson, E. J. (1966). The Classification of educational objectives, psychomotor domain. *Illinois Teacher of Home Economics, 10*, 110−144.

Spearman, C. (1910). Correlations calculated from faulty date. *British Journal of Psychology, 3*, 271−295.

Stanley, J. C. (1971). Reliability. In R. L. Thorndike (Ed.), *Educational measurement* (2nd ed., pp. 356−442). Washington, DC: American Council on Education.

Stetcher, B. M., & Klein, S. P. (1997). The cost of science performance assessments in large−scale testing programs. *Educational Evaluation and Policy Analysis, 19*(1), 1−14.

Stevens, S. S. (1951). Mathematics measurement and psychoanalysis. In S. S. Stevens (Ed.), *Handbook of experimental psychology* (pp. 1−49). New York: Wiley.

Stiggins, R. (1994). *Student-centered classroom assessment*. New York: Macmillan.

Stiggins, R. (1996). *Student-centered classroom assessment* (2nd ed.). New York: Merrill.

Stiggins, R. J. (2002). Assessment crisis: The absence of assessment for learning. *Phi Delta Kappan, 83*(10), 758-765.

Stufflebeam, D. L. (1971). *Educational evaluation and decision making*. Ithaca, IL: Peacock.

Traub, R. E. (1994). *Reliability for the social sciences: Theory and applications*. Thousand Oaks, CA: Sage.

Tucker, L. R. (1946). Maximum validity with equivalent items. *Psychometrika, 11*, 1-13.

Tyler, R. W. (1949). *Basic principles of curriculum and instruction*. Chicago, IL: University of Chicago Press.

Tyler, R. W. (1973). *Basic principles of curriculum and instruction*. Chicago, IL: University of Chicago Press.

Vygotsky, L. S. (1978). *Mind in society: The development of higher psychological processes*. Cambridge, MA: Harvard University Press.

Vygotsky, L. S. (1986). *Thought and language*(A. Kozulin, Trans.). Cambridge, MA: MIT Press.

Warren, H. C. (Ed.) (1934). *Dictionary of psychology*. Boston, MA: Houghton Mifflin, Co.

Wiliam, D. (2011). *Embedded formative assessment*. IN: Solution Tree Press.

Wise, S. L., & Plake, B. S. (1989). Research on the effects of administering tests via computers. *Educational Measurement: Issues and Practice, 8*(3), 5-10.

Wittrock, M. C., & Wiley, D. E. (1970). *The evaluation of instruction: Issues and problems*. New York: Holt, Rinehart & Winston.

Worthen, B. R., Borg, W. R., & White, K. R. (1993). *Measurement and evaluation in the schools*. New York: Longman.

Zimmerman, B. J., & Schunk, D. H. (Eds.) (1997). *Self-regulated learning: From teaching to self-reflective practice*. New York: Guilford Press.

찾아보기

[내 용]

저자 소개

■ **김석우**(Kim Suk-Woo)

고려대학교 사범대학 교육학과 졸업
미국 UCLA 대학원 교육학과 석사 및 철학박사
현 부산대학교 사범대학 교육학과 교수

■ **원효헌**(Won Hyo-Heon)

고려대학교 사범대학 교육학과 졸업
고려대학교 대학원 교육학과 석사 및 교육학박사
현 부경대학교 수해양산업교육과 교수

■ **김경수**(Kim Kyung-Soo)

경북대학교 사범대학 사회교육과 졸업 및 교육학석사
부산대학교 대학원 교육학과 석사 및 교육학박사
현 부산대학교 교육학과 강사

■ **김윤용**(Kim Yun-Yong)

부산대학교 사범대학 교육학과 졸업
부산대학교 대학원 교육학과 석사 및 교육학박사
현 부산대학교 교육학과 강사

■ **구경호**(Koo Kyung-Ho)

부산대학교 대학원 교육학과 석사 및 교육학박사(학교상담 전공)
부산대학교 대학원 교육학과 교육학박사(교육평가 전공)
현 경상남도교육청 교육정책연구소 책임연구원

■ **장재혁**(Chang Jae-Hyuck)

고려대학교 사회학과 및 영어교육학과 졸업
부산대학교 대학원 교육학과 석사 및 교육학박사
현 사직여자고등학교 교사

교육평가의 이론과 실제
Theory and Practice of Educational Evaluation

2021년 3월 10일 1판 1쇄 인쇄
2021년 3월 20일 1판 1쇄 발행

지은이 • 김석우 · 원효헌 · 김경수 · 김윤용 · 구경호 · 장재혁
펴낸이 • 김진환
펴낸곳 • (주) **학 지 사**

　　　　　04031 서울특별시 마포구 양화로 15길 20 마인드월드빌딩
대표전화 • 02)330-5114　　　　팩스 • 02)324-2345
등록번호 • 제313-2006-000265호

홈페이지 • http://www.hakjisa.co.kr
페이스북 • https://www.facebook.com/hakjisa

ISBN 978-89-997-2351-3　93370

정가 23,000원

출판 · 교육 · 미디어기업 **학 지 사**

간호보건의학출판 **학지사메디컬** www.hakjisamd.co.kr
심리검사연구소 **인싸이트** www.inpsyt.co.kr
학술논문서비스 **뉴논문** www.newnonmun.com
원격교육연수원 **카운피아** www.counpia.com